Siegfried Weischenberg

Journalistik

Band 1: Mediensysteme, Medienethik, Medieninstitutionen

Siegfried Weischenberg

Journalistik

Theorie und Praxis aktueller Medienkommunikation

Band 1:
Mediensysteme, Medienethik, Medieninstitutionen

Westdeutscher Verlag

Der Westdeutsche Verlag ist ein Unternehmen der Verlagsgruppe Bertelsmann.

Umschlaggestaltung: Horst Dieter Bürkle, Darmstadt
Umschlagbild: Timm Ulrichs, Hannover
Druck und buchbinderische Verarbeitung: W. Langelüddecke, Braunschweig
Gedruckt auf säurefreiem Papier
Printed in Germany

ISBN 3-531-11907-9

Inhalt

Vorbemerkungen **9**

1 Journalistik und Journalismus **13**

1.1 Zur Identifizierung von 'Journalistik' **13**

1.1.1 Journalistik als Begriff 13
1.1.2 Journalistik als Institution 17
1.1.3 Journalistik als Lehr- und Forschungsbereich .. 22
1.1.4 'Sozialistische Journalistik' (Exkurs) 27

1.2 Der Gegenstand: Journalismus **37**

1.2.1 Begriffliche und methodische Probleme 37
1.2.2 Journalismus und Wissenschaft 50
1.2.3 Journalismus als Wirklichkeitskonstruktion 60

1.3 Themen und Grenzen der Journalistik **66**

Bibliographische Hinweise zu Kapitel 1 .... **71**

2 Mediensysteme: Normenkontext des Journalismus **77**

2.1 Gesellschaftliche Rahmenbedingungen der Medienkommunikation **77**

2.1.1 Allgemeine Theorien der Medien und der Gesellschaft 77
2.1.2 Der normative Divergenz-Ansatz 86
2.1.3 Der analytische Kontingenz-Ansatz 92
2.1.4 Der empirische Konvergenz-Ansatz 97
2.1.5 Merkmale und Probleme geschlossener Mediensysteme 104
2.1.6 Merkmale und Probleme offener Mediensysteme 119

2.2 Normative Grundlagen und aktuelle Erscheinungsformen 124

2.2.1 Die Tradition der Pressefreiheit in Deutschland 124

2.2.2 Das Mediensystem der Bundesrepublik 130

2.2.2.1 Pressefreiheit und Medienrecht 130

2.2.2.2 Pressefreiheit und Medienvielfalt 138

2.2.2.3 Der Start in eine neue Medienlandschaft 144

2.2.2.4 Die deutsch-deutsche Medienentwicklung 154

2.2.3 Die Perspektive: 'Amerikanisierung' des Mediensystems 161

2.2.3.1 Der rechtliche Rahmen des Mediensystems der USA 161

2.2.3.2 Strukturmerkmale des Mediensystems der USA 165

2.3 Ethische und professionelle Standards 170

2.3.1 Selbstverpflichtung durch Sozialverantwortung 170

2.3.2 Grundlagen einer Medienethik 176

2.3.2.1 Aktuelle Begründungen 176

2.3.2.2 Philosophische Prinzipien 182

2.3.2.3 Zur Substanz von Pressekodizes 187

2.3.3 Kommunikationswissenschaftliche Annäherungen 194

2.3.3.1 Der normativ-ontologische Ansatz 197

2.3.3.2 Der empirisch-analytische Ansatz 201

2.3.4 Zum Praxisbezug einer Medienethik 204

2.3.4.1 Kasuistik als Medienethik: das Lernen am Fall 204

2.3.4.2 Steuerungsinstanzen einer Medienethik 207

2.3.5 Kommunikation und Verantwortung 216

Bibliographische Hinweise zu Kapitel 2 227

3 Medieninstitutionen: Strukturkontext des Journalismus **237**

3.1 Ökonomische Imperative **237**

3.1.1 Zur Systematik und Problematik einer 'Medienökonomie' 237

3.1.2 Die Ökonomie der Presse 240

3.1.2.1 Kosten- und Erlösstruktur 240

3.1.2.2 Wettbewerb, Marktzutritt und Subventionsmodelle 249

3.1.3 Die Ökonomie des Rundfunks 258

3.1.4 Die Perspektive: Kommerzialisierung und Internationalisierung 268

3.2 Organisatorische Imperative **275**

3.2.1 Gruppenstrukturen und 'Redaktionsverfassungen' 275

3.2.2 Rollen-, Entscheidungs- und Produktionsmuster 281

3.2.3 Die Redaktion als organisiertes soziales System 289

3.2.3.1 Perspektiven der Redaktionsforschung 289

3.2.3.2 Redaktionelles Entscheidungshandeln 301

3.2.4 Kontroll- und Anpassungsprozesse in der Redaktion 304

3.2.4.1 Redaktionelles Handeln als 'Gatekeeping' 304

3.2.4.2 Mechanische Zwänge und strategische Kommunikationsmuster 315

3.2.5 Merkmale redaktioneller Organisation und Produktion 319

Bibliographische Hinweise zu Kapitel 3 ..... **327**

Literaturverzeichnis **335**

Verzeichnis der Texte und Abbildungen **358**

Inhalt von Bd. 2:
Medientechnik, Medienfunktionen, Medienakteure **360**

Der Journalismus ist eine freie Tätigkeit: jedem steht der Zugang zu dieser "öffentlichen Magistratur" offen, ihre Ausübung ist, soweit sie nicht in Konflikt mit den Strafgesetzen gerät, durch keine Schranken eingeengt. Wer, des Schreibens mehr oder weniger kundig, in der reichen Abwechslung und beständigen Anregung des täglichen Geschehens Befriedigung für ein bewegliches oder unruhiges Temperament sucht, wer, von den Wonnen des Gedrucktwerdens angelockt, nicht mehr "dem berauschenden Trank aus dem Setzkasten der Zeitungsdruckereien" widerstehen kann, wer das Bedürfnis hat, sich öffentlich auszusprechen, den Drang in sich spürt, den Entrechteten zu helfen, das öffentliche Gewissen aufzurütteln, dem Fortschritt in Staat und Kultur Wege zu bahnen, als Lehrer und Führer der Massen aufzutreten, aber auch wer sich in einem anderen Berufe unglücklich fühlt, scheitert oder kein genügendes Auskommen findet, wer rasch verdienen will oder muß, wählt sich gerne zum Beruf den Journalismus.

Otto Groth (1930)

Vorbemerkungen

Wie schreibt man ein Lehrbuch über eine Wissenschaft, die es gar nicht gibt? Oder genauer: die es nur als Hochschulinstitution gibt, deren Konturen als wissenschaftliche Disziplin bis heute aber undeutlich geblieben sind. Daß es 'die Journalistik' als Institution gibt, wußte ich - nicht zuletzt deshalb, weil ich am Aufbau einer Einrichtung, die sich so nennt, beteiligt war, und weil mein eigener Arbeitsbereich als Hochschullehrer so heißt. Und ich wußte, daß es (nicht nur) unter Studentinnen und Studenten den Wunsch gibt, in die Gegenstände, Theorien, Modelle, Methoden des Fachs 'Journalistik' eingeführt zu werden.

Vor allem unsere Studien zur hochschulgebundenen Journalistenausbildung in Deutschland - zusammengefaßt in dem Reader "Journalismus & Kompetenz" - zeigten aber, daß die als Studienfach vorfindbare Journalistik nicht die Basis für die Inhalte und die Systematik dieses Buches liefern konnte. Sie hat sich um ihre wissenschaftliche Identität (allenfalls) im Rahmen von Curriculumentwürfen gekümmert. Maßstab waren dabei im wesentlichen die im weitesten Sinne politischen Vorgaben der einzelnen Voll-, Nebenfach- und Aufbaustudiengänge. Ihre zum Teil ganz unterschiedlichen Selbstverständnisse und Zielsetzungen inhaltlich auf einen gemeinsamen Nenner zu bringen, konnte also nicht zu einem befriedigenden Ergebnis führen.

Deshalb habe ich einen anderen Weg gewählt: Journalistik von ihrer spezifischen Funktion her als eigene wissenschaftliche Disziplin zu erfassen und daraus einen Katalog von Grundlagenwissen systematisch zu entwickeln - Grundlagenwissen, das Menschen besitzen sollten, die im Journalismus oder anderen Bereichen der Medienkommunikation arbeiten (wollen). Grundlagenwissen aber auch für Menschen außerhalb der Medieninstitutionen, die wissen wollen, unter welchen Bedingungen der Journalismus zustandekommt, der ihnen Informationsangebote macht und Orientierungshilfen verspricht. Sie alle sollten das 'Geschäft des Journalismus' kennen.

In Hinblick auf die Medienakteure ist 'Grundlagenwissen' im Sinne von notwendigem, nicht aber hinreichendem Wissen zu verstehen. Es handelt sich dabei in erster Linie um sozial- und kommunikationswissenschaftliche Erkenntnisse, die berufliche Orientierungen und Reflexionen erlauben. Um ein für die Gesellschaft nützlicher Journalist, eine nützliche Journalistin zu sein, bedarf es gewiß in erheblichem Maße weiterer Kenntnisse und Fähigkeiten. Sie betreffen in erster Linie das Handwerk - und dabei insbesondere die mit "Nachrichtenschreiben" gekennzeichnete Darstellungskompetenz - und die 'Sachwissen' genannte Themenkompetenz. Journalisten müssen wissen, worüber sie berichten, und deshalb gehört zum Studienfach Journalistik, in den USA wie auch in der Bundesrepublik, Stoff aus Wissenschaften wie Politik, Ökonomie, Soziologie oder Geschichte - wobei sich übrigens interessanterweise bis heute kaum jemand für das Sachwissen von 'Unterhaltungsjournalisten' interessiert.

Die hier vorgelegte Arbeit ist eine Einführung, ein Lehrbuch, ein Textbuch. Sie soll wissenschaftlichen Ansprüchen an Systematik, Stringenz und Sachlichkeit ebenso gerecht werden wie journalistischen Ansprüchen an Praxisrelevanz und Verständlichkeit. Auf der Basis einer tragfähigen Systematik wird dabei kommunikationswissenschaftliches Wissen angeboten und, wo immer möglich, durch praktische Fälle, Einsichten von Praktikern und aktuelle Beispiele ergänzt. Es entspricht meinem Selbstverständnis, dabei so viele Gesichtspunkte wie möglich zu präsentieren, ohne den eigenen Standpunkt zu verschweigen.

Diese Systematik wird auf der Grundlage einer Identifizierung von Journalistik als wissenschaftlichem Fach und einer Analyse ihres Gegenstandes Journalismus als Adresse für aktuelle Medienkommunikation entwickelt (Kapitel 1). Mit 'Normenkontext' bezeichne ich dabei die allgemeinen Bedingungen, die Mediensysteme für journalistisches Handeln schaffen; sie reichen von präzisen rechtlichen Vorgaben bis zu nicht formalisierten ethischen und professionellen Maßstäben (Kapitel 2). 'Strukturkontext' nenne ich Zwänge, die in den Medieninstitutionen wirksam werden (Kapitel 3). Dazu gehören Medienökonomie und Medienorganisation als Bestimmungsfaktoren journalistischen Handelns. Mit der Untersuchung dieser institutionellen Aspekte endet der erste Band. Seine Schwerpunkte sind somit *Mediensysteme*, *Medienethik* und *Medieninstitutionen*.

Im zweiten Band untersuche ich zunächst ausführlicher die technischen Einflüsse, die in den Medieninstitutionen journalistisches Handeln bestimmen. Im 'Funktionskontext' werden dann die Leistungen und Wirkungen des Systems Journalismus dargestellt; dabei geht es um Kommunikationsprozesse, welche die journalistischen Weltbilder beeinflussen (Kapitel 4). Der 'Rollenkontext' schließlich betrifft die Journalisten mit ihren Merkmalen, Einstellungen und professionellen Strukturen (Kapitel 5). *Medientechnik*, *Medienfunktionen* und *Medienakteure* stehen somit im Zentrum des zweiten Bandes.

Der Arbeit liegt also ein Journalismusbegriff zugrunde, der ein Stück weit über das Tun und Lassen von Journalisten hinausreicht. Ich verstehe Journalismus als System, zu dem die Handlungen und Produkte im Zusammenhang mit aktueller Medienkommunikation gehören. Dazu zählen journalistische Rollen, journalistische Aussagen, Rezipientenrollen und deren wechselseitigen Einflüsse. Das System hat keine natürlichen Eigenschaften, sondern ist eine Konstruktion im doppelten Sinne: als gesellschaftliche Institution und als kommunikationswissenschaftlicher Forschungsgegenstand. Dies gibt den roten Faden vor: In vielfältigen Zusammenhängen wird nach den Einflüssen und Regeln gefragt, denen journalistische Wirklichkeitskonstruktion unterliegt. Sie zu kennen ist notwendig, um Journalismus zu identifizieren und um im Rahmen von Journalistik Ausbildung für Berufe im Bereich aktueller Medienkommunikation zu betreiben.

Das Gesamtwerk hat keine schlichte These, allenfalls ein Leitmotiv: das Plädoyer für ein offenes Medien- und Journalismussystem - begleitet von der Warnung davor, daß deren Freiheitsgrad durch Kommerzialisierung und/oder politischen Druck permanent gefährdet ist; für journalistische Kompetenz und Autonomie; für das Bewußtmachen der Möglichkeiten und Grenzen des Systems Journalismus in einem liberal-pluralistischen Gesellschaftssystem; für den seriösen Umgang mit den Wünschen des Publikums als funktionaler Größe im Mediensystem.

Alles das kann Journalistenausbildung und Journalismusforschung allenfalls in bescheidener Weise mit beeinflussen. Der Journalismus wird dabei in diesem Buch zwar an Idealen einer offenen Gesellschaft und eines offenen Mediensystems gemessen, aber in den Grenzen seiner eigenen Möglichkeiten als operativ geschlossenes System beurteilt. Die Frage lautet also zunächst nur: ob er das kann, was er kann. Dies mag denen, die mit Journalismus vorwiegend moralisierend umgehen und ihre Träume von einer - im doppelten Sinne - wahren Publizistik pflegen, zu wenig zu sein; den journalistischen Kärrnern, die jede theoretische Überlegung zu ihrem Beruf als Kathederweisheit verdächtigen, mag dies zu viel zu sein. Doch genau dazwischen sehe ich meine Position.

Das überaus vielfältige Material, bei dem ich mich auf mehrere hundert kommunikationswissenschaftliche Studien stütze, habe ich mit den Mitteln des Kommunikationswissenschaftlers analysiert und die dabei gewonnen Erkenntnisse - soweit möglich und vertretbar - mit den Mitteln des Journalisten sprachlich umzusetzen versucht. Die zahlreichen Einzeltexte in den Kapiteln sollen die Darstellung keineswegs nur auflockern, sondern vor allem dazu dienen, die Kommunikationstheorie auf die Kommunikationspraxis herunterzuziehen. Ich verbinde mit ihnen das Ziel, zur Reflexion anzuregen - zum Beispiel als Diskussionsgrundlage beim Einsatz des Buches im Unterricht. Zur Erleichterung der Rezeption habe ich grundsätzlich alle längeren englischsprachigen Zitate ins Deutsche übersetzt. Die zahlreichen Querverweise, die sich auf beide Bände beziehen, sollen die vielfältigen

Verknüpfungen der Themen verdeutlichen und eine selektive Lektüre ermöglichen.

Die Arbeit an dieser 'Journalistik' umspannt mehr als ein Jahrzehnt. Diese Zeit schließt Lehr- und Forschungserfahrungen an den Universitäten von Dortmund, Münster, Indiana (USA) und München ein. In Dortmund habe ich die Perspektiven und Probleme hochschulgebundener Journalistenausbildung erfahren, in Münster die Bestände der Kommunikationswissenschaft besser kennengelernt, in Bloomington, Indiana, den Praxisbezug solider (empirischer) Kommunikationsforschung im Rahmen von 'journalism education' schätzengelernt und in München Beobachtungen zu der Frage machen können, wie gut (und schlecht) neue Journalistik und alte Kommunikationswissenschaft (Zeitungswissenschaft) zusammenpassen.

Ich konnte bei diesem Buch in vielfältiger Weise auf Unterstützung von Kolleginnen und Kollegen zurückgreifen. Namentlich genannt seien Klaus Merten (Münster) und Siegfried J. Schmidt (Siegen), meine Team-Kollegen in der wissenschaftlichen Leitung des Funkkollegs "Medien und Kommunikation"; von 'Diskurs-Effekten' mit ihnen habe ich sehr profitiert. Hans J. Kleinsteuber (Hamburg), Lutz P. Michel (Bonn) und Horst Röper (Dortmund) haben Manuskriptteile, die ihre Kompetenz als Experten des amerikanischen, sowjetischen bzw. deutschen Mediensystems in besonderem Maße betreffen, kritisch gelesen. Eine gründliche Durchsicht des Gesamtmanuskripts habe ich Martin Löffelholz und vor allem Armin Scholl, mit denen ich in der Forschungsgruppe Journalistik an der Universität Münster eng zusammenarbeite, zugemutet. Ihnen allen danke ich sehr für Kooperationsbereitschaft und Interesse.

Natürlich konnte ich nicht alle guten Ratschläge umsetzen - sonst wäre ein neues Buch entstanden oder, wahrscheinlicher, dieses Buch nicht erschienen. Aber vielleicht habe ich so die gröbsten Irrtümer vermeiden können. Für die Irrtümer und Fehler, die dennoch auf den folgenden Seiten enthalten sind, gehen meine Ratgeber selbstverständlich straffrei aus; haftbar zu machen ist, wie immer, allein der Verfasser.

Dank schulde ich auch Manfred Müller vom Westdeutschen Verlag für seine Hilfe und Geduld, Thomas Kochhan für die kompetente Gestaltung des Textes und der Graphiken, Hildegard Mangels für die sorgfältigen Texteingaben und Korrekturarbeiten sowie Jörg Kesselmeier, der die Vollständigkeit des Literaturverzeichnisses geprüft hat.

Hamburg/Münster, Januar 1992 S.W.

1 Journalistik und Journalismus

1.1 Zur Identifizierung von 'Journalistik'

1.1.1 Journalistik als Begriff

Den Terminus 'Journalistik' gibt es schon wesentlich länger als die Studiengänge der hochschulgebundenen Journalistenausbildung in Deutschland, die sich so nennen. Seine Geschichte im 19. und 20. Jahrhundert gehört zum Teil zur Fachgeschichte der Zeitungs- bzw. Kommunikationswissenschaft. Doch erst in den letzten Jahren ist versucht worden, Beiträge zur näheren Identifizierung von 'Journalistik' als wissenschaftlichem System zu leisten: ein 'Paradigma Journalistik' zu beschreiben und somit den wissenschaftlichen Orientierungskomplex, den das Fach bildet, über bestimmte Strukturen abzugrenzen. Konsensfähig war ohne größere Probleme, daß es sich dabei um die Wissenschaft vom Journalismus und die Anwendung ihrer Erkenntnisse auf die journalistische Praxis handelt, und zwar vor allem als Journalistenausbildung.

Zurückverfolgen läßt sich der Terminus 'Journalistik' mindestens bis zum Anfang des 19. Jahrhunderts, als Heinrich von Kleist sein "Lehrbuch der französischen Journalistik" publizierte. Es handelt sich dabei aber nicht um ein wissenschaftliches Einführungswerk, sondern um eine Polemik. (→ Text 1-1) Kleist unterscheidet zwischen einerseits den normativen Ansprüchen an den Journalismus und andererseits der 'Medienrealität' - eine Unterscheidung, die für die wissenschaftliche Journalistenausbildung von besonderer Bedeutung ist. 'Journalistik' versteht Kleist aber im Sinne von 'Journalismus' oder 'Presse'. Dies entspricht der Begriffsbedeutung, die aus dem 19. Jahrhundert bekannt ist. Friedrich Nietzsche etwa übersetzte Journalistik, durchaus im Wortsinn, aber polemisch, als "Tagelöhnerei". (Vgl. Kindt 1931: 151)

In seiner "Geschichte des deutschen Journalismus", die 1845 erschien, gebrauchte Robert Prutz Begriffe wie "historische Journalistik" und "theologische Journalistik" im doppelten Sinne: bezogen auf die Journalisten als Produzenten, aber auch auf das, was zum Beispiel als "Tagesgeschichte", als "historische Journalistik" (also als Produkt) entstehe.

Um die Jahrhundertwende erhielt 'Journalistik' in verschiedenen Veröffentlichungen erstmals einen anderen Sinn. Nun wurde der Begriff auch reklamiert für die wissenschaftlich-systematische Beschäftigung mit dem Journalismus. Schon im Jahre 1902 konnte die Journalistik eine wichtige Voraussetzung für die Etablierung eines neuen Faches erfüllen: die Veröffentlichung eines Lehrbuchs. Herausgeber dieses "Handbuchs der Journalistik" war Richard Wrede, der 1899 in Berlin eine private Journalistenhochschule gegründet hatte. Das Lehrbuch sollte, so kündigte der Verfasser an, eine systematische und erschöpfende Darstellung der Voraussetzungen und Aufgaben des journalistischen Berufs in seinen "verschiedenen Abarten" geben. (Vgl. Weischenberg 1990b)

Wrede wollte die Journalistik zu einer Wissenschaft erheben und dazu Grundregeln darstellen, die "auf wissenschaftlicher und praktischer Erkenntnis" beruhen. Das Lehrbuch enthält ein Kapitel zu Grundbegriffen der Journalistik, wobei Journalistik selbst als "Gesamtheit der im Zeitungswesen zur Verwendung kommenden Wissenschaften und die Kunstlehre, diese in zweckmäßiger Weise anzuwenden" definiert wird. Recht, Pressefreiheit, Technik und der Zeitungsinhalt sind weitere Themen des Lehrbuchs. (Vgl. Wrede 1902: insbes. 4) Eine zweite Auflage des Werkes erschien 1906. Doch weiterreichende Folgen hatte das Unternehmen nicht.

Im 1903 von Emil Löbl vorgelegten Werk "Kultur und Presse" wurde 'Journalistik' wieder reduziert auf das "produzierende Element", also die Journalisten. "Journalistik" heißt ein Unterkapitel des Buches, wozu die Abschnitte "die Berufsjournalistik", "die Anonymität" und "die journalistische Ausbildung" gehören. Auch Max Weber in seinem zuerst 1919 publizierten Vortrag "Politik als Beruf" (Weber 1968: 29) und Walter Schöne (1928: 57 ff.) verwendeten den Begriff noch im Sinne praktischer journalistischer Tätigkeit. Für diese Gleichsetzung von 'Journalistik' mit 'Journalismus' gibt es noch bis zum Zweiten Weltkrieg zahlreiche Beispiele.

Seit den Jahren kurz vor Beginn des Ersten Weltkriegs hatte es in Deutschland Auseinandersetzungen um die Frage gegeben, ob eine Vor- bzw. Ausbildung von Journalisten einen Platz an der Hochschule haben sollte. Der Journalist und Nationalökonom Karl Bücher, der 1916 in Leipzig das erste "Institut für Zeitungskunde" gründete, vertrat bei diesem Streit eine differenzierte Position. Einerseits war er für eine systematische Berufsvorbereitung von Journalisten. Andererseits stand er einer wissenschaftlichen Disziplin 'Journalistik', zusammengeführt aus verschiedenen Wissenschaften, skeptisch gegenüber. (Vgl. Bücher 1981b [zuerst 1915]: 100 f.)

In den zwanziger Jahren wurden dann verschiedene Anstrengungen unternommen, das Selbstverständnis der neu entstandenen

Fächer 'Zeitungskunde' bzw. 'Publizistische Wissenschaft' zu klären. Dabei ging es auch um eine 'Journalistik' als wissenschaftliche Disziplin. Versuche, die Begriffe 'Publizistik' und 'Journalistik' voneinander abzugrenzen, vergrößerten jedoch eher noch die Begriffsverwirrung. Meist reduzierten sie die Fächer auf die Berufsrollen 'Journalist' (als Zeitungsredakteur) und 'Publizist' (als gehobener Denker und Schreiber); 'Journalistik' bezogen sie auf Mitteilungen für die Massen, 'Publizistik' auf die geistige Führung.

Journalistik und Publizistik wurden so wieder zu Gegenstandsbereichen der Zeitungswissenschaft und nicht zu wissenschaftlichen Fächern. Einzig der Zeitungsforscher Otto Groth gebrauchte in jener Zeit den Begriff 'Journalistik' explizit in wissenschaftlich-theoretischem Zusammenhang. Sein vierbändiges Werk "Die Zeitung" (1928-1930) trägt den Untertitel "System der Zeitungskunde (Journalistik)". Als "Theorie der Journalistik" erscheinen darin: die Geschichte des Zeitungswesens, Begriff und Bedeutung der Zeitung, Publikum, Verhältnis von Presse und Publikum sowie die journalistischen Mittel.

Kurz nach dem Zweiten Weltkrieg legte Ernfried Kluge in seiner Beschreibung der "Journalistik als Lehrfach an der Universität Zürich" eine neue Definition vor. Journalistik war bei ihm die "Wissenschaft der spezifischen Verwendung von allgemeinem Wissen, von allgemeinen Kenntnissen für die Zwecke der periodischen Presse"[1]. Dies blieb jedoch für die Fachdiskussion in Deutschland ohne größere Bedeutung.

Inzwischen hatte sich in der Bundesrepublik 'Publizistik' durchgesetzt als wissenschaftliche Heimat für die vielfältigen Auseinandersetzungen mit den Medien, insbesondere Zeitung, aber zunehmend auch Film und Rundfunk. Mitte der fünfziger Jahre wurde eine bis heute existierende Zeitschrift gleichen Namens herausgebracht. In den ersten Jahrgängen dieser Publikation unternahmen etablierte Fachvertreter wie Emil Dovifat, Walter Hagemann und Wilmont Haacke Versuche, ihre Wissenschaft zu identifizieren.[2]

---

1 Ernfried Eduard Kluge: Journalistik als Lehrfach an der Universität Zürich, 2. neubearb. Aufl., o. O. [Zürich], o. J. [vermutlich ca. 1950].

2 Dabei betrieb zumindest Haacke wieder die zuvor für den Begriff 'Journalistik' kennzeichnende Vermischung von wissenschaftlichem Fach und Gegenstandsbereich, als er in einem Aufsatz fragte: "Publizistik - Handwerk oder Kunst?" (in: Publizistik, 6. Jg., 1961: 3-7). Dovifat versuchte, "Herkunft - Wesen - Aufgabe" der Publizistik zu ergründen (in: Publizistik, 1. Jg., 1956: 310), und Hagemann untersuchte "Begriffe und Methoden publizistischer Forschung" (in: Publizistik, 1. Jg., 1956: 11-25).

TEXT 1-1

Kleists "Lehrbuch der französischen Journalistik"

Heinrich von Kleist schrieb sein "Lehrbuch der französischen Journalistik", das zuerst 1810 in den "Berliner Abendblättern" publiziert wurde, aus aktuellem Anlaß. Gerade erst, im Zuge der französischen Besetzung, war in Deutschland der Begriff 'Journalist' an Stelle des Terminus 'Zeitunger' für die Leute der Presse durchgesetzt worden. Doch der französische Journalismus, oder, wie es bei ihm heißt, die "französische Journalistik", ist für Kleist alles andere als nachahmenswert. Um das zu erläutern, muß man ein wenig ausholen.

Heinrich von Kleist ist vielleicht der erste Journalist gewesen, der sich wegen Erfolglosigkeit umgebracht hat. Als er sich im November des Jahres 1811 am Wannsee eine Kugel in den Kopf jagte, waren seine "Berliner Abendblätter" - zunächst eine Boulevardzeitung für Mord und Totschlag - gerade jämmerlich gescheitert. Ein Jahr vor seinem Tode publizierte Kleist in eben jenen "Berliner Abendblättern" mit dem Lehrbuch eine Art journalistisches Credo, das heute wieder sehr aktuell wirkt. Den kurzen Beitrag hat Egon Erwin Kisch (1979) in seinem "Klassischen Journalismus" nachgedruckt.

Die "Einleitung" beginnt so: "Die Journalistik, überhaupt, ist die treuherzige und unverfängliche Kunst, das Volk von dem zu unterrichten, was in der Welt vorfällt. Sie ist eine gänzliche Privatsache, und alle Zwecke der Regierung, sie mögen heißen, wie man wolle, sind ihr fremd." Ganz anders freilich funktioniert nach Kleists Beobachtungen die "französische Journalistik" jener Tage: "Die französische Journalistik ist die Kunst, das Volk glauben zu machen, was die Regierung für gut findet. [...] Ihr Zweck ist, die Regierung, über allen Wechsel der Begebenheiten hinaus sicherzustellen." Oberste Grundsätze, so Kleist weiter: "Was das Volk nicht weiß, macht das Volk nicht heiß. Was man dem Volk dreimal sagt, hält das Volk für wahr." Und dann präsentiert Kleist eine kleine Systematik der Journalistik:

"Einteilung der Journalistik: Die französische Journalistik zerfällt in die Lehre von der Verbreitung 1. wahrhaftiger, 2. falscher Nachrichten. Jede Art der Nachricht erfordert einen eigenen Modus der Verbreitung, von welchem hier gehandelt werden soll.

Artikel I. Von den guten Nachrichten.
Lehrsatz: Das Werk lobt seinen Meister.
Beweis: Der Beweis für diesen Satz ist klar an sich. Er liegt in der Sonne, besonders wenn sie aufgeht; in den ägyptischen Pyramiden; in der Peterskirche; in der Madonna des Raphael; und in vielen andern herrlichen Werken der Götter und Menschen. [...]

Artikel II. Von den schlechten Nachrichten.
Lehrsatz: Zeit gewonnen, alles gewonnen.
Anmerkung: Dieser Satz ist so klar, daß er, wie die Grundsätze, keines Beweises bedarf [...] Er führt, in natürlicher Ordnung, auch auf die Kunst, dem Volke schlechte Nachrichten zu verbergen, von welchen sogleich gehandelt werden soll. *[...]*
Aufgabe: Dem Volk eine schlechte Nachricht zu verbergen?
Auflösung: Die Auflösung ist leicht. Es gilt für das Innere des Landes in allen Journalen stillschweigen, einem Fisch gleich. [...]

Anmerkung: [...] Will man die Glaubwürdigkeit der Zeitungen nicht aussetzen, so muß es notwendig eine Kunst geben, dem Volk schlechte Nachrichten vorzutragen. [...]
Aufgabe: Dem Volk eine schlechte Nachricht vorzutragen?
Auflösung: Man schweige davon, bis sich die Umstände geändert haben. Inzwischen unterhalte man das Volk mit guten Nachrichten; entweder mit wahrhaftigen, aus der Vergangenheit, oder auch mit gegenwärtigen, wenn sie vorhanden sind [...]"

(zit. n.: Egon Erwin Kisch (Hrsg.): Klassischer Journalismus, München 1979 [zuerst 1923]: 89-93; kurs. im Orig.)

'Journalistik' hatte zu diesem Zeitpunkt, jedenfalls in Westdeutschland, keine Konjunktur mehr. In den 1967 und 1976 veröffentlichten Versionen der "Zeitungslehre" von Dovifat kommt der Terminus nur als "totalitäre Journalistik" vor, bezogen auf das sogenannte Dritte Reich und die DDR. Im Fischer-Lexikon "Publizistik" von Noelle-Neumann und Schulz (1971) wurde der Begriff gleichfalls nur kurz im Zusammenhang mit der DDR und der Leipziger "Sektion Journalistik" (→ Kapitel 1.1.4) erwähnt.

Erst seit der Einrichtung von Studiengängen der Journalistik gab es dann wieder Identifizierungsbedarf. Diskutiert wurde, ob Journalistik mehr ist als eine "Kunstlehre für Journalismus" (Rühl 1982). Und der Berliner Publizistikwissenschaftler Stephan Ruß-Mohl (1985: 265 f.) fragte, ob Journalistik ein Paradigma, eine Teildisziplin oder gar eine Wissenschaft sei. Er selbst versteht das Fach als Scharnier zwischen Kommunikationswissenschaft und Journalismus und beschreibt als dessen Aufgaben: mit wissenschaftlichen Methoden Journalismus zu analysieren, zu reflektieren und vor allem verbessern zu helfen. Als Strukturmuster kennzeichnet er vorläufig: die verschiedenen Berichterstattungsfelder, die journalistischen Genres und die Rahmenbedingungen journalistischer Arbeit.[3]

1.1.2 Journalistik als Institution

Seit Ende des 19. Jahrhunderts gab es im deutschsprachigen Raum vielfältige Bemühungen um eine Etablierung der Journalistenausbildung an der Universität. Als Bezeichnung der dafür zuständige Fachdisziplin tauchte immer häufiger der Begriff 'Journalistik' auf. Beispiel-

---

[3] Einen ganz anderen Weg geht Nickl (1987), der Journalistik als "professionelle Medienrhetorik" definiert (vgl. dazu Weischenberg 1990e).

haft für diese frühen Versuche ist ein einschlägiger Studiengang in Zürich[4].

Im Deutschen Reich wurde eine Hochschulausbildung für Journalisten seit Beginn des Jahrhunderts vor allem in den beruflichen Standesvertretungen der Journalisten diskutiert, denn man fürchtete dort - im Zeitalter der Massenpresse mit ihrem Bedarf an verfügbaren Arbeitskräften - ein Sinken des beruflichen Ansehens. Beim Düsseldorfer Reichstag der Presse, der Delegiertenversammlung des Reichsverbandes der deutschen Presse (RdP), stand deshalb im Juni 1913 erstmals das Thema hochschulgebundene Journalistenausbildung auf der Tagesordnung (→ Kapitel 5.3.3).

1916 - nach der faktisch vollzogenen Trennung von Theorie und Praxis als Ergebnis der Düsseldorfer RdP-Tagung - kam es dann in Leipzig zur Gründung des "Instituts für Zeitungskunde". Sein Initiator Karl Bücher hatte bereits im Jahr zuvor einen "Studienplan zur berufsmäßigen Ausbildung in der Zeitungskunde an der Universität Leipzig" vorgestellt, der die Schwerpunkte "Politische Journalistik", "Handelsjournalistik" und "Feuilletonistische Richtung" enthielt[5]. Für alle drei Schwerpunkte sollten Vorlesungen über Geschichte, Organisation und Technik des Zeitungswesens sowie - zur praktischen Berufsvorbereitung - der spätere Besuch der "Abteilung für Zeitungskunde" verbindlich sein. (Vgl. Bücher 1981b: 105 ff.)

Es dauerte dann jedoch bis zum Jahre 1926, ehe es in Leipzig den ersten zeitungswissenschaftlichen Lehrstuhl an einer deutschen Universität gab. Den Ruf erhielt der Journalist Erich Everth, der damit Nachfolger von Karl Bücher als Direktor des Instituts für Zeitungs-

---

[4] Sein Studienplan aus dem Jahre 1911 differenzierte zwischen der "politischen und volkswirtschaftlichen Richtung" (staatsrechtlich-politische Fächer, u. a. Rechts- und Verfassungsgeschichte sowie nationalökonomische Fächer) und der "feuilletonistischen Richtung" (philosophisch/ästhetische Fächer, u. a. Ethik, literaturgeschichtliche, darunter auch "Theaterkritik", sowie kunstgeschichtliche Fächer, u. a. "Geschichte der griechischen Skulptur"). Für beide Richtungen waren fachtechnische Vorlesungen (u. a. Geschichte und Technik der Presse) und allgemeine Vorlesungen (u. a. schweizerische Geschichte, Philosophiegeschichte, stilistische und fremdsprachliche Übungen) vorgesehen. Die prakischen Übungsteile des Programms wurden später erweitert. (Zit. n. Bücher 1981a: 97)

[5] Zum Schwerpunkt "Politische Journalistik" gehörten Vorlesungen aus den Bereichen Geschichte, Nationalökonomie, Statistik, Geographie, Verwaltungslehre, Politik, Rechtswissenschaft, zur "Handelsjournalistik" vor allem Nationalökonomie, Statistik, Verwaltungslehre sowie wirtschafts- und rechtswissenschaftliche Spezialvorlesungen und zur "Feuilletonistischen Richtung" u. a. Philosophie, Psychologie, Ethik, Ästhetik, Literaturgeschichte, sprachwissenschaftliche Fächer, Kulturgeschichte, Kunstgeschichte und Archäologie.

kunde der Universität Leipzig wurde. Der Praktiker Everth betrieb aber nicht das Geschäft der Journalistenausbildung, sondern konzentrierte sich auf die Untersuchung zeitungskundlicher und anderer wissenschaftlicher Fragen. (Vgl. Bohrmann/Kutsch 1979)

Nach dem Zweiten Weltkrieg konnte sich die Journalistik - in Abgrenzung von der alten Zeitungs- und Publizistikwissenschaft - in der DDR relativ schnell durchsetzen (→ Kapitel 1.1.4). In der Bundesrepublik hingegen gab es bis zur Etablierung der Journalistenausbildung an Universitäten eine diskontinuierliche Entwicklung. Dies gilt insbesondere für die fünfziger und sechziger Jahre. Während damals in der Publizistikwissenschaft wieder berufsideologische Sichtweisen dominierten, hatten direkt nach dem Krieg bereits Wissenschaftler wie Walter Hagemann - in der Tradition Karl Büchers - den Journalismus zum erlernbaren Beruf erklärt, auf den die Universität am besten vorbereiten könne. Doch sie wurden an den Rand des Fachs gedrückt.

In der Bundesrepublik, wo bis dahin - mit einem Wort Hagemanns - die "Journalisten vom Himmel" fielen[6], fiel dann also auch die Journalistik vom Himmel. Als es Mitte der siebziger Jahre hier zur Journalistenausbildung an der Hochschule kam, war der Begriff plötzlich wieder da. Die entsprechenden Einrichtungen hießen wie selbstverständlich 'Journalistik'. Für diese überbetriebliche Ausbildung hatten sich seit Ende der sechziger Jahre erneut vor allem die Journalisten-Organisationen stark gemacht - nachdem das Thema nicht zuletzt wegen der Berufslisten der Nationalsozialisten (→ Kapitel 2.2.1) jahrzehntelang tabuisiert gewesen war. Im November 1973 beschloß die Bundeskonferenz der Deutschen Journalisten-Union ein Modell für eine Journalistenausbildung an Gesamthochschulen. Im selben Monat verabschiedete die vom Deutschen Presserat bestellte "Gemischte Kommission für Fragen der journalistischen Aus- und Fortbildung" ihr "Neues Memorandum für einen Rahmenplan zur Journalistenausbildung"[7].

Diese und andere Initiativen führten - mehr als sechzig Jahre nach der Delegiertenversammlung des Reichsverbandes der Deut-

---

6 Walter Hagemann: Fallen Journalisten vom Himmel? in: Publizistik, 1. Jg., 1956: 147-157. Der Publizistik-Professor Hagemann in Münster, gewiß der Innovativste und Produktivste unter den damaligen Fachvertretern, mußte nach einer politischen Kampagne, die in eine persönliche Intrige mündete, sogar die Bundesrepublik verlassen. Er starb 1964 in Ostberlin als Professor an der Humboldt-Universität. (Vgl. Hachmeister 1987: 130 ff.)

7 Ein erstes Memorandum hatte der Deutsche Presserat am 18.1.1971 vorgelegt. Im Dezember 1971 war vom nordrhein-westfälischen Beirat für die Studienreform ein "Ausschuß Journalistenausbildung" gebildet worden, der Reformvorschläge erarbeiten sollte.

schen Presse in Düsseldorf - nun vergleichsweise schnell zu Studiengängen an der Hochschule. Die Initiativen wurden dabei getragen von der Erkenntnis, daß angesichts der zunehmenden Komplexität und Verwissenschaftlichung der gesellschaftlichen Beziehungen nur eine wissenschaftliche Ausbildung, welche Theorie und Praxis verbindet, die notwendige Verbesserung der journalistischen Arbeit garantieren könne.

Sechs Modelle wurden damals konzipiert. Sie verteilten sich auf fünf Bundesländer und West-Berlin:

- ▲ Bayern (München): ab WS 1973/74 Modellversuch einer akademischen Journalistenausbildung in Zusammenarbeit zwischen der Deutschen Journalistenschule und dem Institut für Zeitungswissenschaft/Kommunikationswissenschaft an der Universität München (additives Modell). 1979 wurde daraus der "Diplomstudiengang Journalistik".
- ▲ Berlin: achtsemestriges Doppelfachstudium zur Ausbildung von 'Kommunikationspraktikern' als Reformstudiengang Publizistik. Hier wurde also, wie zum Beispiel auch an der Universität Münster, versucht, Forderungen nach einer größeren Praxisorientierung des Publizistik-Studiums Rechnung zu tragen. Später kam in Berlin ein Modellversuch "Journalisten-Weiterbildung" hinzu, der inzwischen als reguläres Programm läuft.
- ▲ Nordrhein-Westfalen (Dortmund): Modellversuch eines Diplomstudiengangs Journalistik ab WS 1976/77 (Studium der Journalistik und eines Zweitfaches an der PH Ruhr, später Universität Dortmund). Dies war zunächst der einzige Versuch in der Bundesrepublik, Theorie und Praxis im Studium selbst zu integrieren. Über ein ursprünglich 14monatiges Volontär-Praktikum wurde eine Verbindung mit den Richtlinien für die Ausbildung von Redaktionsvolontären bei Tageszeitungen hergestellt (Ausbildung zum Redakteur). 1984 wurde das "Institut für Journalistik" gegründet.
- ▲ Baden-Württemberg (Stuttgart-Hohenheim): Von dem ursprünglich geplanten Begleit-, Aufbau- und Kontaktstudium als Alternative zu anderen Modellen akademischer Journalistenausbildung blieb nur das Aufbaustudium übrig. Aufgenommen werden hier also Studentinnen und Studenten, die bereits ein anderes Studium absolviert haben. Sie sollen eine Ausbildung zum 'Fachjournalisten' erhalten.
- ▲ Rheinland-Pfalz (Mainz): Die geplanten drei hierarchisch abgestuften Studiengänge zum a) Diplom-Journalisten (6 Semester), b) Magister oder Diplom-Volkswirt (8-10 Semester) und c) zur Promotion (10-14 Semester) konnten nicht realisiert werden. Statt dessen wurde ein viersemestriges Aufbaustudium konzipiert, für das Absolventen anderer Studienrichtungen aufgenommen werden.

- Hamburg: Geplant war ein siebensemestriges Studium nach dem Muster des Dortmunder Modells, also eine Integration von Theorie und Praxis an der Hochschule. Es fehlte aber die gesicherte finanzielle Grundlage für dieses Modell der Journalistenausbildung, so daß am Ende nur ein Teilstudiengang zustandekam, der Nebenfachangebote für andere Hauptfächer macht. Der Studiengang ist inzwischen in einem "Institut für Journalistik" angesiedelt.

Später wurden diese sechs Modelle noch durch drei weitere Journalistik-Studiengänge unterschiedlicher Art ergänzt:

- den Vollstudiengang Journalistik an der Katholischen Universität Eichstädt;
- das "Fachgebiet Kommunikationswissenschaft/Journalistik" an der Universität Bamberg, u. a. als Schwerpunktfach Journalistik im Rahmen des Diplomstudiengangs Germanistik
- den Aufbaustudiengang Journalistik an der Hochschule für Musik und Theater Hannover.

Von den ursprünglichen Konzeptionen blieben also in den meisten Fällen nur Teile übrig, teils aus finanziellen, teils aus konzeptionellen Gründen. Insgesamt boten alle diese Modelle von Anfang an ein Beispiel für bundesrepublikanische Kleinstaaterei in Sachen Bildungspolitik. Eine Abstimmung der verschiedenen Konzeptionen im größeren Rahmen fand nicht statt. Beim überwiegenden Teil der Modelle ist immerhin ein Konsens über vier Grundorientierungen der Journalistik als Institution zu erkennen (vgl. Weischenberg 1976):

- die Praxisorientierung
- die inhaltliche Spezialisierung
- die mehrmediale Ausbildung zur Verbesserung der beruflichen Mobilität
- die sozialwissenschaftliche Ausrichtung

Alle diese Modelle zeigen aber auch, daß die hochschulgebundene Journalistenausbildung in erheblichem Maße von (partei-) politischen Interessen initiiert und zum Teil direkt gesteuert wird (vgl. Löffelholz 1989, 1990); insofern ist die Journalistik in der Bundesrepublik mit dem öffentlich-rechtlichen Rundfunk vergleichbar. Diese Situation bietet einen Beleg für die These, daß die institutionalisierte Ausbildung von Journalisten in allen politischen Systemen als Apparat sozialer Kontrolle fungierte; sie solle den Herrschenden helfen, Kontrolle über die Medien ausüben zu können (→ Kapitel 2.4.1).

1.1.3 Journalistik als Lehr- und Forschungsbereich

Die Identität der wissenschaftlichen Disziplin 'Journalistik' bestimmte sich nach dem Start der Modelle durch die (jeweilige) Ausbildungspraxis: Journalistik ist, was in den Studiengängen gleichen Namens gelehrt wird. Die Institutionen, welche ihre Lernziele durchweg pragmatisch festlegten, standen für die Inhalte.

Die Curricula orientierten sich an drei Lernfeldern, die - je nach Typ der Studiengänge (Voll- oder Aufbaustudiengänge) - vorzugsweise bedient werden sollen (vgl. Weischenberg 1990a): 'Sachwissen', das meistens über ein Zweitfach vermittelt wird, 'Medien und Gesellschaft' als kommunikationswissenschaftlicher Kernbereich und 'Redaktionelle Produktion', die häufig über Praktika oder das Volontariat in die Praxis ausgelagert wird. Das Lernfeld 'Medien und Gesellschaft' wird dabei meist als 'Theorie' bezeichnet, das Lernfeld 'Redaktionelle Produktion' als 'Praxis'.[8] Bei der Festlegung der Lerninhalte richtete man sich nach möglichen Ressortanforderungen in den Medienbetrieben. Gefragt wurde also zum Beispiel nach dem wünschenswerten fachlichen Wissen eines Wirtschaftsredakteurs, um auf diese Weise Lehrgegenstände benennen und eine curriculare Systematik zustandezubringen zu können.

Mit solchen curricularen Etiketten sind nicht die - mehr oder weniger - exklusiven Gegenstandsbereiche eines wissenschaftlichen Fachs 'Journalistik' beschrieben, sondern nur Programme von Institutionen. Zur Begründung eines eigenständigen wissenschaftlichen Fachs reicht dies jedoch nicht aus, denn bei den Schwerpunkten handelt es sich um wissenschaftssystematisch nicht abgeleitete und somit allenfalls vage explizierte Themenkataloge.

Alles dies erinnert an die ersten Bemühungen um eine hochschulgebundene Journalistenausbildung zu Beginn dieses Jahrhunderts. Auch damals bildeten, wie zu sehen war, etablierte Universitätsfächer, die 'Ressortwissen' anbieten konnten, das Gerüst. Hinzu kamen dann als weitere curriculare Elemente Wissen zum Studium und zur Geschichte sowie (in deutlich geringerem Maße) praktische Übungen.

Ein Fach, das im wesentlichen auf der pragmatischen Addition von traditionellen Disziplinen wie Geschichte und Ökonomie beruht, ist aber noch keine Wissenschaft - ein Standpunkt, den auch Bücher mit Nachdruck vertrat:

---

[8] Solche Schwerpunkte finden sich auch in den Studienordnungen von Publizistik-Studiengängen (wie z. B. an der Universität Münster), welche die Journalistik als Studienrichtung institutionell verankert haben.

> [...] aus diesen Elementen eine besondere Wissenschaft der Journalistik zu bilden, die auf systematischen Charakter Anspruch hätte, liegt doch keine Veranlassung und Möglichkeit vor [...] Möglich, daß künftig die soziologische Erforschung des Zeitungswesens, welche noch kaum begonnen hat, die Bausteine zu einer solchen liefern wird; heute sind wir noch weit davon entfernt." (Bücher 1981b [zuerst 1915]: 100 f.)

Die Legitimation einer hochschulgebundenen Journalistenausbildung stand für Bücher aber außer Frage. Seinen skizzenhaften Ausführungen über "Journalisten-Vorbildung an Universitäten", die er im Juli 1909 verfaßte und 1912 publizierte, muß man entnehmen, daß er darin auch mehr sah als die Addition etablierter Universitätsfächer und praktischer Kurse. Er wandte sich deutlich gegen Vorstellungen vom Journalismus als Begabungsberuf und entwarf Pläne für Labore und Kurse an der Hochschule, in denen das journalistische Handwerk systematisch vermittelt werden sollte. Zu seinen Ideen gehörte dabei ebenso die Produktion von Zeitungsnummern in einer Lehrredaktion wie die frühzeitige Beschäftigung mit Zeitungstechnik und Zeitungsökonomie im Rahmen der Hochschulausbildung.

Recherche- und Vermittlungskompetenz beschrieb Bücher als zentrale Lernziele der Hochschulausbildung von Journalisten, die er damit aber auch als Adresse für ein Angebot verstand, das Studierende anderer Fächer nutzen könnten. Als Beitrag zur Identifizierung einer später zu etablierenden Disziplin 'Journalistik' kann aber auch Büchers Hinweis auf den Charakter journalistischer Tätigkeit verstanden werden: Daß es sich dabei im wesentlichen um eine reproduktive Tätigkeit handele, die einer Regelhaftigkeit unterliege. (Vgl. Bücher 1981a: 94 ff.)

Wenn man die Regeln dieser Tätigkeit lehren will, muß man sie zunächst mit Hilfe sozialwissenschaftlicher Methoden untersucht haben. Elemente einer Journalistik bilden also, wie schon Bücher erkannte, sowohl die systematische Untersuchung der Regelhaftigkeiten des Journalismus und ihrer Ursachen als auch die systematische Vermittlung seiner Regeln als 'Journalistenausbildung'.

Ein dreiviertel Jahrhundert nach diesen ersten Skizzen für eine hochschulgebundene Journalistenausbildung ist der Journalismus gewiß gründlicher erforscht als zu Büchers Zeiten (→ Kapitel 1.2.2). Die neue Journalistik hätte deshalb Mitte der siebziger Jahre die alten Ideen und Studienpläne mit neuen sozial- und kommunikationswissenschaftlichen Erkenntnissen anreichern und verknüpfen können. Doch dies geschah nur in Ansätzen und keineswegs auf der Grundlage einer Wissenschaftssystematik.

Diese wissenschaftssystematische Schwäche der Journalistik ist schon zu einem frühen Zeitpunkt der Diskussion über die Einrichtung von Journalistik-Studiengängen in der Bundesrepublik hervorgehoben worden. Heftigster Kritiker war der Münchner Kommunikationswissenschaftler Erhard Schreiber, der - in Leipzig - selbst Absolvent eines Journalistik-Studiengangs gewesen war. Er nannte seine Einschätzung der Lage im Jahre 1976, also zur Gründerzeit der neuen Journalistik, in einem Aufsatz "Das Elend der Journalistenausbilder" und beschrieb dieses Elend so:

> "Die überwiegende Mehrzahl der führenden deutschen Publizistik- und Kommunikationswissenschaftler ist auf Journalistenausbildung so gut oder so schlecht vorbereitet wie der Schuster von nebenan. Im Unterschied zu diesem bleiben sie nicht bei ihren Leisten." (Schreiber 1976: 33)

Schreiber monierte vor allem, daß von einem theoretisch entwickelten Curriculum bei der hochschulgebundenen Journalistenausbildung überhaupt keine Rede sein könne. Ein solches Curriculum hätte "logisch zwingend als Folge korrekter Analyse kommunikativer Realität" darlegen müssen, welche Funktion den Journalisten wesentlich zukomme und durch welche Kenntnisse und Fähigkeiten sie diese Rolle bestmöglich ausfüllen könnten. Der Autor resümmierte bissig:

> "Zu derart fundierten Plänen für 'wissenschaftliche' Journalistenausbildung, die, um deutlich zu Ende zu reden, nichts sind als Bluff, paßt ihr Ziel. Wer also soll nach dem Wunsche der Planer ausgebildet werden? Der 'Halbgebildete mit der Vogelperspektive'. Er sei der Journalistentyp der Zukunft, ein Ideal, das man heute noch nirgends finde. Er habe den 'groben Überblick über fünf bis sieben Fächer' - Jura, Ökonomie, Literatur- und Sprachwissenschaft, Psychologie, Soziologie und Politologie werden ganz ernsthaft genannt: ein anmaßender Dünnbrettbohrer kommt da auf uns zu, ein Schmock aus der 'akademischen' Retorte, ein Graus." (Ebd.: 37 f.)

Ein Jahrzehnt später lieferte Ruß-Mohl für diese Prognose, die von den Fachvertretern nicht weiter beachtet worden war, empirische Belege, als er seine Erfahrungen mit der Genese der Curricula - frei nach Wilhelm Busch - anhand des "Hühnerhof-Theorems" beschrieb. Als Gegenstände der Journalistik sei das definiert worden, was Hochschullehrer der Journalistik zum eigenen Arbeitsgebiet erklärt und damit als 'unverzichtbar' ausgewiesen hätten. (Vgl. Ruß-Mohl 1987) In einer Entgegnung präzisierte der Nürnberger Kommunikationswissenschaftler Franz Ronneberger, daß eine fachliche Diskussion über den Kanon der Studienfächer in der Journalistenausbildung in der Tat noch nicht begonnen habe. Zentrales Problem sei das Verständnis von Theorie und Praxis und seine Umsetzung in den Studiengängen. (Vgl. Ronneberger 1987)

Dieser Verzicht auf eine Identifizierung der Journalistik als wissenschaftliche Disziplin bedeutet, daß ein 'Paradigma Journalistik'[9] bisher nur in Umrissen erkennbar ist: durch institutionalisierte Formen und mehr oder weniger diffuse Forschungs- und Lehraktivitäten. So wundert es nicht, daß sich zwar viele Journalistik-Absolventen durchweg als praxistauglich erwiesen haben, das Fach, welches sie studiert haben, aber als akademische Disziplin profillos blieb. Hier werden Effekte des institutionellen Pragmatismus bei der Einrichtung der Journalistik-Studiengänge direkt spürbar[10].

Eine wissenschaftliche Disziplin ist gleichermaßen mehr und weniger als ein institutionalisiertes Hochschulfach - trotz der traditionellen Vernetzung von Wissenschaften und Universitäten in Deutschland (vgl. vom Bruch/Roegele 1986: 10). Sie muß von ihren Gegenständen her identifizierbar sein. Wirtschaftswissenschaft ist nicht dasselbe wie das Studienfach, welches es unter diesem Namen an den Universitäten gibt. Dasselbe gilt für Rechtswissenschaft, Soziologie und andere Wissenschaftsdisziplinen.

Die Etablierung eines Universitätsfaches bedeutet also noch keine Abgrenzung ihrer Gegenstände. Es kommt hinzu, daß Hochschulfächer auf Wissensbestände anderer Fächer zurückgreifen, ohne daß diese anderen Fächer dadurch institutionell integriert würden[11]. Zur Identifizierung der Journalistik und zur Systematisierung ihrer Gegen-

---

[9] 'Paradigma' soll dabei gar nicht im anspruchsvolleren Sinne eines in der Wissenschaftsgemeinschaft weitgehend konsentierten großformatigen Erklärungsmusters, das sich bewähren muß und ständig durch Substitution bedroht ist (vgl. Kuhn 1973), verstanden werden, sondern allgemeiner als wissenschaftlicher Orientierungskomplex, der über wissenschaftliche Gegenstände identifizierbar und über bestimmte Strukturen abgrenzbar wird.

[10] Der Hamburger Teilstudiengang zum Beispiel konnte innerhalb der Universität so wenig Ansehen gewinnen, daß dort die Wirtschaftswissenschaften die Journalistik als Nebenfach nicht zuließen. Im Verbandsorgan des Deutschen Journalistenverbandes hieß es deshalb: "Journalistik: Dünnes Brett" (Journalist 1987/10: 59 f.).

[11] Ein Beispiel: Wenn es für Wirtschaftswissenschaftler sinnvoll gehalten wird, Kenntnisse in Statistik und im Recht zu erwerben, so sind diese Fächer Teil eines "Studiengangs Wirtschaftswissenschaft", aber nicht Teil des Lehr- und Forschungsbereichs Wirtschaftswissenschaft. Analog ist in verschiedenen Journalistik-Studiengängen zum Beispiel ökonomisches und juristisches Sachwissen integriert worden; Wirtschafts- und Rechtswissenschaft fungieren hier als Hilfswissenschaften der Journalistik - und dies auch nur unter stark eingeschränkten, auf Anforderungen in bestimmten Ressorts reduzierten Aspekten.

stände genügt also nicht zu referieren, was sie als Hochschulfach an Lehrbereichen ausweist.

In erster Näherung wurde Journalistik als Wissenschaft vom Journalismus definiert, die ihre Erkenntnisse - als Journalistenausbildung - der journalistischen Praxis zur Verfügung stellt (→ Kapitel 1.1.1). Die Disziplin gehört damit zu den "synthetisierenden Wissenschaften", die

> "ganz bewußt danach streben, durch Entwürfe und Beratung in das aktuelle öffentlich-kommunikative Gesellschaftsgeschehen einzugreifen und damit am gesellschaftlichen Wandel unmittelbar mitzuwirken." (Rühl 1980: 298)

Damit wird ein Praxisbezug postuliert, der gewiß den im weitesten Sinne politischen Ansprüchen, die mit der Einrichtung des Fachs an der Universität verbunden wurden, entspricht. Er setzt das Fach unangemessenen Ansprüchen und Instrumentalisierungen durch die jeweils vorfindbare Medienpraxis aus. Um diesen Gefahren zu entgehen, unterscheidet der Bamberger Kommunikationswissenschaftler Manfred Rühl strikt zwischen Journalistik und Journalismus als unterschiedlichen Systemen - eine nicht nur terminologisch wichtige Klärung:

> "Journalistik als wissenschaftliches System und Journalismus als Anwendungssystem haben ihre je eigenen Funktionen, Strukturen und damit auch eigene Grenzen. [...] Betätigt sich jemand tagsüber als 'Journalist' und feierabends als 'Journalismusforscher', dann unterliegt sein Handeln den für das jeweilige System gültigen Regeln. Insofern kann er das durch die begrifflichen, methodischen und theoretischen Strukturen der wissenschaftlichen Journalistik ermittelte Wissen nicht ohne weiteres in den Journalismus transportieren, um es direkt anzuwenden. Umgekehrt erweisen sich auch die Begriffe, Techniken und Praktiken des angewandten Journalismus in der Regel als nicht wissenschaftsfähig [...] Daher bleibt ein unmittelbarer Transfer, etwa nach der Wunschvorstellung: aktuelle Journalismusprobleme in den Journalistikautomaten rein; anwendungsfertige Lösungen für den Journalismus raus, auch künftig unerfüllbar." (Rühl 1982: 369 f.)

Diese Differenzierung kann freilich nicht bedeuten, daß sich die Journalistik nicht auf Praxis einlassen sollte, wie es der Publizistikwissenschaft mit einer gewissen Berechtigung vorgeworfen wird. Sie muß vielmehr einen Praxisbegriff entwickeln, der wissenschaftlichen Ansprüchen gerecht wird, ohne den Blick auf die Gegenstände zu verstellen und den Anspruch einer Praxisanleitung im Rahmen hochschulgebundener Journalistenausbildung aufzugeben.

Um einen solchen Praxisbegriff hat sich der Soziologe und Journalist Holger Rust (1985a: 49 ff.) bemüht. Er unterscheidet dabei zwischen verschiedenen auf den Journalismus bezogenen Dimensionen von Praxis:

- ▲ Praxis der journalistischen Arbeitsfelder,
- ▲ Praxis der handwerklichen Fähigkeiten (u. a. Umgang mit Produktionstechniken, aber auch Recherche),
- ▲ Praxis der alltäglichen Handlungsorientierungen von Mediennutzern (Erfüllung der öffentlichen Aufgabe der Medien für die Bürger und ihre individuellen Kommunikationsbedürfnisse),
- ▲ Praxis des kommunikativen Handelns als idealtypischem Prozeß in der Gesellschaft (Beitrag zur Mündigkeit des Bürgers, zu seiner Meinungsbildung) und
- ▲ Praxis der Wissenschaft (was bedeutet jeweils wissenschaftliche Forschung und Lehre, hier: zum Journalismus?).

Erst aus einem solchen umfassenden Praxisbegriff ergebe sich "eine angemessene Bestimmung des Bezugsfeldes journalistischer Ausbildungsgänge an Universitäten" (ebd.: 58). Journalistik sollte nach Ansicht von Rust mehr leisten, als den Journalismus auf seine Regelhaftigkeit in handwerklicher und organisatorischer Hinsicht zu untersuchen. Gefragt werden müßte darüber hinaus in einem auf die Kommunikationsverhältnisse der Gesellschaft bezogenen Kontext, was Journalismus leistet und wie Journalismus wirkt und unter welchen Bedingungen er dies tut. Daraus wären dann wiederum Schlüsse für die Praxis vermittelter Kommunikation zu ziehen.

Das wissenschaftliche System Journalistik als Lehr- und Forschungsbereich bewegt sich somit stets auf zwei Ebenen, die seine Identität bestimmen: der theoretisch-empirischen und der praktisch-normativen. Auf der theoretisch-empirischen Ebene wird Wissen über den Journalismus beschafft und reflektiert; insofern ist die Journalistik ein Fach, das in besonderem Maße auf kommunikationswissenschaftliche Ansätze und Methoden zurückgreifen muß. Auf der praktisch-normativen Ebene sind Regeln für nützliche und glaubwürdige Kommunikationsleistungen zu entwickeln und anzuwenden; insofern dient die Journalistik der Journalistenausbildung. Diese erste Identifizierung soll später näher erläutert und zu einer Systematik hin weiterentwickelt werden.

1.1.4 'Sozialistische Journalistik' (Exkurs)

Der Begriff 'Journalistik' hatte, wie gezeigt wurde, eine wechselhafte Geschichte zwischen Zeitungswissenschaft und Journalismus hinter sich, ehe er in Westdeutschland Mitte der siebziger Jahre für die Institutionen der hochschulgebundenen Journalistenausbildung Verwendung fand. Erst seither wird die Journalistik eindeutig als wissenschaftliches Fach im Schnittfeld von Kommunikationswissenschaft und journalistischer Praxis verstanden.

In den Diskussionen, die dieser Namensgebung vorausgingen, spielte die Leipziger "Sektion Journalistik der Karl-Marx-Universität" eine Doppelrolle: einerseits als Muster einer systematischen überbetrieblichen Journalistenausbildung, andererseits als abschreckendes Beispiel für eine zentralisierte Indoktrination künftiger Kommunikatoren.[12]

Auch in Ostdeutschland kam aber nach der Etablierung des Fachs im Jahre 1954 keineswegs ein 'Paradigma Journalistik' zustande. 1945, nach dem Zusammenbruch des 'Dritten Reiches', war es zunächst einmal um die Abrechnung mit der faschistischen Vergangenheit der bürgerlichen Zeitungswissenschaft gegangen, die sich zuletzt 'Publizistik' genannt hatte. Ausgerechnet von Leipzig aus, wo diese von den Nationalsozialisten instrumentalisierte Publizistik ihre Hochburg hatte (vgl. Hachmeister 1987: 42 ff.), wurde dann die Entwicklung einer marxistisch-leninistischen Zeitungswissenschaft und später eines Fachs 'Journalistik' gestartet. Sein Nestor Hermann Budzislawski beschrieb später die Anfänge folgendermaßen:

> "Bei der Wiedereröffnung der Leipziger Universität im Jahre 1946 schien es unvermeidlich, daß zunächst an die alte bürgerliche Scheinwissenschaft von der Publizistik angeknüpft und daß unter Erneuerung die Einbeziehung inzwischen mächtig entwickelter amerikanischer Forschungsmethoden verstanden wurde. Aber dieser Versuch geriet schnell mit den objektiven Notwendigkeiten unserer gesellschaftlichen Entwicklung in Widerspruch. Aus der alten Publizistik, deren schadhafte Stellen mit Fetzen neuer amerikanischer Zeitungswissenschaft zugedeckt wurden, ließ sich keine Lehre für den Aufbau einer sozialistischen Presse neuen Typs anleiten, das aber war es, was wir brauchten. Die kritische Sichtung ergab, daß die im Imperialismus entstandene bürgerliche Presselehre trotz bestimmter wertvoller Einzelergebnisse und brauchbarer Materialsamm-

---

[12] Lutz Hachmeister schreibt dazu in seiner Münsteraner Dissertation über die Fachgeschichte der Kommunikationswissenschaft in Deutschland: "Jahrzehntelang blickten bundesdeutsche Fachvertreter besorgt und fasziniert zugleich nach Leipzig: die personelle und sachliche Kapazität der Fak. Jour. blieb im Westen Desiderat." (Hachmeister 1987: 69 f.) Die Leipziger Verhältnisse waren freilich nur wenigen der Personen, die über die westdeutsche Journalistik zu entscheiden hatten, bekannt - oder aber die vorhandenen Informationen wurden im Rahmen der Gesellschaftsordnung der DDR interpretiert und akzeptiert. So erwies sich der Name des Leipziger Instituts letztlich nicht als Hypothek für die neuen westdeutschen Einrichtungen.

lungen insgesamt nicht Grundlage unserer Arbeit sein konnte [...]" (Budzislawski 1962: 45)

Anfangs stocherte man an derselben Stelle, wo Karl Bücher dreißig Jahre zuvor das erste Institut für Zeitungskunde gegründet hatte, noch im Nebel. Man war auf der Suche nach den Gegenständen, Theorien und Methoden einer eigenständigen sozialistischen Pressewissenschaft. Zunächst geschah das im 1946 neu gegründeten "Institut für Publizistik" in Leipzig, aus dem später das "Institut für Publizistik und Zeitungswissenschaft" wurde. Das war noch kein eigenständiges Fach nach den Vorstellungen einer neuen Gesellschaft. Journalistik als Wissenschaft wurde erst ins Gespräch gebracht, als ab Herbst 1951 Journalistenausbildung nach dem Vorbild der Sowjetunion an der Hochschule betrieben werden sollte. Daran orientierte man sich dann bei der Entwicklung einer "Wissenschaft von der Journalistik in der DDR".

Die sowjetische Journalistenausbildung besaß damals einen Vorsprung von einigen Jahren, denn an der Leningrader Philosophischen Fakultät gab es schon seit 1946 ein Institut für Journalistik. 1948 war an der Philologischen Fakultät der Moskauer Lomonossow-Universität eine ähnliche journalistische Abteilung eingerichtet worden. Aus ihr ging 1952 die "Fakultät für Journalistik" hervor, die aus fünf Instituten bestand. Weitere journalistische Fakultäten der Sowjetunion wurden in Kiew und Lwow gegründet. (Vgl. Kunze 1978: 44 ff., Traumann 1971: 86 ff.)

Im September 1954 kam es dann zur Gründung der "Fakultät für Journalistik" (später: "Sektion Journalistik"[13]) an der Universität Leipzig, der später als 'Rotes Kloster' etikettierten Kaderschmiede des sozialistischen Journalismus in der DDR. Damit ging man ganz bewußt von der Namensgebung der früheren Institute ab. 'Publizistik' und 'Zeitungswissenschaft' schienen zu sehr durch die nationalsozialistische Vergangenheit, aber auch durch die schon damals deutlich werdende 'bürgerliche' Forschungspraxis in der Bundesrepublik belastet. 'Zeitungswissenschaft' wurde ohnehin als zu eng angesehen, da sie nur den Forschungsgegenstand Presse umfaßte. Die Bezeichnung 'Publizistik' kam nicht in Frage, denn man wollte keine 'Publizisten' ausbilden und zog daraus - anders als in Westdeutschland - auch terminologisch die Konsequenz.

---

[13] Im Zuge der III. Hochschulreform der DDR 1968/69, bei der die Universitäten den letzten Rest ihrer Autonomie verloren, wurden die Fakultäten in Sektionen umgewandelt; seit 1969 hieß die Leipziger Einrichtung deshalb "Sektion Journalistik der Karl-Marx-Universität".

Am Ende entschied man sich für die Bezeichnung 'Journalistik'; in einem solchen Fach sollten vor allem auch technische, organisatorische und auf die politische Aufgabenstellung gerichtete Aspekte des Journalismus berücksichtigt werden. Dies war aber zunächst nur eine negative Abgrenzung, allenfalls eine erste Annäherung. Erst in der Folgezeit machten sich die Verantwortlichen daran, 'Journalistik' näher zu identifizieren - auch hier mit geringem Erfolg. Erneut - wie bei den Versuchen in der ersten Hälfte dieses Jahrhunderts - suchte man nach "Säulen" der Journalistik und entschied sich für "Pressegeschichte", "Theorie der Presse" und "Methodik der Pressearbeit". Allgemein wurde der Journalistik die Aufgabe zugewiesen, Theorie und Praxis zu verbinden. Dabei wurde aber der alte Fehler wiederholt, keine eindeutige begriffliche Unterscheidung zwischen dem Gegenstand und der mit ihm beschäftigten Wissenschaft vorzunehmen.

Eine wissenschaftlichen Ansprüchen genügende Klärung des Begriffs 'Journalistik' konnte so in den Jahren nach Gründung des Leipziger Instituts nicht zustandekommen - und war wohl wegen der Zielvorgaben durch das Anwendungssystem 'Sozialistischer Journalismus' (vgl. Raue 1986) auch gar nicht beabsichtigt. Einige Jahre später wurde der Terminus 'Journalistik' in der neuen "Zeitschrift für Journalistik" (1960/1: 3) zwar definiert als "Wissenschaft von den Gesetzmäßigkeiten der Entstehung und der Entwicklung der Presse (und auch des Funks, des Fernsehens und der filmischen Publizistik) und ihrer Funktionen und der Gesetzmäßigkeiten ihrer Wirkungsweisen." Doch in derselben Zeitschrift (1962/3: 26-44) gab es dann einen Aufsatz über "bürgerliche und proletarische Journalistik im Vormärz", in welchem der Begriff wieder auf den Gegenstandsbereich, also die Presse und den Journalismus jener Zeit, bezogen wurde.

Klarheit sollte dann das Lehrbuch "Sozialistische Journalistik" bringen, das Hermann Budzislawski, der wichtigste Fachvertreter, 1966 vorlegte. Budzislawski hatte vor dem Krieg u. a. als Redakteur an Carl von Ossietzkys WELTBÜHNE gewirkt, war in den dreißiger Jahren in die USA emigriert und 1948 zur Universität Leipzig gekommen, wo seine Publizistik-Professur zunächst dem Lehrstuhl für Internationales Pressewesen der Gesellschaftswissenschaftlichen Fakultät angegliedert wurde. Eindeutigkeit stellte aber auch Budzislawski nicht her, denn zur Bezeichnung der Wissenschaft verwandte er in seinem Lehrbuch gleichermaßen die Begriffe "Journalistik" und "Journalistikwissenschaft".

In diesem Lehrbuch der Journalistik - dem dritten, wenn man Wredes "Handbuch" aus dem Jahre 1902 und Groths "Die Zeitung" mitrechnet - wird aber der Schwerpunkt nun eindeutig auf die Begründung eines eigenständigen wissenschaftlichen Fachs gelegt. Budzislawski definiert diese Journalistik als Gesellschaftswissenschaft, welche die Aufgabe habe, "die journalistischen Medien, also insbesondere die periodischen Publikationsmittel, und die journalistische Arbeit unter mannigfaltigen Gesichtspunkten zu untersuchen" (Budzislawski 1966: 46).

In Leipzig wird die 'Sozialistische Journalistik' nun eindeutig als Zweig der marxistisch-leninistischen Gesellschaftswissenschaften verstanden, der die Entwicklung, die Theorie und Praxis gesellschaftlicher Kommunikation, insbesondere der Massenmedien, untersucht, um verändernd auf die Praxis einzuwirken (vgl. Traumann 1971: 5). Doch trotz umfangreicher Bemühungen, diese Zuständigkeit aus dem Marxismus-Leninismus zu begründen und auf dieser Basis mit Leben zu füllen, wirkt die Zusammenstellung ihrer Gegenstände bei Budzislawski eher wie ein Warenhauskatalog:

> "Der Gegenstand unserer Wissenschaft umfaßt 1. die Geschichte des Journalismus, die Erforschung der konkreten journalistischen Erscheinungen; 2. die darauf aufbauende Theorie des Journalismus und die Nutzbarmachung dieser Theorie für die Praxis des sozialistischen Journalismus. Darunter fallen u. a. folgende Probleme: Gegenstand und Methode des Journalismus, die Probleme des Aktuellen und der Operativität, gesetzmäßige Zusammenhänge zwischen der allgemeinen gesellschaftlichen Entwicklung des Journalismus; Funktionen und Wirkweise der verschiedenen Typen von Publikationsmitteln im Klassenkampf - vor allem Prinzipien und Grundfunktionen der sozialistischen Presse; Arbeitsteilung, Zusammenwirken und Konkurrenz von Presse, Rundfunk und Fernsehen im Sozialismus und im Kapitalismus; Ethik des Journalisten; Organisation der Teilnahme der Massen an der Gestaltung der Publikationsmittel; Informationspolitik des sozialistischen Staates; die differenzierte Konzeption der einzelnen journalistischen Organe und ihr Zusammenwirken im sozialistischen Pressesystem; Methoden der journalistischen Arbeit in verschiedenen Bereichen wie Außenpolitik, Wirtschaft, Landwirtschaft, Kultur, Lokales, Wissenschaft; Genres, Stilprobleme; Typographische und bildjournalistische Gestaltung; die Spezifika des Rundfunk- und des Fernsehjournalismus und deren technische Gestaltung; Leitung und Planung der redaktionellen Arbeit, Wirkungsforschung." (Budzislawski 1966: 46 f.)

TEXT 1-2

Wolf Biermann und die Wahrheit

Es gab noch einen Studenten am Berliner Ensemble, Wolf Biermann. Er duzte mich gleich. Es war üblich, daß Genossen Nicht-Genossen siezten, aber Wolf Biermann duzte jeden. "Wo kommst du her?"
"Aus Leipzig. Und du?"
"Aus Hamburg. Aber ich lebe seit 1953 in der DDR."
"Was studierst du?"
"Politische Ökonomie."
"Was willst du werden, Wolf? Regisseur?"
"Weiß ich nicht. Ich seh mich erstmal um. Hast du Pläne für die Zukunft?"
"Natürlich. Ich werde Journalist."
"Natürlich ist gar nichts."
"Wenn man sein Staatsexamen praktisch in der Tasche hat, ist das natürlich."
"Was weißt du, was kommt."
"Alles ist zu planen."
Ihn störte meine Sicherheit, mit der ich meine Antworten parat hatte. Ich ärgerte mich, daß er nichts gelten lassen wollte, auch die einfachsten Sachen in Frage stellte. Wir stritten uns, wenn wir uns sahen, aber wir stritten uns mit Wonne. Wir sahen uns täglich zu den Proben des "Guten Menschen". Sagte ich etwas, wandte er ein: "Denk nochmal nach!"
"Da gibts nichts nachzudenken."
"Nur mit Nachdenken kommst du dahinter."
"Wolf, warum machst du es dir eigentlich so schwer. Lern doch die Antworten."
"Welche Antworten?"
"Die Antworten, die zu den Fragen gehören. Wir lassen nur Fragen zu, auf die wir die Antworten kennen."
"Ich versuch, die Antworten zu finden."
"Wolf, du verrennst dich. Es gibt nur eine Antwort, das ist die Antwort, die der Parteilinie entspricht."
"Und bei einer neuen Parteitaktik?"
"Gibt es eine neue Antwort."
"Was nützt mir die taktische Antwort, ich will die Wahrheit."
"Die gibt es nicht. Wahrheit besteht aus Taktik. Die ganze Wahrheit zuzulassen, würde dem Klassenfeind Spielraum einräumen."
"So kann man nicht leben, Brigitte, sich mit Teilwahrheiten zufriedenzugeben."
"Das ist besser, als dem Klassenfeind Argumente in die Hand zu spielen."
"Wenn ihr so weitermacht, ihr Journalisten, bricht euch eines Tages alles zusammen. Die Taktik schließt die Lüge ein, wenn das der Taktik nützt. Und wenn die Lüge dann ans Licht kommt?"
"Was ist Wahrheit - was ist Lüge? Wir wollen etwas durchsetzen, unsere Arbeiter- und Bauernmacht stabilisieren, da klammern wir aus, was Leute nicht wissen sollen, was sie irritieren könnte. Wir decken es zu mit Argumenten oder bezeichnen das als gut, was gut ist - ohne das andere zu nennen. Das ist Journalismus, sozialistischer Art."
"Die Lüge bei euch, Brigitte, die liegt im Verschweigen. Mit dieser Art Journalismus kannst du mir gestohlen bleiben."

(aus: Brigitte Klump: Das rote Kloster, München 1991 [zuerst 1978]: 213 f.)

Diese willkürliche Aufzählung von Gegenständen bzw. Themen einer 'Sozialistischen Journalistik' konnte nicht die Grundlage für eine fachwissenschaftliche Systematik sein, die sich in ein tragfähiges Curriculum umsetzen ließ. Auf der anderen Seite wurden die Schwerpunkte der Ausbildung aber auch deshalb ganz bewußt allgemein gehalten, um das Studium veränderten politischen Zielvorgaben problemlos anpassen zu können[14]. Denn die Einrichtung war der Abteilung Agitation und Propaganda beim Zentralkommitee der SED direkt unterstellt und wurde politisch am kurzen Zügel geführt.

Brigitte Klump, die von 1953 bis 1957 in Leipzig Journalistik studiert und Jahre später über diese Zeit einen bewegenden Erlebnisbericht geschrieben hat, nennt die Neuauflage ihres Buches "Das rote Kloster" im Untertitel sogar die "Kaderschmiede des Stasi". Sie beschreibt darin ungeheure Repressionen, denen die Studierenden dort - zumindest in der Zeit des Kalten Krieges - ausgesetzt waren. (Vgl. Klump 1991)

Der Einfluß der Leipziger Journalistik, wo für zwei von drei DDR-Journalisten der Berufsweg begann und in dreieinhalb Jahrzehnten mehr als 5.000 Diplome ausgestellt wurden, auf den ostdeutschen Journalismus und seinen Wahrheitsbegriff (→ Text 1-2) kann gewiß kaum überschätzt werden (vgl. Hoff 1990: 393). Doch obwohl die Einrichtung der direkten Kontrolle der Partei unterstand, waren die politischen und journalistischen Leitungskader der DDR mit den Praxisleistungen des Instituts alles andere als zufrieden. Moniert wurde vor allem immer wieder die unzureichende Umsetzung und Anwendung von Erkenntnissen zum Bereich der 'journalistischen Methodik'[15]. Die Kritik, welche der SED-Funktionär Albert Norden im April 1959 an der damaligen Leipziger Fakultät für Journalistik übte, hätte in ihrem Stil freilich auch von einem westdeutschen Medienpraktiker stammen können, der sich mit den Ausbildungsleistungen der Publizistikwissenschaft beschäftigt. Norden monierte, daß die Fakultät für Journalistik

> "gegenwärtig hinter den Erfordernissen der Stunde noch zurückbleibt. Das betrifft sowohl die Lehr- wie die Forschungstätigkeit. Die Absolventen, die heute die Fakultät verlassen, sind ungenügend für die journalistische Praxis ausgerüstet. Sie be-

---

[14] Beispielhaft zeigt dies der ab 1975 gültige Studienplan der Leipziger Sektion, der folgende Schwerpunkte enthielt: Grundlagen des Marxismus-Leninismus, Geschichte, Gesellschaftsaufbau und Politik im Sozialismus, Theorie im Journalismus, Journalistische Methodik, Journalistischer Arbeitsprozeß, Fachjournalismus (vgl. Studienplan für die Grundstudienrichtung Journalistik (Nomenklatur-Nr. 770), Berlin, Mai 1974: 3 ff.).

[15] Darunter wurden die Darstellungsformen (Genres) verstanden.

herrschen zwar die Geschichte der Presse und haben manche Formeln über Leitartikel, Kommentar usw. gelernt, aber über solche praktischen Kenntnisse, die es ihnen ermöglichen, streitbar, schnell und klar, mit gründlicher Sachkenntnis [...] zu schreiben, verfügen sie oft nur in höchst ungenügendem Maße." (zit. n. Walther 1964: 12)

Solche Attacken führten dazu, daß als Hauptaufgabe der marxistisch-leninistischen Journalistik allmählich begriffen wurde, Erkenntnisse zum sozialistischen Journalismus in die Medien zu tragen und Forschung damit auf direktem Wege zu instrumentalisieren[16]. Praxisorientierung sollte zudem durch den Aufbau eines umfassenden Übungssystems im Rahmen von Lehrredaktionen realisiert werden.

Große Anstrengungen widmete man weiter dem Bemühen, eine Theorie des 'Sozialistischen Journalismus' direkt aus dem Werk von Marx, Engels und Lenin abzuleiten. 1975 legte die Sektion die deutsche Übersetzung einer grundlegenden Arbeit des sowjetischen Journalistik-Wissenschaftlers S. M. Gurjewitsch vor. Darin werden "Das Wesen des Journalismus" und zum Beispiel auch "Organisatorische Grundlagen der Redaktionsarbeit" direkt auf Fundstellen in den Schriften der Klassiker des Kommunismus bezogen. Einen Schwerpunkt bildet dabei "Die Ausarbeitung der Genretheorie der proletarischen Presse". Im auffälligen Widerspruch zur vorher dargelegten ontologischen Betrachtungsweise des marxistischen Journalismus als "objektiv real" existierend werden diese Genres als "sich ständig entwickelnde Erscheinungen" betrachtet. (Vgl. Gurjewitsch 1975: insbes. 39 ff., 285 ff.)

Die Genreforschung war ein Schwerpunkt der wissenschaftlichen Arbeit in Leipzig - in deutlicher Abgrenzung von der Stilformenkunde in der 'bürgerlichen' Publizistikwissenschaft:

"Der marxistische Genreforscher flüchtet sich nicht (wie der bürgerlich-idealistische Zeitungswissenschaftler) in Formenkunde, um Klassenbedingtheit und politisch-ideologischen Grundcharakter der journalistischen Inhalte zu verschleiern. Er anerkennt das Primat des Inhalts. Darunter versteht er nicht, die journalistischen Genres nach willkürlich festgelegten inhaltlich-sachlichen Gesichtspunkten schematisch zu rubrizieren. Gen-

[16] Anregungen zum Forschungstransfer gab z. B. der "Rat für journalistikwissenschaftliche Forschung". Sein Mitglied Rudi Röhrer, stellvertretender Chefredakteur der LEIPZIGER VOLKSZEITUNG, veröffentlichte in der Zeitschrift Neue Deutsche Presse (Nr. 21, Nov. 1973: 23) einen Aufsatz mit dem Titel: "Vom Nebeneinander zum effektiven Miteinander. Wie journalistikwissenschaftliche Forschungsergebnisse schneller in die Praxis übergeleitet werden können."

res sind nur Mittel zum inhaltlichen Zweck. Solche Klassifikationen sind für die journalistische Praxis unbrauchbar.

Wenn die Genreforschung tatsächlich einen Sinn haben soll, dann den, dem Journalisten jene Gesetzmäßigkeit bewußt zu machen, denen sein Schaffen unterliegt, um ihn zu einer vollkommeneren Beherrschung des journalistischen Instrumentariums zu befähigen." (Walther 1964: 87)

Insbesondere auf ihre bis dahin recht gut ausgearbeitete "journalistische Methodik" (Blumenauer et al. 1988) setzten die Verantwortlichen der Sektion dann auch, als im Winter 1989/90 die wissenschaftliche Wende zu vollziehen war. Man benannte die Hauszeitschrift "Theorie und Praxis des sozialistischen Journalismus" in "Diskurs" um und ließ darin "Pluralismus" anstelle von Marxismus-Leninimus als neue "theoretische Prämisse" ausrufen (vgl. Diskurs 1990/1: 2 ff.). Schon Anfang 1990 wurden neue Studienprogramme und ein neuer Studienführer vorgestellt, die der Leipziger Journalistik eine gewendete Identität verleihen sollten.

Sechs Studiengänge waren geplant. Neue curriculare Kästchen wie "Soziologie der Massenkommunikation" und "Psychologie der Massenkommunikation" sollten den Eindruck einer kommunikationswissenschaftlichen Einrichtung nach westlichem Muster erwecken, die ohne die frühere Verschulung auskommt. Gleichzeitig wurden verschiedene "Lehrhefte zur journalistischen Methodik" neu herausgegeben. Verstärkt bemühten sich die Dozenten der Sektion auch um Kontakte zur westdeutschen Kommunikationswissenschaft[17].

Vor allem aber wurde in Veröffentlichungen von Leipziger Lehrenden immer wieder auf den traditionellen Praxisbezug des Studiums verwiesen und auf das doch beachtliche handwerklich-journalistische

---

[17] Neben dem Besuch von Fachkongressen im westlichen Ausland muß hier das "Leipziger Seminar zur akademischen Journalistenausbildung" im Mai 1990 hervorgehoben werden, an dem zahlreiche westdeutsche Fachvertreter der Kommunikationswissenschaft und Journalistik teilnahmen. Auch dabei propagierte die Leipziger Sektionsleitung ihre Auffassung, man könne künftig "durchaus auch an Leistungen der Vergangenheit anknüpfen". Die westdeutschen Gäste, denen (zu) spät der Gedanke gekommen war, ihr Aufenthalt könnte politisch instrumentalisiert werden, reagierten zum Teil reserviert: "Unverhohlen wurde die Frage vorgetragen, ob nicht Leipziger Wissenschaftler aus dem Eingeständnis von Fehlern und Irrtümern die Konsequenz des Rücktritts ziehen müßten. Die Sorge erhielt Ausdruck, man könnte als Gast des Seminars unversehens an der Rettung einer Institution mitwirken, die man über Jahrzehnte hinweg für fragwürdig gehalten habe." (Vgl. Diskurs 1990/3: 173-177, Zitate: 174 f.).

Niveau ihrer Ausbildungseinrichtung[18]. In einem durchaus (selbst-) kritischen Rückblick, den ein Dozent für die Zeitschrift "Rundfunk und Fernsehen" verfaßte, hieß es, die dreieinhalb Jahrzehnte der Leipziger Journalistik stellten sich "als beharrliche Suche nach optimalen Ausbildungsformen und -inhalten für eine im Dienst des Systems instrumentalisierten Journalismus dar, deren Ergebnisse sehr differenziert zu werten sind" (Grubitzsch 1990: 402). Denn in den letzten Jahren sei das kritische Problembewußtsein gewachsen und damit hätten auch die Akzeptanzprobleme zugenommen:

> "Als weiteres Merkmal vergangener Jahre ist nicht zufällig angestrengtes Mühen um kommunikationstheoretische Neuansätze zu vermerken. Mögen sie sich - auf Verbesserung im Rahmen des Systems zielend - auch heute bescheiden ausnehmen, im Hörsaal fanden ungewohnte demokratietheoretische Überlegungen und globale Sichten ein dankbares Auditorium, während den Manuskripten der Weg zur Publikation höheren Orts zunehmend versperrt wurde." (Ebd.: 404)

Doch die Hoffnung der Leipziger Dozenten auf eine neue Chance erwies sich als trügerisch. Die Neuorientierung der Sektion hinkte der (wissenschafts-) politischen Entwicklung hinterher. Wer bei der deutsch-deutschen Vereinigung zu spät kam, den bestrafte die 'Abwicklung'. Im Frühjahr 1991 kam das Aus für die Sozialistische Journalistik in Leipzig. Um einen Farbwechsel des 'Roten Klosters' sicherzustellen, beauftragte die christdemokratische Regierung des Freistaates Sachsen einen westdeutschen Gründungsdekan mit dem Aufbau einer kommunikationswissenschaftlichen Einrichtung. Die Journalistik sollte darin nur noch einer von mehreren Schwerpunkten sein.

Gemeinsam ist den alten wie den neuen Verantwortlichen die Überzeugung, daß die künftige Leipziger Journalistik vom Geist Karl Büchers getragen sein soll[19]. Bücher wollte - so läßt sich aus seinen Schriften schließen - kritische, kompetente Journalisten ausbilden lassen, denen die Marktzwänge der Medienproduktion bewußt sind; und

---

[18] Dies wurde in der Umbruchphase z. B. auf folgende Weise als Pfund verkauft, mit dem man in der Zukunft wuchern könne: "Wir sehen das Bewahrenswerte vor allem in der Verbindung von wissenschaftlich fundiertem Gestaltungswissen mit praktischen Übungen und im Training journalistischer Fertigkeiten durch ein enges Zusammenspiel von Universität und journalistischer Praxis." (Herden/Preisigke 1990: 431)

[19] Zu den ersten Aktivitäten nach der Neugründung des "Fachbereichs Kommunikations- und Medienwissenschaften/Journalistik/Öffentlichkeitsarbeit" gehörte die Veranstaltung eines "Karl-Bücher-Symposions" im November 1991.

Kommunikationswissenschaftler, welche die Regelhaftigkeit der Aussagenentstehung im Auge haben und nicht der Versuchung erliegen, den Journalismus unzulässig zu individualisieren.

1.2 Der Gegenstand: Journalismus

1.2.1 Begriffliche und methodische Probleme

Journalistik beschäftigt sich theoretisch-empirisch und praktisch-normativ mit dem Journalismus (→ Kapitel 1.1.3). Das Fach analysiert Bedingungen und Folgen der Aussagenentstehung in den Massenmedien und stellt Wissen darüber im Rahmen von Journalistenausbildung bereit. Damit widmet es sich einem Gegenstand, der wissenschaftlich nur schwer bestimmbar ist.

Im Alltagsverständnis wird als 'Journalismus' die Tätigkeit von Personen bezeichnet, die man als 'Journalisten' kategorisiert. Diese Vorstellung korrespondiert durchaus mit Definitionsversuchen, die in den Lexika der Publizistikwissenschaft und in anderen Darstellungen angeboten werden. Doch dieser kleine Nenner, auf den der Begriff gebracht wird, fällt weit hinter die Idee zurück, welche schon vor 150 Jahren entwickelt wurde und heute nur noch von einer Fachrichtung, die sich irreführend "Zeitungswissenschaft" nennt, vertreten wird (vgl. z. B. Wagner 1988): Journalismus als Zeitgespräch einer Gesellschaft mit allen ihren aktuellen Stimmungen und Widersprüchen zu verstehen. "Im Journalismus", schrieb Robert Prutz im Jahre 1845, "liegen die geheimsten Nerven, die verborgensten Adern unserer Zeit sichtbar zu Tage." (Prutz 1845: 7). Journalismus wird hier als sozialer Prozeß verstanden; die Journalisten als Moderatoren dieses Zeitgesprächs sind dabei für Prutz zunächst gar nicht der Rede wert. Von diesem umfassenden, wenngleich auch schwer handhabbaren Journalismusbegriff hat sich die Wissenschaft auf Grund ihrer medienzentrierten Perspektive dann immer weiter entfernt (→ Text 1-3).

Die spätere Reduzierung des Journalismus auf das Tun von Journalisten lag freilich in der Logik der zuständigen Wissenschaft, die sich vor allem mit den Eigenschaften großer Persönlichkeiten bei der Presse beschäftigte. Dies verstellte den Blick auf die sozialen, politischen und ökonomischen Bedingungen, die jeweils festlegen, was Journalismus ist und welche Folgen Journalismus hat. Bekanntester Vertreter eines solchen 'Praktizismus' war der Zeitungswissenschaftler Emil Dovifat (vgl. Rühl 1980: 25 ff.; Hachmeister et al. 1983).

TEXT 1-3

Journalismus/Journalist: Definitionsversuche

"Der Journalismus überhaupt, in seinen vielfachen Verzweigungen und der ergänzenden Mannigfaltigkeit seiner Organe, stellt sich als das Selbstgespräch dar, welches die Zeit über sich selber führt. Er ist die tägliche Selbstkritik, welcher die Zeit ihren eigenen Inhalt unterwirft; das Tagebuch gleichsam, in welches sie ihre laufende Geschichte in unmittelbaren, augenblicklichen Notizen einträgt. Es versteht sich von selbst und bei den persönlichen Tagebüchern, welche wir etwa führen, geht es uns ja ebenso, daß die Stimmungen wechseln, daß Widersprüche sich häufen und Wahres und Falsches ineinanderläuft. Aber immerhin, das Wahre wie das Falsche, hat einmal seine, wenn auch nur theilweise, nur scheinbare Berechtigung gehabt; es ist immerhin ein Erlebtes und, in seiner Irrthümlichkeit selbst, ein Moment unsrer Bildung, mithin auch ein Moment unsrer Geschichte. Im Journalismus daher, trotz dieser, ja eben wegen dieser schwankenden, flüchtigen Natur, liegen die geheimsten Nerven, die verborgensten Adern unsrer Zeit sichtbar zu Tage. Wir treten, indem wir uns in die vergelbten Jahrgänge alter Zeitungen vertiefen, wie in eine Todtenstadt, ein anderes Pompeji, in welchem wir ein längst entschwundenes Geschlecht plötzlich, als ob wir das Rad der Zeit zurückbewegen könnten, in der ganzen Unmittelbarkeit seines täglichen Daseins, im Innersten seiner häuslichen Zustände überraschen."

(Robert E. Prutz: Geschichte des deutschen Journalismus, Erster Teil, Faksimiledruck nach der 1. Auflage von 1845, Göttingen 1971: 7)

"Journalist (im weiteren Sinne) kann genannt werden, wer für Zeitungen und Zeitschriften gewerbemässig Aufsätze oder kleinere Beiträge liefert oder bearbeitet. Es würden also hierher gehören: Redakteure; Korrespondenten; ständige Mitarbeiter eines oder mehrerer Blätter; freie Schriftsteller, die nach Lage des Falls diesem oder jenem Blatt Artikel aktuellen Inhalts senden; Reporter, Rechercheure u. s. w. [...] Journalismus ist die Gesamtheit derjenigen beruflichen Beziehungen, die sich aus der geistigen Mitarbeiterschaft an Zeitungen ergiebt."

(Richard Wrede: Grundbegriffe, in: ders. (Hrsg.): Handbuch der Journalistik, Berlin 1902: 3 f.)

"Unter Journalismus umgreift heute der breite Sprachgebrauch die gesamte geistige Leistung in Ztg. und Zs. Sprachlich knüpft die Bezeichnung an das 'Journal' an, ein Begriff, der nach französischer Mode schon im 17. Jh. das schöne deutsche 'Tagzitbuch' überwand und im 18. Jh. die Bezeichnung für die Zs. wurde. Von dort her wanderte sie zu Anfang des 19. Jhs mit dem Übergang des Gesinnungskampfes von der Zs. zur Ztg. Die deutsche Bedeutung des Begriffs ist, zunächst ganz allgemein gesprochen, die tagesgebundene Sammlung, verantwortliche Verarbeitung und öffentliche Verbreitung gemeinschaftswichtiger Nachrichten durch die Ztg. Die Träger dieser Arbeit heißen 'Journalisten'. Jetzt werden sie in Deutschland 'Schriftleiter' genannt. Vorher trugen sie den heutzutage entehrenden Namen 'Zeitungsschreiber', noch früher den schon vergessenen Namen 'Zeitunger'."

(Emil Dovifat: Journalismus, in: Handbuch der Zeitungswissenschaft, Bd. 2, Leipzig 1940: Sp. 1955)

"Journalismus
Ausgeprägt klassenmäßig bestimmte Institution des politischen Überbaus der Gesellschaft, zugleich geistig-praktische politische Tätigkeit der periodischen und öffentichen Verbreitung politisch aktueller Information und Argumentation.
Der J. stellt jene Massenkommunikation her, derer die Gesellschaft oder die sozialen Klassen bedürfen, um unter den Bedingungen hochentwickelter und universeller gesellschaftlicher Beziehungen, raschen Entwicklungstempos der Gesellschaft sowie der Einbeziehung großer Massen in die Klassenauseinandersetzung bzw. in die Gestaltung der gesellschaftlichen Verhältnisse entsprechend dem jeweiligen Klasseninteresse das gesellschaftliche Verhalten der Massen und den ideologischen Klassenkampf zu lenken und zu organisieren. Zur Realisierung seiner Überbaufunktion bedient sich der J. bestimmter Bereiche der materiell-technischen Basis der Gesellschaft wie Verlage, Druck- und Vertriebseinrichtungen, Sende- und Übertragungseinrichtungen. [...]
Journalist
Haupt- oder freiberuflicher redaktioneller Mitarbeiter von Zeitungen, Zeitschriften, Nachrichtenagenturen, Rundfunk und Fernsehen.
Der sozialistische J. ist Funktionär der Partei der Arbeiterklasse, einer anderen Blockpartei (bei Mehrparteiensystem im Sozialismus) bzw. einer gesellschaftlichen Organisation und der sozialistischen Staatsmacht, der mit journalistischen Mitteln an der Leitung ideologischer Prozesse teilnimmt. Er ist Vertrauensmann des Volkes. Seine gesamte Tätigkeit wird grundlegend vom Programm und den Beschlüssen der marxistisch-leninistischen Partei der Arbeiterklasse sowie durch die Verfassung des sozialistischen Staates bestimmt."

(Emil Dusiska (Hrsg.): Wörterbuch der sozialistischen Journalistik, Leipzig 1973: 113 ff.)

"Der Beruf fordert eine eigene stilistische Kraft und Ausdrucksfähigkeit von charaktervoller und tiefgreifender Wirkung. Alle diese Eignungsvoraussetzungen liegen gleich den künstlerischen Begabungen in der Persönlichkeit. [...] Der Beruf verlangt ein hohes Maß an opferbereitem Idealismus und moralischer Grundsatzfestigkeit sowie den ganzen Einsatz der Person. Widerstandsfähige, größten Arbeitsanforderungen standhaltende Gesundheit, starke Nerven, Ruhe, Beweglichkeit, gutes Sehen und Hören, keine Gehbehinderung. Gepflegtes Äußeres."

(Emil Dovifat: Journalist, in: Bundesanstalt für Arbeit (Hrsg.) Blätter zur Berufskunde, Bd. 1-3 (Sondergebiete), Bielefeld 1965)

"Es gibt verschiedene Berufsbezeichnungen für den Personenkreis, der hauptberuflich bei publizistischen Medien oder für publizistische Medien tätig ist, indem er die Gestaltung aktueller Aussagen bestimmt, vornimmt oder an ihr mitwirkt [...] Das Wort Journalist deutet darauf hin, daß die so bezeichnete Person Umgang mit den Tagesneuigkeiten hat [...]"

(Elisabeth Noelle-Neumann/Winfried Schulz (Hrsg.): Publizistik, Frankfurt 1971: 56 f.)

"Der Journalist sammelt, sichtet und verarbeitet Nachrichten von öffentlichem Interesse."

(Emil Dovifat/Jürgen Wilke: Zeitungslehre, Bd. I , Berlin/New York 1976: 38)

"Journalismus nenne ich die als Handwerk betriebene Kunst, Ereignisse des Tages einem großen Kreis von Interessierten bekannt zu machen und zu erklären. Das geschieht in der Presse, im Funk und im Fernsehen."

(Rudolf Walter Leonhardt : Journalismus und Wahrheit, Luzern 1976: 7)

"Die besonderen Leistungen und die besonderen Wirkungen des Journalismus, durch die sich sein Handeln von anderen, an der Öffentlichkeit orientierten Sozialsystemen unterscheidet, bestehen in der Ausrichtung auf die Herstellung und Bereitstellung von Themen zur öffentlichen Kommunikation."

(Manfred Rühl: Journalismus und Gesellschaft, Mainz 1980: 322 f.)

"Journalismus: Hauptberufliche Tätigkeit von Personen, die an der Sammlung, Prüfung, Auswahl, Verarbeitung und Verbreitung von Nachrichten, Kommentaren sowie Unterhaltungsstoffen durch Massenmedien beteiligt sind. Journalisten [...] arbeiten in fester Anstellung oder als freie Mitarbeiter für Presse und Rundfunk, Agenturen und Pressedienste, aber auch in Pressestellen von Firmen, Verbänden und der Verwaltung."

(Kurt Koszyk/Karl-Hugo Pruys (Hrsg.): Handbuch der Massenkommunikation, München 1981: 96)

"Journalismus, ursprünglich nur Bezeichnung für berufsmäßige schriftstellerische Tätigkeit bei der Presse, umfaßt heute auch gleichgeartete Arbeiten für Rundfunk und Fernsehen. Journalismus beruht auf der Berichterstattung von Gegebenheiten, wie sie sich im Augenblick des Schreibens zeigen, d.h. ohne die endgültige Untersuchung einer Situation zu beabsichtigen."

(Alfons Silbermann: Handwörterbuch der Massenkommunikation und Medienforschung, Bd. 1, Berlin 1982: 199)

"Der Journalist ist der Hermeneut, der Weltstoff und Weltsituation in ihren Sinngehalten methodisch auslegt. [...] Die Medien bilden eine geistige und moralische Welt, und es sollte eine wahre Welt sein. [...] So provoziert die Hermeneutik der journalistischen Wirklichkeiten das Wissen vom Wissen des Journalismus als ein ethisches. [...] in einem guten Journalisten sollte immer etwas von einem Philosophen stecken, wie auch möglicherweise umgekehrt."

(Hermann Boventer: Ethik des Journalismus. Zur Philosophie der Medienkultur, Konstanz 1984: 17 f.)

Erst die Rezeption der empirischen Kommunikatorforschung, die nach dem Zweiten Weltkrieg in den USA entstanden war, hat zur Aufgabe dieses naiven 'Berufsrealismus' geführt, der um das 'Wesen des Journalismus' kreiste. Die ontologische Betrachtung verkürzte mit ihrem personenbezogenen Journalismusbegriff die Funktionen des Systems Journalismus auf die Handlungen scheinbar autonomer Individuen. Doch allein international vergleichende Studien zur Aussagenentstehung zeigen, daß der Journalismus kein 'Wesen' hat, so daß seine Merkmale nicht, wie die Praktizisten glaubten, ein für alle Mal festliegen. Was hat der heutige Journalismus in Ostdeutschland mit jenem Journalismus der DDR gemein, und was verbindet den 'literarischen Journalismus' zu Zeiten von Prutz noch mit dem organisierten und kommerzialisierten Journalismus der modernen Massenkommunikation?

Doch wer in bezug auf diese moderne Aussagenproduktion Genauigkeit und Vollständigkeit will, begegnet erst recht "den Schwierigkeiten, Journalismus zu identifizieren" (Rühl 1980: 11). Diese Schwierigkeiten sind in den letzten Jahren auf Grund von Kommerzialisierungs- und Technisierungsprozessen in den Mediensystemen sogar noch größer geworden. Nur ein komplexer Journalismusbegriff kann dieser Situation hinreichend gerecht werden.

Einen solchen Journalismusbegriff bietet die Systemtheorie an. Anders als ontologische Sichtweisen, die den Journalismus entweder auf das Wirken unabhängiger journalistischer Individuen reduzieren oder aber als Anwälte der gesellschaftlichen Kommunikation idealisieren, begreift sie den Journalismus als Handlungszusammenhang, der in soziale Prozesse eingebunden ist.

In modernen pluralistischen Gesellschaften läßt sich dieses System vor allem durch eine Funktion empirisch identifizieren: Themen aus den diversen sozialen Systemen (der Umwelt) zu sammeln, auszuwählen, zu bearbeiten und dann diesen sozialen Systemen (der Umwelt) als Medienangebote zur Verfügung zu stellen. In der Begrifflichkeit Rühls (1980: 319) ist die Primärfunktion des Journalismus damit die "Herstellung und Bereitstellung von Themen zur öffentlichen Kommunikation"; dieser Zuständigkeit versucht er mit den ökonomischen, organisatorischen und technischen Mitteln der modernen Medien gerecht zu werden. Kennzeichen der Themen, die der Journalismus bereitstellt, ist das

> "Aktualitätsprinzip [...]; es gilt für nahezu jede Selektion zur Massenkommunikation [...] Etwas Neues muß dran sein oder zumindest behauptet werden, sonst findet die Mitteilung keinen Zugang.
>
> Die Präferenz für Aktualität, überhaupt der moderne Begriff von Aktualität, hängt mit den Temporalstrukturen unseres Gesellschaftssystems zusammen. In älteren Gesellschaftssystemen hatte man Gegenwart als Dauer, Neuheit als Symptom für Unwesentlichkeit, Neugier als suspektes Motiv begriffen. Das hat sich seit der zweiten Hälfte des 18. Jahrhunderts radikal geändert. [...] Insofern ist die Selektionsweise von Presse und Funk durch gesamtgesellschaftliche Strukturen gedeckt. Zugleich aber kommt sie auch, und das erst erklärt den Erfolg, den technischen Bedürfnissen der Massenmedien entgegen [...]" (Luhmann 1981: 317)

Auch in Hinblick auf das Merkmal seiner Themen erweist sich der Journalismus also als ein Kind unserer Zeit. Doch 'Aktualität' ist ein schillernder Begriff, wie allein schon seine Verwendung in der Publizistikwissenschaft zeigt, wo er gleichermaßen im Sinne von Zeitgröße, Wirkungsgröße und Wirklichkeitsmaß auftaucht.

TEXT 1-4

Schule der Beliebigkeit - Informationszynismus, Presse

[...] Von einer zweifachen Enthemmung ist zu sprechen, die das Herstellen von Bildern und Informationen in den modernen Massenmedien betrifft - von der Enthemmung der Darstellung gegenüber den Dingen, die sie darstellt, sowie von der Enthemmung der Informationsströme im Verhältnis zu den sie aufnehmenden Bewußtseinen.

Die erste Enthemmung beruht auf der systematischen journalistischen Ausbeutung der Katastrophen der anderen, wobei es einen stummen Interessenvertrag zwischen dem öffentlichen Verlangen nach Sensationen und der journalistischen Vermittlung derselben zu geben scheint. Ein gut Teil unserer Presse bedient nichts anderes als den Hunger nach Schlimmem, welches das moralische Vitamin unserer Gesellschaft ist. Der Gebrauchswert von Nachrichten bemißt sich zu einem großen Teil an ihrem Reizwert, der offenbar durch die Aufmachung erheblich gesteigert werden kann. Ganz ohne Aufmacherei wird kaum ein Journalismus gedeihen [...] Noch problematischer ist allerdings die zweite Enthemmung des Informationswesens. Es überflutet unsere Bewußtseinskapazitäten in einer geradezu anthropologisch bedrohlichen Weise. Man muß die Medienzivilisation wohl einmal für lange Zeit - für Monate oder Jahre - völlig verlassen haben, um bei der Rückkehr wieder so zentriert und konzentriert zu sein, daß man die erneute Zerstreuung und Dekonzentration durch Teilnahme an den modernen Informationsmedien bewußt bei sich selbst beobachten kann. [...]

Versuchen wir, von dem Überfluß der Informationsflüsse durch unsere Köpfe positiv zu sprechen, so müßte man an ihnen das Prinzip des schrankenlosen Empirismus und des freien "Marktes" loben; ja man könnte so weit gehen, daß man den modernen Massenmedien eine Funktion zubilligt, in der sie mit der Philosophie intim verbunden sind: der uferlose Empirismus der Medien imitiert gewissermaßen die Philosophie, indem sie sich deren Blick auf die Totalität des Seins zu eigen machen - freilich nicht auf eine Totalität in Begriffen, sondern eine in Episoden. Eine ungeheure Gleichzeitigkeit spannt sich in unserem informierten Bewußtsein aus: Hier wird gegessen; dort wird gestorben. Hier wird gefoltert; dort trennen sich prominente Liebende. Hier geht es um den Zweitwagen, dort um eine landesweite Dürrekatastrophe. Hier gibt es Tips zur Abschreibung nach § 7b, dort die Wirtschaftstheorie der Chicago-Boys. Hier toben Tausende im Pop-Konzert, dort liegt jahrelang eine Tote unentdeckt in ihrer Wohnung. Hier werden die Nobelpreise für Chemie, Physik und Frieden verliehen; dort weiß nur jeder zweite den Namen des Bundespräsidenten. Hier werden siamesische Zwillinge erfolgreich getrennt; dort stürzt ein Zug mit zweitausend Menschen in einen Fluß. Hier wird eine Schauspielertochter geboren; dort gehen die Schätzungen über die Kosten eines politischen Experiments von einer halben Million bis zu zwei Millionen (Menschen). - *Such is life*. Als Nachricht ist alles verfügbar. Was Vordergrund ist, was Hintergrund; was wichtig, was unwichtig; was Trend, was Episode: alles reiht sich in eine gleichförmige Linie, worin Gleichförmigkeit auch Gleichwertigkeit und Gleichgültigkeit erzeugt. [...]

Es scheint, daß seit dem Beginn der Neuzeit unsere Zivilisation in eine eigentümlich widersprüchliche Beziehung zur Neuigkeit, zur "Novelle", zur Fallgeschichte, zum "interessanten Ereignis" sich verstrickte - gewissermaßen als verlöre sie die Kontrolle über ihren "Erfahrungshunger" und ihre "Neu-gier". Immer mehr will die Aufklärung das Universum in einen Inbegriff von Nachrichten und Informationen verwandeln [...] Dies alles hat scheinbar ganz harmlos angefangen - mit dem Auftauchen nämlich von Novellisten, Neuigkeitenerzählern und Unterhaltungskünstlern, die im späten Mittelalter begannen, ein novellenhaftes "erzählerisches Nachrichtenwesen" aufzubauen, worin die Akzente von den moralisch beispielhaften und belehrenden Geschichten immer mehr übergingen auf das Anekdotisch-Merkwürdige, Besondere, Außergewöhnliche, Pikante und Pikarische, das Andersartige und Singuläre, das Ereignishaft-Amüsante, Erschreckende oder nachdenklich Stimmende. Vielleicht ist dies überhaupt der faszinierendste Vorgang in unserer Kultur: wie im Laufe der Jahrhunderte sich solche "singulären Geschichten von Begebenheiten" immer stärker durchsetzen gegen die Standardgeschichten, die feststehenden Motive und die Gemeinplätze - wie sich das Neue gegen das Alte abhebt und wie die Nachrichten von außen an dem noch engeren traditionellen Bewußtsein arbeiten. Man kann daher an unserer Literatur- und Diskursgeschichte mehr noch als an der Rechtsgeschichte die Entfaltung "moderner Komplexität" studieren. Denn es versteht sich überhaupt nicht von selbst, daß unser Bewußtsein in der Lage sein muß, Informationen aufzunehmen über Explosionen in der äußeren Sonnenhülle, über Mißernten bei den Feuerländern, über die Lebensgewohnheiten der Hopi-Indianer, über die gynäkologischen Probleme einer skandinavischen Königin, über die Pekingoper, über die soziologische Struktur eines Dorfes in der Provence ...

Seit dem Zeitalter der Renaissance - das Jacob Burckhardt prägnant mit der Formel von der "Entdeckung der Welt und des Menschen" umschrieben hat - werden die Köpfe, die an die (gelehrten, diplomatischen, novellistischen) Informationsnetze "angeschlossen" sind, von immensen Nachrichtenmassen aufgeblasen, und ein entfesselter Empirismus türmt Berge von Behauptungen, Berichten, Theorien, Beschreibungen, Interpretationen, Symboliken und Spekulationen aufeinander [...] Erst nach dem Verfall der großen darstellerischen Funktion in den Künsten war die Zeit reif für den Aufstieg der Massenmedien zur beherrschenden Stellung hinsichtlich der Information über die Welt als Ereignis und Aktualität. [...]

Das "Und" ist die Moral der Journalisten. Sie müssen gewissermaßen einen Berufseid darauf ablegen, daß sie, wenn sie über eine Sache berichten, damit einverstanden sein werden, daß diese Sache und dieser Bericht per "Und" zwischen andere Sachen und andere Berichte gestellt wird. Eine *Sache* ist *eine* Sache, und mehr läßt das Medium nicht zu. Zusammenhänge zwischen "Sachen" herzustellen, das hieße ja Ideologie betrieben. Darum: wer Zusammenhänge herstellt, fliegt raus. Wer denkt, muß aussteigen. Wer bis drei zählt, ist ein Phantast. Der Empirismus der Medien duldet nur isolierte Berichte, und diese Isolation ist wirkungsvoller als jede Zensur, weil sie dafür sorgt, daß das, was zusammengehört, nicht zusammenkommt und auch in den Köpfen der Menschen nur schwerlich sich findet. Ein Journalist ist jemand, der von Berufs wegen gezwungen wird zu vergessen, wie die Zahl heißt, die nach eins und zwei kommt. [...]

(aus: Peter Sloterdijk: Kritik der zynischen Vernunft, Bd. 2, Frankfurt 1983: 559 ff.; kurs. im Orig.)

Erst der Münsteraner Kommunikationswissenschaftler Klaus Merten hat hier durch seine Formalisierungsvorschläge für eine Präzisierung gesorgt. Er versteht Aktualität als Beziehungsfaktor, der jeweils durch

Merkmale von Themen oder Folgen einer Thematisierung allein nicht hinreichend erfaßt würde:

> "Aktualität ist [...] sowohl an den Informationswert eines Ereignisses (Neuigkeit; Überraschung; Unerhörtheit) als auch an die Relevanz des Ereignisses für den Rezipienten gebunden. [...] Nur das, was informativ *und* relevant ist, kann Aktualität gewinnen, kann Aufmerksamkeit erlangen - eine fundamentale Tatsache, die letztlich auch erklärt, weshalb Inhalte der Massenkommunikation, sofern sie Aktualität genießen, stets a-typisch ausfallen [...] Aktualität ist [...] sowohl bezüglich der Informationskomponente als auch der Relevanzkomponente eine *relationale* Größe, als eine Beziehung zwischen Ereignis und Subjekt, die mit Aufmerksamkeit gleichgesetzt wird." (Merten 1973: 219 f.; kurs. im Orig.)

Dieser funktionale Aktualitätsbegriff bedeutet,

- ▲ daß Journalisten und Rezipienten keineswegs nach denselben Kriterien selektieren (vgl. Ruhrmann 1989: 18 ff.), aber Konsens über die soziale Verbindlichkeit von Wirklichkeitsmodellen des Journalismus herstellen müssen,
- ▲ daß die Aktualitätskriterien des Journalismus einem Wandel unterworfen sein können - in Abhängigkeit von jeweiligen Möglichkeiten und Grenzen journalistischer Selektivität,
- ▲ und daß Ereignisse mit geringem Neuigkeitswert durch professionelle Präsentationsmethoden wie zum Beispiel auffällige Aufmachung in einer Zeitung oder Zeitschrift mit Erfolg 'aktualisiert' werden können[20] (vgl. Merten 1973: 226).

Der letzte Aspekt weist erneut auf die Komplexität des Systems Journalismus in der modernen Gesellschaft. Aktuelle Medienkommunikation bedeutet heute ein immer breiter werdendes Themenspektrum unterschiedlichster Informationswerte und Relevanzen, für die der Journalismus funktional zuständig ist oder sich zuständig fühlt.

Der Blick auf die Auslagen eines Zeitungskiosks zeigt die ganze Vielfalt. Da gibt es natürlich immer noch den Journalismus der aktuellen Berichterstattung, welcher sich an die Ereignisse hält. Im Nachrichtenjournalismus der Tageszeitungen wie des Hörfunks und des Fernsehens wird Aktualität nach wie vor in erster Linie als Zeitgröße verstanden.

---

20 Journalistische Praktiker haben noch einen anderen Aktualitätsbegriff parat. So pflegt der Boulevardjournalist und langjährige Chefredakteur von BILD, Günter Prinz, folgende alte Berliner Zeitungs-Weisheit zu zitieren: "Wat morjen passiert, mußte heute schreiben - nich umjekehrt." (zit. n. kress report v. 26.9.1991: 8)

Andere Medien aber orientieren sich an (vermeintlicher) Relevanz von Themen für die Rezipienten, erzielen Aufmerksamkeit häufig also gerade ohne besonderen Neuigkeitswert ihres Angebots oder wirken sogar bei der künstlichen Schaffung von Berichterstattungsanlässen mit. Vor allem in Illustrierten und 'Zeitgeist-Magazinen' begegnen wir einem Journalismus, der Themen kreiert und dabei ganz selbstbezogen, allein orientiert an Auflagenerfolgen, agiert. Hier wird besonders deutlich, wie sehr die Bedingungen einer Gesellschaft und ihres Mediensystems definieren, was Journalismus ist.

Wenn Journalisten Ereignisse synthetisch herstellen und somit auf eine Selektion anhand von Aktualitätskriterien verzichten, bewegen sie sich aber außerhalb des Konsenses über die Funktionen des Systems Journalismus. Durch diese sozial zugewiesenen Funktionen grenzt sich Journalismus von anderen Systemen ab, die gleichfalls im Bereich der Medienkommunikation wirken, wie zum Beispiel Public Relations (→ Kapitel 4.3.2). PR erbringt kommunikative Leistungen unter Verzicht auf das Aktualitätskriterium oder in bewußter Kalkulation der aktualitätsorientierten Selektionsstrategien des Systems Journalismus. Wenn innerhalb des Journalismus nach denselben Maßstäben gehandelt wird, handelt es sich um 'Grenzverletzungen'.

Solche Grenzverletzungen werden in der "Kommunikationsgesellschaft" (Münch 1991) freilich hingenommen und hier allenfalls noch als Thema einer Medienethik diskutiert. Der amerikanische Historiker Daniel Boorstin hat schon vor dreißig Jahren in seiner berühmt gewordenen Studie "Das Image" die These aufgestellt, daß wir in einer synthetischen Welt lebten, in der viele Ereignisse von den Journalisten selbst produziert würden. Er beschrieb anhand von zahlreichen - nach wie vor und mehr denn je gültigen - Beispielen, wie in der modernen Gesellschaft die von den Medien geschaffenen "Pseudo-Ereignisse" gegenüber dem Informationsanspruch des Bürgers dominierten:

> "Das Mißverhältnis zwischen dem, was ein informierter Bürger wissen sollte, und dem, wovon er Kenntnis erlangt, ist immer größer geworden. Dieses Mißverhältnis wächst mit der Zunahme der Möglichkeit, etwas offiziell verheimlichen und verbergen zu können. Entsprechend wächst der Zwang für die news-Hüter, auszuwählen, zu erfinden und zu planen. So produziert unser ganzes System der öffentlichen Informationen unvermeidlich immer mehr fertig zurechtgemachte Nachrichten, immer mehr Pseudo-Ereignisse." (Boorstin 1987 [zuerst 1961]: 43)

TEXT 1-5

Robert Darnton: Milieu und Mentalität im Journalismus

Der amerikanische Historiker Robert Darnton beschäftigt sich in seinen Studien mit dem Zusammenhang zwischen dem Milieu, in welchem die Menschen leben, und der Mentalität, die sie entwickeln. Auf diese Weise will er herausfinden, wie wir Wirklichkeit konstruieren und kategorisieren. Darnton hat mit diesem Ansatz u. a. die französische Kultur vor der Revolution untersucht und in dem Buch "Das große Katzenmassaker" (München/Wien 1989) beschrieben, einem Meisterwerk 'alternativer Geschichtsschreibung'. Er zeigt darin, wie der Welt, in der die Menschen leben, ein Bedeutungsgerüst übergestülpt wird.

Für die Mentalitäten, die hinter den sichtbaren Ereignissen standen, interessierte sich Darnton auch, als er im Winter 1989/90 als Gastprofessor in Deutschland Zeuge der 'Wende' wurde. Diese Eindrücke hat er in dem Buch "Der letzte Tanz auf der Mauer" (München/Wien 1991) beschrieben. Dieses Buch liest sich wie eine Reportage, und tatsächlich hatte Darnton früher einige Zeit als Journalist gearbeitet.

In einem wissenschaftlichen Essay hat er verarbeitet, wie sich ihm der Zusammenhang zwischen Milieu und Mentalität im Journalismus darstellt (vgl. Darnton 1975). Er hebt dabei hervor - ohne zum Zeitpunkt der Niederschrift die empirische Forschung dazu zu kennen -, in welch starkem Maße die Geschichten, welche Journalisten erzählen, vom Milieu geprägt sind, in dem sie arbeiten. Einflußpersonen und -instanzen seien im Bewußtsein der Journalisten ständig präsent, berufliche Sozialisation sorge für Standisierungen und Stereotypisierungen, die über Generationen von Reportern weitervermittelt würden. Die Grundkonzepte journalistischer Artikel seien deshalb über Jahrhunderte konstant geblieben. Insofern erinnerten Nachrichten der NEW YORK TIMES an 'Gänsemütterchens Märchen', das Erzählgut aus dem 18. Jahrhundert. Über seine Zeit als Korrespondent dieser Zeitung in London schreibt Darnton in diesem Essay:

"Nur wenige Auslandskorrespodenten beherrschen die Sprache des Landes, über das sie berichten. Doch dieses Handicap behindert sie nicht allzu sehr. Da sie ja eine Nase für Nachrichten haben, brauchen sie schließlich keine Zunge oder Ohren. Sie bringen mehr zu den Ereignissen mit, als sie von dort mitnehmen. Folglich schrieben wir über das England von Dickens und unsere Kollegen in Paris porträtierten das Frankreich von Victor Hugo - mit einer Prise Maurice Chevalier als Zugabe." (Ebd.: 192; übers. v. Verf.)

Journalisten werden, so hat Darnton erfahren, vor allem durch ihr berufliches Milieu geprägt. Ihre "Nase für Nachrichten" ist also keine individuelle Eigenschaft, sondern Ergebnis von Lernprozessen im Journalismus.

Noch weiter geht der Schriftsteller Peter Sloterdijk (1983, Bd. 2: 560), der den Aktualitätsbegriff der Medien zum Aufhänger für eine grundlegende Abrechnung mit dem heutigen Journalismus nimmt und dabei klären will, "warum Zynismus geradezu mit Naturnotwendigkeit zu den Berufsrisiken und den Berufsdeformationen derer gehört, deren Arbeit es ist, Bilder und Informationen über die 'Wirklichkeit' zu produzieren." (→ Text 1-4)

Aktualität kann für den Journalismus zur Falle werden: Wenn unter Zeitdruck Analysen geliefert und noch nicht absehbare Entwicklungen eines Ereignisses vorschnell eingeordnet werden. Der Journalimus verhebt sich, wenn er seine Ressourcen und seine Kompetenz überschätzt. Dafür lieferte die Berichterstattung über den gescheiterten Putsch gegen den sowjetischen Präsidenten Michail Gorbatschow im August 1991 deutliche Beispiele.[21]

Vom System Journalismus werden heute im Rahmen aktueller Medienkommunikation vielfältige Angebote gemacht, die weit über die Produktion von Nachrichten hinausreichen; dies hat sich aus den allgemeinen gesellschaftlichen Rahmenbedingungen, aus historischen und rechtlichen Grundlagen, professionellen und ethischen Standards sowie als Folge einer Art Arbeitsteilung innerhalb des Mediensystems ergeben.

Daraus resultiert aber die Gefahr, daß dieses System auf Grund immer weitreichenderer Funktionszuweisungen - von der 'reinen' Information bis zur 'reinen' Unterhaltung, von der Erfüllung einer 'öffentlichen Aufgabe' (→ Kapitel 2.2.2.1) bis zur Befriedigung ausschließlich ökonomischer Interessen - seine Identität verliert. Dieses Problem wird insbesondere bei der Debatte über eine Medienethik deutlich, wenn sich erweist, daß moralische Prinzipien für Teile des Journalismus überhaupt keine Relevanz besitzen. Der Journalist und Medienwissenschaftler Michael Haller hat wegen dieser ethischen Divergenz innerhalb des Systems vorgeschlagen, nach dem Grad des Wirklichkeitsbezugs journalistischer Aussagen zwischen "E-Journalismus" und "U-Journalismus" zu unterscheiden:

> "Journalismus, so könnte man denken, unterscheidet sich von anderen Kommunikationsweisen vor allem darin, daß er keine Fiction erzählen, sondern realitätsbezogene Aussagen über wahrgenommene Prozesse und Geschehnisse machen und seine Adressaten über den Gang der großen wie der kleinen

---

21 Zahlreiche Journalisten wurden dabei von Berichterstattern zu selbsternannten Historikern - zu einem Zeitpunkt, als der Ausgang in Moskau noch gar nicht absehbar war. Theo Sommer, Chefredakteur der ZEIT, verkündete "Michail Gorbatschows Ende und Erbe" (Die Zeit v. 23.8.1991: 1) und Rolf-Schmidt-Holz, Herausgeber und Chefredakteur des STERN, beschrieb "Das bittere Ende" (Stern Nr. 35 v. 22.8.1991: 3). Die FRANKFURTER ALLGEMEINE ZEITUNG schrieb in einer Glosse mit dem Titel "Nahblindheit" über diese journalistische Manie, im Fluß befindliche Ereignisse quasi aus historischer Distanz einzuordnen: "Eine Wochenzeitung mit der Diktion eines Geschichtsbuchs, aber mit der Aktualität der Abendnachrichten wird viele zum Schmunzeln anregen, doch die Wahrheit nicht immer auf ihrer Seite haben. Wer die Zeit nicht abwarten kann, für den gilt Gorbatschows umgekehrte Weisheit: Wer zu früh kommt, den bestraft das Leben." (FAZ v. 23.8.1991: 27)

> Welt orientieren soll [...] Tatsächlich aber ist heute ausgerechnet jener Journalismus am meisten verbreitet, der mit informierenden Ausagen nichts zu tun hat: Animation, Spiel und Fiction dominieren die Massenkommunikation; oftmals treten sie im Gewande tradierter Journalismusformen auf und tragen so zur heillosen Sinn-Verwirrung bei." (Haller 1992: 199)

Bei der Auseinandersetzung mit dem System Journalismus in einer modernen Gesellschaft helfen freilich weder moralisierende Klagen noch terminologische Kniffe. Vielmehr muß im einzelnen untersucht werden, wie dieses System durch Normenzusammenhänge, Strukturzusammenhänge, Funktionszusammenhänge und Rollenzusammenhänge seine Identität erhält.

Die Oberfläche ist dabei relativ leicht zu erfassen. Dem Journalismus in den offenen Gesellschaften westlichen Typs kann man mit Alltagsannahmen ebenso wie mit den Methoden der Kommunikationsforschung zunächst recht gut beikommen. Das Netz aus professioneller Öffentlichkeitsarbeit von Politik und Wirtschaft, aus technisiertem Informationsmanagement von Nachrichtenagentur und Mediendiensten und aus redaktionellen Routinen in den Medien ist nicht nur den Insidern bekannt, sondern auch in zahlreichen systematischen Studien hinreichend beschrieben worden. Sie zeigen, daß das System im Alltag ziemlich reibungslos funktioniert.

Anders sieht es jedoch in Extremsituationen aus, also bei spektakulären Medienereignissen - wenn der kommerzielle Druck und die Produktionszwänge das normale Maß übersteigen und wenn die Alltagsroutinen fehlen. Hier - und vielleicht nur noch hier - haben wir freilich eine Chance, das ganze System, das 'Journalismus' genannt wird, kennenzulernen, und den Schleier, der über seinen internen Operationen liegt, ganz wegzuziehen. Wir können dann lernen, daß die Journalisten vielleicht doch nicht so sehr Vermittler sind, wie sie glauben. Daß andererseits ihr Einfluß vielleicht doch geringer ist als der von PR-Stellen, die nur zu oft die Thematisierung bestimmen. Und daß die Technisierung der Nachrichtenübermittlung und -produktion einen pluralistischen Informationsmarkt eher einschränkt als fördert, weil er Schnelligkeit, Gleichzeitigkeit und formale Qualität auf Kosten von Inhalt und Hintergrund begünstigt. Im Extremfall - viel mehr als im professionell routinisierten Alltag - beweist der Journalismus seine Leistungsfähigkeit - oder auch nicht. Ein solcher Extremfall war der Golfkrieg im Januar 1991 (vgl. Löffelholz 1992).

Doch auch der 'normale Journalismus' entzieht sich bis zu einem gewissen Grade dem systematischen empirischen Zugriff. So wissen wir nach wie vor recht wenig über die sozialen und psychologischen Prozesse, die sich in den Redaktionen abspielen, über das 'journalistische Milieu', welches auf jeden Fall mehr Facetten besitzt, als der einschlägige Forschungsstand der Kommunikationswissenschaft suggeriert. Dieses Milieu prägt bis zu einem gewissen Grade die Vorstellung der Journalisten darüber, wie man eine Geschichte erzählen muß - Wirklichkeitskonstruktion der Medien hat hier ihre Grundlage. (→ Text 1-5)

Wenn sich das wissenschaftliche System Journalistik nicht nur auf der theoretisch-empirischen, sondern auch auf der praktisch-normativen Ebene bewegt und somit Regeln für nützliche und glaubwürdige Kommunikationsleistungen entwickeln und anwenden soll (→ Kapitel 1.1.3), geht es bei der Beschäftigung mit dem journalistischen Milieu auch um Diskussion, Reflexion, ja, sogar Veränderung der Medienpraxis. Denn dieses Milieu mit seinen vielfältigen Beeinflussungen und seinem jeweiligen medienspezifischen Klima ist stets in Gefahr, sich zu verselbständigen: seine eigenen Maßstäbe für Erfolg, für Wahrheit und für Moral absolut zu setzen und den Journalismus seiner sozialen Funktionen zu entfremden.

Die Journalistik kann dabei zum Beispiel konkrete Problemfälle im Journalismus analysieren und auf berufliche Maßstäbe beziehen (→ Kapitel 2.3.4.1). Aus dieser Auseinandersetzung mit 'Fällen im Journalismus' kann das Fach für den eigenen wissenschaftlichen Erkenntnisprozeß selbst wiederum profitieren, denn sie ergänzt die kommunikationswissenschaftliche Empirie.

Ein besonderes Problem der Journalistik liegt dabei aber stets darin, bei der Umsetzung ihrer Erkenntnisse den geforderten Praxisbezug zu erzielen. Dieser Praxisbezug betrifft das Handeln im Anwendungssystem Journalismus und die Konsequenzen, welche dieses Handeln hat. Durch Beobachtung der Praxis werden Regelmäßigkeiten ermittelt und zu erklären versucht. Dies ist das primäre Handlungsfeld des Systems Wissenschaft, das aber selbst bestimmte Strukturen aufweist, die ihre Möglichkeiten und damit ihr Handeln bestimmen.

Konkret ist dabei nun zu fragen: Welche Möglichkeiten und Grenzen hat Wissenschaft bei der Auseinandersetzung mit dem Journalismus und der Einflußnahme auf den Journalismus im Rahmen der Journalistenausbildung? Und: Welche wissenschaftliche Perspektive ist bei der Auseinandersetzung mit den Leistungen des Systems Journalismus die angemessene?

1.2.2 Journalismus und Wissenschaft

Der Philosoph Helmut F. Spinner hat auf einem Vergleich der Handlungssysteme Journalismus und Wissenschaft den Entwurf einer Typologie des Journalismus aufgebaut, in welcher der "Journalist als Agent der Gelegenheitsvernunft" bezeichnet wird. In "flexibler, mobiler Findigkeit" sieht er "die Chance für einen *neuartigen Journalismus mit eigenständiger Erkenntnisaufgabe*" (Spinner 1988: 247; kurs. im Orig.).

Das rückt den Journalismus zwar weg von einer platten Vermittlungstheorie und stellt ihn insofern vom Kopf auf die Füße; es befördert die Wissenschaft als Adresse für "allgemeingültige Wahrheiten und dergleichen" (ebd.: 246 f.) aber auf ein Podest - und kommt dann am Ende doch wieder zu einer idealisierenden Journalismus-Konzeption. Denn das Handlungssystem Journalismus umfaßt in der modernen Gesellschaft erheblich mehr als Korrespondenten und Reporter, als die neuen Kischs, die Spinner für seine "epochenadäquate Journalismustheorie" (ebd.: 258) offenbar im Blick hat.

Spinner will den Journalismus von unangemessenen Ansprüchen entlasten und stellt statt dessen den Aktualitätsbegriff als Beurteilungskriterium für journalistische Leistungen in den Vordergrund:

> "Was wir mit Recht hochschätzen, ist nicht die ethische Dimension, sondern der hohe, ständig aktualisierte Informationsstand einer freien Presse. Was den Journalisten vom Wissenschaftler unterscheidet und für die erläuterten Aufgaben sogar besser qualifiziert, ist die *Gegenwartskonzentration auf das Hier und Jetzt*, unter Verzicht auf den Nachruhm eines Werkes, das über den Tag hinaus gedacht ist und 'zitiert' werden will." (Ebd.: 264; kurs. im Orig.)

Als Gemeinsamkeiten von Wissenschaft und Journalismus nennt Spinner die "selbständige freie Informationstätigkeit", deren Merkmale "Zugangs- und Kritikoffenheit veröffentlichten Wissens" und die "Verpflichtung zur Wahrheit" seien. Unterschiede zwischen den Systemen sieht er in der Art des Wissens, in der Methode der Wissensgewinnung und in der Methode der Wissensüberprüfung. (Vgl. ebd.: 257 ff.)

Damit sind die Gemeinsamkeiten und Unterschiede aber noch nicht hinreichend herausgearbeitet. Vor allem aber: "Verpflichtung zur Wahrheit" ist ein überaus problematisches Differenzkriterium - nicht nur aus der Sicht einer konstruktivistischen Erkenntnistheorie (→ Kapitel 1.2.3).

Ordnen wir zunächst einige prinzipielle Gemeinsamkeiten und Unterschiede von Wissenschaft und Journalismus als getrennten Handlungssystemen. Gemeinsamkeiten betreffen insbesondere die Funktion und den Handlungszusammenhang, aber auch Glaubwürdigkeitsprobleme:

- ▲ Journalismus und Wissenschaft produzieren Informationsangebote, wollen 'Wissen vermitteln'.
- ▲ Beide Systeme wollen ihren Informationsangeboten einen Sinn geben und dadurch der Gesellschaft bestimmte Dienste erweisen.
- ▲ Journalisten und Wissenschaftler stützen sich bei der Wissensproduktion auf bestimmte professionelle Methoden.
- ▲ Die Wirklichkeitsentwürfe von Journalismus und Wissenschaft sind - jedenfalls in pluralistischen Demokratien - um 'Objektivität' bemüht.
- ▲ Im Journalismus wie in der Wissenschaft wird heute organisiert gehandelt, nachdem beide Systeme zunächst von Individuen dominiert wurden (den 'publizistischen Persönlichkeiten' und den 'klassischen Gelehrten').
- ▲ Gemeinsam ist Journalismus und Wissenschaft aber auch die Aufklärungskrise: Man glaubt nicht mehr so ohne weiteres, was Journalisten und Wissenschaftler als Weltbilder anbieten; man verläßt sich nicht mehr ohne weiteres auf die Experten.

Unterschiede zwischen den beiden Handlungssystemen werden insbesondere bei der Wahrnehmungsperspektive und den verfügbaren Mitteln deutlich:

- ▲ Wissenschaft sucht im allgemeinen nach Regelmäßigkeiten; im Journalismus geht es vor allem um Auffälligkeiten: Nachricht ist, was sich unterscheidet.
- ▲ Im Journalismus steht eher die Entdeckung aktueller Probleme im Vordergrund, in der Wissenschaft eher die Lösung längerfristiger Probleme.
- ▲ Im Journalismus sind die Ressourcen (Geld, insbesondere aber Zeit und organisatorische Spielräume) prinzipiell begrenzter als im Bereich der Wissenschaft.

Aufgrund dieser Unterschiede können an die Wirklichkeitsentwürfe des Anwendungssystems Journalismus nicht diesselben Ansprüche wie an wissenschaftliche Systeme gestellt werden. Dies gilt zum Beispiel für die Qualität der Recherche; wer sich hier von einer 'Verwissenschaftlichung' eine wesentliche Verbesserung verspricht (vgl. Saxer 1976), verkennt die Unterschiede zwischen den beiden Funktionssystemen. Diese Unterschiede werden gerade auch da deutlich, wo Journalismus und Wissenschaft scheinbar nach denselben Rezepten handeln: bei der 'Objektivität'.

Der Wahrheitsbegriff im Journalismus und in der Wissenschaft

Worauf bezieht sich Wahrheitssuche und Erkenntnis in den beiden Handlungssystemen Journalismus und Wissenschaft? Rühl hebt hervor, für Journalismus wie Wissenschaft sei

> "die Welt in ihrer Ereignishaftigkeit letzter Bezugspunkt. In den lexikalischen Grundbedeutungen 'sich begeben', 'wirklich (nicht bloß erdichtet) geschehen', 'in die Augen fallen' oder 'sich vor Augen stellen', hat Ereignis (eventum) Basischarakter für menschliches Erleben und Handeln. Wissenschaft und Journalismus sind seit Anbeginn ihrer gesellschaftlichen Existenz bemüht, die Ereignishaftigkeit der Welt raumzeitlich zu vereinfachen." (Rühl 1981: 249)

Dabei ist jedoch zu berücksichtigen, daß Journalismus und Wissenschaft offenbar ein ganz unterschiedliches Verständnis von 'Ereignis' besitzen. Im Journalismus wird 'Ereignis' primär durch die lexikalische Grundbedeutung 'in die Augen fallen' definiert. Das heißt, aktuelle, punktuelle Vorgänge werden von den Medien - nach deren eigenen Maßstäben und Methoden - aufgegriffen; längerfristige soziale Prozesse fallen eher durch das Sieb. Meistens hat das, was 'Ereignis-Berichterstattung' genannt wird, keinen langen Atem.

Hier geht es also keineswegs nur um die Frage einer werturteilsbestimmten Perspektive bei der Berichterstattung, sondern um die Merkmale der Wirklichkeitsentwürfe, welche durch die aktuelle Berichterstattung in den Medien zustandekommen (→ Kapitel 4.2.3). Dabei werden Strukturen wirksam, die den Spielraum des Berichterstatters außerordentlich einschränken können. Dies wiederum reduziert - im Unterschied zur Wissenschaft - 'Wahrheit' im Journalismus ohnehin oft auf das, was sich auf 30 Zeilen oder in 'Einsdreißig', was sich in einer halben Stunde vor Redaktionsschluß, was sich unter Nutzung möglichst kostensparender Quellen darstellen läßt.

Das System Journalismus hat eine relativ invariante Organisation. Prinzipiell veränderbar sind seine Strukturen, solange sie die Identität des Systems gewährleisten. So wäre denkbar, mit Hilfe anderer Berichterstattungsmuster das Spektrum von Wirklichkeitsentwürfen zu vergrößern. Im amerikanischen Journalismus gibt es dazu den Vorschlag, journalistische Faktenermittlung den methodologischen Prüfkriterien der empirischen Sozialwissenschaft zu unterwerfen. Dabei ist der 'Präzisionsjournalismus' entstanden, der als Berichterstattungsziel aktueller Medien die Suche nach Regelmäßigkeiten definiert und dazu auf wissenschaftliche Methoden zurückgreift (→ Kapitel 4.1.2).

Auch der Objektivitätsanspruch, den Journalisten wie Wissenschaftler erheben, deutet zunächst auf gemeinsame Funktionen von Journalismus und Wissenschaft. Diese Gemeinsamkeit ist aber nur eine scheinbare. Journalismus und Wissenschaft sind unterschiedliche Handlungssysteme, die auch 'Objektivität' unterschiedlich operationalisieren.

Im Journalismus findet das Bemühen um Objektivität einen quasi technischen Ausdruck: Als Verzicht auf eigene Meinungsäußerungen in Nachrichten, als professionelle Regel, zu einem Problem beide Seiten (also z. B. Regierung und Opposition) zu hören oder Meinungsäußerungen von Quellen durch Anführungsstriche kenntlich zu machen. 'Objektivität' wird somit operationalisiert im Sinne von 'Neutralität', 'Ausgewogenheit' oder 'Fairness'. (→ Kapitel 4.2.2)

Wissenschaft muß funktional an anderem interessiert sein: Ihr Objektivitätsbegriff bezieht sich auf die erkenntnistheoretische Frage, ob die Trennung von Subjekt und Objekt und somit werturteilsfreie Erkenntnis möglich ist oder nicht. Forderungen nach wissenschaftlicher Objektivität gehen hier von der Unterstellung aus, daß eine spezifische wissenschaftliche Methodik 'objektive Forschung' und damit Annäherungen an die Wirklichkeit möglich macht. Dies ist freilich von Selbstbeschreibungen des Systems Journalismus nicht so weit entfernt.

Gemeinsam ist Journalismus und Wissenschaft auf jeden Fall, daß beider Objektivität in den letzten Jahren zunehmend in die Krise geraten und ihr Wahrheitsanspruch dadurch immer umstrittener geworden ist. Im Journalismus wird verstärkt darüber diskutiert, ob Faktenermittlung und Faktenpräsentation nach dem Muster des 'Objektiven Journalismus' angemessene Kommunikationsleistungen zustandebringt. Sichtbarer Effekt dieses Zweifels ist die Wiederbelebung sekundärer journalistischer Rollenbilder, etwa des Anwalts im Rahmen des 'Investigativen Journalismus'.(→ Kapitel 4.1.2)

Theorie und Praxis in der Wissenschaft

Wissenschaft soll der Bereitstellung von Wissen durch systematische Forschung und Theoriebildung zur Lösung gesellschaftlicher Probleme dienen. Zumindest zwei Funktionen und Formen des Systems Wissenschaft lassen sich dabei aber unterscheiden:

- ▲ die Suche nach überprüfbaren Theorien im Vertrauen auf späteren gesellschaftlichen Nutzen (Grundlagenforschung);

- ▲ die Suche nach Befunden mit direkterem praktischen Nutzen für die Gesellschaft bzw. einzelne Gesellschaftsgruppen und deren Interessen (Auftrags- und Bedarfsforschung).

Ausgangspunkt wissenschaftlicher Forschung ist im allgemeinen der Widerspruch zwischen Ziel- oder Wunschvorstellungen auf der einen Seite und dem Bild, das sich der Wissenschaftler von den vorfindbaren Zuständen macht. Dieser Widerspruch ist, journalistisch gefaßt, der 'Aufhänger' für wissenschaftliche Projekte. (Vgl. z. B. Friedrichs 1985: 50 ff.)

Im Sinne der Funktionsteilung zwischen Grundlagen- und Auftragsforschung müßte es also zunächst eine Grundlagenforschung zur Aufstellung allgemeiner Gesetze geben, deren Ergebnisse dann auf konkrete gesellschaftliche Probleme angewendet werden können. In der Praxis, jedenfalls der Praxis der Sozial- und Kommunikationsforschung, sieht die Situation jedoch durchweg anders aus. Als sich hier seit dem Zweiten Weltkrieg (auch: kommunikationswissenschaftliche) Auftragsforschung etablieren konnte, trafen die Aufträge die noch jungen empirischen Sozialwissenschaften unvorbereitet. Sie mußten auf der Grundlage vager Theorien und nicht ausreichend erprobter Methoden Befunde präsentieren - eine 'Praxis' der Wissenschaft, deren Folgen sich am Beispiel der Demoskopie gut demonstrieren lassen.

Bei der Kommunikatorforschung, die sich mit der Aussagenentstehung in den Medien beschäftigt, ist der Unterschied zwischen wissenschaftlichem Forschungsideal und Forschungspraxis besonders auffällig geworden. Probleme des Mediensystems (in der Bundesrepublik ab Mitte der sechziger Jahre zum Beispiel Vorwürfe der Manipulation durch Massenmedien und Folgen der Pressekonzentration für die Vielfalt der Medienangebote) ließen in der gesellschaftlichen Diskussion einen Widerspruch gegenüber den Zielvorstellungen ('öffentliche Aufgabe' der Medien in einer demokratischen Gesellschaft) deutlich werden. Eine Lösung der Probleme wurde durch Strukturveränderungen im System Journalismus gesucht, so daß es zur Vergabe von Aufträgen für Studien kam, in denen die Freiheit der Redakteure bei der Gestaltung von Medienaussagen und die Qualität der Ausbildung von Journalisten untersucht werden sollten. Doch diese Studien mußten ohne den Vorlauf einer ausreichenden Theoriebildung und mit unzureichend entwickelten Methoden der Journalismusforschung auskommen.

Theorie ist also auch in der Wissenschaft nicht von Praxis zu trennen. Und dies bedeutet vielfältige Einschränkungen für die zu gewinnenden Erkenntnisse. Grenzen gibt es aber auch für die Übertragung der Erkenntnissen aus wissenschaftlichen Systemen auf Anwendungssysteme. Denn diese unterscheiden sich jeweils durch spezifische Strukturen und Funktionen; das jeweilige Bezugssystem definiert den Wahrheitsbegriff.

Ein unmittelbarer Transfer wird häufig aber schon durch unterschiedliche Begrifflichkeit in beiden Bereichen erschwert - wobei die empirische Kommunikationswissenschaft und die Journalistik hier gewiß eine schwierigere Situation geschaffen haben, als sie zu Zeiten des Praktizismus bestand. Doch beim Lamento über zu große Praxisferne, die sich durch die Sprache ausdrücke, ist zu berücksichtigen, daß auch die Journalistik begriffliche, methodische und theoretische Strukturen entwickeln muß, die nicht dieselben sein können wie im praktischen Journalismus, wenn sie ihre besonderen Funktionen erfüllen wollen. Umgekehrt sind die Begriffe, Techniken und Praktiken des Journalismus für den alltäglichen Gebrauch geschaffen und deshalb durchweg nicht unmittelbar wissenschaftsfähig. Sie sind also auch nicht ohne weiteres für die Journalistik brauchbar. (Vgl. Rühl 1982: 369 f.)

Journalistik und Journalismusforschung

Ansätze für eine empirische Journalismusforschung gab es in Deutschland seit Anfang dieses Jahrhunderts. Damals entwickelte der Soziologe Max Weber einen Forschungsplan, der vielfältige aktuelle Bezüge aufweist. Beim 1. Deutschen Soziologentag 1910 in Frankfurt schlug Weber eine "Soziologie des Zeitungswesens" vor, in der nicht nur die heute noch gültigen zentralen Forschungsbereiche der Kommunikationswissenschaft ausgewiesen, sondern auch zentrale Forschungsthemen der Journalistik formuliert sind.

Weber entwarf unter anderem ein Kommunikatorprojekt, das Erkenntnisse über die Materialbeschaffung der Medien und die Merkmale der Journalisten zusammentragen sollte. Er schlug eine Medienanalyse zur Untersuchung von Ökonomie und Organisation der Presse vor. Er gab Anregungen für eine Inhaltsanalyse zur Untersuchung von Selektion, Präsentation und Berichterstattungsmustern im Journalismus. Und schließlich formulierte er "letzte Fragen" für eine Wirkungsanalyse. Ermittelt werden sollten dadurch Erkenntnisse zu den Folgen der Berichterstattung. (Vgl. Weber 1911)

TEXT 1-6

Das Feuilleton in der deutschen Publizistikwissenschaft - 1943 und 1951

Die Ausmerzung des Judentums aus dem deutschen Feuilleton

Die wichtigste Aufgabe einer heutigen Feuilletonkunde, eines Forschungsbeitrages also, der sich abermals - und unter anderen Auspizien als dieser oder jener Vorgänger es versuchte - in das noch immer beinah unbebaute Feld des deutschen Feuilleton-Wissens begibt, ist die Herausschälung der Juden aus der Geschichte des deutschen Feuilletons. Man hat längst eingesehen, daß dies notwendig ist. [...]

Man wird daher erfahren, daß es möglich ist, das jüdische Feuilleton von Sonnenfels und Mendelsohn im 18. Jahrhundert an bis zu Kerr, Polgar und Tucholski in einer einzigen untereinander von Generation zu Generation verbundenen Linie darzustellen. Zugleich kann man dabei sichtbar machen, wie während jeweils einer Generation sich die Juden immer wieder rasch zusammenfinden, um sich gegenseitig zu Hand in Hand arbeitenden Cliquen zusammenzuschließen. Dergleichen zwischen 1933 - 1936 historisch gewordene Zustände zu schildern, dies ist beinahe der leichtere Teil der künftigen Aufgaben einer breiteren Feuilletonkunde.

Andererseits, und das ist der schwierige, mangels eingehender Vorarbeiten, aber auch freudigere Teil der Verpflichtung, ist es endlich einmal notwendig: die Ahnenreihe des deutschen Feuilletons an Hand der Fülle seiner vielfach noch kaum als Feuilletonisten entdeckten Persönlichkeiten aufzustellen. An ihnen kann man dann zeigen, wie diese Ahnenreihe sauber blieb von fremden, zugewanderten Beeinflussern anderen Blutes. Auch kann man klarlegen, wie diese Männer stets aus ganz anderer, reiner und selbstloser Absicht in Zeitungen und Zeitschriften schrieben, seit es sie gibt, oder noch früher etwa in Rede, Predigt oder Flugschrift ihre moralisch erbauenden Bemerkungen zum Alltag machten.

Die Geschichte des deutschen Feuilletons, so fragmentarisch sie bisher nur dasteht, ist gewissermaßen einer gründlichen chemischen Reinigung zu unterziehen. Es muß nämlich aufhören, daß stets, wenn einmal der Begriff Feuilleton fällt, nur die Namen Heine und Börne genannt werden. Diese törichte Ansicht ist eine Denk-Erbschaft aus den Literaturgeschichten jüdischer Skribenten, welche Börne und Heine während beinah eines Jahrhunderts lang als die "Erfinder des Feuilletonstils", als seine eigentlichen Beherrscher gepriesen haben. Wem heute noch, wenn vom Feuilleton die Rede ist, allein die Namen Börne und Heine aufstoßen, den kann man bloß als denkfaul bezeichnen. [...]

(aus: Wilmont Haacke: Feuilletonkunde, Bd. 1, Leipzig 1943: 9 f.; Hervorheb. v. Verf.)

Die neue Sprache des Feuilletons im Journalismus war nur möglich, weil mit der Romantik die Dichter endgültig in die Zeitung und Zeitschrift übergetreten waren. Im 18. Jahrhundert hatten das zuerst nur die Gelehrten und höchst selten die Poeten riskiert. In jenen Jahren aber erhob sich die Sprache der Journalisten zum ersten Male in die arkadischen Gefilde, die bisher für die Poeten reserviert schienen.

Das Ineinanderknüpfen beider Sprachen, der blumigen der Schriftsteller und der auf Wirkung ausgehenden der Journalisten, hatte mit Heinrich Heine, Ludwig Börne, Moritz Saphir und Daniel Spitzer für die deutsche Presse begonnen. Der neue Stil wurde leichter und leichtfertiger. Aus Paris vermittelte die "Augsburger Allgemeine Zeitung" den Ton der zahlreichen Schüler Jules Janins.

Jede nachrichtenmäßige Kühle, jede gelehrte Trockenheit ließ sich nun außer mit journalistischen Glanzfarben zuzüglich mit poetischem Dekor überdecken. [...]

Wenn die Zeitungen seit den Tagen der Romantik und des Jungen Deutschland ununterbrochen "Briefe aus Paris", "Briefe aus Wien" und "Briefe aus Berlin" drucken, so wollen sie nicht mehr den bloßen Bericht von Tatsachen anbieten, sondern einmalige Federerzeugnisse von Persönlichkeiten, die vom Leben der jeweiligen Stadt eine eigene Ansicht bieten. Heine und Börne haben die Briefform benutzt, um ein höchst subjektives Sammelsurium von Begebnissen mit ihren eigenen Gedanken und ihren Gefühlen und Gefühlchen darüber zu vermischen. Es entstand auf diese Weise ein frisches Gebräu von Tatsachen und Einfällen, das Erfolg hatte, weil es amüsant notiert war.

(aus: Wilmont Haacke: Handbuch des Feuilletons, Bd. I, Emsdetten 1951: 127, Bd. II, Emsdetten 1952: 149 f.; Hervorheb. v. Verf.)

Dieses empirische Pilotprojekt zur Erforschung des Journalismus als Gegenstand einer soziologischen Zeitungswissenschaft kam jedoch nur in Ansätzen zustande (vgl. Kutsch 1988)[22]. Die empirische Kommunikationswissenschaft, welche drei Jahrzehnte später in den USA entstand, untersuchte dann im Zusammenhang mit Propagandastrategien im Zweiten Weltkrieg sowie mit Wahlprognosen und Wahlanalysen zunächst vorwiegend die Wirkungen der Medien. Erst in den fünfziger Jahren entstand auch in den USA eine empirische Journalismusforschung.

In der Bundesrepublik kam ein erkennbares Interesse an den Mechanismen der Medienproduktion mit der Studentenbewegung und der Redaktionsstatutenbewegung ab Mitte der sechziger Jahre auf - also im Kontext allgemeiner sozialer und medienstruktureller Entwicklungen. Dabei wurden dann die Schwierigkeiten der Wissenschaft deutlich, die eigentlich dazu hätte Befunde liefern sollen. Denn sie hatte sich bis dahin kaum für die Empirie der Aussagenentstehung interessiert, sondern an idealistischen Normenkatalogen für den journalistischen Beruf festgehalten.

---

22 Die Ursache dafür war nicht zuletzt der 'Professorenstreit' zwischen dem Journalistik-Pionier Adolf Koch, der seit 1897 an der Universität Heidelberg Einführungen in die Journalistik gehalten hatte, und Max Weber. Durch den Beleidigungsprozeß im Jahre 1912, der Koch letztlich ruinierte, schwanden auch die Chancen, Wissenschaftler und Journalisten zur gemeinsamen Mitwirkung an diesem weitreichenden Unternehmen zu gewinnen. Der Beginn des Ersten Weltkriegs tat dann ein übriges. (Vgl. Bernhardt Obst: Das Ende der Presse-Enquete Max Webers. Der Heidelberger Professorenprozeß von 1912 und seine Auswirkungen auf die deutsche Zeitungswissenschaft, in: R. v. Bruch/O. B. Roegele 1986: 45-52)

Emil Dovifat als Hauptvertreter dieser praktizistischen Richtung standen alte Kameraden aus jener Zeit zur Seite, als die Publizistikwissenschaft aus Goebbels' Progagandastrategien das Beste für sich herauszuholen versuchte. Dazu gehörte Wilmont Haacke, der sein Wirken als Rassentheoretiker des Feuilletons unbeschadet überstand und nach dem Zweiten Weltkrieg mit den alten Themen akademisch reüssierte (→ Text 1-6). In den "Blättern zur Berufskunde" der Bundesanstalt für Arbeit schrieb Haacke noch 1971: "Frauen fehlt für das kulturkritische Amt zumeist die unerläßliche und unablässige Härte für lobendes oder verdammendes Urteil."[23]

Auf diesem Niveau bewegte sich die Publizistikwissenschaft, als in den kommunikationspolitischen Diskussionen der späten sechziger und frühen siebziger Jahre Fragen nach den Faktoren, welche die Berichterstattung in den aktuellen Medien bestimmen, gestellt wurden. Das zuständige Fach stand mit leeren Händen da.

Nun wurde es angesichts sprudelnder Geldquellen für kommunikationswissenschaftliche Politikberatungs-Projekte also Zeit, Abschied zu nehmen vom Journalisten als autonomem Individuum. Vor allem die Untersuchung von Einstellungsmustern der Medienakteure und von Entscheidungs- und Produktionsprozessen in den Medien wurde zum Programm der Forschung zur Aussagenentstehung, die 'Kommunikatorforschung' genannt wird.

Inwieweit dieses Programm erfüllt worden ist, wird noch im einzelnen zu prüfen sein. Hier sollen dazu einige kurze Bemerkungen genügen, die zwei wichtigen Veröffentlichungen aus der Anfangszeit der empirischen Kommunikationsforschung in der Bundesrepublik gelten:

▲ 1963 erschien ein Buch, das über Jahre große Bedeutung für die Kommunikationswissenschaft behielt: die "Psychologie der Massenkommunikation" von Gerhard Maletzke. In diesem Werk wurde erstmals für den deutschsprachigen Raum der Massenkommunikationsprozeß auf empirischer Grundlage analysiert und systematisch dargestellt. Das Buch macht freilich quantitativ wie qualitativ auch deutlich, wie wenig man vor etwa dreißig Jahren über die institutionellen Bedingungen im System der Massenkommunikation und seinen Subsystemen wußte. Der Abschnitt "Der Kommunikator in der Institution" ist kaum länger als eine Seite. Zur Feldbeziehung "Kommunikator und Medium" hat der Autor knapp zweieinhalb Sei-

---

23 Wilmont Haacke: Journalist, in: Bundesanstalt für Arbeit Nürnberg (Hrsg.): Blätter zur Berufskunde, Bd. 2, Bielefeld, 5. Auflage 1971 (vgl. dazu auch die Rezension von Walter Hömberg in: Publizistik 1974/3-4, 1975/1-2: 638 f.).

ten zusammentragen können - während ansonsten seitenlang Forschungsergebnisse aus dem angelsächsischen Raum wiedergegeben werden. Inhaltlich wird dabei nicht viel mehr geboten, als daß es unterschiedliche Organisationsformen gibt und daß der Kommunikator bestimmten Produktionsbedingungen unterliegt. Diese Zwänge werden freilich nur als Zwänge der Dramaturgie und im wesentlichen nur für Literatur und Film beschrieben. Für die Journalistik war hier damals also noch nicht allzuviel zu holen. (Vgl. Maletzke 1963: 49 f., 98 ff.)

▲ Manfred Rühl hat Ende der sechziger Jahre versucht, die notwendigen sozialwissenschaftlichen Kategorien in die Analyse des Journalismus einzubringen. Der Autor hatte einige Monate lang bei den NÜRNBERGER NACHRICHTEN den Arbeitsablauf in der Redaktion studiert und dann Kategorien der Systemtheorie von Niklas Luhmann für einen theoretischen Entwurf über redaktionelles Entscheidungshandeln verwendet. Er beschrieb dieses Entscheidungshandeln so - wobei seine Darstellung auch sprachlich den Unterschied zur normativ-praktizistischen Publizistikwissenschaft deutlich macht:

> "Als Entscheidungshandeln der Zeitungsredaktion verstehen wir einen Prozeß, der sich, zumindest analytisch, in die drei Phasen Kollektion, Selektion und Kondensation von Informationen aufgliedern läßt. Aus dem unüberschaubaren, komplexen und diffusen Informationsbestand der gesamten Umwelt sammelt die Redaktion selektierend, nachdem sie diese Umwelt vorher vereinfacht hat, aufgrund einer vorgeformten Typik Informationen. Die so erlangte Informationsmenge faßt sie, nach mehrmaligen Auswahl- und Verdichtungsvorgängen, in bestimmte Formen (Berichte, Kommentare, Glossen, Überschriften, Bildertexte, zugeschnittene Fotos, Kurzberichte, "Zweispalter" usw.), wobei sie sich an ihrer Umwelt, aus der die Ursprungsinformationen stammen, orientiert. Die be- und verarbeiteten Informationskomplexe stellt sie für die technologische Produktion und damit für die Umwelt bereit. In diesem redaktionellen Vorgang werden aus den verfügbaren, in jedem Fall lückenhaften Ausgangsinformationen Folgerungen gezogen, deren Ergebnisse, zusammengefaßt in der täglichen Zeitung, von der Umwelt der Redaktion, insbesondere vom Publikum, als soziale, politische, wirtschaftliche und kulturelle Orientierungsmittel akzeptiert werden." (Rühl 1969: 174 f.[24])

Rühls Analyse warf ein neues Licht auf die Kommunikationsprozesse in den Redaktionen. Seither erst hat die Kommunikationswissenschaft in

---

24 In der Neuauflage wurde diese Definition leicht verändert (vgl. Rühl 1979: 273).

der Bundesrepublik eine empirische Kommunikatorforschung anzubieten, die für das Fach Journalistik brauchbar sein kann.

1.2.3 Journalismus als Wirklichkeitskonstruktion

Die primäre Funktion des Journalismus wurde als Bereitstellung von Themen für die aktuelle Medienkommunikation beschrieben. Dies geschieht nach den Operationsweisen des Systems und nicht etwa als Abbildung von 'Realität'. Die Medien liefern Wirklichkeitsentwürfe; ihre Journalisten konstruieren Wirklichkeit. Sie tun dies freilich nicht willkürlich, sondern auf der Grundlage von Regeln, die sie gelernt haben und über die innerhalb des Systems Journalismus Konsens besteht; dieses System existiert nicht im luftleeren Raum, sondern ist Teil einer sozial konstruierten Wirklichkeit.

Wissenschaftler, die sich 'Radikale Konstruktivisten' nennen, leugnen die gesellschaftliche Konstruktion der Wirklichkeit nicht, behaupten aber, daß der einzelne Mensch in seiner Wirklichkeitskonstruktion letztlich autonom ist, so daß insbesondere monokausale Vorstellungen von Wirkungen mächtiger Medien von vornherein unzutreffend wären. Die Konstruktivisten stützen sich dabei vor allem auf Erkenntnisse der Psychobiologie, die den kognitiven Prozeß des Erkennens, Wahrnehmens und Verstehens betreffen und Informationsverarbeitung, ja, Kommunikation insgesamt, in einem neuen Licht darstellen. (→ Kapitel 2.3.5)

Der Konstruktivismus postuliert, daß wir - nach den Operationsweisen unserer Gehirne - nur Modelle von Wirklichkeit entwerfen, nicht aber auf 'die Realität' direkt zugreifen können. Die Gesellschaft und ihre Teilsysteme, die zum Beispiel mit Hilfe der Medien Wirklichkeitsangebote machen, können diese Konstruktionen zwar beeinflussen, aber nicht determinieren. Bei dieser Wirklichkeitskonstruktion geht es nicht um absolute Maßstäbe wie 'wahr' oder 'richtig', sondern um subjektabhängige Wirklichkeiten, mit deren Hilfe der einzelne Mensch in der prinzipiell unzugänglichen Realität durchkommt. Die Konstruktivisten sprechen in diesem Zusammenhang von "Viabilität".

Was dies bedeutet, läßt sich anhand des Essays "Über die Ignoranz" von Hans-Magnus Enzensberger demonstrieren (→ Text 1-7). Enzensberger vergleicht darin das Wissen des Humanisten Melanchthon (1497-1560) mit dem Wissen heutiger Durchschnittspersonen. Diese haben gemeinsam, daß sie scheinbar willkürlich Wissen akkumulieren und darauf ihre Weltbilder aufbauen - mit den Möglichkeiten, das heißt, den Verarbeitungsmöglichkeiten ihres Gehirns. Das kognitive System hat begrenzte Kapazitäten, und es gibt keinen Grund zu der Annahme, daß sich daran seit dem 16. Jahrhundert, als Melanchthon lebte, viel geändert hat. Beträchtlich geändert hat sich aber die gesellschaftliche Konstruktion der Wirklichkeit, mit der Enzensbergers Protagonisten zu tun haben.

Dem Humanisten Melanchthon stellte sich diese Wirklichkeit relativ geschlossen dar. Die Informationsangebote, die ihm gemacht wurden, waren begrenzt. Ganz anders die Situation der Menschen in der modernen Gesellschaft. Sie sind in erheblichem Maße Angeboten - Medienangeboten - ausgesetzt, die zudem am nächsten Tag schon veraltet sein können. Sie wissen dieses und jenes, und jeder weiß etwas anderes. Sie haben ganz viele inkohärente Weltbilder aufgebaut, die Enzensberger als "Müllhaufen" bezeichnet.

Doch Arroganz ist hier völlig fehl am Platze. Wir alle sind - mehr oder weniger - so wie Enzensbergers Figuren. Und wir müssen uns deswegen nicht schämen, denn einen absoluten Maßstab für die Beurteilung der Wirklichkeitskonstruktionen des einzelnen Menschen gibt es nicht. Die Konstruktivisten bestreiten grundsätzlich, daß man die individuelle Wirklichkeitskonstruktion an 'der Realität' messen und auf dieser Grundlage qualifizieren könne. Melanchthons Vorstellungen von der Welt waren seine Vorstellungen, und nicht anders ist es mit Zizi, Bruno und Helga. Maßstab für die Relevanz von Wissen ist nicht 'die Wahrheit' oder 'die Realität', sondern die individuelle Nützlichkeit von Informationsangeboten in der Umwelt.

Melanchthon kam mit seinem Wissen in seiner Zeit durch. Heute würde er mit seinen Wirklichkeitskonstruktionen, die auf dem Studium alter Sprachen und der Werke alter Kirchenväter beruhten, jämmerlich scheitern: in der U-Bahn, beim Autokauf, beim Fachsimpeln über Fußball oder Politik, bei der Urlaubsplanung. Für die Lektüre des SPIEGEL wäre sein Kurzzeitgedächtnis unterentwickelt und sein Langzeitgedächtnis überentwickelt. Kurz: Er wäre nicht lebenstüchtig. Ganz anders wieder Zizi, Bruno und Helga. Sie besitzen ausreichende funktionelle Kenntnisse, um hier und heute durchzukommen. Sie sind - Kulturkritiker der Medien mögen das ganz anders sehen - durchaus keine passiven Medienopfer; sie hängen nicht am Tropf. Auch ihre Wirklichkeitskonstruktion ist eine aktive Leistung. Sie wenden sich diesem und jenem zu, halten das fest, was sie für wichtig halten, und vergessen anderes wieder. Sie schalten 'auf Durchzug', so daß sie trotz Dutzenden von Fernseh- und Radioprogrammen und Hunderten von Presseerzeugnissen, die ihnen angeboten werden, nicht überschnappen, sondern sich 'informiert' fühlen.

TEXT 1-7

Über die Ignoranz (Hans Magnus Enzensberger)

Pascal hat mit sechzehn seine bahnbrechende Arbeit über die Kegelschnitte publiziert; Hugo Grotius promovierte mit fünfzehn; mit zwölf Jahren bezog Melanchthon, der große Melanchthon, die Universität Heidelberg. Und heute? Heute fährt der vierunddreißigjährige Diplom-Volkswirt Bruno G. erst mal noch ein paar Jahre Taxi - er braucht Zeit, um sich darüber klarzuwerden, was er eigentlich machen soll. Seine Freundin Helga denkt an ein Zweitstudium, und Zizi, die eigentlich Friseuse gelernt hat, will einfach nicht mehr und lebt erst mal von der Stütze. [...] Zizi hat jede Menge Zeit, aber sie weiß trotzdem nicht, wo ihr der Kopf steht. Eigentlich müßte sie jetzt ihren Anwalt anrufen, denn da ist noch die Sache mit dem Trinkgeldanteil, den ihr Edi nicht ausbezahlen will. Aber das kann er mit Zizi nicht machen; denn mit dem Arbeitsrecht kennt sie sich aus, da ist sie Expertin. Und dann sollte sie sich auch noch um ihren Lohnsteuer-Ausgleich kümmern. Nur, dazu kann sie sich heute nicht aufraffen. Erst muß sie jedenfalls ihre Zeitschriften durchblättern. Das gewöhnt man sich in einem Friseurladen an. Woche für Woche bringt der Lesezirkel einen ganzen Packen von Illustrierten vorbei, und in den umsatzschwachen Zeiten liest man schon einiges zusammen. So kommt es, daß Zizi über geradezu enzyklopädische Kenntnisse auf verschiedenen Gebieten verfügt. Schauspieler, die sie in *Tatort* gesehen hat, erkennt sie auf der Straße wieder; sie kann ihre wichtigsten Rollen angeben und weiß mehr, als man für möglich halten sollte, über ihre privaten Verhältnisse, ihre gesundheitlichen Probleme und ihre Freizeitbeschäftigungen. Eine noch größere Kennerschaft legt Zizi an den Tag, wenn es um den Film geht. Hier ist sie sogar über die jeweiligen Wohnsitze, Liebesgeschichten und Gagen informiert.

Wenn es allerdings um Fußball geht, ist Zizi überfragt. Da muß man sich schon an Bruno halten. Bruno weiß alle deutschen Meister seit 1936 auswendig; er weiß, wie der Rechtsaußen vom VfB Stuttgart heißt; wenn ein Trainer entlassen wird, kann Bruno den Grund angeben, und in der Arithmetik der Torverhältnisse ist er unschlagbar. Auch beim *Weltspiegel* und beim *Bericht aus Bonn*, wo Zizi einfach abschaltet, hält Bruno durch. Er macht sich seine eigenen Gedanken über die Sparbeschlüsse, über Nicaragua, über die Apartheid und über die Nachrüstung, und wehe, wenn ihm einer mit falschen Zahlen kommt. [...]

Ich möchte mich jetzt der Frage zuwenden, wer ignoranter ist, Philipp Schwarzerd, genannt Melanchthon, oder Zizi. [...] Ich möchte die Vermutung riskieren und plausibel machen, daß Zizis Lexikon mindestens so umfangreich ist wie das eines Gelehrten aus dem Humanismus, obwohl man das nicht ohne weiteres vermuten würde, wenn man zuhört, wie sich Zizi mit Helga unterhält, während sie ihr aus Gefälligkeit eine Dauerwelle legt. Sie kommt dabei mit ungefähr tausend Vokabeln aus. Melanchthons Schriften lassen auf einen weit größeren aktiven Wortschatz schließen. Dabei ist noch zu berücksichtigen, daß sich Schwarzerd schriftlich und mündlich in drei Sprachen ausdrücken konnte, während Zizi nur über rudimentäre Englischkenntnisse und über ein paar aufgeschnappte griechische Redensarten verfügt. Aber dafür kann sie sich Tausende und Abertausende von Markenartikeln merken, und sie kennt sogar die jeweiligen Reklameslogans so gut, daß sie vor dem Hauptfilm, als nähme sie an einem Rätselwettbewerb teil, die richtigen Firmennamen in den dunklen Saal ruft, noch ehe sie auf der Leinwand erscheinen. Zahllose Namen von Rockgruppen liegen ihr auf der Zunge. Sogar englische Hits kann sie auswendig, eine Gedächtnisleistung, die der Bibelfestigkeit Melanchthons in nichts nachsteht. Auch komplexe Begriffsbildungen stehen ihr zur Verfügung. Sie weiß zwar nicht, was Transsubstantiation bedeutet, aber das nicht weniger abstrakte Lemma *Mehrwertsteuer-Rückvergütung* ist ihr geläufig. Allein die Film- und Fernseh-Zeitschriften, die sie liest, versorgen sie mit Informationen in der Größenordnung von mehreren Megabits, die sie gewissenhaft memoriert - ein Speicherinhalt, der einer gründlichen Kenntnis der Kirchenväter quantitativ nahekommen dürfte.

Gewisse Schwächen hingegen zeigen sich in Zizis Syntax. Im Vergleich zu Melanchthon fällt ihre Neigung zu parataktischen Konstruktionen auf. Nebensätze sind ihr einfach zu umständlich, wenn sie bei ihrer Lektüre, was selten vorkommt, auf eine Periode stößt, reagiert sie verärgert. Das bedeutet aber nicht, daß ihr komplexe logische Strukturen unzugänglich wären; wenn sie sich zum Beispiel mit Helga streitet, erweist sie sich oft als ausgekochte Sophistin. Damit möchte ich ihre Schwächen nicht beschönigen; sicherlich hat sie mit Formalisierungsproblemen zu kämpfen. Ich komme deshalb in diesem Zusammenhang lieber noch einmal auf Bruno zu sprechen, dessen Kasuistik mit den Standards des sechzehnten Jahrhunderts durchaus konkurrieren kann. Wenn Bruno den beiden Mädchen das Regelsystem einer Fußballweltmeisterschaft erklärt, reitet er am liebsten auf Streit-, Grenz- und Zweifelsfällen herum. Da die Zuhöherinnen nicht genügend Sachverstand entwickeln, muß er sogar beide Seiten der Kontroverse vortragen. Er tut es mit einem Scharfsinn und einer logischen Akribie, die an eine theologische Disputation erinnern. Eine ähnliche Meisterschaft legt er an den Tag, wenn es um die Straßenverkehrsordnung geht. Vor seinen Beiträgen zur Interpretation des eingeschränkten Halteverbots hat schon manche Bußgeldstelle die Waffen gestreckt.

Und dennoch kommen wir um den Stoßseufzer: Armer Bruno! Arme Zizi! nicht herum. Das hat nicht mit dem Umfang, sondern mit der Organisation ihrer Kenntnisse zu tun. Während sich Melanchthon beim Aufbau seines Wissens auf einen stabilen Kanon verlassen konnte, während ihm von vornherein klar war, was überhaupt wissenswert war und was nicht, so daß er es im Lauf eines dreiundsechzigjährigen Lernprozesses zu einem haltbaren, wohlgeordneten Weltbild bringen konnte, verfügen Zizi, Helga und Bruno, trotz nimmermüder Aneignung, nur über ein buntscheckiges Quodlibet, um nicht zu sagen über einen Müllhaufen, der noch dazu einer ständigen Umschichtung unterliegt. Die Kenntnisse und Fähigkeiten, die sie sich erwerben, veralten entsetzlich schnell. [...] Helga, Zizi und Bruno wissen auch ganz genau, daß ihre Berufsausbildung praktisch über Nacht schrottreif werden kann. Sie haben sich infolgedesen angewöhnt, immer nur ad hoc zu lernen. Sie organisieren ihr Wissen und ihre Fertigkeiten nach dem Rolltreppenprinzip, und damit stehen sie natürlich keineswegs allein da. Wer den Unterhaltungen deutscher Führungskräfte aus Politik, Wirtschaft und Kultur lauscht, wird zum Beispiel bald feststellen, daß sie nach Thematik, Informationsstand und Wortwahl einem eigentümlichen Sieben-Tage-Zyklus unterworfen sind. Das Material wird am Montagmorgen durch den neuen *Spiegel* herbeigebaggert und im Lauf der Woche nach und nach abgetragen, bis es auf Nimmerwiedersehen im Papierkorb landet, woraufhin der Lernprozeß, falls dieser Ausdruck überhaupt noch anwendbar ist, von neuem beginnen kann.

Daß bei einer solchen Organisation des Materials das Kurzzeitgedächtnis eine besondere Rolle spielt, ist leicht einzusehen. Von der Vergangenheit hat Zizi, im Gegensatz zu Melanchthon, nur eine vage Vorstellung. Zwar ahnt sie, daß es früher auch ein Leben gegeben haben muß; dieser Verdacht wird im übrigen durch Filme wie *Excalibur* und *Eaton Place* genährt. Doch auch zu Hause umgeben sich Bruno, Zizi und vor allem Helga mit Resten aus der Tradition. In der Küche hängt ein rot besticktes Handtuch mit der Inschrift: "Eigener Herd ist Goldes wert", das Helga auf dem Trödel gefunden hat, und im Wohnzimmer steht ein echtes Grundig-Radio aus dem Jahr 1952. Die Geschichte dient unserm Trio also als eine Art Kuscheltier. Nun, abgesehen von den letzten paar hundert Jahren ist es wohl mit dem historischen Bewußtsein nie weit her gewesen; die Vergangenheit war stets eine Angelegenheit der Priester und der Gelehrten, für alle anderen existierte sie nur in der Form von Märchen, Sagen und Legenden.

Wenn ich noch einmal auf Melanchthon zurückkommen darf - nur ein einziges Mal, dann wollen wir sein Andenken ehren, indem wir ihn in Ruhe lassen -: Ich frage mich, wie sind seine Kenntnisse zustande gekommen? Die Antwort lautet: durch heißes Bemühn. Wissen war zu seiner Zeit eine äußerst knappe Ressource, jede Art von Studium das Privileg einer winzigen Minderheit, der Zugang zu den Informationsquellen schwierig und teuer. Das galt nicht nur für die Schriftgelehrten. Jede qualifizierte Berufsausbildung kostete Lehrgeld und war nur um den Preis jahrelanger unbezahlter Arbeit zu erlangen.

Dagegegen sieht sich unsere Friseuse einem lebenslänglichen Trommelfeuer von Informationen ausgesetzt. Schon im zartesten Vorschulalter machten sich die Pädagogen an ihr zu schaffen. Aber was ist ein Curriculum, verglichen mit dem Werbefernsehen! Was ist die Mittlere Reife, verglichen mit dem täglichen Horoskop, der täglichen Gesundheitsberatung, dem täglichen Verbrauchertip! Ich bin sicher, eine einzige Ausgabe der *Bild*-Zeitung hätte genügt, um Johann Gottfried Herders Denkvermögen wochenlang mattzusetzen. Und trotzdem schafft es Zizi irgendwie, nicht verrückt zu werden. Sie schafft es, indem sie sich bildlich gesprochen, die Ohren zuhält. Wer ihr das übelnimmt, der begreift nicht, daß es sich um ein Gebot der Selbsterhaltung handelt. Wenn sie auch noch die Leitartikel der *Frankfurter Allgemeinen Zeitung* lesen und die Beschlüsse des SPD-Parteitags zur Kenntnis nehmen müßte, würde sie überschnappen. [...] Zu der Mühe, bedrohliche Mengen von Informationen aufzunehmen und zu speichern, kommt also noch die weit größere Anstrengung, sich ihre eigenen Kenntnisse vom Leib zu halten, sich gegen sie zu immunisieren. Das sind Leistungen, von denen sich ein Melanchthon... Schon gut, schon gut, er ruhe in Frieden.

Eine letzte Frage. Wie ist es mit der Relevanz? Einmal zugegeben, daß Zizi und Bruno, also wir alle, über geradezu maßlose Kenntnisse verfügen: was haben wir davon? Ich fürchte, diese Erkundigung läßt sich nur mit einer Gegenfrage beantworten. Was hätten (oder haben) wir davon, wenn wir wüßten (oder wissen), was die römische Redekunst dem Cicero verdankt, wann man eine Visitenkarte umknickt, bei welcher Temperatur das Glyzerin siedet und wie die sieben Stauferkönige hießen? Ich habe Grund zu der Vermutung, daß Zizis Kenntnisse, gemessen an ihrer Situation, durchaus funktionell sind. Jedenfalls "kommt sie mit ihnen durch". An ihr liegt es nicht, daß sie ihr Augenmerk eher auf den Mieterschutz richten muß als auf den vollkommenen Ablaß aller zeitlichen und ewigen Sündenstrafen, und daß der Vergleich zwischen Karstadt und Tengelmann ihr mehr sagt als der zwischen Goethe und Schiller. Wer hier den ersten Stein werfen wollte, der liefe Gefahr, sich selber zu treffen.

Damit möchte ich durchaus nicht der eingangs aufgeführten Schar von Ignoranten das Wort reden. Der Germanist, der keine Bücher liest, sollte wirklich lieber Kellner werden; der kaufmännische Lehrling, der das Einmaleins nicht kann, wäre sicherlich besser dran, wenn er in einen Strickkurs oder auf eine Fahrschule ginge, und warum die Kunsthistorikerin, die Goya der Renaissance zurechnet, nicht lieber Schweine züchtet, wird mir immer ein Rätsel bleiben.

Aber aus solchen Irrtümern läßt sich ganz und gar nicht schließen, daß es sich bei denen, die weniger als fünfunddreißig Jahre zählen, also bei der absoluten Mehrheit der Bevölkerung, um eine Art von Mutanten handelt. Was sie wissen und was sie ignorieren, ist ebenso sonderbar und monströs wie die Umgebung, in der sie lernen, was sie lernen, und vergessen, was sie vergessen. Wegen ihrer Kompetenz-Kompetenz braucht man sich, glaube ich, keine Sorgen zu machen. Sollten sich die Lebensbedingungen in der Bundesrepublik dergestalt ändern, daß Zizi, Bruno und Helga mit einer soliden klassischen Bildung irgend etwas anfangen könnten - an ihnen würde es ganz gewiß nicht liegen. Ich höre sie schon, wie sie, zur Erleichterung aller, die über die Ignoranz der Jugend klagen, an schönen Herbstabenden statt *We don't need no education* den ersten Gesang der *Odyssee* anstimmen.

(aus: Mittelmaß und Wahn, Frankfurt 1988: 12-22; kurs. im Orig.)

Wirklichkeitskonstruktion ist in diesem Verständnis also ein aktiver Prozeß im kognitiven System jedes Individuums, und das muß man zunächst einmal ohne erhobenen Zeigefinger akzeptieren. Wenn uns dann die Medien, die offensichtlich funktionelle Wirklichkeitsentwürfe präsentieren, nicht gefallen, müßte die erste Frage wohl lauten: Was ist das für eine Gesellschaft, in der man mit Hilfe dieser Wirklichkeitsentwürfe durchkommt?

Wirklichkeitskonstruktion macht handlungsfähig. Und dabei spielen die Medien eine zunehmend wichtige Rolle. Diese Wirklichkeitskonstruktionen sind subjektabhängig, aber nicht willkürlich. Sie müssen mit anderen abgestimmt werden. Durch intersubjektive Vereinbarungen werden Wirklichkeitskonstruktionen - und gerade daran orientieren sich Medien und Journalisten - sozial verbindlich. Dies bedeutet auch, daß sich die Menschen, und gerade auch die Journalisten, nicht hinter Begriffen wie 'Objektivität' (→ Kapitel 4.2.2) verstecken können.

Wenn kognitive Systeme prinzipiell autonom sind, bedeutet dies, daß auch Journalisten bei ihrer Wirklichkeitskonstruktion im Prinzip autonom sind (Kapitel 2.3.5). Diese Wirklichkeitskonstruktion der Journalisten wird freilich durch die institutionellen Bedingungen der Medien (→ Kapitel 3) und durch professionelle Regeln und Schemata (→ Kapitel 4) in erheblichem Maße beeinflußt. Diese Strukturen, Regeln und Schemata werden von den Journalisten im Prozeß beruflicher Sozialisation kennengelernt, gelernt und als Handlungsdispositionen übernommen (→ Kapitel 5).

1.3 Themen und Grenzen der Journalistik

Das Handlungssystem Journalismus gewinnt seine Identität durch das Angebot bestimmter Leistungen innerhalb einer bestimmten Gesellschaft. Diese Leistungen, so können wir nun genauer definieren, bestehen in heutigen pluralistischen Gesellschaften vor allem darin, Themen für die Medienkommunikation zur Verfügung zu stellen, die Neuigkeitswert und Faktizität besitzen, und zwar insofern, als sie an sozial verbindliche Wirklichkeitsmodelle gebunden sind.

Das Anwendungssystem Journalismus orientiert sich bei seiner Wirklichkeitskonstruktion an Auffälligkeiten. Dies stellt dem wissenschaftlichen System Journalistik die Aufgabe zu untersuchen, welche Regelhaftigkeiten dieser Suche nach Auffälligkeiten zugrundeliegen. Insofern bezieht sich die Journalistik immer auf die journalistische Praxis. Durch Beobachtung (Theorie) des Handelns (Praxis) werden die Regelhaftigkeiten ermittelt und zu erklären versucht. Ein solches Verständnis knüpft somit an Büchers Einschätzung des Journalismus als einer im wesentlichen reproduktiven Tätigkeit an, die einer sozialwissenschaftlich rekonstruierbaren Regelhaftigkeit unterliegt (vgl. Bücher 1981a: 94). Die Regelhaftigkeit mag für bestimmte Medienbereiche und Berufsrollen mehr und für andere weniger zutreffen; dies wäre im einzelnen zu untersuchen.

Diese Überlegungen bedeuten aber keine Identität zwischen dem Fach Journalistik und der Kommunikatorforschung, die für solche Rekonstruktionen vor allem zuständig ist. Kommunikatorforschung beschäftigt sich primär empirisch mit den Faktoren, welche die Aussagenentstehung bestimmen. Bedingungen und Folgen dieser Strukturen und Prozesse, die Einfluß haben auf das Handeln in den Massenmedien, werden nur hilfsweise von Fall zu Fall einbezogen. Im Fokus steht immer das Handeln von Institutionen oder Rollenträgern der Aussagenentstehung. Dies grenzt die Kommunikatorforschung arbeitsteilig gegenüber anderen Forschungsbereichen der Kommunikationswissenschaft ab, zum Beispiel gegenüber der Wirkungsforschung.

Journalistik als Forschungsbereich ist hingegen generell auf die Normen, Strukturen, Funktionen und Rollen im gesamten Feld der aktuellen Medienkommunikation gerichtet. Was das bedeutet, hat Ruß-Mohl (1985: 265) zu beschreiben versucht, als er Journalistik mit der Metapher "Brückenkopf zwischen Kommunikationswissenschaft und journalistischer Praxis" beschrieb. Er wählte dabei das Beispiel "Wissenschafts-Journalistik", um den Lehr- und Forschungsbereich des Faches näher zu bestimmen.

Zu den Aufgaben dieser Wissenschaftsjournalistik gehören nach Auffassung von Ruß-Mohl, die Vernachlässigung von Themenfeldern zu untersuchen, das Beziehungsgefüge zwischen Wissenschaftler und Journalist auszuleuchten und das Rechercheterrain 'Wissenschaftsbetrieb' systematisch zu analysieren. Auf diese Weise wären Recherchehindernisse zu identifizieren und aus dem Weg zu räumen. Aufgabe der Wissenschaftsjournalistik müsse es darüber hinaus sein, offenzulegen, wo im Wissenschaftsjournalismus die herkömmlichen 'Faustregeln' der Nachrichtenauswahl versagten, um Journalisten bei der Entwicklung geeigneter Selektionsraster unterstützen zu können. Und schließlich: "Wissenschaftsjournalistik hätte die Darstellungs- und Vermittlungsprobleme des Wissenschaftsjournalismus zu erfassen und zu systematisieren." (Ruß-Mohl 1985: 270 ff.)

Diesen normativen Aussagen kann kaum widersprochen werden. Doch einer so beschriebenen Journalistik fehlt noch die theoretische Stringenz wie die praktische Relevanz. Denn für die Praxis des Journalismus sind institutionelle Muster (das, was Ruß-Mohl "Berichterstattungsfelder" nennt), Medienaussagen und Darstellungsformen ("Genres") sowie Strukturen der Mediensysteme ("Rahmenbedingungen") nicht in gleicher Weise bestimmende Faktoren. Umgekehrt sind auch die Einflußmöglichkeiten der Journalistik für 'besseren Journalismus' ganz unterschiedlich und ganz unterschiedlich wirksam, je nach dem, bei welchem dieser Bereiche sie ansetzt. Ansonsten besteht die Gefahr, daß unrealistische Erwartungen an die Praxisrelevanz der Journalistik gestellt werden. Deshalb müssen die Kontexte näher untersucht werden, mit denen sich die Journalistik zu beschäftigen hat. Das heißt im einzelnen, folgende Fragen zu beantworten:

- ▲ Welche Bedingungen schafft das Mediensystem für den Journalismus? (Normen)
- ▲ Welche Zwänge gehen von den Medieninstitutionen für den Journalismus aus? (Strukturen)
- ▲ In welchem Leistungs- und Wirkungskontext stehen die Medienaussagen, die im System Journalismus produziert werden? (Funktionen)
- ▲ Welchen Verhaltenserwartungen sind die Medienakteure im System Journalismus ausgesetzt? (Rollen)

Normen, Strukturen, Funktionen und Rollen bestimmen in einem Mediensystem, was Journalismus ist, der dann nach diesen Bedingungen und Regeln Wirklichkeitsentwürfe liefert. In die Zuständigkeit der Journalistik fällt, diese Kontexte zu untersuchen und die so gewonnenen Erkenntnisse der Praxis zur Verfügung zu stellen - zum Beispiel in Form von Journalistenausbildung.

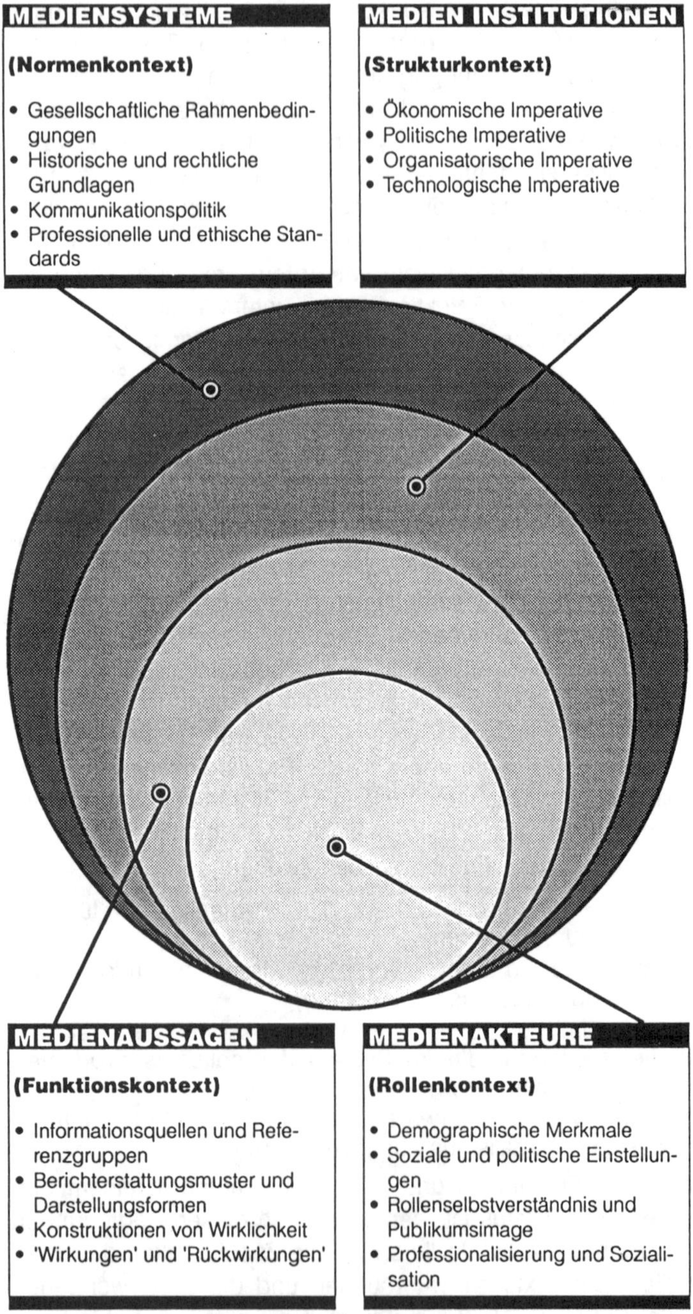

Abb. 1-1: Kontexte des Journalismus - Gegenstände der Journalistik

Die Kontexte lassen sich modellhaft als Kreisformation um die Journalisten als Akteure der aktuellen Medienkommunikation darstellen. Zur Verdeutlichung kann man auch auf eine Metapher zurückgreifen und das System Journalismus mit einer Zwiebel vergleichen (vgl. Weischenberg 1990e). Modell oder Metapher führen uns zu einer Systematik, die Basis für ein Inventar kommunikationswissenschaftlicher Beiträge zur Journalistik sein soll (→ Abbildung 1-1).

Den äußeren Kreis bilden die Normen, welche im Mediensystem Gültigkeit besitzen: die sozialen Rahmenbedingungen, die historischen und rechtlichen Grundlagen, die Maßnahmen der Kommunikationspolitik sowie die weniger formalisierten professionellen und ethischen Standards für journalistische Berufstätigkeit.

Der nächste Kreis steht für den Strukturkontext des Journalismus. Damit sind vor allem Zwänge der Medieninstitutionen gemeint, in denen Journalismus zustandekommt: die - für die einzelnen Medien zum Teil unterschiedlich wirksamen - ökonomischen, politischen, organisatorischen und technologischen Imperative. Politische Imperative werden hier meist indirekt - in ökonomischen oder organisatorischen Zusammenhängen - wirksam. Insgesamt legen die Medieninstitutionen mit ihren Bedingungen heute, im Zeitalter der Großorganisationen, weitgehend fest, wie sich journalistische Arbeit abspielt.

Der dritte Kreis läßt sich als 'Funktionskontext des Journalismus' beschreiben. Hier geht es um die Leistungen und Wirkungen des Systems Journalismus: Woher beziehen die Journalisten ihr Material und in welche Abhängigkeiten begeben sie sich gegenüber ihren Informationsquellen? Welchen Mustern folgt die Berichterstattung, welche Darstellungsformen werden wann und wie von den Journalisten verwendet? Nach welchen Regeln machen die Journalisten aus Ereignissen Nachrichten, welche Merkmale hat die von ihnen konstruierte Wirklichkeit? Welche Konsequenzen hat das, was Medien und Journalisten produzieren? Eine zentrale Frage im Zusammenhang mit den journalistischen Leistungen betrifft schließlich die Effekte von Medienangeboten für Meinungen, Einstellungen und Handlungen des Medienpublikums und ihre Rück-Wirkungen auf die Aussagenentstehung.

Den inneren Kreis bilden die Medienakteure. Letztlich autonom bei ihren Wirklichkeitskonstruktionen, sind sie doch eingeschlossen in Normen-, Struktur- und Funktionszusammenhänge, die ihr Handeln bis zu einem gewissen Grade vorprägen. Journalistisches Handeln spielt sich unter den Bedingungen moderner Medienkommunikation stets in einem festen Rahmen ab, der auf historisch gewachsenen Bedingungen beruht. Themen sind bei der Beschäftigung mit den Medienakteuren ihre Rollenstereotype und Beziehungsmuster, ihre Merkmale und

Einstellungen und schließlich die Professionalisierung und Sozialisation der journalistischen Berufsgruppe.

Die Faktoren, welche das Handlungssystem Journalismus jeweils definieren, lassen sich zum Zwecke der Analyse isolieren, beschreiben und zum Teil auch systematisch empirisch untersuchen. Doch dies wirft für die Journalistik eine Reihe von Problemen auf. Das erste betrifft die Interdisziplinarität, die von einer solchen Systematik herausgefordert wird. Denn mit dem Normenkontext, dem Strukturkontext, dem Funktionskontext und dem Rollenkontext des Journalismus sind diverse Wissenschaftsbereiche angesprochen: für die normativen Vorgaben u. a. Rechtswissenschaft, Geschichte und Philosophie; für den Strukturzusammenhang Wirtschaftswissenschaft, Kommunikationswissenschaft, Soziologie, aber auch Informatik; für den Funktionszusammenhang in besonderem Maße Soziologie, Kommunikationswissenschaft und Sozialpsychologie und für den Rollenzusammenhang u. a. Soziologie und Kommunikationswissenschaft. Interdisziplinarität bedeutet aber immer auch Informationsverlust, nicht zuletzt auf Grund von Kompetenzgrenzen des einzelnen Forschers.

Grenzen sind auch dem Praxisbezug der Journalistik gesetzt. Vom Unterschied zwischen einem Wissenschaftssystem und einem Anwendungssystem war schon die Rede. Probleme ergeben sich aber auch daraus, daß von der Journalistik Impulse für die journalistische Praxis erwartet werden. Doch kann Praxis nur insofern Bestandteil der Journalistik als Lehr- und Forschungsbereich sein, wie sie im wesentlichen kognitiv erfaßbar und vermittelbar ist. Darüber hinaus gibt es aber noch sozusagen eine 'Praxis der Praxis': die affektive Komponente des journalistischen Handelns in Institutionen, die vor allem durch Sozialisation vermittelt wird. Sie kann im Rahmen der Journalistik Gegenstand wissenschaftlicher Analyse, aber nur sehr begrenzt - zum Beispiel mit Hilfe von Simulation (vgl. Weischenberg 1990d) - Teil der Praxis des Studiums im Sinne einer beruflichen Einübung sein.

Bibliographische Hinweise

Im 19. Jahrhundert ist 'Journalistik', wie dargestellt wurde (→ Kapitel 1.1.1), meistens mit 'Journalismus' oder 'Presse' gleichgesetzt worden; dies zeigt z. B. auch eine Studie des Freiherrn VON HELFERT (Die Wiener Journalistik im Jahre 1848, Wien 1877); ebenso Friedrich ENGELS, der unter 'Journalistik' den praktischen Journalismus als Teil des literarischen Lebens verstand. In seiner gesellschaftskritischen Milieuskizze aus dem Wuppertal schrieb er: "In der eigentlichen Wuppertaler Literatur nimmt die Journalistik die wichtigste Stelle ein." (MEW, Bd.1, Berlin 1957: 429)

Insbesondere in den zwanziger Jahren dieses Jahrhunderts wurde der Begriff 'Journalistik' dann in zahlreichen zeitungswissenschaftlichen Studien untersucht und insbesondere gegenüber 'Publizistik' abgegrenzt. Beispiele dafür sind neben den bereits erwähnten Veröffentlichungen die Bücher bzw. Aufsätze von Karl JÄGER (1926), Wilhelm SPAEL (1928), Karl BÖMER (1929) und Hermann KINDT (1931). JÄGER unterscheidet zwar im wesentlichen nicht zwischen 'Journalistik' und 'Journalismus', entwirft aber dann einen Studienplan der Journalistik und kündigt ein zweites Buch mit dem Titel "Zeitungswissenschaft (Journalistik)" an.

Für SPAEL ist 'Zeitungskunde' die Wissenschaft und deren Gegenstandsbereich 'Journalistik' bzw. 'Publizistik'. Die "publizistische Wissenschaft" wird dann aber als Oberwissenschaft für Zeitungskunde bezeichnet (vgl. Definition S. 13 ff.: "Über das Wesen der Publizistik und Journalistik"). Journalistik und Publizistik sind nach SPAELS Darstellung durch die Tätigkeit von Journalisten bzw. Publizisten gekennzeichnet, wobei Journalistik offenbar im Sinne von Zeitungspraxis verstanden wird.

BÖMER wehrt sich gegen die angebliche Absicht von JÄGER (1926) und GROTH (1928), Zeitungswissenschaft und Zeitungskunde durch 'Journalistik' ersetzen zu wollen. Er beklagt die Begriffsverwirrung, trägt aber selbst dazu bei, indem er 'Journalistik' und 'Publizistik' wieder auf die Praxis der Journalisten und Publizisten bezieht; Journalist wird dabei im Sinne von Zeitungsredakteur verstanden; Publizist als "geborener Agitator". BÖMER schlägt die Bezeichnungen "publizistischer Journalismus" bzw. "journalistische Publizistik" vor und definiert unter Rekurs auf SPAEL (1928): "Der Publizist denkt und schreibt, der Journalist schreibt und denkt."

KINDT beschäftigt sich im zweiten Teil seiner Überlegungen zur Methode der Zeitungswissenschaft ausführlicher mit den Begriffen 'Publizistik' und 'Journalistik'. Er schlägt vor, zwischen 'Journalistik', 'Publizistik' und 'Journalismus' zu unterscheiden: Journalismus versteht er als eigene Verbindung von Journalistik und Publizistik und Journalistik als Oberbegriff für "geistiges Gewerbe" mit den Kennzeichen Aktualität, breite Öffentlichkeit, Universalität, Periodizität. Auf diese Weise kommt Kindt zu einer Abgrenzung von Publizistik: Er bezieht Journalistik auf Masse und Publizistik auf Führung, als "geistige Daseinsform".

Nach dem Zweiten Weltkrieg beschäftigte sich als erster wieder Otto GROTH (1948) mit fachhistorischen und fachsystematischen Fragen. Er widersprach dabei der zitierten Erwartung Büchers (1981b), daß von der Soziologie her die besondere Wissenschaft von der Journalistik aufgebaut werden könne, und wandte sich gegen Publizistik als "Lehre von den publizistischen Führungsmitteln".

Erst RÜHL (1982) begriff dann Journalistik, wie dargestellt, als Wissenschaft, nämlich als Lehr- und Forschungsprozeß, welcher der Entwicklung und Diskussion theoretisch-empirischen Wissens über den Journalismus diene; 'Journalistik' sei deshalb auch mehr als eine Kunstlehre für Journalismus. Für RUß-MOHL (1985) hingegen ist ungeklärt, ob Journalistik Paradigma, Teildisziplin oder gar Wissenschaft ist. WÜRZBERG (1986) versteht Journalistik wiederum als Wissenschaft, auch wenn das Fach vor allem das Ergebnis von Wissenschaftspolitik sei; die wissenschaftliche Spezifik von Journalistik liege aber im Nebel. Journalistik sollte nach WÜRZBERGS Auffassung zur Neudefinition von Journalismus und Wissenschaft beitragen.

Zu den Anfängen der hochschulgebundenen Journalistenausbildung (→ Kapitel 1.1.2) vgl. WEISCHENBERG 1976; zum dju-Modell für eine Journalistenausbildung an Gesamthochschulen vgl. die feder 1974/2: 6 ff.; zum Neuen Memorandum des Deutschen Presserats vgl. den Tätigkeitsbericht 1973: 93 ff.; zu den Reformvorschlägen des nordrhein-westfälischen Beirats für die Studienreform ("Ausschuß Journalistenausbildung") vgl. den Bericht zur Journalistenausbildung und -fortbildung im Lande Nordrhein-Westfalen, hrsgg. v. Minister für Wissenschaft und Forschung, Düsseldorf 1974. Einzelheiten zu den Journalistik-Studiengängen, die hier nur kurz vorgestellt werden sollten, finden sich insbesondere in den verschiedenen Sammelwerken zum Studium der Journalistik und Publizistikwissenschaft (vgl. HÖMBERG 1978, BREUNIG 1987, WEISCHENBERG 1990a).

Über die in Leipzig seit 1950 entstandenen wissenschaftlichen Arbeiten (→ Kapitel 1.1.4) kann man sich anhand von Katalogen informieren, die von der Sektion Journalistik herausgegeben wurden. Das erste Gesamtverzeichnis (1982 erschienen) umfaßt die Jahre 1950 bis 1980, die 1. Fortsetzung der fortlaufenden Bibliographie (1985) die Jahre 1981 bis 1983, die 2. Fortsetzung (1988) die Jahre 1984 bis 1986. Zur Geschichte des Journalismus und der Journalistik in der DDR vgl. die parteiliche Darstellung von Günter RAUE (1986), der nach der Wende 1989/90 rund ein Jahr lang Direktor der Sektion Journalistik war, sowie den Sammelband von GESERICK/KUTSCH (1988).

BERGSDORF (1980) hat im Rahmen seiner Untersuchung über "Die 4. Gewalt" auch dem Journalismus in der damaligen DDR ein kurzes, aber sachkundiges Kapitel gewidmet (S. 114 ff.) Einen Vergleich von Journalismus und Journalistenausbildung in West- und Ostdeutschland Anfang der siebziger Jahre unternahm RÜHL (1973). Die bis dahin gründlichste Auseinandersetzung mit der Journalistik der DDR, ihren theoretischen Grundlagen und ihren Grundbegriffen hat Verena BLAUM in ihrer Münchner Dissertation aus dem Jahre 1977 vorgelegt (vgl. BLAUM 1980). Mit der Zeit der 'Wende' im DDR-Journalismus bis zu den Volkskammerwahlen im März 1990 beschäftigt sich der Sammelband von KUTSCH (1990).

Während BUDZISLAWSKI (1966) in seinem Lehrbuch "Sozialistische Journalistik" nur eine unsystematische Sammlung von Gegenständen und Themen anbieten konnte, stellte der sowjetische Wissenschaftler E. P. PROCHOROV (1979) einige Jahre später Skizzen für eine durchaus anspruchsvolle sozialistische "Soziologie der Journalistik" (i. S. v. Journalismus) als wichtige Richtung der "Journalistikwissenschaft" vor. Auf der Basis einer systemtheoretischen Konzeption verknüpfte er darin die Publikumsforschung mit der Analyse der Aussagenentstehung und stellte so den Journalismus in einen größeren funktionalen Zusammenhang. Gleichzeitig machte er auf die Notwendigkeit aufmerksam, den Journalisten ein "theoretisch-methodisches Handbuch mit Erkenntnissen zur Soziologie des Journalismus" anzubieten.

Mit den journalistischen Genres haben sich zahlreiche Journalistik-Wissenschaftler der DDR theoretisch auseinandergesetzt, darunter auch Dietrich SCHMIDT (Journalistische Genres als Gestaltungs- und Kampfformen, in: Zeitschrift für Journalistik, 2. Jg., 1961/3: 1-16). Dieser Versuch einer Genretheorie gründet sich auf einen auffallend unreflektierten Wahrheits- und Wirklichkeitsbegriff, so daß die journalistischen Gestaltungsmethoden als "Widerspiegelungsmethoden" (S. 14) verstanden werden: "Journalistische Genres geben die Tatsachen der Wirklichkeit *direkt* wieder." (S. 6; kurs. im Orig.) Ähnlich in einem anderen Aufsatz Hans TEUBNER (Über die "harte Sprache" der LVZ, in: Zeitschrift für Journalistik, 2. Jg., 1961/4: 1-10), der die Forderung aufstellt: "Die Sprache muß die Wirklichkeit widerspiegeln" (S. 9).

Zu den zunächst geplanten neuen Studienprogrammen der Sektion vgl. - neben den kommentierten Vorlesungsverzeichnissen - den Studienführer "Journalistikstudium in Leipzig", Leipzig 1990, und "Studienprogramme für die Ausbildung von Journalisten und Kommunikationswissenschaftlern an der Sektion Journalistik der Karl-Marx-Universität Leipzig", Leipzig 1990. Die erwähnten Praxis-Lehrhefte enthalten, zumal in den Quellenangaben, eine Mischung aus marxistischer und offenbar hastig rezipierter westlicher Literatur (vgl. z. B. Rüdiger KRONE: Arbeit in der Redaktion, Barbara LENHART: Das Recherchieren, Bärbel BÖTTCHER: Strukturelemente journalistischer Beiträge; alle Leipzig 1990).

Zur Hoffnung der Leipziger Dozenten auf eine neue Chance vgl. die "Erklärung des Rates der Sektion Journalistik" in: Universitätszeitung Karl-Marx-Universität, Sonderausgabe, Leipzig, 13.8.1990, sowie die Zitate in der kritischen Darstellung von Christoph SCHWENNICKE: Wende im Roten Kloster, in: Deutsches Allgemeines Sonntagsblatt v. 17.8.1990. 'Abwicklung' der Sektion Journalistik und Neuaufbau der Leipziger Kommunikationswissenschaft waren auch in Westdeutschland begleitet von publizistischer Aufmerksamkeit; vgl. dazu z. B. Siegfried STADLER: Ketzerei im Roten Kloster, in: Frankfurter Allgemeine Zeitung v. 3.4.1991: 29; Jörg SIMON: Rotes-totes Kloster, in: Die Zeit v. 12.4.1991: 18). Zum Prozeß der Erneuerung in Leipzig vgl. auch: Siegfried WEISCHENBERG: Verbindung mit Zugzwang. Journalismus und die Einheit, in: Journalist 1990/10: 10-14 sowie Kurt REU-

MANN: Im Roten Kloster in Leipzig glaubt man seiner eigenen Leiche zu begegnen, in: Frankfurter Allgemeine Zeitung v. 9.12.1991: 3. REUMANN bezweifelt grundsätzlich die Notwendigkeit, die neue Leipziger Journalistik in großem Stile auszubauen. Der Autor, gelernter Publizistik-Wissenschaftler, bemüht dazu aber das alte Praktiker-Vorurteil, "daß junge Menschen, die Journalisten werden wollen, keineswegs gut beraten sind, wenn sie Publizistik im Hauptfach studieren, ob sie das nun in Leipzig oder in München tun".

Zu den wenigen Zeitungswissenschaftlern, die 'Journalismus' nicht auf die berufliche Tätigkeit von Journalisten verkürzten (→ Kapitel 1.2.1), gehörte Hans TRAUB (1933: 91 ff.), der Journalismus gleichermaßen als "Berufsbezeichnung", als "Stilbezeichnung" und als "Schriftgattung" behandelte. Über die neue Sprache der empirischen Kommunikationswissenschaft, die für Praktiker nicht mehr verständlich sei (→ Kapitel 1.2.2), hat insbesondere Emil DOVIFAT beredt Klage geführt (Die Sprache unseres Faches, in: Publizistik, 14. Jg., 1969: 5 ff.). Um sein Oeuvre, dessen zentrale Ideen wissenschaftlich längst obsolet geworden sind, gibt es bemerkenswerte Bemühungen von Publizistikwissenschaftlern an der Freien Universität Berlin, wo DOVIFAT früher lehrte. Dazu gehörte aus Anlaß seines hundertsten Geburtstags die Neuausgabe des erwähnten Buches "Der amerikanische Journalismus" aus dem Jahre 1927 (Berlin 1990), das gewiß zu seinen besten Werken gehört; vgl. dazu auch Otto KÖHLER: Publizistik ohne Ethik?, in: Die Zeit v. 5.7.1991: 41.

Den erwähnten Studien von MALETZKE (1963) und RÜHL (1969) folgten erst rund ein Jahrzehnt später grundlegendere Auseinandersetzungen mit dem Journalismus auf empirisch-analytischer Basis. Sie wurden von den Kommunikationswissenschaftlern Manfred RÜHL (1980), Maximilian GOTTSCHLICH (1980) und Hans Heinz FABRIS (1979) vorgelegt.

RÜHL identifiziert Journalismus als Herstellung von Beachtung für die von Journalisten thematisierten Sachverhalte. Die Akzeptanz auf dem Markt der Informationen lasse Schlüsse darüber zu, ob ggf. äquivalente Angebote gewünscht werden; das System Journalismus sei zu den geforderten Anpassungsleistungen jederzeit in der Lage. Es zeige seine Anpassungsfähigkeit (und Problemlösungskapazität) insbesondere bei der Adaption an neue Märkte und an neue Technologien. Die Frage, welche sozialen Mechanismen den Markt steuern, also welchen 'sozialen Sinn' die journalistische Leistung haben soll, wird von RÜHL bewußt nicht gestellt, weil die Systemrationalität eigenbezogen sei.

GOTTSCHLICH sucht nach Ursachen für "kommunikative Fehlleistungen im Journalismus" und findet sie in mangelnder sozialer Orientierung der Journalisten. Fehlende Reflexion über professionelle Werte (Berufsethik) sowie ein primär an technischen, nicht inhaltlichen Vermittlungszielen (Übersetzungsfunktion) orientiertes Verhalten verhinderten die notwendigen Leistungen des Journalismus in einer pluralistischen Demokratie. GOTTSCHLICHS Anspruch gegenüber journalistischer Leistung geht über RÜHLS systemstabilisierende Bescheidenheit weit hinaus. Die Analyse bricht da ab, wo es darauf ankäme, aus der Beschreibung der Verhältnisse eine Strategie zu entwickeln. Als Steuerungsfaktoren werden aber soziale Orientierung und verbesserte Ausbildung genannt.

FABRIS ist bei seiner Analyse des journalistischen Berufs gründlich, aber auch strukturfern. Seine Zielvorstellungen sind sozialkritischer und konkreter als die GOTTSCHLICHS. Die Untersuchung deckt zunächst die strukturellen Ursachen für die Kluft zwischen normativem Anspruch und sozialer Wirklichkeit im Journalismus auf. Dazu gehören die Besitzverhältnisse im Mediensystem ebenso wie Probleme des Berufszugangs, der Ausbildung und der Herausbildung einer Medienelite. Die Therapie führt aber aus dem 'System Journalismus' heraus, wenn der Autor die Partizipation von Laien-Journalisten in alternativen Medien als Pendant zu (besser ausgebildeten) Berufsjournalisten anbietet.

Zur Erkenntnistheorie des 'Radikalen Konstruktivismus' und ihrem Potential für die Sozialwissenschaften (→ Kapitel 1.2.3) liegt inzwischen eine umfangreiche Literatur vor. Als Einführung sind folgende Bücher geeignet: SEGAL (1988), PORTELE (1989) und WATZLAWICK (1990a, b) sowie die Sammelwerke von SCHMIDT (1987) und RIEGAS/VETTER (1990). Von den Pionieren des konstruktivistischen Ansatzes sind folgende Werke in deutscher Sprache zugänglich: VON FOERSTER (1985), VON GLASERSFELD (1987), MATURANA (1985), MATURANA/VARELA (1990) und VARELA (1990).

2 Mediensysteme: Normenkontext des Journalismus

2.1 Gesellschaftliche Rahmenbedingungen der Medienkommunikation

2.1.1 Allgemeine Theorien der Medien und der Gesellschaft

Journalistisches Handeln spielt sich unter den spezifischen Bedingungen von Gesellschafts- und Mediensystemen ab. Mit dem Wandel eines Gesellschaftssystems wandelt sich das Mediensystem, und damit wandelt sich auch der Journalismus in der Gesellschaft. Besonders drastisch ist dieser Zusammenhang in Ostdeutschland seit der Wende im Herbst 1989 deutlich geworden.

Alle Mediensysteme sind von den allgemeinen Bedingungen der 'Massenkommunikation' in der modernen Gesellschaft geprägt; dabei werden Medienaussagen massenhaft produziert und mit Hilfe schneller Verbreitungstechniken einem großen und heterogenen Publikum angeboten (vgl. Gerbner 1969: 206). Ursachen und Folgen der dabei ablaufenden Produktions-, Distributions- und Rezeptionsprozesse werden durch allgemeine Medientheorien in unterschiedlicher Weise beschrieben und erklärt. Dabei lassen sich im wesentlichen vier Richtungen unterscheiden: Kritik der Massengesellschaft und Massenkultur, Kritische Theorie, Historischer Materialismus und Liberal-pluralistisches Denken.

Kritik der Massengesellschaft und Massenkultur taucht zuerst im 19. Jahrhundert auf, als sich Wissenschaftler mit der neuen sozialen Ordnung beschäftigen, die auf Grund der Industrialisierung entstanden ist. Bei der Beschreibung dieser neuen Gesellschaft stehen negative Erscheinungen im Zentrum der Auseinandersetzung: Auflösung der Wertsysteme, Zerstörung traditioneller gesellschaftlicher Beziehungen, Isolation und Entfremdung, moralische und ästhetische Barbarei als Folgen der veränderten Strukturen. Die Ideale von Freiheit, Gleichheit und Brüderlichkeit schienen in einer solchen Massengesellschaft, die immer deutlicher auch eine Massenkultur hervorbrachte, nicht realisierbar zu sein. Kritik richtete sich dabei schon früh auch gegen die Medien, die seit dem Ende des 19. Jahrhunderts zunächst als 'Massenpresse' immer größere soziale Bedeutung erhielten.

Es waren Klassiker der Psychologie, Politologie oder Soziologie wie José Ortega y Gasset, Alexis de Tocqueville, Gustave le Bon, Emile Durkheim, Vilfredo Pareto und Ferdinand Tönnies, die in ihren Werken solche Negativbeschreibungen der Folgen von Urbanisierung und Industrialisierung für den Einzelnen wie für das Zusammenleben beschrieben haben[1]. Bestimmend war dabei eine elitäre Grundhaltung, aus der heraus die moderne Gesellschaft als Herd von persönlicher Mediokrität und moralischer Unordnung begriffen wurde. Ja, es wurden sogar Zusammenhänge zwischen dem Entstehen des 'Massenmenschen' und dem Aufkommen totalitärer Systeme konstruiert. 'Massenkultur' wurde - in Abgrenzung früherer Hochkultur - als minderwertig beschrieben, ihre Adressaten erschienen als entfremdete und passive Konsumenten. (Vgl. Bennett 1982: 32 ff.)

Diese Beschreibung von Massengesellschaft, Massenkultur und Massenmedien hat sich bis heute - insbesondere in der Wirkungsforschung (→ Kapitel 4.5) - als äußerst einflußreich erwiesen (vgl. Beniger 1987), obwohl sie nicht nur auf problematischen Maßstäben und rückwärtsgerichteten Vorurteilen, sondern auch auf einem statischen, modernen Ordnungen nicht angemessenen Gesellschaftsbild beruht. Vor allem aber: Der "Mythos der Massenkommunikation" (Fabris 1985: 125) beschreibt Kausalbeziehungen zwischen dem Aufkommen der modernen Gesellschaft und den 'Massenphänomenen', die sich in dieser Form nicht nachweisen lassen. (Vgl. McQuail 1973: 21 ff.) Berechtigt sind - bezogen auf die Massenmedien - gewiß Warnungen vor den Gefahren der Kommerzialisierung und ökonomischen Konzentration. Übersehen wird dabei auf der anderen Seite, daß diese Massenmedien mit ihrem schnellen Nachrichtentransport und ihrem Einfluß auf demokratische Öffentlichkeit das Zusammenleben in der - existierenden - modernen Gesellschaft überhaupt erst möglich machen.

In der Kritik der Massenkultur finden sich heute bemerkenswerte Koalitionen zusammen, die vom Glauben an die übermächtige - und

---

[1] Im Gefolge der Sorge über die negativen Folgen der Industrialisierung und Urbanisierung wurde von der Soziologie (Ferdinand Tönnies) vor allem das Konzept der Gemeinschaft wiederentdeckt: "Die klassische Formulierung dieses Problems findet sich in der Unterscheidung zwischen zwei Idealtypen sozialer Organisation - der Gemeinschaft, getragen von ererbten Traditionen und Glaubenssätzen, die die Menschen aneinander und an ihre engere Umwelt bindet, und die sich herausbildende Gesellschaft, in der die Menschen von ihrer durch die Geburt gegebenen Umwelt gelöst und zusammengedrängt werden, und wo Marktbeziehungen die Beziehungen ersetzen, die auf Verwandtschaft, persönlicher Loyalität und gemeinsamen Werten basieren. Das Individuum in der Gesellschaft ist dadurch auf sich allein gestellt und isoliert, es befindet sich im Wettbewerb mit den anderen und findet seinen Platz in einem sozialen System, das unpersönlich und anonym ist." (McQuail 1973: 23)

vor allem: uniform wirkende - Macht der Medien zusammengehalten werden[2]:

> "Bei der Analyse der Massengesellschaft finden wir das nicht ungewöhnliche Paradoxon, daß liberale und radikale Publizisten sich mit konservativen in einer kritischen Reaktion auf einen Egalitarismus vereinen, der selbst zur Ausbeutung führt." (Ebd.: 24)

Die Kritik der Massengesellschaft und Massenkultur hat erst in der *Kritischen Theorie* der 'Frankfurter Schule' ein gesellschaftstheoretisches Fundament erhalten. Unter Rekurs auf Marx und Engels versuchten dabei die Vertreter dieser Richtung - vor allem Theodor W. Adorno, Max Horkheimer und Herbert Marcuse - auch, Einflüsse der Medienindustrie auf das Bewußtsein der Menschen zu beschreiben und zu analysieren. Ins Zentrum ihrer Kritik stellten sie die Uniformität der Produkte, die aus den Medien kommen.

Auch gegen diesen Ansatz könnte man einwenden, daß ihm eine uniforme und monokausale Wirkungsvorstellung zugrundeliegt: Die Medien bestimmen in einer charakteristischen Weise, was und wie ihre Kunden denken. Der Begriff 'Massenmedien' wird als Verharmlosung empfunden und statt dessen 'Bewußtseinsindustrie' bzw. 'Kulturindustrie' eingeführt. "Kulturindustrie", definierte Adorno (1985: 476),

> "ist willentliche Integration ihrer Abnehmer von oben. Sie zwingt auch die jahrtausendelang getrennten Bereiche hoher und niederer Kunst zusammen. Zu ihrer beider Schaden."

Die Kritik der Massengesellschaft und Massenkultur wurde von der 'Frankfurter Schule' also radikalisiert. Wird dort die Gefahr einer totalitären Gesellschaft beschrieben, so ist hier von der Totalität von Repression und eindimensionaler Geschlossenheit die Rede. Marcuse kennzeichnete mit dem Begriff der 'Repression' die scheinbare Toleranz der modernen Gesellschaft und macht diese 'repressive Toleranz' auch an der angeblichen Objektivität von Nachrichten fest. Diese Objektivität (→ Kapitel 4.2.2) habe nichts mit Wahrheit zu tun; die in journalistischer Unparteilichkeit ausgedrückte Toleranz - zum Beispiel bei Nachrichten über die Folterung und Ermordung von Menschen - sei unmenschlich (→ Text 2-1).

---

[2] Neuerdings z. B. der Kulturkritiker des Fernsehens, Neil Postman (z. B. 1983, 1985), der Technikkritiker Claus Eurich (z. B. 1991a, b) und die konservative Demoskopin Elisabeth Noelle-Neumann (z. B. 1980).

TEXT 2-1

'Objektivität', Toleranz und demokratischer Prozeß

Unparteilichkeit bis zum äußersten, gleiche Behandlung konkurrierender und im Konflikt liegender Meinungen ist in der Tat ein Grunderfordernis dafür, daß im demokratischen Prozeß Entscheidungen getroffen werden können - und sie ist ein Grunderfordernis zur Bestimmung der Grenzen der Toleranz. Aber in einer Demokratie mit totalitärer Organisation kann Objektivität eine ganz andere Funktion erfüllen, nämlich die, eine geistige Haltung zu fördern, die dazu tendiert, den Unterschied zwischen Wahr und Falsch, Information und Propaganda, Recht und Unrecht zu verwischen. Faktisch ist die Entscheidung zwischen gegensätzlichen Ansichten schon vollzogen, ehe es dazu kommt, sie vorzutragen und zu erörtern - vollzogen nicht durch eine Verschwörung, einen Führer oder Propagandisten, nicht durch irgendeine Diktatur, sondern vielmehr durch den 'normalen Gang der Ereignisse', der der Gang verwalteter Ereignisse ist, sowie durch die darin geformte Mentalität. Auch hier bestimmt das Ganze die Wahrheit. Denn ohne daß die Objektivität offen verletzt würde, setzt die Entscheidung sich durch in Dingen wie der Aufmachung einer Zeitung (darin, daß eine höchst wichtige Information zerstückelt und mit nicht dazu gehörigem Material und unwesentlichen Einzelheiten durchsetzt wird, wodurch einige radikal negative Nachrichten eine unauffällige Stelle zugewiesen bekommen), in der Nebeneinanderstellung von prächtigen Annoncen und unabgeschwächtem Grauen, darin, daß Rundfunksendungen, die Tatsachen mitteilen, durch eine überwältigende Reklame eingeleitet und unterbrochen werden. Das Ergebnis ist eine Neutralisierung der Gegensätze, eine Neutralisierung freilich, die auf dem festen Boden der strukturellen Einschränkung der Toleranz und im Rahmen einer präformierten Mentalität stattfindet. Wenn eine Zeitschrift nebeneinander einen negativen und einen positiven Bericht über den FBI abdruckt, dann erfüllt sie ehrlich die Erfordernisse der Objektivität: es ist jedoch mit Wahrscheinlichkeit anzunehmen, daß der positive das Rennen macht, weil das Image der Institution dem Bewußtsein des Volkes tief eingeprägt ist. Oder wenn ein Nachrichtensprecher über die Folterung und Ermordung von Menschen, die für die Bürgerrechte eintraten, in dem gleichen geschäftlichen Tonfall berichtet, dessen er sich bedient, wenn er den Aktienmarkt oder das Wetter beschreibt, oder mit der gleichen großen Gemütsbewegung, mit der er seine Reklamesprüche aufsagt, dann ist solche Objektivität unecht, mehr noch, sie verstößt gegen Humanität und Wahrheit, weil sie dort ruhig ist, wo man wütend sein sollte, und sich dort der Anklage enthält, wo diese in den Tatsachen selbst enthalten ist. Die in solcher Unparteilichkeit ausgedrückte Toleranz dient dazu, die herrschende Intoleranz und Unterdrückung möglichst klein darzustellen oder gar freizusprechen. Wenn jedoch Objektivität irgend etwas mit Wahrheit zu tun hat und wenn Wahrheit mehr als eine Sache der Logik und Wissenschaft ist, dann ist diese Art Objektivität falsch und diese Art Toleranz unmenschlich.

(aus: Herbert Marcuse: Repressive Toleranz, in: R.P. Wolff et al.: Kritik der reinen Toleranz, Frankfurt a. M. 1968: 108 f.)

In der "Dialektik der Aufklärung", einem Hauptwerk der Kritischen Theorie, haben Horkheimer und Adorno die Verschmelzung von Kultur und Unterhaltung ins Zentrum ihrer Kritik der Kulturindustrie gestellt, die herrschaftsstabilisierend und antiaufklärerisch wirke:

> "Amusement, alle Elemente der Kulturindustrie, hat es längst vor dieser gegeben. Jetzt werden sie von oben ergriffen und auf die Höhe der Zeit gebracht. Die Kulturindustrie kann sich rühmen, die vielfach unbeholfene Transposition der Kunst in die Konsumsphäre energisch durchgeführt, zum Prinzip erhoben, das Amusement seiner aufdringlichen Naivitäten entkleidet und die Machart der Waren verbessert zu haben." (Horkheimer/Adorno 1988: 143)

Die radikale Kultur- und Medienkritik der 'Frankfurter Schule' findet - auch und gerade unter den Bedingungen einer weiter technologisierten Medienzivilisation - faszinierte Anhänger (vgl. Hinze 1990). Sie arbeitet präzise den Warencharakter moderner Massenmedien heraus, verharrt aber im Grunde in der Negation bestehender Verhältnisse, die sie - von BILD bis ZEIT - über einen Leisten schlägt. Die Kritische Theorie ist insofern theoretisch im Wortsinn: Sie beschreibt, aber sie verweigert den Praxisbezug im Sinne von Handlungsalternativen. (Vgl. Bennett 1982: 41 ff.)

Praxisbezug suggerieren hingegen direkt auf den *Historischen Materialismus* rekurrierende Medientheorien, denn hier stehen Fragen der gesellschaftlichen Kontrolle bzw. des Besitzes an den Medien und Probleme der Formung des Bewußtseins der Menschen auf der Grundlage bestimmter Produktionsverhältnisse im Zentrum der Betrachtung. Schlüsselbegriffe sind 'Klasse' und 'Ideologie'.
Der inzwischen schon als "vergessene Theorie" (Robes 1990) apostrophierte Ansatz, der vor allem zur Zeit der Studentenbewegung in unterschiedlichen Spielarten eine Renaissance erlebte, ging im Zusammenhang mit dem Ideologiebegriff von Marx und Engels von der Voraussetzung aus, daß die Entwicklung des Bewußtseins direkt verknüpft ist mit der Entwicklung der gesellschaftlichen Arbeit. Da also das gesellschaftliche Sein das Bewußtsein bestimmt, sollte geklärt werden, welche gesellschaftlichen Faktoren hier wirken. Im Zentrum stand dabei die Untersuchung der Eigentumsverhältnisse im Mediensystem.

Kommunikationsforscher wie der Hamburger Soziologe Wulf D. Hund (1976) haben diese Ausgangsüberlegungen in eine marxistische Theorie der gesellschaftlichen Kommunikation umzusetzen versucht. Dabei ging es im einzelnen um die ökonomischen Funktionen von Massenkommunikation, um den Gebrauchswert von Nachrichten, um den Verwertungsprozeß der Medienkapitale und um Arbeitszusammenhänge bei der Medienproduktion (→ Kapitel 3.2.3.1). Praxisbezug bedeutete bei diesem Ansatz Veränderung der Besitzverhältnisse - angesichts zunehmender Kapital- und damit Machtakkumulation in riesigen Medienbetrieben eine naheliegende Therapie.

Besser als durch recht vordergründige Kritik aus der Kommunikationswissenschaft (vgl. Robes 1990: 13 ff.) wurden die Vorschläge der Marxisten durch die gesellschaftliche Praxis in Frage gestellt. In der DDR wie in Osteuropa hat die 'gesellschaftliche Kontrolle' über die Medien zum Totalitarismus beigetragen. Gerade dort werden die Medien nun gemäß den Grundsätzen liberal-pluralistischen Denkens marktwirtschaftlich neu organisiert.

Den drei bisher dargestellten Medientheorien ist gemeinsam, daß sie das Publikum als Verfügungsmasse von 'Massenmedien' sehen und die erhebliche Adaptionsfähigkeit und Flexibilität moderner kapitalistischer Gesellschaften, die durchaus Chancen für Partizipation und Selbstverwirklichung von Individuen bietet, nicht im Blick haben. (Vgl. Münch 1991: 215 ff.) *Liberal-pluralistisches Denken* setzt hier an, wendet also sozusagen die Kritik der Massengesellschaft und Massenkultur ins Positive. Was Vertreter jenes Ansatzes beklagen, wird nun als Ausdruck des notwendigen Wandels zu einer modernen demokratischen Gesellschaft begrüßt, die sich eben gerade auf Grund ihrer im Vergleich zum 19. Jahrhundert gewandelten Strukturen gegenüber totalitären Gefahren schütze. Der Soziologe Ralf Dahrendorf schrieb dazu:

> "Es gibt eine in Absicht und Wirkung politische Grundhaltung, die gekennzeichnet ist durch die Suche nach institutionellen Mitteln zur Kontrolle der Mächtigen im Interesse der Erhaltung der Offenheit des politischen Systems für immer neue Lösungen. Hinter dieser Grundhaltung steht eine empirische Erkenntnistheorie, gepaart mit der Einsicht in den pluralistischen Charakter der sozialen Wirklichkeit. Man kann die hier gesuchten Institutionen als solche einer liberalen Demokratie bezeichnen. Wie die Verfassung der liberalen Demokratie im einzelnen aussieht und aussehen muß, läßt sich weder für alle Länder noch für alle Zeiten festlegen; dasselbe Prinzip erlaubt viele historische Ausprägungen. Das Prinzip aber bleibt die institutionelle Sicherung der politischen Freiheit durch den Schutz vor der Dogmatisierung der Einseitigkeit." (Dahrendorf 1965: 25 f.)

Die Leistungsfähigkeit einer solchen pluralistischen Demokratie, die Streitfragen - über die Wahl von Repräsentanten - durch Mehrheiten entscheiden läßt[3], aber Minderheitenpositionen nicht unterdrückt,

---

[3] Der Sozialökonom Joseph Schumpeter hat (am Ende seiner mühsamen Suche nach einer Definition) die aus dem 18. Jahrhundert stammende Philosophie der Demokratie, die liberal-pluralistischem Denken zugrundeliegt, auf folgende Formel gebracht: "Die demokratische Methode ist jene institutionelle Ordnung zur Erzielung politischer Entscheide, die das Gemeinwohl dadurch verwirklicht, daß sie das Volk selbst die Streitfragen entscheiden läßt und zwar

wird inzwischen auch von Marxisten anerkannt. Im Winter 1989/90, als Intellektuelle in der DDR noch an einen eigenen Weg zwischen Kommunismus und Kapitalismus glaubten, erschien in der Zeitschrift "Diskurs" der Sektion Journalistik der Universität Leipzig ein Aufsatz mit dem Titel "Demokratischer Pluralismus als universeller Wert." Darin wurde darauf hingewiesen, daß das Pluralismuskonzept nicht nur von links als widersprüchlich attackiert werde, sondern auch durch Konformierungs- und Disziplinierungsversuche von rechts bedroht sei. Weiter hieß es:

> "Ein Kritikkonzept jedoch, das die Qualität theoretischer Modelle am Grad ihrer praktischen Realisierung mißt, provoziert Einwände. Das pluralistische Demokratiemodell und die normative Setzung demokratischer Wertemuster für die Massenkommunikation förderte immerhin nonkonformistische Lebensformen, ein kritisch-innovatives Gesellschaftsklima, das Infragestellen jeglicher Dogmen und das Aushalten und Austragen individueller und kollektiver Problemlösungssituationen. Es ist zutiefst strukturell gebunden an dialektische Positionen, an die Anerkennung der Existenz von gesellschaftlichen Widersprüchen als Motor gesellschaftlichen Fortschritts."[4]

Gesellschaftlicher, politischer und wissenschaftlicher Pluralismus entspricht offenbar in besonderer Weise den komplexen Willensbildungs- und Entscheidungsprozessen der technisierten und organisierten modernen Gesellschaft. Die Massenmedien spielen bei den dazu notwendigen Kontroll- und Rekrutierungsprozessen des politischen Systems eine zentrale Rolle. Sie sollen dazu beitragen, den Pluralismus von Informationen und Meinungen herzustellen, der die Grundlage für die demokratischen Wahlentscheidungen bildet. Diesen Maßstab legt insbesondere die Politikwissenschaft bei ihrer Beschäftigung mit den Medien und dem Journalismus an[5].

Entsprechend läßt sich auch die Funktion kommunikationswissenschaftlicher Beschäftigung mit den Medien und dem Journalismus begreifen: die Bedingungen für Informations- und Meinungspluralismus zu analysieren und zu reflektieren, die Offenheit von Mediensystemen zu beurteilen, die Bedingungen in Medieninstitutionen zu analysieren,

---

durch die Wahl von Personen, die zusammenzutreten haben, um seinen Willen auszuführen." (Schumpeter 1980: 397)

[4] Heide Mühlenberg: Demokratischer Pluralismus als universeller Wert, in: Diskurs 1990/1: 2-5 (hier: 3).

[5] Vgl. dazu z. B. Wildenmann/Kaltefleiter 1965, Glotz/Langenbucher 1969, Ronneberger 1986, Ellwein/Hesse 1987.

Wirklichkeitsmodelle der Medien zu bewerten und die Voraussetzungen deutlich zu machen, die Journalisten erfüllen müssen, um ihren Aufgaben gerecht zu werden. Dabei können kulturkritische und neomarxistische Erklärungsmuster durchaus herangezogen werden. Ihre Verabsolutierung, die sich in einseitigen Normsetzungen und monokausalen Wirkungsvorstellungen ebenso wie in einförmigen Organisationsmodellen niederschlägt, liegt jedoch quer zu Strukturen und Funktionen der modernen Gesellschaft und ihrer Mediensysteme; denn eine solche Gesellschafts- und Medientheorie geht von der Vorstellung aus, daß die Welt erkennbar sei, daß Aussagen über die 'objektive Wirklichkeit' möglich seien.

Die von den Verhältnissen provozierte Abkehr von der sozialen Totalitätskonzeption läßt sich anhand des Lernprozesses nachzeichnen, den der Gesellschaftstheoretiker Jürgen Habermas in den vergangenen drei Jahrzehnten durchlaufen hat. In seiner 1962 veröffentlichten Habilitationsschrift "Strukturwandel der Öffentlichkeit" noch der Idee seines Lehrers Wolfgang Abendroth von einer 'sozialistischen Demokratie' verpflichtet, hat er später versucht, die normative Basis der Kritischen Theorie tiefer zu legen und dem kulturellen Eigensinn moderner 'Mediengesellschaften' wie dem institutionellen Kontext moderner Medienproduktion gerecht zu werden (vgl. Habermas 1981, Bd. 2: 548 ff.).

Unter dem Eindruck der aktuellen Ereignisse in Ostdeutschland und Osteuropa hat sich Habermas dann nicht nur gegen das marxistische Totalitätskonzept von Gesellschaft gewandt, sondern auch gegen eine pauschale Vorstellung vom Massenpublikum. Er schreibt im Vorwort zur Neuauflage seiner damaligen "Untersuchungen zu einer Kategorie der bürgerlichen Gesellschaft" (Untertitel),

> "daß sich eine funktional ausdifferenzierte Gesellschaft holistischen Gesellschaftskonzepten entzieht. Der Bankrott des Staatssozialismus, den wir heute beobachten, hat noch einmal bestätigt, daß ein modernes, marktgesteuertes Wirtschaftssystem nicht beliebig von Geld auf administrative Macht und demokratische Willensbildung umgepolt werden kann, ohne daß seine Leistungsfähigkeit gefährdet würde [...] Die Resistenzfähigkeit und vor allem das kritische Potential eines in seinen kulturellen Gewohnheiten aus Klassenschranken hervortretenden, pluralistischen, nach innen weit differenzierten Massenpublikums habe ich seinerzeit zu pessimistisch beurteilt. Mit dem ambivalenten Durchlässigwerden der Grenzen zwischen Trivial- und Hochkultur und einer 'neuen Intimität zwischen Kultur und Politik', die ebenso zweideutig ist und Information an Unterhaltung nicht bloß assimiliert, haben sich auch die Maßstäbe der Beurteilung selber verändert." (Habermas 1990: 27, 30)

Mit der Einsicht, daß die Verhältnisse auch im Bereich der Medienkommunikation unübersichtlich (geworden) sind (vgl. 1981, Bd. 2: 571 ff.), räumt Habermas alte Positionen, die insbesondere im Zentrum der kulturkritischen Thesen seines Lehrers Adorno gestanden haben, und hängt den Anspruch kritischer Gesellschaftstheorie deutlich niedriger, wobei das Heil nun nicht mehr in der grundlegenden Veränderung der sozialen Strukturen, sondern im sozialen Diskurs, in der "Produktivkraft Kommunikation", gesucht wird (→ Kapitel 2.3.2.2, 2.3.3):

> "Ziel ist nicht mehr schlechthin die 'Aufhebung' eines kapitalistisch verselbständigten Wirtschafts- und eines bürokratisch verselbständigten Herrschaftssystems, sondern die demokratische Eindämmung der kolonialisierenden *Übergriffe* der Systemimperative auf lebensweltliche Bereiche. Damit wird die praxisphilosophische Vorstellung der Entfremdung und Aneignung objektivierter Wesenskräfte verabschiedet." (Habermas 1990: 36; kurs. im Orig.)

Dieser Abschied von Objektivismus und Ontologie öffnet kritische und materialistische Ansätze gegenüber liberal-pluralistischem Denken - und macht sie demokratiefähig. Daß Demokratie auf der Aufgabe absoluter Wahrheitsansprüche beruht, hatte schon in den zwanziger Jahren aus ganz anderer Position der Staatsrechtler Hans Kelsen - in präziser Einschätzung des Kommunismus und des aufkommenden Faschismus - mit Nachdruck vertreten:

> "Diese Situation muß sich tatsächlich für die Demokratie hoffnungslos gestalten, wenn man von der Annahme ausgeht, daß eine Erkenntnis absoluter Wahrheit, daß eine Einsicht in absolute Werte möglich ist. [...] Wer absolute Wahrheit und absolute Werte menschlicher Erkenntnis für verschlossen hält, muß nicht nur die eigenne, muß auch die fremde, gegenteilige Meinung zumindest für möglich halten. Darum ist der Relativismus die Weltanschauung, die der demokratische Gedanke voraussetzt." (Kelsen 1929: 100 f.)

Für die wissenschaftliche Betätigung bedeutet das, daß wir uns des Konstruktionscharakters unserer Erkenntnis immer bewußt sein müssen. Wir entwerfen Modelle, die nicht die Wirklichkeit sind. Im besten Falle bewähren sich diese Konstruktionen im Vergleich mit anderen. Liberal-pluralistisches Denken schließt die Möglichkeit des Irrtums mit ein - auch bei der Beschreibung und Erklärung von Medien und Journalismus.

2.1.2 Der normative Divergenz-Ansatz

In der Tradition liberal-pluralistischen Denkens stehen die konkret auf die Medienkommunikation bezogenen "Four Theories of the Press" von Siebert, Peterson und Schramm (1956). In den fünfziger Jahren vorgestellt, stellen sie das bis heute bekannteste Konzept zur Klassifizierung nationaler Mediensysteme dar. Die 'Vier Theorien' wollen unterschiedliche Modelle von Medien und Journalismus, in unterschiedlichen ideologischen Systemen beschreiben, die unterschiedliche Arten von Ereignissen in unterschiedlicher Weise in Medienaussagen umsetzen. Sie stützen sich dabei aber weniger auf empirische Daten als auf weltanschauliche Prinzipien.

Der globale Klassifikationsvorschlag, den wir 'normativer Divergenz-Ansatz' nennen wollen, beruht auf der Unterscheidung von bestimmten historischen Grundlagen und ihren Grundannahmen. Die Grundannahmen betreffen die Auffassung von der Natur des Individuums, das Verständnis von Staat/Gesellschaft, die Beziehungen zwischen Individuum und Staat/Gesellschaft und schließlich auch Wissen und Wahrheit, also Vorstellungen davon, was heute 'Medienrealität' genannt wird (→ Kapitel 4.2.3).

Verglichen werden dazu nationale Mediensysteme im Rahmen jeweiliger Bedingungen und Wertmaßstäbe, aus denen bestimmte Erwartungen und Normen für die Massenmedien resultieren. Grundlage des Vergleichs ist aber ein konservatives Betrachtungsmuster, das von westlich-pluralistischen Standards geprägt ist und die Unterschiede zwischen den verschiedenen Mediensystemen hervorhebt. Gefragt wird dabei: Was sollen die Massenmedien tun, was kann man von ihnen erwarten im Rahmen bestimmter Bedingungen und Wertsysteme? Unterschieden werden im einzelnen verschiedene Medienfunktionen, ökonomische Grundlagen, Konzepte der Pressefreiheit und journalistische Rollenkonzepte.

Den 'Four Theories' liegt als zentrale Hypothese zugrunde, daß die Medien immer die Form und Ausprägung der sozialen und politischen Strukturen übernehmen, in denen sie arbeiten (vgl. Siebert et al. 1956: 1 f.). Mediensysteme reflektieren dabei, so vermuten die Autoren, insbesondere das System der gesellschaftlichen Kontrolle, auf dessen Basis die Beziehungen zwischen Individuen und Institutionen einander angepaßt werden. Sie sind aber jeweils auch Ausdruck und Ergebnis sozialphilosophischer Strömungen und Ideologien sowie technisch-ökonomischer Entwicklungen. Auf Grund dieser Kriterien grenzen Siebert, Peterson und Schramm vier Medienmodelle voneinander ab: das Autoritarismus-Modell, das Liberalismus-Modell, das Sozialverantwortungs-Modell und das Kommunismus-Modell. (→ Abb. 2-1)

'VIER THEORIEN' ZUR KLASSIFIKATION VON MEDIENSYSTEMEN				
	Autoritarismus	**Liberalismus**	**Sozialverantwortung**	**Kommunismus**
Ursprung	England im 16. und 17. Jahrhundert; weitverbreitet bis heute	England nach 1688 u.nd USA; weitreichender Einfluß	USA im 20. Jahrhundert	UdSSR ("Muster ähnelt dem des Faschismus")
Sozialphilos. Grundlagen	Philosophie der absoluten Macht des Herrschers; Plato, Machiavelli, Hobbes	Schriften von Milton, Locke, Mill; Philosophie der Aufklärung und Naturrechte	Commission on Freedom of the Press; Medienkritik, Berufsethik	Ideen/Schriften von Marx, Lenin, Stalin; Hegel und Russisch. Denken d. 19. Jahrhundert
Hauptziele	Unterstützung und Förderung der Politik der Herrschenden; dem Staat dienen	Informieren, unterhalten, verkaufen - aber vor allem Entdeckung der Wahrheit u. Kontrolle der Regierung	Informieren, unterhalten, verkaufen - aber vor allem Schaffung eines Forums für soziale Konflikte	Zum Erfolg und Bestand des Systems/der Partei beitragen
Senderechte	Besitzer eines königl. Patents oder ähnl. Erlaubnis	Besitzer von Produktions-/Geldmitteln	Wer etwas zu sagen hat	Loyale und bewährte Parteimitglieder
Kontrolle	Patente, Zünfte, Lizensierung, Zensur	'Marktplatz der Wahrheit'; freie Konkurrenz von Ideen, Rechtsprechung	Öffentliche Meinung, Verbraucherhandeln, Berufsethik	'Bürokratie der Wahrheit'; Überwachung u. Eingreifen durch den Staat
Zensurobjekte	Kritik der politischen Mechanismen und der Herrschenden	Verleumdungen, Anstößiges; zu Kriegszeiten Aufwiegelung	Eingriffe in private Rechte; Verstöße gegen vitale soziale Interessen	Kritik an Zielen der Partei (nicht: Taktiken)
Medienbesitz	Privat oder öffentlich	Hauptsächlich privat	Privat, soweit der Staat den Dienst für die Öffentlichkeit nicht sicherstellen muß	Öffentlich
Hauptunterschiede	Instrument staatlicher Politik, aber nicht notwendig in Staatsbesitz	Instrument für Kontrolle der Regierung u. zur Erfüllung anderer Bedürfnisse der Gesellschaft	Übernahme der Verpflichtung zur sozialen Verantwortung; notfalls Eingriffe zur Sicherstellung	Staatliche, stark kontrollierte Einrichtungen als 'Arm des Staates'
Individuum - Staat	Staat ⇓ Individuum	Individuum ⇓ Gesellschaft	Gesellschaft ⇔ Individuum	Gesellschaft ⇓ Individuum

Abb. 2-1: Four Theories of the Press
(Quelle: Siebert et al. 1956: 7; übers. v. Verf.)

Das *Autoritarismus-Modell*[6] steht - zum Ende der Renaissance - am Anfang moderner Massenkommunikation. Technisch-ökonomische

6 Vgl. zur Kennzeichnung der einzelnen Modelle auch McQuail 1983: 86 ff.; dort finden sich insbesondere die Zusammenfassungen der normativen Prinzi-

Grundlage ist Gutenbergs Erfindung des Systems der Satz- und Drucktechnik; sozialphilosophische und politische Grundlagen bilden das göttliche Recht des Königs, die autoritaristische Tradition der römisch-katholischen Kirche und politische Philosophien, die über Thomas Hobbes und Machiavelli zurückreichen bis zu Plato. Die normativen Prinzipien dieses Modells, für das bis in die Gegenwart hinein noch Beispiele zu finden sind, lassen sich so zusammenfassen:

- Die Medien sollten nichts tun, was die etablierte Autorität untergraben könnte; sie sollten sich immer (oder zumindest: am Ende) den Herrschern unterordnen.
- Die Medien sollten Vergehen gegen die gültigen moralischen und politischen Werte vermeiden.
- Um diesen Prinzipien Geltung zu verschaffen, kann Zensur gerechtfertigt sein.
- Vergehen gegen die Autorität, Abweichungen von der offiziellen Politik oder Verstöße gegen moralische Kodizes haben den Charakter von Straftaten.

Hitler und Mussolini haben diese Prinzipien in neuerer Zeit bei der Etablierung ihrer modernen Propaganda-Systeme in voller Konsequenz angewandt. Wie noch zu sehen sein wird, verstanden Siebert, Peterson und Schramm auch das damalige Mediensystem der Sowjetunion nur als Spielart des Autoritarismus-Konzepts.

Das *Liberalismus-Modell*[7] ist das Grundmodell der Mediensysteme westlichen Typs. Auch hierfür gibt es charakteristische sozialphilosophisch-politische und technologisch-ökonomische Grundlagen: die Reformation (vgl. Prutz 1845: 117 ff.) und das neue Verständnis vom Menschen und seinem Verhältnis zum Staat im Zuge der Aufklärung (John Locke, Immanuel Kant), die Erfindungen des 19. Jahrhunderts zur Herstellung von Medienprodukten für ein Massenpublikum und die Entwicklungen im Bereich der Wissenschaft nach dem zu Ende gegangenen Mittelalter; vor allem aber die Industrialisierung, die den Kapitalismus moderner Prägung schuf. In diesem System sind die Medien Privatunternehmen, die sich auf einem 'freien Marktplatz der Ideen' gegenseitig Konkurrenz machen sollen. Die normativen Prinzipien dieses zweiten Medienmodells lassen sich so zusammenfassen:

- Veröffentlichungen sollten frei sein von jeder Vorzensur; Publikation und Distribution von Medienerzeugnissen sollten

pien der Medienmodelle, auf die im folgenden zurückgegriffen wird; insbesondere zum Sozialverantwortungs-Modell vgl. auch Rivers/Schramm 1969.

[7] Die Autoren nennen dieses Modell auch "Theorie der freien Presse".

offen sein für alle Personen oder Gruppen ohne Erlaubnis oder Lizenz.

- ▲ Es sollte keine Behinderung für die Sammlung von Nachrichten geben, solange dabei legale Mittel eingesetzt werden.
- ▲ Es sollte keinen Zwang geben, irgendetwas zu veröffentlichen.
- ▲ Angriffe auf Regierungen, amtliche Stellen oder politische Parteien sollten nicht strafbar sein.
- ▲ Die Veröffentlichung von Falschmeldungen sollte genauso geschützt sein wie die der Wahrheit.
- ▲ Es sollte keine Behinderung für den Export oder Import oder das Ausstrahlen bzw. Empfangen von publizistischen Aussagen über nationale Grenzen hinweg geben.

Das *Sozialverantwortungs-Modell* basiert ebenfalls - aber in anderer Weise - auf den Konsequenzen der technisch-ökonomischen Entwicklungen. Sein Ausgangspunkt sind die Mängel des Systems, die einen 'Marktplatz der Ideen' nicht mehr zuließen; Pressefreiheit sei zur Freiheit weniger geworden. Die veränderte Situation, die diese Kritik herausfordert, beruht vor allem auf den neuen Produktions- und Distributionstechniken, die die Größe, Schnelligkeit, Reichweite der modernen Massenmedien gewandelt haben. Neue Medien wie Film, Hörfunk und Fernsehen sind entstanden - mit jeweils spezifischen Bedingungen und Auswirkungen für die Gesellschaft. Konzentration der Gewalt über die Massenmedien ist somit zum zentralen Problem geworden.

Nach einem verantwortungsvolleren Umgang der Medieneigentümer mit ihrer Macht wurde in den USA schon nach dem Ersten Weltkrieg gerufen. Damals bereits entstand - nicht zuletzt an den neu gegründeten Journalistenschulen (vgl. Weischenberg 1990c) - eine institutionalisierte Medienkritik. Upton Sinclairs Roman "The Brass Check" aus dem Jahre 1919 (deutscher Titel: "Der Sündenlohn") war die vielleicht einflußreichste Anklage gegen die Medien Anfang dieses Jahrhunderts (vgl. Grenier 1972). Im Laufe der Jahrzehnte wurde das Sündenregister, das die Medienkritik den Medien präsentierte, immer länger. Im Zentrum standen die folgenden Vorwürfe (vgl. Siebert et al. 1956: 78 f.):

- ▲ Die Medien nutzen ihre enorme Macht selbstsüchtig aus. Die Besitzer propagieren nur ihre eigenen Überzeugungen und unterdrücken abweichende Meinungen. Dies betrifft insbesondere die Themenbereiche Politik und Ökonomie.
- ▲ Die Medien sind zum Diener des "big business" geworden. Häufig erlauben sie sogar, daß die Anzeigenkunden redaktionelle Politik und redaktionellen Inhalt kontrollieren.

- ▲ Marktzutritt ist für den Neuling sehr schwierig (→ Kapitel 3.1.2.2). Der freie und offene Markt der Ideen ist in Gefahr; er wird kontrolliert durch die 'business class'.
- ▲ Medien verhindern sozialen Wandel. Sie widmen bei ihrer aktuellen Berichterstattung dem Oberflächlichen und Sensationellen oft mehr Aufmerksamkeit als dem wirklich Wichtigen. Vor allem der Unterhaltung in den Massenmedien fehlt es oft an Substanz.
- ▲ Die Medien bringen die öffentliche Moral in Gefahr. Sie verletzen die Rechte des einzelnen Bürgers, wenn sie ohne ausreichenden Grund in die Privatsphäre eindringen.

Derartige Kritik forderte ein medienethisches und kommunikationspolitisches Programm heraus, das in den USA insbesondere durch die Commission on Freedom of the Press propagiert wurde, die 1947 eine viel beachtete Bestandsaufnahme zur Freiheit der Presse vorlegte (→ Kapitel 2.3.1). Kern dieses Programms war die Forderung nach einer 'Sozialverantwortung der Medien'. Die normativen Prinzipien eines solchen Sozialverantwortungs-Modells der Medien, das bis heute kontrovers diskutiert wird, lassen sich so zusammenfassen:

- ▲ Die Medien sollten akzeptieren, daß sie bestimmte Verpflichtungen gegenüber der Gesellschaft erfüllen müssen.
- ▲ Die Medien sollten in ihrer Berichterstattung alles vermeiden, was Kriminalität, Gewalt oder Unordnung begünstigt; sie sollten ethnische und religiöse Minderheiten respektieren.
- ▲ Das Mediensystem insgesamt sollte pluralistisch sein und die Vielfalt der Gesellschaft widerspiegeln; die Medien sollten den verschiedenen Standpunkten Zugang und das Recht zu antworten gewähren.
- ▲ Hohe professionelle Standards der Informationssammlung, Genauigkeit, Objektivität und Ausgewogenheit sind die Basis zur Einlösung dieser Verpflichtungen.
- ▲ Die Sozialverantwortung der Medien gibt Gesellschaft und Öffentlichkeit das Recht, hohe journalistische Qualität zu verlangen; Eingriffe in das Mediensystem können gerechtfertigt sein, um die Ansprüche der Öffentlichkeit sicherzustellen.
- ▲ Bei der Einlösung dieser Verpflichtungen sollten sich die Medien grundsätzlich innerhalb der rechtlichen und politischen Rahmenbedingungen selbst regulieren.

Die Umsetzung solcher Postulate ist in einer Marktordnung zwar besonders schwierig. Dennoch besitzt das Sozialverantwortungs-Modell der Medien als Leitvorstellung nach wie vor eine Bedeutung - insbesondere im Zusammenhang mit der Diskussion einer Ethik der Medien und der Journalisten (→ Kapitel 2.3).

Die Autoren der 'Vier Theorien' sahen das Liberalismus-Konzept der Medien Mitte der fünfziger Jahre auf dem Wege der Veränderung in ein Sozialverantwortungs-Konzept. Auf der anderen Seite war das *Kommunismus-Modell* in ihren Augen damals nichts anderes als eine Spielart des Autoritarismus-Modells. Der wesentliche Unterschied liege darin, daß die Aufgaben der Medien in den kommunistischen Staaten positiver und eindeutiger definiert seien als in typisch autoritär geführten Staaten.[8]

Auch bei diesem vierten Medienmodell bewegen wir uns - im Kontext theoretischer Vorüberlegungen von Marx und Engels sowie konkreter Rezepte von Lenin und Stalin - auf den Grundlagen, welche die ökonomisch-technischen Konstellationen der modernen Massenkommunikation geschaffen haben. Bei Mediensystemen nach dem Liberalismus-Modell führten diese Konstellationen dazu, daß sich die Produktionsmittel zur Herstellung von medial verbreiteten Aussagen in den Händen weniger befinden; beim Sozialverantwortungs-Modell sollte diese Fehlentwicklung durch Bindung an das Gemeinwohl und Kontrolle des Marktes repariert werden; beim - inzwischen weitgehend gescheiterten - Kommunismus-Modell ging es nun darum, daß sich die Produktionsmittel in den Händen der 'Richtigen' befinden. Die normativen Prinzipien dieses vierten Konzepts lassen sich folgendermaßen zusammenfassen:

- ▲ Die Medien sollten den Interessen der Arbeiter dienen und deshalb öffentlich, also nicht durch Privatleute kontrolliert werden.
- ▲ Die Medien sollten positive Funktionen für die Gesellschaft erfüllen: Erziehung im Sinne der gewünschten Normen, Information, Motivierung, Mobilisierung.
- ▲ Die Medien sollten, entsprechend den marxistisch-leninistischen Prinzipien, für einen vollständigen und objektiven Blick auf die Gesellschaft und die Welt sorgen.
- ▲ Die Medien sollten im Rahmen ihrer allgemeinen Aufgaben für die Gesellschaft auf Wünsche und Bedürfnisse des Publikums eingehen.
- ▲ Gegen die Gesellschaft gerichtete Veröffentlichungen sollten verhindert oder nachträglich bestraft werden; die Gesellschaft hat ein Recht, Zensur und andere legale Mittel einzusetzen.

---

[8] Auf das kommunistische Medienmodell als Beispiel für geschlossene Mediensysteme werden wir noch ausführlicher eingehen (→ Kapitel 2.1.5). Deshalb folgen hier nur einige Informationen im Kontext der normativ-komparativen Betrachtungsweise.

▲ Die Medien sollten fortschrittliche Bewegungen im In- und Ausland unterstützen.

Neben diesen "Four Theories of the Press" werden neuerdings noch zwei weitere Medienmodelle unterschieden (vgl. z. B. Mc Quail 1983: 94 ff.): das Medienmodell der Entwicklungsländer und das Medienmodell demokratischer Partizipation.

Beim *Medienmodell der Entwicklungsländer* liegt der Schwerpunkt auf einer Förderung nationaler Politik, um bestimmte Ziele der ökonomischen und politischen Entwicklung des eigenen Landes zu erreichen. Journalisten und andere Medienarbeiter kommen ihrer Sozialverantwortung hier dadurch nach, daß sie solche politischen Ziele unterstützen. Auf der anderen Seite können im Interesse dieser Ziele Formen von Zensur und direkter Kontrolle über die Medien eingesetzt werden. Eine international vergleichende Längsschnitt-Studie über den Zusammenhang zwischen Pressefreiheit, Medien und sozialer Entwicklung in Ländern der Dritten Welt zeigt indessen, daß sich diese Kontrolle nicht auszahlt. Die Analyse von drei Jahrzehnten lieferte keine Anhaltspunkte für die Annahme, daß die Vergrößerung des direkten staatlichen Einflusses auf die Medien der Stabilität und dem ökonomischen Wachstum einer unterentwickelten Gesellschaft zugutekommt. (Vgl. Weaver et al. 1985)

Das *Medienmodell demokratischer Partizipation* stellt den Rezipienten mit seinen Bedürfnissen, Interessen und Wünschen ins Zentrum - gerade auch angesichts der Bedrohung durch weitere Kommerzialisierung und Technisierung der Mediensysteme (vgl. z. B. Eurich 1980). Dies bedeutet insbesondere, daß das Recht auf Zugang zu den Medien, also das Recht zu kommunizieren, so liberal wie möglich gehandhabt und jede Art zentralisierter politischer oder bürokratischer Kontrolle zurückgedrängt werden sollen. Dies ist auch eine Absage an die Medienkonzerne, die auf der Grundlage des Liberalismus-Konzepts entstanden sind. Noch stärker als das Konzept der Sozialverantwortung kollidiert das Medienmodell demokratischer Partizipation aber mit den Prinzipien einer Marktgesellschaft, in der auch Informationsangebote Warencharakter haben.

2.1.3 Der analytische Kontingenz-Ansatz

Normative Klassifikationen von Mediensystemen können genauer Überprüfung oft deshalb kaum standhalten, weil sie zwangsläufig auf gefärbten Betrachtungsweisen beruhen. Wir sind gewohnt, Mediensysteme durch die Optik der westlich-pluralistischen Gesellschaften zu betrachten. Dabei stützen wir uns - wie Siebert, Peterson und Schramm - weniger auf empirische Befunde als vielmehr auf normative Kategorien, die zum Teil selbst wieder medienvermittelt sind - vermittelt durch Medien westlichen Typs. Daraus resultieren dichotome Kategorien wie die Einteilung in 'freie' und 'unfreie' Gesellschaften und Mediensysteme, die in zahlreichen Veröffentlichungen zu finden sind. Dies geschieht in epistemologischer Unschuld. Die Forscher sind sich ihrer ethnozentrierten Perspektive nicht bewußt und glauben, mit ihren Kategorien 'die Realität' objektiv messen zu können. Sie reflektieren dabei nicht, daß die Kategorien Konstruktionen sind. (Vgl. Burrowes 1989: 46 ff.)

Solche Freiheits-Klassifizierungen[9] sind aber kaum wissenschaftsfähig, auch wenn sie auf durchaus zutreffenden Alltagsbeobachtungen beruhen mögen. Zweifellos ist Freiheit ein absoluter Wert; doch 'Freiheit' kann ganz unterschiedliche Bedeutung, ganz unterschiedliche Funktionen haben - je nachdem, in welcher Gesellschaft wir uns befinden, welche Ziele und Interessen im Spiele sind. Auf der anderen Seite werden gewiß die Wirklichkeitsangebote solcher Mediensysteme stets vorzuziehen sein, die auf Pluralismus und Vielfalt beruhen und durch möglichst wenig Kommunikationskontrolle und Interessengebundenheit beeinträchtigt sind.

Auch die kommunikationswissenschaftlichen Modelle, die Merkmale von Mediensystemen kategorisieren, sollten Einseitigkeiten vermeiden oder zumindest bewußt machen. Dabei können komplexere Klassifikationssysteme hilfreich sein, die auf der einen Seite die Charakteristika verschiedener Mediensysteme und dadurch auch die Kennzeichen des eigenen Mediensystems deutlich werden lassen; und die auf der anderen Seite aber auch die Relativität von Differenzen berücksichtigen.

Eine solche Typologie hat der finnische Kommunikationswissenschaftler Osmo Wiio (1983) mit seinem "contingency model of communication"[10] vorgestellt. Mit Hilfe dieses Modells können mögliche Erscheinungsformen von Massenkommunikation analysiert und dann kategorisiert werden: Bedingungen, Umstände, Situationen für das Vorkommen von Kombinationen spezifischer externer Einflüsse auf die Medien und interner Einflüsse in den Medien. Diese Kombination ist je-

---

[9] Beispiel dafür ist das von Lowenstein entworfene "Measurement of Press Freedom Throughout the World"; → Kapitel 2.2.2.2.

[10] Das Wort 'contingency' meint, wörtlich übersetzt, Kontingenz i. S. v. 'möglicher Fall, Eventualität'; zutreffend wäre hier wohl 'mögliche Erscheinungsform'.

weils bestimmend für die verschiedenen Systemstrukturen und Systemleistungen, so daß die Einordnung von Mediensystemen dann (erkennbar) abhängig von den jeweils gewählten Kriterien erfolgt. Wir nennen Wiios Beitrag zur Typologisierung von Mediensystemen den 'analytischen Kontingenz-Ansatz'.

Rezeptions-System		
offen	**TYP 1 A** **Kontrollierte Massenkommunikation** **Ein-Parteien-Systeme** **Sozialistische Länder** **Autoritäre Diktaturen**	**TYP 1 B** **Offene Massenkommunikation** **Pluralistische Länder westlichen Typs**
geschlossen	**TYP 1 C** **Private Kommunikation** **Primitive Gesellschaften**	**TYP 1 D** **Gelenkte Massenkommunikation** **Entwicklungsländer**
	geschlossen — **Produktions-System**	offen

Abb. 2-2: Offenheit des Rezeptions- und des Produktionssystems
(Quelle: Wiio 1983: 88; übers. v. Verf.)

Wiio führt als erste Kategorie die Offenheit von Kommunikationssystemen ein (→ Abbildung 2-2). Kriterium ist hier zum einen, ob ein nationales Mediensystem offen ist für jedermann, der Aussagen empfangen will (Rezeptions-System); und zum anderen, wie offen der Bereich der Aussagenentstehung (Produktions-System), wie groß also das Ausmaß der Kontrolle über die Aussagen ist. Dieses relativ einfache zweidimensionale Modell erfaßt die ersten vier Kontingenzen von Massenkommunikation bzw. Nicht-Massenkommunikation (Typ 1 C):

- ▲ Kontrollierte Massenkommunikation (Typ 1 A): Das Rezeptions-System ist hier relativ offen, das Produktions-System jedoch relativ geschlossen (Zensur).
- ▲ Offene Massenkommunikation (Typ 1 B): Rezeptions- und Produktionssystem sind hier so offen wie möglich.
- ▲ Private Kommunikation (Typ 1 C): Rezeptions- und Produktionssystem sind hier geschlossen (Beispiel: Brief-Kommunikation).

- ▲ Gelenkte Massenkommunikation (Typ 1 D): Das Rezeptionssystem ist hier geschlossen (nicht jeder kann - zum Beispiel aus ökonomischen Gründen - an der Kommunikation teilnehmen), das Produktionssystem hingegen unterliegt nur wenigen Restriktionen.

⇑ Medienbesitz ⇓ / **⇐ Medienkontrolle ⇒**	**dezentralisiert**	**zentralisiert**
öffentlich	**TYP 2 A** **Rundfunk in vielen westeuropäischen Ländern**	**TYP 2 B** **Sozialistische Länder** **Rundfunk in vielen Entwicklungsländern** **'Die Bürokratie der Wahrheit'**
privat	**TYP 2 C** **Presse in Westeuropa** **Medien in den USA** **'Der Marktplatz der Wahrheit'**	**TYP 2 D** **Presse in vielen lateinamerikanischen Ländern**

Abb. 2-3: Medienbesitz/Medienkontrolle
(Quelle: Wiio 1983: 89; übers. v. Verf.)

Ein komplexeres Modell ergeben die nächsten Dimensionen 'Medienbesitz' (öffentlich oder privat) und 'Ausmaß der Medienkontrolle' (dezentralisiert oder zentralisiert); die westlichen Mediensysteme werden auf diese Weise in unterschiedliche Erscheinungsformen zerlegt (→ Abbildung 2-3).

Dieses Modell führt zu vier weiteren Kontingenzen von Massenkommunikation:

- ▲ Dezentralisiertes öffentliches Modell (Typ 2 A): Hier sind die Medien nicht in privater, aber auch nicht in staatlicher Hand, denn keine Gruppe kann eine vollständige Kontrolle der Aussagen erreichen (Beispiel: der öffentlich-rechtliche Rundfunk in Europa).
- ▲ Zentralisiertes öffentliches Modell (Typ 2 B): Dies ist die 'Bürokratie der Wahrheit', also das östlich-realsozialistische Modell zum Beispiel der Sowjetunion und der DDR vor der Wende (→ Kapitel 2.1.5).

- ▲ Dezentralisiertes privates Modell (Typ 2 C): Dies ist der 'Marktplatz der Wahrheit', also das typische westlich-kapitalistische Modell zum Beispiel der USA (→ Kapitel 2.1.6). Die Medien befinden sich hier weitgehend in Privatbesitz; im Prinzip gibt es keine zentralisierte Kontrolle.
- ▲ Zentralisiertes privates Modell (Typ 2 D): Hier befinden sich die Medien zwar in Privatbesitz, aber es gibt eine zentralisierte Kontrolle der Inhalte (zum Beispiel in faschistischen Staaten).

Gesellschaft	**TYP 3 A** **AUTORITARISMUS-MODELL** **Nazi-Deutschland, Franco-Spanien**	**TYP 3 B** **KOMMUNISMUS-MODELL** **Sowjetunion, China**
Recht zu empfangen	**TYP 3 C** **LIBERALISMUS-MODELL** **USA**	**TYP 3 D** **SOZIALVERANTWORTUNGS-MODELL** **Mediensysteme in den meisten westlichen Ländern**
Individuum		
	Individuum **Recht zu senden**	**Gesellschaft**

Abb. 2-4: Kommunikationsrechte/-bedingungen
(Quelle: Wiio 1983: 91; übers. v. Verf.)

Wie bei der internationalen Debatte über den freien Informationsfluß ('free flow of information'; → Kapitel 3.4.3) kann man aber auch nach den rechtlichen Grundlagen und den Bedingungen fragen, um Aufschluß über die Kommunikationsverhältnisse zu gewinnen. Dies läßt sich wiederum aufbrechen in die zwei Dimensionen 'Recht zu empfangen' und 'Recht zu senden' (→ Abbildung 2-4). Auf diese Weise stoßen wir wieder auf die vier Medienmodelle des normativen Divergenz-Ansatzes (→ Kapitel 2.1.2): das Autoritarismus-Modell (Typ 3 A), das Kommunismus-Modell (Typ 3 B), das Liberalismus-Modell (Typ 3 C) und das Sozialverantwortungs-Modell (Typ 3 D).

Die modellartige Erfassung von Erscheinungsformen der Massenkommunikation führt vor, daß Massenkommunikationssysteme zu komplex sind, um ihnen mit Dichotomien wie 'frei' und 'unfrei' beizukommen. In Anlehnung an Osmo Wiio läßt sich zusammenfassend vielmehr folgendes feststellen:

▲ Aussagen über Massenkommunikationssysteme hängen von den gewählten Klassifikationsdimensionen ab. Abbildung 2-2 zeigte noch alle Massenkommunikationssysteme der Demokratien westlichen Typs in einer Kategorie versammelt; offene Aussagenentstehung und offene Rezeption sind hier das Grundprinzip. Die Abbildungen 2-3 und 2-4 differenzieren jedoch die westlichen Modelle in Abhängigkeit von den politischen und ökonomischen Systemen und den konkreten Erscheinungsformen der Mediensysteme selbst.

▲ Grundsätzlich sind alle Medien in allen Gesellschaftssystemen - auch in Demokratien mit langer Tradition (→ Text 2-2) - Kontrollen unterworfen. Die Bedeutung, die die moderne Massenkommunikation für die Gesellschaft und die darin Herrschenden haben, verführt immer wieder zur Einflußnahme. Die Kontrollen differieren freilich in Ausmaß und Form. Im einen Fall mag es sich um politische Kontrolle handeln, in einem zweiten um kommerzielle Kontrolle und in einem dritten um religiöse Kontrolle. Der direkte Vergleich zwischen den USA und der UdSSR machte dies früher deutlich: In den Vereinigten Staaten gilt staatliche Kontrolle der Medien als unerträglich, in der Sowjetunion wie in anderen sozialistischen Ländern wurde kommerzieller Einfluß viele Jahre lang als verwerflich angesehen.

▲ Besondere Bedingungen gelten für die Rundfunksysteme. Die Rundfunksysteme in Westeuropa sind bis zum Beginn des Zeitalters der Neuen Medien (→ Kapitel 2.2.2.3) - in mehr oder weniger starkem Ausmaß - unter staatlicher Kontrolle gewesen. Dies ist vom Standpunkt des Liberalismus-Modells aus ein politischer Mißbrauch der Medien. Anhänger eines solchen öffentlich-rechtlichen Rundfunksystems wiederum behaupten, daß öffentlicher Besitz an den Rundfunkmedien die weitgehende Freiheit der Journalisten von politischen, kommerziellen und anderen Interessen sicherstelle. Und sie stimmen denen zu, die Kritik am Kommerzialismus des nordamerikanischen Rundfunksystems (→ Kapitel 2.2.3) üben. (Vgl. Wiio 1983: 92)

2.1.4 Der empirische Konvergenz-Ansatz

Während nach dem Zweiten Weltkrieg beim Vergleich von Mediensystemen - vom jeweils eigenen weltanschaulichen Standort aus - zunächst die Unterschiede hervorgehoben wurden, standen später eher Struktur- und Funktionsgemeinsamkeiten im Zentrum der vergleichenden Analyse von Mediensystemen. Aufgegeben wurde die Vorstellung, daß in Mediensystemen jeweils stets entscheidbar wahre oder falsche Aussagen produziert werden; statt dessen rückten die Konstruktionsprinzipien ins Zentrum des Interesses. Begonnen haben westliche Kommunikationsforscher mit diesem empiriegeleiteten Vorgehen schon vor Beginn des Glasnost-Zeitalters in Osteuropa.

Der amerikanische Journalist und Medienforscher J. Herbert Altschull zum Beispiel vertrat bereits 1984 in seinem Buch "Agents of Power"[11] die These, daß die Ziele, Zwecke, Aufgaben, aber auch die tatsächlichen Funktionen der Medien in allen Ländern der Erde als eine "Weltsymphonie" verstanden werden könnten. Diese Symphonie stelle ein geschlossenes Ganzes dar, habe aber natürlich mehrere Sätze und enthalte viele verschiedene Themen, Melodien und Variationen. Die Ähnlichkeiten der Mediensysteme, so behauptete der langjährige Auslands-Korrespondent, der später Journalismus lehrte, seien insgesamt größer als die Unterschiede.

Die Unterschiede zu betonen, ist ein Rezept, das im Westen wie im Osten lange Zeit gleichermaßen gerne angewendet wurde. Natürlich, so sagt auch Altschull, ist diese Symphonie der Mediensysteme alles andere als harmonisch; man könne sogar von einer "Kakophonie der Medien" sprechen. Jedoch gebe es wie in einer Wagner-Oper ein Leitmotiv, das alle Strukturen und Ideologien der Nachrichtenmedien der Welt durchdringe: Erziehung in Hinblick auf die jeweils geltenden sozialen Normen als zentrale Funktion der Medien in allen Gesellschaftssystemen.

Etwas abweichend von der Musikgeschichte hat Altschulls Mediensymphonie statt vier nur drei Sätze. Sie bezeichnen die Mediensysteme westlicher, östlicher und südlicher Provenienz. Dies wäre die geographische Kennzeichnung. Man könnte auch Begriffe aus den "Four Theories" von Siebert, Peterson und Schramm verwenden: Liberalismus, Kommunismus, Autoritarismus. Das wäre die (wertbeladene) inhaltliche Kennzeichnung. Man könnte aber auch, und dafür entscheidet sich Altschull am Ende, eine eher ökonomische Identifizierung vornehmen, und zwischen dem Marktmodell, dem Marxistischen Modell und dem Entwicklungs-Modell[12] unterscheiden.

---

[11] Die deutsche Ausgabe "Agenten der Macht" ist 1989 erschienen.

[12] Altschull verwendet hier den Begriff "advancing", nicht "developing countries" (vgl. S. 280).

Auf der Grundlage dieser Dreiteilung untersucht Altschull zunächst, wie die Vorstellungen von Aufgaben/Zielen der Medien und der Journalisten in den drei Systemen aussehen (→ Abbildung 2-5).

'Wahrheit unter dem Banner der Sozialverantwortung': Diese Parole wird in allen Mediensystemen ganz hoch gehalten (→ Kapitel 2.3.1). Beim Faktor 'Erziehung' wird jedoch unterschiedlich offenherzig gehandelt. Im westlichen Marktmodell gibt es Schwierigkeiten, denn hier kollidiert die Praxis mit dem Ideal des mündigen Bürgers, der auf dem Marktplatz der Wahrheit nicht an die Hand genommen werden muß. Als besonders ideologisch erweise sich aber die Vorstellung der westlichen Medien, in Sphären über der Politik existieren und somit Informationen unparteilich, objektiv, ausgewogen präsentieren zu können.

An diesem Punkt, so meint Altschull, würden sich die Verteidiger der Marktmelodie selbst betrügen; die Medien könnten nicht überparteilich sein. Auch Journalisten seien eben politische Wesen, egal, was sie tun: Alles was sie veröffentlichen, ist auf die jeweilige soziale und politische Ordnung bezogen. Für eine Seite der Politik Stellung zu beziehen, ist offensichtlich politisch; gar nicht Stellung zu beziehen, ist ebenso politisch, denn es unterstützt den Status quo. Die Aufgaben der Medien werden, so lautet Altschulls Fazit, offenbar in allen Mediensystemen abseits der Praxis definiert. Da gebe es viel "Folklore": Mit der Deklamation hoher Werte wie Freiheit, Fortschritt, Frieden, Wahrheit, Unabhängigkeit schmeichelten sie ihrem Selbstbild.

AUFGABEN/ZIELE DER MEDIEN		
Marktmodell	**Marxistisches Modell**	**Entwicklungs-Modell**
Streben nach Wahrheit	Suchen nach Wahrheit	Der Wahrheit dienen
Sozial verantwortlich sein	Sozial verantwortlich sein	Sozial verantwortlich sein
Informieren (erziehen) auf nicht-politische (überparteiliche) Weise	Die Bevölkerung erziehen und Verbündete gewinnen (auf politische/ parteiliche Weise)	Erziehen (auf politische Weise)
Der Bevölkerung unparteilich dienen; Unterstützung der kapitalistischen Doktrin	Der Bevölkerung durch Forderung nach Unterstützung für sozialistische Doktrin dienen	In Partnerschaft mit der Regierung nach Fortschritt hin zu nützlichen Zielen streben
Als Kontrolleur (Wachhund) der Regierung dienen	Meinungen formen und Verhalten ändern	Als Instrument des Friedens dienen

Abb. 2-5: Aufgaben/Ziele der Medien
(Quelle: Altschull 1984: 284; übers. v. Verf.)

TEXT 2-2

Regierung Thatcher unterdrückt die Pressefreiheit

Vernichtendes Urteil des Internationalen Journalistenverbandes über Londons Eingriffe in die Medien

Brüssel, 4. April (dpa). Der Internationale Journalistenverband hat der britischen Regierung vorgeworfen, die Pressefreiheit immer stärker einzuschränken und die Medien unter ihre Kontrolle bringen zu wollen. In einem Bericht, den der Dachverband von 44 nationalen Journalistengewerkschaften in Brüssel veröffentlichte, heißt es, die Regierung unter Premierministerin Margaret Thatcher nutze die Möglichkeiten zur Kontrolle von Zeitungen, Hörfunk und Fernsehen "systematischer und umfassender" als ihre Vorgänger.

"Für den ausländischen Beobachter ist es verblüffend, welche Möglichkeiten die britische Regierung hat, die Veröffentlichung von Informationen zeitweise oder ganz zu unterbinden", heißt es in dem Bericht. Die Organisation, die nach eigenen Angaben über 150.000 Journalisten in aller Welt vertritt, hat eine Reihe von Beispielen zusammengestellt, die nach ihrer Ansicht auf eine zunehmende Zensur und einen "Niedergang der Pressefreiheit" in Großbritannien hindeuten.

"Ein Teil dieser Fälle hat der internationalen Glaubwürdigkeit des weltweiten BBC-Rundfunkdienstes und dessen guten Ruf für ausgewogene Berichterstattung und skrupellose Unabhängigkeit geschadet." Der Verband äußerte sich besorgt über Pläne der britischen Regierung, die Gesetzgebung über Geheimhaltung von Informationen zu ändern. "Es ist schockierend, daß Journalisten, die nur ihre Arbeit tun, ins Gefängnis gesteckt werden können, ohne daß jemand nachweisen muß, daß die nationalen Interessen Schaden gelitten haben", heißt es in dem Papier.

"Wir fragen: Ist dies Teil einer systematischen Strategie der Regierung, die Presse daran zu hindern, unangenehme Fragen zu stellen und Informationen zu verbreiten, die der Regierung nicht gefallen?" Zu den Fällen, die in dem Bericht genannt werden, gehört auch das Verbot, Stellungnahmen von Organisationen zu senden, die mit der nordirischen Terrororganisation IRA sympathisieren.

Die alarmierendste Folge dieses Verbots sei, daß autoritäre Regime sich nun auf Großbritannien - als das Mutterland der Demokratie - berufen könnten, um ihre eigenen Einschränkungen der Pressefreiheit zu rechtfertigen.

In dem Papier heißt es weiter, die Regierung habe sich mit ihren Anstrengungen, die Veröffentlichung der Memoiren des Geheimdienstagenten Peter Wright ("Spycatcher") zu verhindern, in aller Welt lächerlich gemacht. Sie habe an ihrem Verbot auch festgehalten, als das Buch in anderen Ländern schon längst im Handel war. "Es ist bezeichnend, daß das oberste Gericht seine Erlaubnis zum Abdruck von Auszügen in der Presse nicht mit der Pressefreiheit begründete, sondern damit, daß der Krone ohnehin schon aller erdenklicher Schaden zugefügt worden sei."

Als weitere Beispiele werden die Anstrengungen der Regierung aufgeführt, Fernsehprogramme über den Spionagesatelliten Zircon oder über die Erschießung von drei unbewaffneten IRA-Mitgliedern durch Sicherheitsbeamte auf Gibraltar zu unterbinden.

Eine wichtige Ursache des Problems sei, daß Pressefreiheit in Großbritannien nur als Recht auf freie Meinungsäußerung, nicht aber als Anspruch der Öffentlichkeit auf Information definiert sei. "Es gibt keinen anerkannten Anspruch auf Unter-

richtung", heißt es in dem Bericht. "Für die britischen Medien wird es Zeit festzustellen, daß sie das Recht und die Pflicht haben, die ganze Wahrheit zu erzählen."

(aus: Frankfurter Rundschau v. 5.4.1989: 2)

Faktisch sind jedoch alle Mediensysteme eingebunden in die Realisierung bestimmter gesellschaftlicher und politischer Zielsetzungen. Im Entwicklungs-Modell sind die Medien und Journalisten Teil der sozioökonomischen Entwicklung. Im Marktmodell und im Marxistischen Modell erscheinen sie nicht direkt als 'Agenten der Macht'; ihre Aufgabe wird stets als Berichterstattung über sozialen Wandel oder als Förderung sozialen Wandels definiert. (Vgl. Altschull 1984: 283)

Noch weiter von der Praxis entfernt sind nach Altschulls Einschätzung die "Glaubensbekenntnisse der Medien" - wie das bei Credos so der Fall ist. "Kakophonie" wird hier nur von den jeweils anderen 'Musikern' bemerkt; nur die jeweils andere Seite thematisiert, wieviel Ideologie in den Glaubensbekenntnissen steckt. (→ Abbildung 2-6)

Beim Marktmodell ist nach Altschulls Auffassung der Unterschied zwischen Anspruch und Wirklichkeit besonders offenkundig (→ Kapitel 2.1.6). Die Einlösung des Informationsrechtes der Öffentlichkeit, Präsentation von Wahrheit, faire und objektive Berichterstattung würden hier u. a. insbesondere durch wirtschaftlichen Einfluß in Frage gestellt. Immer wieder geht es dabei um ein Problem, das nicht nur marxistische Medientheoretiker zum Thema machen (→ Kapitel 2.1.1): Wie sind die Informationsansprüche zum Beispiel mit Meinungs-Monopolen und -Oligopolen zu vereinbaren?

GLAUBENSBEKENNTNISSE DER MEDIEN		
Marktmodell	**Marxistisches Modell**	**Entwicklungs-Modell**
Die Medien sind frei von äußeren Einflüssen.	Die Medien wandeln falsches Bewußtsein um und erziehen Arbeiter zum Klassenbewußtsein.	Die Medien sind eine einigende und nicht eine Unordnung schaffende Kraft.
Die Medien dienen dem Informationsrecht der Öffentlichkeit.	Die Medien sorgen für die objektiven Bedürfnisse der Bevölkerung.	Die Medien sind ein Mittel für nützlichen sozialen Wandel.
Die Medien streben danach, die Wahrheit zu erfahren und zu präsentieren.	Die Medien ermöglichen wirklichen Fortschritt.	Die Medien sind ein Instrument für soziale Gerechtigkeit.
Die Medien berichten fair und objektiv.	Die Medien berichten objektiv über die Realität der Erfahrung.	Die Medien sind für die wechselseitige Kommunikation zwischen Journalisten und Rezipienten da.

Abb. 2-6: Glaubensbekenntnisse der Medien
(Quelle: Altschull 1984: 287; übers. v. Verf.)

Das Informationsrecht der Öffentlichkeit im Marktmodell, meint Altschull, ist ein Euphemismus angesichts des Rechtes der Medien, der Öffentlichkeit nur das mitzuteilen, was sie selbst für eine Information halten. Auf der anderen Seite wußten wir schon vor den Revolutionen in Osteuropa, daß die Umsetzung des Marxistischen Modells vom Ideal der Informationsfreiheit weit entfernt war. Entscheidungen über Nachrichten fielen hier in vertikaler Richtung; die versprochene Orientierung der Nachrichtenmedien in der sozialistischen Gesellschaft an Bedürfnissen und Interessen der Massen stand nur auf dem Papier (→ Kapitel 2.1.5) - wobei insbesondere in der DDR die Medien und die Journalisten konsequent für Ziele der herrschenden Partei instrumentalisiert wurden.

Im Entwicklungs-Modell schließlich mag es tatsächlich Ansätze für ein eher horizontales Kommunikationsmuster geben. Aber auch hier steht schön formulierten 'Theorien der Presse' allzuoft eine restriktive Praxis gegenüber.

BEGRIFF DER PRESSEFREIHEIT		
Marktmodell	**Marxistisches Modell**	**Entwicklungs-Modell**
'Freie Presse' bedeutet, daß die Journalisten frei sind von äußeren Kontrollen.	'Freie Presse' bedeutet, daß die Meinungen aller Leute veröffentlicht werden, und nicht nur die der Reichen.	'Freie Presse' bedeutet Gewissensfreiheit für alle Journalisten.
Frei ist eine Presse, die keiner Macht dienstbar ist und die durch Macht nicht manipuliert werden kann.	Eine freie Presse ist gegen Unterdrückung erforderlich.	Pressefreiheit ist weniger wichtig als die Lebensfähigkeit des Landes.
Zur Sicherung der Pressefreiheit ist eine nationale Medienpolitik nicht notwendig.	Eine nationale Medienpolitik ist notwendig, um sicherzustellen, daß eine freie Presse die richtige Form annimmt.	Eine nationale Medienpolitik ist notwendig, damit es Rechtsschutz für die Freiheit gibt.

Abb. 2-7: Begriff der Pressefreiheit
(Quelle: Altschull 1984: 294; übers. v. Verf.)

Unterschiedliche Aufgabenfestlegungen und Zielbeschreibungen der Medien bedeuten bei den drei Medienmodellen in der Praxis häufig dasselbe. Bei der 'Pressefreiheit' ist es umgekehrt: Hier wird überall derselbe Begriff verwendet, obwohl ganz Unterschiedliches gemeint ist (→ Abbildung 2-7). Der Grund dafür ist, daß mit 'Pressefreiheit' in besonderem Maße gesellschaftliche Wertvorstellungen verbunden sind. Sie beruhen, wie wir gesehen haben (→ Kapitel 2.1.2), auf unterschiedlichen sozialphilosophischen Grundlagen.

Ganz eindeutig ist die Angelegenheit wohl nur in der Verfassung des Vatikanstaats aus dem Jahre 1929. In Artikel 8 heißt es knapp und klar, daß es so etwas wie 'Pressefreiheit' beim Heiligen Vater nicht gibt: Veröffentlichungen jeder Art bedürfen einer ausdrücklichen Erlaubnis von oben. So klar und eindeutig traut sich heute kein anderer Staat, mit der 'Pressefreiheit' umzugehen. (Vgl. Martin/Chaudhary 1983b: 20 f.)

Pressefreiheit in westlichen Ländern bedeutet zunächst einmal 'Freiheit der Informationen'. Unterschiedliche Nachrichten und Meinungen, sollen die Basis bilden für vernünftige politische Entscheidungen der Bürger. Hier aber stellt sich gleich wieder die Frage, ob die Praxis der Informationsgebung durch die aktuellen Massenmedien solchen Ansprüchen überhaupt gerecht werden kann.

Vom Marxistischen Modell wurde die Funktionsfähigkeit eines solchen 'Medienmarktes' stets in Zweifel gezogen; bestimmte Formen politischer Steuerung seien notwendig, um eine wirklich 'freie Presse' sicherzustellen. Ein solcher Eingriff ins Universum der freien Informationen ist für dogmatische Vertreter des Marktmodells wiederum der Sündenfall: Jede Form von Kommunikationspolitik schränke die Pressefreiheit ein.

Im Entwicklungs-Modell schließlich wird die Pressefreiheit eindeutig der nationalen Entwicklung untergeordnet. Im Zweifelsfall ist hier die Lebensfähigkeit der Nation das höhere Gut. In beiden Modellen, dem sozialistischen wie dem Entwicklungs-Modell, wird Medienpolitik für nützlich und notwendig gehalten.

Durch Altschulls "Symphonie der Mediensysteme" werden Anspruch und Wirklichkeit, Theorie und Praxis, Ideologie und Realität, Macht und Ohnmacht der nationalen Mediensysteme im internationalen Vergleich besonders deutlich. Der Vergleich von nationalen Mediensystemen, der die Unterschiede und vor allem die Übereinstimmungen verdeutlichen soll, führt Altschull (1984: 279 ff.) am Ende zu seinen "Sieben Gesetzen der Medien und des Journalismus":

- ▲ In allen Mediensystemen sind die Medien Agenten derjenigen, die politische und ökonomische Macht ausüben.
- ▲ Der Inhalt der Nachrichtenmedien spiegelt immer die Interessen derjenigen wider, die sie finanzieren.
- ▲ Alle Mediensysteme beruhen auf dem Glauben an die Pressefreiheit; sie wird jedoch auf unterschiedliche Weise definiert.
- ▲ Alle Mediensysteme unterstützen die Doktrin der Sozialverantwortung und beanspruchen, den Bedürfnissen und Interessen der Bevölkerung zu dienen.
- ▲ Jedes der drei Medienmodelle hält jeweils sich selbst für alternativlos.

- ▲ Insbesondere durch Journalistenausbildung werden kontinuierlich Ideologien und Wertsysteme der jeweiligen Gesellschaftssysteme an die Medien übermittelt.
- ▲ Medienpraxis unterscheidet sich immer von der Theorie.

Die Ähnlichkeiten zwischen den drei definierten Mediensystemen sind also beträchtlich - was die jeweiligen Interessenten leugnen werden. Auf der anderen Seite gibt es wiederum auch innerhalb der einzelnen Medienmodelle beträchtliche Variationen (→ Kapitel 2.2). Somit verdeutlicht die "Symphonie der Mediensysteme" die Problematik einer bestimmten Tradition international vergleichender Kommunikationsforschung: Die eigene Medienwelt für das einzig Wahre zu halten, weil die Ideale so schön klingen, und Beschreibungen von Aufgaben und Zielen vorschnell mit der Praxis gleichzusetzen; andere Medienwelten dagegen an der Praxis zu messen und dabei die Maßstäbe der eigenen Medienwelt und ihrer sozialphilosophischen Grundlagen anzulegen.

2.1.5 Merkmale und Probleme geschlossener Mediensysteme

Überall auf der Welt sind die Massenmedien Einflüssen ausgesetzt, die ihren Handlungsspielraum und ihre Berichterstattungspraxis bestimmen. Die im folgende gewählte Unterscheidung zwischen 'geschlossenen' und 'offenen' Mediensystemen soll deshalb - auf der Grundlage von Wiios Typologie (→ Kapitel 2.1.3) - eher graduelle als prinzipielle Differenzen deutlich machen.

Die Unterscheidung bezieht sich also zunächst nur auf die normative Basis dieser Mediensysteme. 'Offen' meint somit, daß das Mediensystem als soziales Subsystem prinzipiell offen sein soll für Informationsangebote, aber auch für Einflüsse aus allen gesellschaftlichen Subsystemen. Dies bedeutet - im Sinne einer systemischen Betrachtung - freilich nicht, daß die Medien dort nicht nach ihren eigenen Strukturen und Operationsweisen Wirklichkeit konstruieren (→ Kapitel 1.2.3). 'Geschlossen' meint die legalisierte Einflußnahme durch bestimmte gesellschaftliche Subsysteme - im allgemeinen durch das politische System. Und dies bedeutet auch die explizite Einbindung der Medien und ihrer Nachrichtengebung in eine staatliche Ideologie.[13]

---

13 In der Logik einer konstruktivistischen Systemtheorie könnte man die Begriffe freilich auch umgekehrt verwenden: Offene Mediensysteme sind insofern geschlossen, als sie im wesentlichen selbstorganisierend und selbstreferentiell arbeiten (können), während geschlossene Mediensysteme offen gehal-

Für Vertreter eines geschlossenen Mediensystems ist der Unterschied freilich nur eine Frage der Ehrlichkeit. Wiktor Afanasjew, der damalige Chefredakteur der PRAWDA, brachte diese Auffassung 1984 in einem Interview mit "CBS 60 Minutes", einem erfolgreichen Fernsehprogramm in den USA, auf die knappe Formel, daß die Zeitungen in beiden Systemen für eine Klasse arbeiteten - hier für die Arbeiter und dort für die Kapitalisten, denen diese Zeitungen gehören. Afanasjews Äußerungen können als generelle Selbstauskunft der sowjetischen Massenmedien in der Vor-Glasnost-Ära gelten; Auszüge:

> *Mike Wallace (CBS):* "Wie verstehen Sie die Unterschiede zwischen der Funktion der Zeitung in der Sowjetunion und den Vereinigten Staaten?"
>
> *Afanasjew:* "Die amerikanischen Zeitungen halten sich für unabhängig, aber die Wahrheit ist, daß sie ebenso wie wir für eine bestimmte Klasse arbeiten: Sie arbeiten für diejenigen, die sie bezahlen. Das ist der grundlegende Unterschied. Dann gibt es Unterschiede im Formalen. Wir veröffentlichen keinen Unsinn. Wir laufen nicht den Knüllern (scoops) und Sensationen hinterher. Wir pflegen nicht über Sex und solche Sachen zu schreiben."
>
> *Wallace:* "Aber die Masse der Leute, die 50 Millionen Menschen, die die Prawda jeden Tag lesen, hört zum Beispiel nichts darüber, wieviele Tote Sie in Afghanistan gehabt haben. Sind das keine Nachrichten?"
>
> *Afanasjew:* "Das sind Nachrichten, aber wir glauben, daß unsere Leser in der Sowjetunion ohne sie leben können. Dies ist nicht lebensnotwendig für die Menschen."
>
> (aus: CBS 60 Minutes, übers. v. Verf.)

CBS-Starreporter Mike Wallace, der das Interview führte, machte bei seinem Resümee vor der Kamera deutlich, daß er in eine für ihn fremde Medienwelt geraten war: "In der Prawda gibt es keinen Pessimismus, keine Verzweiflung, keine Probleme, die unlösbar sind. Und: Die Prawda ist langweilig."

Afanasjews Antworten beschreiben präzise das Rollenverständnis von Kommunikatoren in sender-zentrierten Mediensystemen. Der Chefredakteur der PRAWDA machte kein Hehl daraus, daß es in seiner Medienwelt vor allem um die Übermittlung der 'richtig ausgewählten' Aussagen über die (wie auch immer definierten) 'vitalen Bedürf-

---

ten werden für direkte Einflüsse insbesondere aus dem politischen System, so daß System-Umwelt-Grenzen hier schwerer zu ziehen sind.

nisse' der Bevölkerung ging.[14] In seiner PRAWDA wie in den anderen sozialistischen Medien wurde kein 'Nachrichtenteppich' wie im Westen ausgebreitet. Nachrichten sollten Aussagen sein, nach denen man sich zu richten hatte.

Die realsozialistischen Kommunikationssysteme waren - orientiert an ihrem Vorbild UdSSR - strikt in die herrschende politische Ideologie eingebunden, wobei sich die Massenmedien, so die offizielle Lesart, 'im Besitz der Gesellschaft' befanden. Dabei kamen Wirklichkeitsentwürfe zustande, die sich auf Dauer nicht gegen die Erfahrungen der Menschen und die konkurrierenden Wirklichkeitsentwürfe westlich-pluralistischer Medien aufrechterhalten ließen. Vor allem in der DDR, wo die gemeinsame Sprache den Vergleich mit westdeutschen Medien erleichterte, brach das sozialistische Mediensystem mit dem Gesellschaftssystem wie ein Kartenhaus zusammen.

Daten und Beobachtungen zur Medienkommunikation in der UdSSR

Unsere Erkenntnisse über das Mediensystem der UdSSR beruhten jahrzehntelang im wesentlichen auf Äußerungen von Personen, die im dortigen Medienbereich eine wichtige Rolle spielten, sowie auf einzelnen Beobachtungen und Daten. Insgesamt lag nur unsicheres Material über die sowjetischen Medien vor; die Forschungssituation war außerordentlich unzureichend. Seit der Öffnung des Gesellschaftssystems hat sich der Zugang zu Informationen zwar wesentlich gebessert. Systematische Studien sind aber nach wie vor die Ausnahme. Ihrer Gültigkeit - über einen engen Zeitrahmen hinaus - setzt aber ohnehin die aktuelle Entwicklungsdynamik der Verhältnisse in der Sowjetunion Grenzen, wie insbesondere der gescheiterte Putschversuch im August 1991 gezeigt hat. Es bleibt deshalb hier im wesentlichen der Rückgriff auf journalistische Quellen, die einzelne Aspekte der jeweiligen Situation darstellen.

In der Vor-Glasnost-Ära waren grundlegendere Auseinandersetzungen mit der Sowjetunion durchweg vom 'Totalitarismus-Konzept' geprägt, das viele Jahre lang die wissenschaftliche Beschäftigung mit

---

[14] Später schlug sich Afanasjew, der auch Vorsitzender des sowjetischen Journalistenverbandes war, auf die Seite derer, die der Presse die Rolle einer 'sozialistischen Opposition' zuwiesen (vgl. Der Spiegel 1988/29: 115). 1989 wurde er von Gorbatschow aus seinem Amt als Chefredakteur der PRAWDA entlassen.

geschlossenen sozialistischen Mediensystemen bestimmt hat[15]. Grundannahmen dieses Konzepts waren:

- ▲ Diktaturen sind sich der Bedeutung der öffentlichen Meinung hochgradig bewußt; sie machen allergrößte Anstrengungen, sie zu beeinflussen.
- ▲ Die kontrollierte Kommunikation, die von totalitären Regimen hergestellt wird (dabei geht es mehr um bestimmte Wirkungen als um die Wahrheit), führt zu hochgradiger Formalisierung der Medieninhalte.
- ▲ Die Öffentlichkeit wird durch solches Propagandamaterial in wachsendem Maße unaufmerksam, apathisch und unpolitisch; sie hat aber einen 'Hunger nach Wahrheit' und glaubwürdigen Informationen.
- ▲ Bei der Suche nach Tatsachen lernt die Öffentlichkeit, zwischen den Zeilen zu lesen.
- ▲ Die Einheit und Geschlossenheit, die durch die totalitären Methoden hergestellt wird, ist brüchig. Sobald die Kontrollen zusammenbrechen, bricht auch die scheinbare Einmütigkeit zusammen.

Auch die Darstellung der kommunistischen Medienmodells in den "Four Theories of the Press" (→ Kapitel 2.1.2) beruht auf diesem Totalitarismus-Konzept. Man darf dabei aber nicht vergessen, daß der Autor (Wilbur Schramm) seine Darstellung Mitte der fünfziger Jahre verfaßt hat, also während der Zeit des 'Kalten Krieges' (vgl. Burrowes 1989: 40).

Eine solche kritisch-ablehnende Perspektive war, wie wir erst heute vollständig wissen, sachlich gewiß gerechtfertigt. Doch ist zu fragen, ob sich die kategorische Unterscheidung zwischen 'uns hier' und 'denen da drüben' analytisch als fruchtbar erwiesen hat. In direkter Gegenüberstellung mit dem Liberalismus-Modell sah Schramm folgende wesentlichen Merkmale des kommunistischen Medienmodells:

> "An erster Stelle sollten wir uns daran erinnern, daß die Unterschiede zwischen der sowjetischen Tradition und der unserigen hauptsächlich Unterschiede zwischen Marx und Mill sind. Beiden Philosophen ging es um das Wohl der Menschen. Aber Marx wollte den Menschen durch Verbesserung der Gesellschaft verbessern [...]. Mill, auf der anderen Seite, wollte die

[15] Typisch für diese 'totalitäre' Betrachtungsweise ist Ithiel de Sola Pools Aufsatz im "Handbook of Communication". Der Autor formuliert darin gleich zu Beginn seine feststehende Auffassung vom Charakter der öffentlichen Meinung und der Kommunikation im "totalitären System" ganz eindeutig und demonstriert diese dann nur noch am Beispiel der Sowjetunion und Chinas. (Vgl., auch zu den Grundannahmen dieses Konzepts, Pool 1973)

> Gesellschaft dadurch verbessern, daß zuerst die Menschen besser würden. [...] An zweiter Stelle, so glaube ich, sollten wir uns daran erinnern, daß in der Sowjetunion Massenkommunikation hauptsächlich ein Instrument ist. [...] In unserem System ist Massenkommunikation mehr ein Dienst als ein Instrument [...]." (Siebert et al. 1956: 145 f.; übers. v. Verf.)

Solche Einordnungen sagen mehr über die Betrachtungsperspektive aus als über das Betrachtungsobjekt selbst (vgl. Altschull 1984: 107 ff.). Ertragreicher ist es deshalb, geschlossene Mediensysteme von innen heraus verstehen zu wollen. Diese Annäherung soll hier vier Schwerpunkte haben: die historischen Wurzeln, die definierten Grundlagen und Ziele, erkennbare professionelle Praktiken und die aktuelle Entwicklungsdynamik des Mediensystems der UdSSR.

Historische Wurzeln

Wie beim Marktmodell sind auch beim marxistischen Modell die wichtigsten sozialphilosophischen Wurzeln im 19. Jahrhundert auszumachen. Beide Modelle wurden in ihrer rigiden Form erst nach dem Zweiten Weltkrieg nach Deutschland importiert: das Marktmodell in die Bundesrepublik, das Marxmodell in die DDR.

Unsere Erkenntnisse über Karl Marx als Pressetheoretiker sind in einer Grauzone angesiedelt (vgl. Altschull 1984: 85 ff.). Es gibt zwar zahlreiche Äußerungen von Marx zur Presse und dabei insbesondere gegen die Pressezensur in der Zeit vor 1848, aber nur wenige 'marxistische' aus der Zeit danach.

Karl Marx war Journalist - wie übrigens viele wichtige Sozialistenführer des 19. und 20. Jahrhunderts[16]. Diese journalistische Perspektive prägte Marx' Äußerungen zur Presse in der ersten Hälfte seines Lebens. Zumindest in dieser Zeit war er von der Notwendigkeit einer freien, kritischen und unabhängigen Presse fest überzeugt. Er verwahrte sich deshalb dagegen, die Presse zu einem Parteiorgan oder auch zum Organ einer Volkspartei zu machen und definierte Pressefreiheit auf eine Weise, die doch eher an Vorstellungen der Aufklärung als an einer Instrumentalisierung der Presse für Zwecke der Parteipro-

---

16 Beispiele sind Friedrich Engels, Rosa Luxemburg, Leo Trotzki und sogar Josef Stalin. Lenin pflegte noch als Berufsbezeichnung 'Journalist' anzugeben, als er schon an der Spitze der Sowjetunion stand.

paganda orientiert war.[17] Die Presse sollte, so schrieb er in der Nr. 1 der "Rheinischen Zeitung" vom 1. Januar 1843,

> "nichts sein als das laute, freilich 'oft leidenschaftliche und im Ausdruck übertreibende und fehlgreifende tägliche Denken und Fühlen eines wirklich als Volk denkenden Volkes'. Daher ist sie wie das Leben, immer werdend, nie fertig."[18]

Schon früh findet sich bei Karl Marx aber die Auseinandersetzung mit einer Auffassung von Berichterstattung, die wir heute 'Objektivitätsanspruch' nennen würden. Nur Übermittler von Nachrichten - das sollte der Journalist in seinen Augen niemals sein. In diesem Zusammenhang spielt der 'Überbau', zentrales Element marxistischer Theorie, eine besonders wichtige Rolle. Das, was die herrschende Klasse im Bereich von Kunst, politischer Theorie und Ideologie aufgerichtet hat, um die eigene Macht zu erhalten; das, was die Widersprüche im Kapitalismus verschleiern soll; das, was die Kapitalisten in die Lage versetzt, die Arbeiter auszubeuten. Die klassenlose Gesellschaft hätte nach marxistischer Lehre einen solchen Überbau nicht mehr nötig, weil dann alle Menschen gleich wären. Eine herrschende Klasse, die Instrumente der Überredung und Ausbeutung bräuchte, gäbe es dann nicht mehr.

Nach marxistischer Lehre bestimmt in antagonistischen Gesellschaften der Überbau das Bewußtsein, und dies geschieht durch Sprache und Kommunikation, vor allem aber durch die Medien. Aufgabe sei es, das falsche Bewußtsein in richtiges Bewußtsein umzuwandeln. Das kann natürlich nicht mit Hilfe von 'objektiven' Medien funktionieren. Es geht nach marxistischer Lehre in den Medien und mit den Medien nicht um eine Interpretation der Welt, sondern um die Veränderung der Welt. Eine Beschreibung der 'objektiven Realität' würde nur der herrschenden Klasse nützen, weiter an der Macht zu bleiben, und Wandel wäre dadurch ausgeschlossen.

Die Presse wird damit als zentrales Element der Gesellschaft und insbesondere als Element der gesellschaftichen Veränderung definiert. Bei Lenin ist ihr sogar direkt eine zentrale Funktion als Instrument für die Revolution zugewiesen worden. Zur gepflegten Legende gehört dabei, daß es den Entwurf einer sozialistischen Pressetheorie durch

---

[17] 'Marxistischer Journalismus' wird in seinen Ursprüngen heute gewöhnlich mit dem Entstehen der "Neuen Rheinischen Zeitung" 1848-1849 gleichgesetzt. Marx' Wirken als Chefredakteur dieser Zeitung hat Friedrich Engels später als die einfache "Diktatur von Marx" beschrieben (MEW, Bd. 21: 19).

[18] Vgl. dazu und zum Folgenden Karl Marx/Friedrich Engels: Pressefreiheit und Zensur, Frankfurt a. M. 1969 (das Zitat findet sich dort auf Seite 115 f.).

Marx gebe, der linear über Lenin weitergelaufen sei. Dennoch haben marxistische Journalistikwissenschaftler mit Akribie versucht, eine Theorie des kommunistischen Journalismus direkt auf das Werk von Marx und Engels zu gründen und mit Lenins 'Pressetheorie' zu verknüpfen. So bemühte sich insbesondere S. M. Gurjewitsch (→ Kapitel 1.1.4) um den Nachweis,

> "daß die von den Begründern des Marxismus ausgearbeiteten Leitsätze die Grundlage und einen Bestandteil der heutigen Theorie des kommunistischen Journalismus darstellen und nicht von den Elementen getrennt werden können, die im Verlaufe der weiteren Entwicklung der Theorie, insbesondere in der Leninschen Etappe, entstanden sind; daß sie das theoretische Fundament für die Praxis auch der heutigen kommunistischen Presse und der anderen Massenkommunikationsmittel bilden." (Gurjewitsch 1975: 9)

Lenin machte vielmehr Schluß mit allen - auch den eigenen früheren - Romantizismen. Dazu gehörte seine ursprüngliche Auffassung, die Druckerpressen allen politischen Bewegungen in der Gesellschaft zugänglich zu machen. Einmal an der Macht, war von dieser Form des Zugangs keine Rede mehr. Die Medienpraxis der Sowjetunion wie die der anderen kommunistischen Staaten war vielmehr geprägt durch rigide gelenkte kommunikative Schaltstellen, zum Beispiel eine Monopol-Nachrichtenagentur und eine Parteizeitung: in der UdSSR durch TASS und PRAWDA, in der DDR durch ADN und NEUES DEUTSCHLAND.

Definierte Grundlagen und Ziele

'Pressefreiheit' war stets ein Element der Verfassung der Sowjet-Union. In der Fassung vom 5.12.1936 hieß es in Art. 125:

> "In Übereinstimmung mit den Interessen der Werktätigen und zum Zwecke der Festigung des sozialistischen Systems werden den Bürgern der UdSSR durch das Gesetz garantiert: a) die Redefreiheit, b) die Pressefreiheit, c) die Kundgebungs- und Versammlungsfreiheit, d) die Freiheit von Straßenumzügen und -demonstrationen.
>
> Diese Rechte der Bürger werden dadurch gewährleistet, daß den Werktätigen und ihren Organisationen die Druckereien, Papiervorräte, öffentliche Gebäude, Straßen, das Post- und Fernmeldewesen und andere materielle Bedingungen, die zu ihrer Ausübung notwendig sind, zur Verfügung gestellt werden." (zit. n. Kunze 1978: 32 f.)

Diese Bestimmungen fanden jedoch in der Praxis stets erhebliche Einschränkungen durch eine Pressegesetzgebung, die nicht Teil der Verfassung war. Als besonders weitreichend erwies sich das "Gesetz über die Befugnisse der Zensurbehörde Glavlit", die es seit 1922 gab und die erst unter Gorbatschow an Einfluß verlor. Ganz Genaues über diese Institution war nie in Erfahrung zu bringen: Informationen darüber fielen selbst unter die Zensurbestimmungen.

Theorie und (vor allen Dingen) Praxis der Medien in der Sowjetunion und den sogenannten sozialistischen Staaten stützten sich auf die von Lenin schon früh - im Mai 1901 - formulierten Grundprinzipien der "Presse neuen Typs":

> "Die Rolle der Zeitung beschränkt sich [...] nicht allein auf die Verbreitung von Ideen, nicht allein auf die politische Erziehung und die Gesinnung politischer Bundesgenossen. Die Zeitung ist nicht nur ein kollektiver Propagandist und kollektiver Agitator, sondern auch ein kollektiver Organisator". (Ebd.: 27)

Insbesondere die Verpflichtung zur Agitation (wenige Ideen für viele Personen) und Propaganda (viele Ideen für wenige Personen) bestimmten das Aufgabenverständnis der Medien, deren Journalisten sich als verlängerter Arm der herrschenden kommunistischen Partei zu betrachten hatten. Bei der Führung der KPdSU, die sich als Lenker der Medien und der Journalisten verstand, lag faktisch seit 1921 das Informations- und Meinungsmonopol.

Was den Charakter der Informationen selbst angeht, so wurde in den Medien der kommunistischen Staaten sehr genau unterschieden: zwischen Primär- und Sekundärinformationen. Primärinformationen waren das 'Lebensnotwendige', das, was man wissen muß, um sich in der Gesellschaft bewegen zu können. Sekundärinformationen waren das, wovon viele Medien im Westen leben, das, was zum Beispiel auch der Prawda-Chefredakteur Afanasjew in dem CBS-Interview als überflüssig bezeichnete: jede Form von Unterhaltung und Zerstreuung, von 'human interest' (vgl. Underwood 1983).

Die Aufgabe des 'kollektiven Organisators' wies den kommunistischen - im Unterschied zu den kapitalistischen - Medien eine aktive Rolle in der Gesellschaft zu: als Vehikel des Fortschritts, als Bewußtseinsapparate, die die Öffentlichkeit im Sinne der marxistischen Doktrin beeinflussen und formen sollen. Medien, Öffentlichkeit und Gesellschaft bilden eine Einheit - so lautete jedenfalls das sozialistische Selbstverständnis. Im Gegensatz dazu werden Medien im Westen als neutrale Vermittler, als entfernte Beobachter, allenfalls als vierte, das heißt, kontrollierende Gewalt in der Gesellschaft, aber niemals als Agierende verstanden (→ Kapitel 2.2.2.1).

Professionelle Praktiken

Das sowjetische Massenkommunikationssystem der Vor-Glasnost-Zeit basierte auf festen normativen Grundlagen. Die Medien waren definiert als Instrumente im ideologischen Kampf zwischen Kapitalismus und Kommunismus. Ihre Bedeutung wurde entsprechend hoch klassifiziert. "Ideen sind Macht", glaubte schon Lenin. Dieser Integration der Medien in Politik und Ideologie entsprach der zumindest offiziöse Charakter, den Nachrichten in der Agentur TASS und in der Tageszeitung PRAWDA[19] hatten.

In allen sozialistischen Staaten waren Nachrichten dazu da, die gegenwärtige Parteipolitik oder den ökonomischen Fortschritt darzustellen. Dabei sollten Nachrichten eher 'gute Nachrichten' sein. Der Aktualität (→ Kapitel 1.3) wurde - im Vergleich zu den westlichen Marktsystemen - ein vergleichsweise geringer Stellenwert eingeräumt: Aktuelles, das auf Ereignissen beruht, die in den Stunden vor Redaktionsschluß passiert sind, machte zum Beispiel bei einer Analyse der PRAWDA Anfang der achtziger Jahre nur 10-15 Prozent des Inhalts aus.[20]

Westliche Forscher haben immer wieder belegt, daß die westlichen Staaten in den sowjetischen Massenmedien regelmäßig als Gesellschaften der Massenarbeitslosigkeit, der unkontrollierbaren Inflation, der Proteste und Streiks, der Kriminalität und Korruption und der Unterdrückung von kommunistischen und anderen friedensliebenden, progressiven Faktoren erschienen (vgl. z. B. Lendvai 1983, Karch 1983). Doch schon vor dem Aufruf zur Umgestaltung und der neuen Offenheit zeigte das sowjetische Massenkommunikationssystem auch andere Facetten. Da gab es von der langweiligen Norm abweichende

[19] Die PRAWDA (Wahrheit) war 1912 von Lenin gegründet worden. Sie hatte bis ca. 1986 eine Auflage von 16 Mill. Exemplaren und erreichte jeden Tag 50 Millionen Leser; 1990 war die Auflage auf ca. 6 Millionen Exemplare täglich gesunken. Nach dem gescheiterten Putsch im August 1991 gehörte die PRAWDA zu den Parteizeitungen, die der russische Präsident Jelzin mit einem Publikationsverbot bestrafte; eine Woche nach Jelzins Erlaß erschien das Blatt wieder (vgl. Frankfurter Allgemeine Zeitung v. 2.9.1991: 32). TASS (Telegrafnoje Agenstwo Sowjetskogo Sjojusa) wurde 1925 als Monopol-Nachrichtenagentur und Propagandainstrument gegründet (→ Kapitel 4.3.1). 1917 wurde die ISWESTIJA als zentrales Staats- und Regierungsorgan gegründet, herausgegeben vom Präsidium des Obersten Sowjet, dem Parlament der UdSSR. Die Redaktion der Zeitung, die in der Vor-Glasnost-Ära eine Auflage von 7 Millionen Exemplaren täglich hatte, erklärte sich im August 1991 nach dem gescheiterten Putsch für selbständig und setzte ihren Chefredakteur ab.

[20] Vgl. zu Einzelheiten der Nachrichtengebung die Fallstudien "One Day in Pravda" und "One Day on Television" (Lendvai 1983: 74 ff.).

Zeitungen und Zeitschriften, und es gab unterschiedliche Lenkungsformen bei Presse, Hörfunk und Fernsehen.

In der Zeitschrift "Žurnalist", herausgegeben vom sowjetischen Journalisten-Verband, wurde seit Jahren intensiv über das journalistische Selbstverständnis, über Journalistenausbildung und journalistische Berufsfragen diskutiert. Dabei ergaben sich im Detail zahlreiche Parallelen zu Problemen im westlichen Journalismus. Sogar über die Parteilichkeit, zu der sowjetische Journalisten nach dem Selbstverständnis ihres Mediensystems aufgerufen waren, wurde in diesem Berufsorgan öffentlich nachgedacht.[21]

Wie weit die sowjetische Medientheorie mit der Praxis insgesamt übereinstimmte, wie weit die Menschen das Mediensystem 'annahmen', war stets schwer zu beurteilen. Westliche Forscher hatten dazu stets recht genaue Vorstellungen - die sich besonders deutlich in den Totalitarismus-Konzepten niederschlugen. Danach lasen die Menschen in der Sowjetunion nur zwischen den Zeilen und versorgten sich ansonsten aus westlichen Quellen. Auf jeden Fall aber wurde bezweifelt, daß die Persuasionstrategien der Medien allzu erfolgreich waren. (Vgl. Mills 1983: 181 f.)

Doch diese Einschätzung ist nach den vorliegenden Informationen nicht ganz zutreffend gewesen. Vielmehr besaß die Berichterstattung durch Presse und Rundfunk für das Publikum in der Sowjetunion einen ähnlich hohen Stellenwert wie für das Publikum der westlichen Staaten; Journalisten genossen ein hohes gesellschaftliches Prestige. Allerdings schien die 'kollektive Organisation', bezogen auf den lokalen Raum, nicht so ohne weiteres zu funktionieren. Nach allem, was wir wissen, sind die Rezipienten stärker an internationalen Nachrichten, gerade auch über nicht-sozialistische Länder, interessiert gewesen als an lokalen Informationen. Übereinstimmung in einem wichtigen Punkt zeigten sowjetische Wirkungsstudien mit denen der USA: je höher die Bildung der Fernsehzuschauer, desto geringer ihr Fernsehkonsum und desto größer ihr Interesse an Nachrichten und Kulturprogrammen. (Vgl. z. B. Underwood 1983: 229 f.)

Unter den geschlossenen kommunistischen Mediensystemen war die DDR stets ein besonderer Fall. Einerseits wurde lange Zeit wohl nirgendwo innerhalb des sowjetischen Einflußbereichs dessen Mediensystem mit seiner Pressestruktur und Berichterstattungspraxis, mit

---

21 Die Zahl der sowjetischen Journalisten wurde Ende der siebziger Jahre auf rund 100.000 geschätzt, wovon etwa 60.000 im Journalisten-Verband organisiert waren. Erheblich war das Volumen der Anstrengungen in Sachen Aus- und Weiterbildung. Allein an 24 Universitäten gab es Fakultäten für Journalistik. (Vgl. Kunze 1978)

seinem Weltbild und seinen Stereotypen so brav kopiert wie in Ostdeutschland; das NEUE DEUTSCHLAND (ND) nannte man auch die 'deutschsprachige Prawda'. Andererseits trafen die seinerzeit acht Millionen Exemplare des ND und der anderen 38 Tageszeitungen der DDR an der Nahtstelle zwischen West und Ost auf das seit vielen Jahren wohl bestinformierte Publikum innerhalb der kommunistischen Welt. Hier waren die Leute in der Lage, Nachrichten der beiden Mediensysteme gleichzeitig zu empfangen und miteinander zu vergleichen, ohne daß sie eine Sprachbarriere hinderte. (Vgl. Lendvai 1983: 80 ff.) Dies wird die deutsche Wende in erheblichem Maße beeinflußt haben.

Zumindest aus einem Grunde erwies sich das Mediensystem der Sowjetunion gerade auch für die Entwicklungsmodelle in Afrika und Asien als attraktiv: Rückkoppelung zum Leser, Partizipation der Öffentlichkeit schien den Medien dort besser zu gelingen als in den westlichen Staaten. 'Briefe an die Redaktion' waren nicht nur eine Einrichtung zur Demonstration des freien Zugangs der Bürger zu den Medien; nach den vorliegenden Informationen schrieb die sowjetische Bevölkerung solche Briefe tatsächlich in einer erstaunlichen Anzahl. In der Leserbriefabteilung der PRAWDA arbeiteten nicht weniger als 45 Redaktionsmitglieder. Sie hatten alle Briefe sorgfältig zu lesen, zu beantworten und auszuwählen, welche davon veröffentlicht werden sollten. Von der Regierungszeitung ISWESTIJA wurde angeblich ein Viertel aller Leserbriefe veröffentlicht.

Probleme der sozialen Distanz zwischen Kommunikator und Publikum, die für westliche Mediensysteme immer wieder hervorgehoben werden (→ Kapitel 4.3.5), sollten im sowjetischen Journalismus durch eine spezielle Einrichtung reduziert werden: die Übertragung eines wesentlichen Teils der Regional- und Lokalberichterstattung auf Laienjournalisten, sogenannte Rabsel'kors (Arbeiter- und Bauernkorrespondenten). (Vgl. Kunze 1978: 59 ff.)

Aktuelle Entwicklungsdynamik

Bald nach seiner Wahl zum Generalsekretär der KPdSU am 11. März 1985 rief Michail Gorbatschow nicht nur zur Umgestaltung der Gesellschaft (Perestroika), sondern auch zur Publizität (Glasnost) auf. Er hatte erkannt, daß in einem Staat, der seit Jahrzehnten durch Bürokratisierung, Mißmanagement, persönliche Verfehlungen und Korruption gelähmt wurde, nur die Herstellung von Öffentlichkeit Motor eines sozialen Wandels sein konnte. Damit rüttelte er an den Grundfesten des Gesellschafts- und Mediensystems, das bis dahin den Schein einer Identität zwischen Führung und Bevölkerung aufrechterhalten und die Journalisten in den Dienst der Parteidoktrin gestellt hatte.

Allenfalls nicht generalisierbare Einzelprobleme durften in diesem System - in Form konstruktiver Kritik - an die Öffentlichkeit dringen. Während im Westen der Aufdeckung von Skandalen eine kathartische Wirkung für das System zugesprochen wird, wurde hier durch rigide Zensur alles unterbunden, was die Legitimität des Regimes in Frage stellen konnte.

> "Die bisherige repetitive Öde der sowjetischen Medien erklärte sich aus den pädagogischen Zielen. Was öffentlich wurde, sollte eindeutig und vorbildlich sein und richtig aufgenommen werden. Dieser Öde entsprachen die byzantischen Rituale des öffentlichen Lebens, die das Publikum aufspalteten in die Naiven, die wörtlich rezipieren sollten und entpolitisiert wurden, und die Eingeweihten, die die hermeneutische Kompetenz zur Interpretation der Rituale besaßen." (Klier et al.1989: 298)

In dieser Situation kam Gorbatschow an die Macht. Doch seinem Aufruf zur Publizität, zur Offenheit, Kritik und Selbstkritik, den er insbesondere in den Reden vor dem Zentralkomitee der KPdSU im Januar 1987 ausführlich begründete (→ Text 2-3), folgte eine widersprüchliche Entwicklung.

Zunächst veränderte sich die Berichterstattung der sowjetischen Medien in atemberaubenden Tempo[22]. Aus dem Kernkraftunglück in Tschernobyl, über das zunächst nur einzelne Informationen durchgesickert waren, lernte man, daß Berichte über Unglücke, Skandale und politische Ereignisse Teil einer Öffnung des Mediensystems sein müssen. Den Bürgern der Sowjetunion wurde plötzlich eine völlig neue Wirklichkeit angeboten. "In was für einer Zeit leben wir?" fragte ein 70jähriger Leser die Gewerkschaftszeitung TRUD (Die Arbeit): "Es ist einfach unbegreiflich - Tag und Nacht kommt es zu Zugunglücken, Schiffskatastrophen, Flugzeugabstürzen, Flugzeugentführungen, verschiedenen Verbrechen, Demonstrationen ... warum es das alles gibt, ist unbegreiflich." (zit. n.: Der Spiegel 1988/29: 115)

---

22 Maßstab für diese Beurteilung sind die früheren Verhältnisse. Gemessen an westlichen Standards relativiert sich diese Aussage. So fanden Kommunikationswissenschaftler der University of North Carolina (USA) Anfang 1987 bei einer Inhaltsanalyse der PRAWDA und der Fernseh-Nachrichtensendung WREMJA "Soviet media in the age of glasnost more like media in the old days than Western media" (vgl. Robert L. Stevenson et. al.: Soviet Media in the Age of Glasnost, Paper, Association für Education in Journalism and Mass Communication, conference in San Antonio, August 1987).

TEXT 2-3

Michail Gorbatschow über Massenmedien und Kritik

(Reden vor dem Zentralkomitee der KPdSU am 27. und 28. Januar 1987 - Auszüge)

"Die Einstellung zur Kritik ist ein wichtiges Kriterium für die Haltung eines Menschen zur Umgestaltung, zu allem Neuen, was sich in der Gesellschaft vollzieht. Hier muß leider gesagt werden, daß wir es nach wie vor damit zu tun haben, daß Kritik nicht akzeptiert wird. [...] Schauen Sie sich nur einmal die Beiträge der zentralen Presse allein vom Januar an, und Sie werden sehen, daß Unterdrückung von Kritik durchaus keine seltene Erscheinung ist.

In diesem Zusammenhang müssen die Anstrengungen der Massenmedien zur Entwicklung von Kritik und Selbstkritik in unserer Gesellschaft unterstützt werden. Die sowjetischen Menschen haben deren Positionen im Kampf um die Umgestaltung gebührend gewürdigt. Die zentralen Zeitungen und Zeitschriften haben über 14 Millionen neue Leser gewonnen, die Sendungen des zentralen Fernsehens zu Alltagsthemen erreichen ein Publikum von mehreren Millionen. Die Menschen werden von der Kühnheit und Tiefgründigkeit der Darstellung aktueller Probleme gefesselt, die die Beschleunigung der sozial-ökonomischen Entwicklung des Landes betreffen und unterschiedlichste Seiten des gesellschaftlichen Lebens berühren. Die Partei ist der Meinung, daß sich das Wirken der Massenmedien auch in Zukunft durch Tiefgründigkeit und Objektivität sowie hohe staatsbürgerliche Verantwortung auszeichnen wird.

Man kann auch von positiven Veränderungen in den regionalen Publikationen und in denen der Unionsrepubliken sprechen. Doch bei weitem nicht alle von ihnen haben sich wirklich schon in die Umgestaltung eingereiht, sie gehen an die Fragen nicht prinzipienfest und kühn genug heran und verhalten sich gegenüber Mängeln nicht kritisch genug. Viele Parteikomitees nutzen die Medien - diesen starken Hebel der Umgestaltung - nicht immer richtig, mancherorts wird deren Tätigkeit auch weiterhin gehemmt.

Die Partei zählt auch für die Zukunft auf prinzipielle und konstruktive Kritik an den Mängeln und Versäumnissen und erwartet gleichzeitig von den Massenmedien eine breitere Darstellung der Erfahrungen der Arbeitskollektive, der Partei- und Wirtschaftsorgane und der Sowjets, der gesellschaftlichen Organisationen und Leitungskader unter den Bedingungen der Umgestaltung. Dringend brauchen wir Antworten auf viele brennende Fragen, die die Umgestaltung gestellt hat und, so glaube ich, noch stellen wird. Wir müssen allen helfen, sich praktisch noch rascher auf den Geist der Zeit einzustellen. Diese, wie W. I. Lenin sagte, organisatorische Funktion der Presse muß man tagtäglich verstärken, und man muß lernen, ein wahrhaft kollektiver Agitator, Progagandist und Organisator der Massen zu sein.

In einer weiteren Frage muß Klarheit bestehen. Wir sprechen davon, daß in der sowjetischen Gesellschaft keine Zonen bestehen dürfen, die der Kritik verschlossen sind. Das trifft in vollem Umfang auch auf die Massenmedien zu. [...]

Wir brauchen Demokratie wie die Luft zum Atmen. Wenn wir das nicht begreifen und selbst dann, wenn wir das begreifen, aber keine realen bedeutenden Schritte zu ihrer Erweitung und ihrem Voranbringen und zur umfassenden Einbeziehung der

Werktätigen des Landes in den Prozeß der Umgestaltung unternehmen, so werden, Genossen, unsere Politik und die Umgestaltung ersticken. [...]

Die Kommunistische Partei tritt unbeirrt dafür ein, daß das Volk alles weiß. Offenheit, Kritik und Selbstkritik, Kontrolle durch die Massen - das sind die Garantien für eine gesunde Entwicklung der sowjetischen Gesellschaft. Wenn das Volk sie braucht, bedeutet das, daß sie alle brauchen. Das ist umso wichtiger, als die KPdSU die regierende Partei ist. Und sie ist an Offenheit, an Kritik und Selbstkritik interessiert, da dies reale und zuverlässige Formeln eines normalen Funktionierens der KPdSU sind. Das sind eben jene Mittel, die die Partei vor Fehlern in der Politik bewahren können. Der Preis dieser Fehler ist uns allen bekannt. [...]

Das Volk braucht die ganze Wahrheit. [...] Wir brauchen heute wie nie zuvor mehr Licht, damit Partei und Volk alles wissen, damit wir keine dunklen Winkel haben, wo sich wiederum Schimmel bildet, all das, dem wir jetzt einen entschlossenen Kampf angesagt haben. Und sein Ende ist bei weitem noch nicht abzusehen. Deshalb mehr Licht! [...]

Die Presse muß im Lande Offenheit fördern, unser Volk informieren. Sie muß das aber voller Verantwortung tun - eben diesen Wunsch bringen wir zum Ausdruck. Keine Sensationshascherei. Wir brauchen die Presse als aktiven Teilnehmer an der Umgestaltung!"

(aus: Blätter für deutsche und internationale Politik 1987/3: 400, 436 f.)

Michail Gorbatschow und die KPdSU bemühten sich jedoch in den ersten Jahren der Perestroika, die Liberalisierung und Differenzierung der Medienlandschaft und der Berichterstattung unter Kontrolle zu halten. Über das Ausmaß von Glasnost gab es vor allem 1988 und 1989 heftige Auseinandersetzungen, in die auch der Generalsekretär mehrfach mit Journalistenschelte eingriff[23]. Gorbatschow, das wurde klar, wollte mehr Offenheit, aber keinen völlig neuen Journalismus; er wünschte sich von den Journalisten konstruktive Kritik und weiterhin Parteilichkeit im Sinne des Marxismus-Leninismus.

Das kam auf Dauer der Quadratur des Zirkels gleich: "Eine unkontrollierbare Öffentlichkeit wird [...] zu einer Quelle unkontrollierbarer Impulse und Störungen, die die politischen Strukturen zu schöpferi-

23 Die Auseinandersetzungen wurden vor allem bei der 19. Allunionskonferenz der KPdSU Ende Juni 1988 deutlich, bei der es auch zu einer offenen Auseinandersetzung zwischen den Reformgegnern um Jegor Ligatschow und den Radikal-Reformern um Boris Jelzin kam. Prawda-Chefredakteur Wiktor Afanasjew beschrieb dabei, auf der Linie Gorbatschows, drei künftige Aufgaben der Journalisten: Kritik an Unzulänglichkeiten, Vorkämpfer der Perestroika zu sein und, drittens, "konstruktive Lösungen zu suchen, beziehungsweise die Partei bei der Suche nach solchen Lösungen zu unterstützen". (Vgl. die Dokumentation der Konferenz in: Frankfurter Rundschau, 15. und 26. Juli 1988, sowie Der Spiegel 1988/29: 115 ff.) Im Oktober 1989 warf Gorbatschow bei seinem monatlichen Treffen mit leitenden Redakteuren den Journalisten vor, sie unterstützten nicht die Perestroika, sondern sorgten für Unruhe in der Bevölkerung (vgl. z. B. Frankfurter Allgemeine Zeitung v. 24.10.1989: 16).

scher Flexibilität zwingen". (Klier et al. 1989: 298) Da diese Flexibilität fehlte, kam es in der Sowjetunion im Sommer 1991 zum Entscheidungskampf um die Zukunft der Gesellschaft. Erst nach der Niederschlagung des Putsches schienen auch für die Medien grundlegende Strukturveränderungen möglich, die zu einem tatsächlich offenen System führen.

Diese Veränderungen müssen sich jedoch im Rahmen neuer staatlicher Ordnungen abspielen. Am 22. Dezember 1991 - 74 Jahre nach der Oktoberrevolution - schlossen sich elf Republiken der Sowjetunion zur "Gemeinschaft Unabhängiger Staaten" (GUS) zusammen. Drei Tage später gab Michail Gorbatschow im Fernsehen seinen Rücktritt als Staatsoberhaupt der UdSSR bekannt. Seine letzte Amtshandlung war die Übergabe der Befehlsgewalt über die Atomwaffen an den russischen Präsidenten Boris Jelzin. Das Atomwaffen-Dekret unterzeichnete er vor laufenden Kameras - mit einem Kugelschreiber, den ihm Tom Johnson, Präsident des amerikanischen Nachrichtensenders CNN, gereicht hatte.

Vergleichsweise schnell, konsequent und störungsfrei verlief die Öffnung der Mediensysteme in verschiedenen anderen osteuropäischen Staaten. Zuerst in Ungarn und Polen, dann auch in der Tschechoslowakei fiel zusammen mit der Verabschiedung von Pressegesetzen das Medien-Monopol der kommunistischen Partei. Gleichzeitig beteiligten sich westliche Verlage - zum Teil als Mehrheitseigner - in diesen Ländern an Presseobjekten. Unklar stellte sich in diesen und anderen osteuropäischen Ländern Ende 1991 noch die Rundfunksituation dar, doch war auch hier die Vergabe von privaten Lizenzen an westliche Konzerne zu erwarten. Auf der anderen Seite gab es aber auch massive Versuche der Regierungen zu verhindern, daß die neue Offenheit ihre Macht gefährdet. Ein Beispiel dafür war im Sommer 1991 der Streit um die angesehene ungarische Tageszeitung MAGYAR NEMZET[24].

Es war keine Sozialromantik, die in Osteuropa zum Glasnost-Zeitalter geführt hat, sondern Einsicht in die Dysfunktionalität geschlossener Mediensysteme in der heutigen Zeit. Ihre Struktur weist eine zu geringe Komplexität auf, um mit den Problemen moderner Gesellschaften fertigzuwerden. Offene Mediensysteme sind flexibler, bieten der Gesellschaft insgesamt mehr Entwicklungschancen und den Journalisten andere Selbstverwirklichungsmöglichkeiten.

---

[24] Die ungarische Regierung handelte sich dabei den Vorwurf ein, daß sie Zeitungslizenzen nicht nach journalistischem Können, sondern nach politischer Gesinnung vergebe (vgl. Frankfurter Allgemeine Zeitung v. 19.8.1991).

Der Preis dafür ist der ständige Kampf um die Pressefreiheit, die durch politischen, aber insbesondere auch wirtschaftlichen Einfluß bedroht ist. Diesen Kampf haben die geöffneten Mediensysteme Osteuropas noch vor sich. Die Frage ist auch, ob in den neuen Mediensystemen Osteuropas genau derselbe Journalismus entstehen muß, wie er sich im Westen herausgebildet hat. Jenseits der Dichotomie 'offen versus geschlossen' sind hier durchaus Variationen denkbar: in Hinblick auf Nachrichtenwerte, Berichterstattungsmuster und Darstellungsformen. Dabei kann sich im Interesse des Aufbaus stabiler politischer und wirtschaftlicher Ordnungen durchaus anderes als brauchbar erweisen als im Westen.

2.1.6 Merkmale und Probleme offener Mediensysteme

"Wir pflegen nicht über Sex und solche Sachen zu schreiben", sagte der frühere PRAWDA-Chefredakteur Wiktor Afanasjew im Interview mit dem amerikanischen Fernsehsender CBS. Dies war für den Chefredakteur des Parteiorgans ein wichtiger Unterschied zwischen sowjetischer und nordamerikanischer Berichterstattungspraxis.

Aus der Sicht dieses Vertreters eines geschlossenen Mediensystems könnte man die Offenheit westlicher Mediensysteme also auch in wörtlichem Sinne direkt auf den Bereich des Erotischen beziehen. Genauer: das Geschäft mit dem Sex. Daß diese Einschätzung so falsch nicht ist, zeigt schon ein Blick auf die Angebote der Zeitschriftenkiosks oder in die Programme privater Fernsehveranstalter. Die osteuropäischen Mediensysteme werden sich auch in dieser Hinsicht schnell 'öffnen'.

Ein engagierter Vertreter und Befürworter der Mediensysteme westlichen Typs - und sei er noch so prüde - wird dies jedoch allenfalls für ein Randproblem halten. 'Offenheit' bedeutet für ihn zunächst einmal nur Positives: Informationsfreiheit, ungehinderte Herausgabe und Rezeption von Veröffentlichungen. Daß dies dann auch für Geschäfte mit zwielichtigen Publikationen bis hin zur Pornographie genutzt werden kann, wird als Kehrseite der Freiheitsmedaille in Kauf genommen.

In der Praxis lassen sich Gebrauch und Mißbrauch der Informationsfreiheit freilich nicht so leicht trennen. Häufig gehen rechtliche Grundlagen eines offenen Mediensystems, wirtschaftliche Interessen und gesellschaftliche Ideologien eine schwer durchschaubare Verbindung ein - vor allem, wenn man auf die Verlautbarungen der Interessenten angewiesen ist.

TEXT 2-4

PENTHOUSE und der Fall Vanessa Williams

Der STERN, bekanntlich selbst Verursacher eines schon historischen Medienereignisses, hat sich gleich hämisch und generalisierend über den Vorgang, der in den USA spielt, hergemacht: "Mit der herrschenden Moral ist das so eine Sache. Im Land, in dem oben ohne am Strand streng verpönt ist, aber in Sex-Knigges mit Querschnittzeichnungen der richtige Absprungwinkel beim dreifachen Salto vom Schlafzimmerschrank erklärt wird, sind die Grenzen zwischen Prüderie und Promiskuität manchmal fließend. Und insofern, wenn's denn um die sogenannten guten Sitten geht, gut und böse in den USA verdammt schwer auszumachen. So wie in dieser Geschichte." (Stern, Heft Nr. 39, 20.9.1984: 36)

Gut und böse sind hier deshalb so schwer auszumachen, weil alle Beteiligten so professionell mit den Spielregeln eines offenen Mediensystems umzugehen verstanden. Die Geschichte ist schnell erzählt. Sie handelt von einer Schönheitskönigin, der ersten Farbigen in der 63jährigen Geschichte nordamerikanischer Miss-Wahlen. Und sie ist auch die Erste, die ihren Titel zurückgeben mußte.

Das kam so. Zehn Monate nach der Krönung veröffentlichte die Zeitschrift PENTHOUSE Nacktfotos, die die 21jährige zwei Jahre zuvor aufgenommen hatte. PENTHOUSE ist, so der STERN, "der scharfe Enkel vom brav in den 70er Jahren gebliebenen 'Playboy'. Dieses Ding 'Penthouse' ist für Männer konzipiert, die ihr Ding für den Mittelpunkt der Welt halten. Und die wollen wenigstens begucken, was ihnen die Wirklichkeit meist vorenthält." (Ebd.: 38)

Und der STERN berichtete weiter: "'Playboy'-Konkurrent Hugh Hefner, der inzwischen als Softie gilt, ließ sich mit den bewegenden Worten vernehmen, daß er solche Sauereien ohne Einwilligung des Objekts natürlich nie gedruckt hätte, obwohl seinem Blatt die Fotos zuerst angeboten worden seien. Ob der Mann, der sie abgelehnt hat, noch auf seinem Stuhl sitzt, sagt er nicht." (Ebd.) PENTHOUSE also veröffentlichte die Fotos, wohl wissend, daß sie - obwohl nur schwarz-weiß - für Wirbel sorgen würden.

Nun zu den Folgen. Da war zunächst der greise Vorsitzende des Schönheitswettbewerbs, der sich gewaltig empörte. Wie steht jetzt unser Präsident da, der die nackte Schöne kürzlich noch in Privataudienz empfangen hatte? fragte er sich. Und was soll jetzt aus der Liaison mit der Firma Kellogg's Cornflakes werden, deren Frühstücks-Packungen das Konterfei der werbewirksam lächelnden Miss schmückten? Richtig: die Schachteln wurden schon bald eingestampft.

Vanessa Williams, die Miss America 1984, erhielt die Aufforderung, Krone und Titel zurückzugeben. Und sie tat dies, sieben Wochen vor dem Ablauf ihrer "Amtszeit". Sie tat dies jedoch nicht, ohne eine Pressekonferenz zu geben. Standesgemäß im Sheraton-Centre in Manhattan. Dabei verlas sie eine vorbereitete Erklärung - wie hohe Staatsmänner dies zu tun pflegen. Darin beeilte sich Vanessa Williams zu versichern, daß sie zwar als Miss aufgeben, nicht aber aus dem Showgeschäft aussteigen wolle.

Das alles ist eher langweilig, genauso langweilig wie die Fotos im PENTHOUSE. Erheblich interessanter ist das professionelle Umfeld, in dem der Fall Vanessa Williams geschaffen wurde und in dem seine rechtlichen und wirtschaftlichen Komponenten angesiedelt sind. Und hier heißt der Hauptdarsteller nicht Vanessa Williams, sondern Bob Guccione. Das ist der Verleger des PENTHOUSE. Bob Guccione war gelungen, was er mit seinem Bilderblatt alleine wohl nie erreicht hätte: Er ist in die Geschichte der modernen Massenkommunikation eingegangen. Denn dieser Bob Guccione, von vielen als 'Porno-König' unterschätzt, hat, wie wohl niemand zuvor bei solch eindeutig-zweideutiger Gelegenheit, auf geradezu geniale Weise schlichte Geschäftsinteressen buchstäblich als Akt der Informationsfreiheit auszugeben verstanden.

Als die Wogen um Vanessa Williams so richtig hochgingen, wandte sich auch Bob Guccione an die Öffentlichkeit. Und er wählte gleich die höchsten Maßstäbe, als er die 'Penthouse'-Veröffentlichung direkt mit der Watergate-Affäre verglich. Die Parallelen seien doch offenkundig. Damals habe Präsident Nixon, heute eben die Miss America zurücktreten müssen. Und wörtlich sagte er: "Ich finde nicht, daß ich für den Rücktritt von Miss Williams direkt verantwortlich bin. Soweit die ganze Geschichte mich betrifft, hatte ich bestimmte Verpflichtungen gegenüber meinen Lesern. Schließlich handelte es sich um ein interessantes Stück Information von hohem Nachrichtenwert." (zit. n. New York Times v. 24.7.1984: 11; übers. v. Verf.)

Von der renommierten NEW YORK TIMES wurden die Einlassungen des Bob Guccione immerhin so ernst genommen, daß sie den rechtlichen Implikationen einen Dreispalter widmete. Dabei ging es zunächst um die Frage, ob Guccione eigentlich eine schriftliche Erlaubnis von Miss Williams besitzen müsse, um die Fotos veröffentlichen zu dürfen. Guccione hatte behauptet, eine solche Erklärung zu besitzen, Vanessa Williams hatte dies bestritten. Die NEW YORK TIMES, und hier wurde die Sache grundsätzlich, kam jedoch zu dem Schluß, daß das Vorliegen einer solchen Einverständniserklärung völlig unerheblich sein könne. Nämlich dann, wenn die Veröffentlichung des PENTHOUSE unter dem Schutz des First Amendment der amerikanischen Verfassung stehe. Dabei gehe es nur darum, ob es sich um Material mit Nachrichtenwert handle, das ohne Verfälschung veröffentlicht worden sei. (New York Times v. 24.7.1984: 11)

Veröffentlichungen von Informationen mit einem hohen Nachrichtenwert sind nach dieser Rechtsaufassung ein wichtigeres Gut als die privaten Interessen einer 'Person der Zeitgeschichte'. Dies hatte schon die Schauspielerin Ann-Margret erfahren müssen, die ein Magazin verklagen wollte, das barbusige Fotos von ihr veröffentlicht hatte. Rechtsbefund der NEW YORK TIMES also: Man wird dem Bob Guccione gar nichts tun können. Gesetz ist Gesetz, eine Erlaubnis ist gar nicht nötig.

Die wirtschaftlichen Aspekte des Falls sind noch ein bißchen eindeutiger. Wer im August, zum Zeitpunkt der Herausgabe des Heftes, in Amerika war, konnte feststellen, wie schnell die Kioske leergefegt waren von der September-Ausgabe des Magazins, das auf dem Titelbild Vanessa Williams zusammen mit dem Alt-Komiker George Burns abgebildet hatte. Das Ding war ein großes Geschäft, und dahinter steckte Kalkül. Bob Guccione brauchte nämlich gerade zu diesem Zeitpunkt einen ordentlichen Auflagenanstieg, um erhebliche Verluste im Anzeigenbereich während der ersten fünf Monate des Jahres ausgleichen zu können. Im Jahr zuvor war auch die Auflage zurückgegangen: von 4,5 Mill. auf 3,4 Mill. Exemplare. Die Entscheidung des Managements: mehr Auflage, weniger Anzeigen, höhere Anzeigenpreise. In dieser geschäftlichen Situation Nacktfotos der ersten schwarzen Miss America zu veröffentlichen - dieser Schachzug nötigte der gesamten Branche durchaus Respekt ab. Die Auflage ging hoch. Und der Anzeigendirektor des PENTHOUSE freute sich, den Anzeigenkunden einen phantastischen "Verbreitungs-Bonus" präsentieren zu können: eine günstige Ausgangsposition für höhere Anzeigenpreise. (Vgl. New York Times v. 24.7.1984: 45)

So konnten am Ende ganz viele Personen glücklich gemacht werden: der Verleger des PENTHOUSE und seine ein wenig in Schwierigkeiten geratene Mannschaft, Vanessa Williams wegen der schönen Publicity, ihre Nachfolgerin, ebenfalls eine Farbige, und die Anzeigenkunden. Nicht zuletzt aber die vielen, vielen alten und neuen Leser des PENTHOUSE.

Eine besonders imposante Mischung dieser rechtlichen, wirtschaftlichen und ideologischen Komponenten ist bei einem Medienereignis auszumachen, das im Sommer 1984 auch in der Bundesrepublik für Schlagzeilen sorgte. Man kann dieses Medienereignis 'Penthouse und der Fall Vanessa Williams' nennen (→ Text 2-4). Im Zentrum stand dabei die grundsätzliche - auch von deutschen Verfassungsrechtlern kontrovers diskutierte - Frage, ob auch Herrenmagazine unter dem Schutz der Informationsfreiheit stehen.

Dieser Fall wirft ein Schlaglicht auf Merkmale und Probleme der offenen Mediensysteme, denn über die (angeblichen) Wünsche und Bedürfnisse der Rezipienten, die auf dem Markt artikuliert werden, läßt sich so gut wie alles begründen und rechtfertigen. Offene Mediensysteme sind rezipienten-zentriert, im Gegensatz zu den sender-zentrierten geschlossenen Mediensystemen. 'Abstimmung am Kiosk', 'Orientierung am Publikum' lauten die Parolen, die dazu von den Produzenten ausgegeben werden. Dies ist häufig eine zweischneidige Angelegenheit.

In der Bundesrepublik machten Mitte der achtziger Jahre Bilderblätter, die bis dahin nicht unbedingt durch die Wahrnehmung sozialer Funktionen aufgefallen waren, plötzlich darauf aufmerksam, wie ernst sie das Publikum und seine Wünsche, wie ernst sie die Gesellschaft und ihre Probleme nehmen. In verschiedenen Publikumszeitschriften war damals die große Umweltrettungsaktion ausgebrochen. Leser fanden Teststäbchen, mit denen man den Säuregrad des Regens kontrollieren kann; sie konnten einen 'Umwelt-Koffer' erwerben, und sie konnten Informationen nutzen, die auf besonderen Seiten mit 'Öko-Tips' angeboten werden. Über die NEUE REVUE lästerte damals der SPIEGEL, daß die "Ökologisierung des Bein- und Busenblattes" das wohl verblüffendste Symptom der jüngsten Trendwende in der Medienlandschaft sei. Grundlage all dieser und anderer redaktioneller Aktionen waren Befragungsergebnisse, wonach die Umwelt den Deutschen inzwischen tatsächlich am Herzen lag. (Vgl. Der Spiegel 1984/36: 106 ff.) Auch hier haben wir das schwer trennbare Gemisch aus ökonomischer und sozialer Funktion, das für offene Mediensysteme charakteristisch ist. Kennzeichen dieser offenen Mediensysteme westlichen Typs ist,

- ▲ daß prinzipiell alles zur 'Primärinformation' erklärt werden kann und damit zum Objekt des 'Rechts der Öffentlichkeit auf Information', das in den USA im First Amendment der Verfassung und in der Bundesrepublik im Grundgesetzartikel 5 garantiert ist; auf diese Weise läßt sich fast jede Art von Veröffentlichung als gesellschaftlich 'funktional' rechtfertigen (→ Kapitel 2.2, 2.3 u. 4.1);
- ▲ und daß jeder Trend aufgegriffen und als Wunsch oder Bedürfnis der Bevölkerung ausgegeben werden kann. Die Leute kriegen, was sie brauchen, auf jeden Fall aber, was sie wollen. Ereignisse werden vor allem dann zu Medienthemen, wenn ein Bedarf unterstellt werden kann. Und: Ereignisse werden mit Blick auf das (angebliche) Publikumsinteresse künstlich geschaffen bzw. umgestaltet; davon leben heute insbesondere viele Publikumszeitschriften in Deutschland (→ Kapitel 4.1, 4.3, 4.5). Journalisten sind hier längst von Vermittlern und Kontrolleuren zu Veranstaltern und Animateuren geworden (→ Kapitel 5.1.2, 5.2.1.3).

Diese Merkmale und Probleme offener Mediensysteme sollen nun durch eine ausführlichere Beschäftigung mit dem Mediensystem der Bundesrepublik Deutschland näher untersucht werden. Das nordamerikanische Mediensystem wird dazu als Vergleichsmaßstab herangezogen.

2.2 Normative Grundlagen und aktuelle Erscheinungsformen

2.2.1 Die Tradition der Pressefreiheit in Deutschland

Das Gesellschaftssystem der Bundesrepublik Deutschland läßt sich in allgemeiner Form als 'offen-pluralistisch' und 'liberal-kapitalistisch' kennzeichnen. Die normativen Vorgaben der politischen Ordnung einer Gesellschaft diesen Typs lassen sich so beschreiben:

- ▲ pluralistische Herrschaftsstruktur (Gewaltenteilung, Föderalismus)
- ▲ partielle Repräsentation (Wahl von Abgeordneten)
- ▲ konkurrierende Willensbildung (Mehrparteiensystem, Kommunikationsfreiheit)

'Kommunikationsfreiheit' ist der Oberbegriff für Meinungs-, Rede-, Informations-, Rundfunk- und Pressefreiheit, während der Begriff 'Pressefreiheit' im allgemeinen Sprachgebrauch den Gesamtbereich institutionalisierter Kommunikation ('Medienkommunikation') abdeckt. Insbesondere am Grad der Pressefreiheit - gleichermaßen Kennzeichen und Maßstab der modernen Demokratien - wird der Grad sozialer und politischer Kontrolle im internationalen Vergleich staatlicher Ordnungen abgelesen. In westlich-kapitalistischen Ländern steht dabei als Bewertungsmaßstab das Ausmaß staatlicher Kontrolle über die Medien (vgl. Weaver et al. 1985: 104) und weniger das Ausmaß wirtschaftlicher Verfügungsmacht von Medieneigentümern im Vordergrund. (→ Kapitel 2.2.2.2)

Die Vorstellung von Pressefreiheit, die liberal-pluralistischen Gesellschaftsordnungen zugrundeliegt, ist das Ergebnis politisch-philosophischer Bewegungen insbesondere im 19. Jahrhundert. Deutschland stand zwar im Zentrum dieser Bewegungen, doch erlebte die Umsetzung der Pressefreiheit in die Praxis hier immer wieder erhebliche Rückschläge. Am Ende, nach dem Zweiten Weltkrieg, war sogar Nachhilfeunterricht durch Länder mit längerer demokratischer Tradition notwendig. (Vgl. Fischer 1982)

'Pressefreiheit' ist also kein statischer Begriff. Seine Bedeutung hat sich im Laufe der Zeit gewandelt; seine Praxis ist stets umstritten gewesen. Diese Praxis wird jeweils bestimmt von historischen Konstellationen, den gesellschaftlichen (und ökonomischen sowie technologischen) Verhältnissen, aber auch unterschiedlichen Interpretationen der normativen Grundlagen. (Vgl. Wilke 1984)

Im 19. Jahrhundert wurde in Europa, getragen vom emanzipatorischen Geist der Aufklärung, gegen absolutistische Bevormundung und für 'Rede- und Preßfreiheit' gekämpft, die in Deutschland endgültig im Reichspressegesetz von 1874 garantiert werden sollte. Diese Forderung beruhte auf der Einsicht, daß der freie Austausch von Meinungen nach dem Prinzip von Rede und Gegenrede dem menschlichen Fortschritt mehr dient als von Herrschern diktierte Wahrheiten. Bei der normativen Umsetzung von Rede- und Pressefreiheit gab es jedoch schon früh Unterschiede zwischen einer eher individualistischen Auffassung (in Frankreich) und einer eher institutionellen Auffassung (in den angelsächsischen Ländern):

- ▲ In Frankreich wurde beim Recht der Pressefreiheit die Freiheit vom Staat und damit die negative Abgrenzung der Privatautonomiesphäre gegen die Staatsgewalt hervorgehoben.
- ▲ In England und den USA wurde Pressefreiheit zunächst in erster Linie als funktionale Voraussetzung für eine demokratische Gesellschaft, also unter dem Aspekt des Gemeinwesens, gesehen.

Dieser Unterschied ist auch für die Tradition der Pressefreiheit in Deutschland von Bedeutung gewesen. In der Zeit des Vormärz (den Jahren vor der März-Revolution von 1848) kämpfte hier die 'räsonierende Presse' für eine bürgerliche Öffentlichkeit. Teilweise wurde damals sogar vom 'öffentlichen Amt des Journalisten' gesprochen. Mit der Durchsetzung der Forderung auf Wegfall der staatlichen Reglementierung und Zensur verschoben sich dann aber die Akzente dieser funktionalistischen Auffassung. Und zwar so stark, daß sich die Pressefreiheit zu einer Freiheit im Staate entwickelte, die zur Nutzung kommerzieller Interessen genutzt werden konnte.

Es ist für das Verständnis des heutigen Mediensystems der Bundesrepublik notwendig, die gesellschaftlichen, politischen, wirtschaftlichen und technologischen Faktoren in Erinnerung zu rufen, die diesen Wandel der Medien in der zweiten Hälfte des 19. Jahrhunderts geprägt haben:

- ▲ Industrialisierung der gesamten gesellschaftlichen Produktionsverhältnisse;
- ▲ Urbanisierung des Lebens durch den Sog, der durch die entstehenden Großbetriebe in den Städten ausgelöst wurde;
- ▲ Liberalisierung nicht nur des Kommunikationsrechts, sondern insbesondere auch der Chancen, Medien durch Werbung zu finanzieren;
- ▲ Technisierung und damit Bereitstellung der jeweils neuesten Produktions- und Übertragungsverfahren für die Medien;
- ▲ Alphabetisierung und damit zwar Verbesserung des Bildungsniveaus der Bevölkerung, aber eben auch Einführung des Gesetzes der großen Zahl: Medienangebote für ein Massenpublikum produzieren zu müssen.

Seit Beginn des 19. Jahrhunderts war in Deutschland ein Aufschwung des Wirtschaftslebens deutlich feststellbar. Immer mehr Menschen zogen damals in die größeren Städte, deren Industrie Arbeitskräfte suchte. 1815 hatte es nur zwei Städte mit mehr als 100.000 Einwohnern gegeben, 1900 aber wurden schon mehr als 30 gezählt. Die Bevölkerung der großen Städte bildete das Publikum der aufkommenden Massenpresse.

Begleitet wurde die Industrialisierung Deutschlands von einer steil ansteigenden Einwohnerzahl; sie wuchs von 23 Millionen (1815) auf mehr als 34 Millionen (1850), weiter von 41 Millionen (1871) auf 56 Millionen (1890) und schließlich auf 68 Millionen (1910). Die Industrialisierung, gestützt durch den Goldstrom nach dem Krieg von 1870/71, führte in allen wirtschaftlichen Bereichen zur Bildung von Konzernen.

Im Jahre 1882 wurden in Deutschland schon 18.000 Großbetriebe mit 1,6 Millionen Beschäftigten gezählt.[25]

Die Liberalisierung der politischen und vor allem ökonomischen Verhältnisse, die auch die Presse direkt betrifft, begünstigte die gesellschaftliche Entwicklung. In Preußen konnte ab 1850 jede Zeitung Inserate veröffentlichen. Vorher hatte der Staat auf diesem Sektor ein Monopol ausgeübt, so daß Anzeigen nur von den sogenannten staatlichen Intelligenzblättern aufgenommen werden durften.

Mit dem Inkrafttreten des Reichspressegesetzes am 7. Mai 1874 wurde (de jure) die Vorzensur für die Presse abgeschafft. Danach konnten nur noch bereits begangene Presseverbrechen und -vergehen bestraft werden (Nachzensur), nicht aber als Präventivmaßnahme angeblich bevorstehende verhindert werden. Maßstab für gesetzliche Beschränkungen der Presse sollten ausschließlich die geltenden Strafgesetze sein. Außerdem wurde die außerordentliche Besteuerung des Pressegewerbes abgeschafft. (Vgl. Fischer 1982)

Von entscheidendem Einfluß auf das gesamte Mediensystem waren im Kontext der Industrialisierung die revolutionierenden technologischen Entwicklungen (vgl. Weischenberg 1982). Zu den wichtigsten Erfindungen gehörten die von Friedrich Koenig entwickelte Schnellpresse und Ottmar Mergenthalers Zeilensetzmaschine. Seit 1880 setzte sich das Telefon als Kommunikationsmittel und dann auch als Recherchemittel für Journalisten durch. Gleichfalls gegen Ende des Jahrhunderts wurde mit der Erfindung der Zinkätzung zur Klischeeherstellung die Grundlage für den Abdruck von Bildern in den Zeitungen gelegt. Den vielleicht wesentlichsten Einschnitt aber bildete die Entwicklung der elektrischen Telegraphie, die am 1. Oktober 1849 in Preußen für die Öffentlichkeit freigegeben wurde. (→ Kapitel 3.3.1)

Mit der Industrialisierung, der Entwicklung großstädtischen Lebens und den allgemeinen politischen und wirtschaftlichen Veränderungen sowie den Verbesserungen der Verkehrsbedingungen stieg auch die allgemeine Bildung der Bevölkerung an. Gingen 1815 nur 60 Prozent der Schulpflichtigen tatsächlich zur Schule, so stieg die Zahl bis 1900 auf mehr als 90 Prozent. Seit somit Lesen nicht länger das Privileg gehobener gesellschaftlicher Schichten war, gab es ein Publikum für Massenpublikationen.

---

[25] Vgl. dazu und zum Folgenden z. B. Koszyk 1966 und Carey 1969. In den USA verlief die Bevölkerungsentwicklung auf Grund der Einwanderungswelle noch dramatischer: von 6 Millionen (1810) auf 24 Millionen (1850), dann auf 76 Millionen (1900) und schließlich auf 92 Millionen (1910). (Vgl. dazu die Zeittafel in: Hagemann 1957: 182 ff.)

Analog zu den allgemeinen Tendenzen der Konzentration und Zentralisation im Kapitalismus kam es Ende des 19. Jahrhunderts also geradezu zwangsläufig zum Entstehen der Massenpresse. In dieser Zeit wurden auch die ersten großen Zeitungskonzerne gegründet: in den USA Hearst, in England Northclyffe, in Deutschland Ullstein, Mosse und Scherl. Frühere Kampf- und Gesinnungsblätter, in denen politische Aussagen im Vordergrund standen, wurden immer mehr von Lokalzeitungen des Typs 'Generalanzeiger" verdrängt, die möglichst niemanden vor den Kopf stoßen wollten und sich primär für den Anzeigenumsatz interessierten. Und von Straßenverkaufszeitungen, von denen die ersten - schon bebilderten - noch vor dem Ersten Weltkrieg herauskamen. Auch der Umfang der Zeitungen wurde beträchtlich erweitert. Bis zur Jahrhundertwende erhielt die Presse so ein neues Profil.

Die Verschränkung von allgemeinen gesellschaftlichen und spezifisch kommunikationsbezogenen Bedingungen weist auf einen wohl zuerst so deutlich von Habermas beschriebenen Mechanismus: Mit der Etablierung des bürgerlichen Rechtsstaates und der Legalisierung einer politisch fungierenden Öffentlichkeit, mit dem Entstehen von großen Anzeigenmärkten sowie der Serienreife hochentwickelter Nachrichten- und Pressetechnik können alle Erwerbschancen kommerzieller Betriebe auch bei der Herstellung und Verbreitung von Medienangeboten wahrgenommen werden. Und zweitens: Politische Freiheiten, technologische Entwicklungen und Absatzchancen können nur von größeren Unternehmen genutzt werden. Dies führt in einen typischen Kreislauf, der im 19. Jahrhundert erstmals beobachtet werden kann: Die aufwendige Medientechnik muß wirtschaftlich genutzt werden; und dazu sind - damals wie heute - nur wenige Konzerne in der Lage. Journalistische Arbeit spielt sich dabei in größeren Organisationseinheiten ab, in Redaktionen, die sich zwischen Nachrichtensammlung und Nachrichtenpublikation geschoben haben und für die Auswahl und Verarbeitung der Informationen zuständig sind (→ Kapitel 3.2). Diese Redaktionen sind arbeitsteilig in die klassischen Ressorts Politik, Wirtschaft, Kultur, Lokales und auch Sport gegliedert. (Vgl. Habermas 1990: insbes. 275 ff.) Diese sozialen, ökonomischen und technologischen Prozesse im 19. Jahrhundert haben die Erscheinungsformen der Presse in den westlich-pluralistischen Demokratien geprägt; sie ist seither prinzipiell mehr Industrie als Institution.

Schon in der Weimarer Republik gab es erste Versuche, den Widerspruch zwischen der 'öffentlichen Aufgabe' der Presse und den damit verbundenen Privilegien einerseits und der privatwirtschaftlichen Organisation andererseits aufzulösen. Dabei spielten aber nicht nur Probleme einer Kommerzialisierung, sondern auch die politisch-ideologischen Bindungen vieler Zeitungen eine Rolle. Verfassungsmäßig garantiert war nur die Meinungs-, nicht aber die Pressefreiheit, die jederzeit durch Zeitungsverbote der Behörden außer Kraft gesetzt werden konnte.

Die Journalisten forderten deshalb, die Kompetenzen zwischen Verlag und Redaktion klar gegeneinander abzugrenzen, um einen Binnenpluralismus in den Medien herzustellen und zu sichern. 1924 legte der Reichsverband der Deutschen Presse (RdP) dazu den Entwurf eines "Journalistengesetzes" vor. (Vgl. Matthies 1969: 50 ff.) Darin sollte die 'innere Pressefreiheit' gegenüber den Verlegern gesichert werden[26]. Dieses Vorhaben scheiterte aber[27] - ebenso wie 50 Jahre später der Plan der sozial-liberalen Koalition in Bonn, ein Presserechtsrahmengesetz durchzusetzen (vgl. Fischer 1982: 341 ff.).

Das Mediensystem der Weimarer Republik - verfassungsrechtlich nicht geschützt - war insgesamt weniger vom freien Spiel der wirtschaftlichen Kräfte als von ideologischen Auseinandersetzungen zwischen parteigebundenen Presseorganen geprägt. Aus diesem Grunde konnte von funktionierender Pressefreiheit in dieser Zeit nicht die Rede sein. (Vgl. Koszyk 1972: 452 f.) Als dann im sogenannten Dritten Reich die 'äußere Pressefreiheit', um die in Deutschland jahrzehntelang gekämpft worden war, abgeschafft wurde, geschah dies zum Teil weniger eindimensional ideologisch, als weithin angenommen wird. Gewiß wollten die Nationalsozialisten die weltanschauliche Gleichschaltung durchsetzen, aber sie wollten auch die wirtschaftlich am Boden liegende Presse formieren.

Die Presselenkung der Machthaber des 'Dritten Reiches' hatte mehrere Dimensionen, wobei die institutionelle und inhaltliche Gleichschaltung besser bekannt ist als die ökonomische Konzentration, die der deutschen Presse zwischen 1933 und 1945 ein völlig neues Gesicht gab. Institutionell wurden die Medien durch zahlreiche Verordnungen und dann grundlegend durch das Schriftleitergesetz vom 4. Oktober 1933 unter den fast totalen Einfluß der Nationalsozialisten ge-

---

[26] Mit 'innere Pressefreiheit' ist die Autonomie der Redaktion gegenüber dem Verleger gemeint, während 'äußere Pressefreiheit' Freiheit von staatlichem (oder wirtschaftlichem) Einfluß bedeutet (→ Kapitel 3.2.5).

[27] In dem Entwurf waren Bestimmungen enthalten, die Anfang der siebziger Jahre in der aktuellen Diskussion der Bundesrepublik um Redaktionsstatute und ein Presserechtsrahmengesetz wieder auftauchen: z. B. die Kompetenzabgrenzung zwischen Verlag und Redaktion und eine Gesinnungsschutzklausel bei Richtungsänderung der Zeitung sowie Maßnahmen zur sozialen Sicherung der Redakteure (vgl. Stöber 1990).

bracht. Inhaltlich erfolgte die Gleichschaltung auf der Grundlage der strikten Kontrolle des Berufszugangs und des RdP als Standesorganisation, durch Einzelanweisungen und durch die Pressekonferenz der Reichsregierung als Instrument der Vorzensur (vgl. Hagemann 1948: insbes. 316 ff.). Hier wurden nicht nur Informationen ausgegeben, sondern auch konkrete Instruktionen erteilt. Diese Abschaffung der Pressefreiheit vollzog sich, ohne daß größere Widerstände zu überwinden waren.

Wirtschaftlich aber mußten die neuen Machthaber bei der Presse massive Probleme lösen. Denn seit der zweiten Hälfte des 19. Jahrhunderts hatte sich in Deutschland eine regional enorm zersplitterte Zeitungslandschaft herausgebildet. 1866 gab es rund 1.500 Tageszeitungen, von denen nur 300 tatsächlich täglich erschienen. Zur Jahrhundertwende hatte sich die Zahl - auf fast 3.500 Zeitungen - mehr als verdoppelt. Zu Beginn des Erstes Weltkrieges gab es in Deutschland rund 4.200 Zeitungstitel, von denen mehr als die Hälfte weniger als sechsmal pro Woche erschien; die Durchschnittsauflage lag bei nicht mehr als 6.000 Exemplaren. (Vgl. Koszyk 1966: 307)

Zum Zeitpunkt der nationalsozialistischen Machtergreifung am 30. Januar 1933 hatte sich an dieser Pressestruktur trotz der Bildung von Großkonzernen und einigen Konzentrationsvorgängen kaum etwas geändert. Es gab im Deutschen Reich rund 3.400 verschiedene Zeitungen, von denen viele Provinzblätter eine Auflage von weniger als 3.000 Exemplaren hatten und weder rentabel arbeiten konnten noch publizistisch konkurrenzfähig waren. Dies bedeutete für die Nationalsozialisten auch eine ökonomische Herausforderung, die an die Seite des Ziels der ideologischen Gleichschaltung trat:

> "Die Zerschlagung der linken Publizistik im Frühjahr 1933 bildete nur den Auftakt eines historisch beispiellosen Veränderungsprozesses. Binnen weniger Jahre krempelten die Nationalsozialisten die deutsche Zeitungslandschaft fast völlig um. Das politische Ziel war die Monopolisierung und totalitäre Beherrschung der öffentlichen Kommunikation. Der Weg dorthin führte nicht allein über Zensur und Repression, sondern auch über ökonomische Konzentration und strukturelle Modernisierung. Denn Presse und graphisches Gewerbe befanden sich schon seit Jahren in einer schweren Krise." (Frei/Schmitz 1989: 23)

Nach dem Verbot der kommunistischen und sozialdemokratischen Presse wurde deshalb 1935, als bereits ein Viertel der Zeitungen weggefallen war, in einer zweiten Enteignungswelle der Konzentrationsprozeß bei der bürgerlichen Presse eingeleitet. Die Gesamtauflage der Zeitungen war zu diesem Zeitpunkt schon innerhalb eines Jahres von 20,3 auf 18,7 Millionen Exemplare gesunken. Die Nationalsozialisten verknüpften nun die Ziele der politisch-ideologischen Gleichschaltung und der Bereicherung mit dem ökonomischen Motiv einer Strukturbereinigung. Mindestens 500 Zeitungen verschwanden dadurch innerhalb von eineinhalb Jahren. Zu Beginn des Zweiten Weltkriegs kontrollierte die NSDAP rund 150 Verlage mit den auflagenstärksten Blättern und erzielte damit einen Gewinn von mehr als 100 Millionen Reichsmark. Am Ende des Krieges war die Zahl der Zeitungen - auch auf Grund von kriegsbedingten Stillegungen - auf knapp 1.000 gesunken. (Vgl. ebd.: 36 ff.)

Das neue Mediensystem, das dann im Westen nach dem Willen und orientiert an den Maßstäben der Allierten aufgebaut wurde, hatte "Geburtswehen [...] zu überstehen" (Koszyk 1986: 14). Zwanzig Jahre später mußte die Tagespresse dann noch einmal einen tiefgreifenden Konzentrationsprozeß durchlaufen. Nicht zuletzt auf Grund dieser aktuellen Erfahrungen kommt der Dortmunder Pressehistoriker Kurt Koszyk zu folgender Gesamteinschätzung der Entwicklung in den letzten 140 Jahren:

> "Das scheint in der Tat das Dilemma unserer modernen gedruckten Publizistik zu sein: daß sie entweder dem diktatorischen Eingriff staatlicher Machthaber ausgeliefert ist oder aber, politisch scheinbar frei, dem mörderischen Wettbewerb des Marktes unterliegt, auf dem sich nur der Starke und der Anpassungsfähige zu behaupten vermögen. [...] Die der 'herrschenden Meinung' aufgeschlossene bindungslose Geschäftspresse erwies sich in jeder Hinsicht als am lebenskräftigsten in einer Gesellschaft, deren Kennzeichen die Auflösung aller traditionellen Bindungen und die Nivellierung sozialer Individualitäten sind. Es wäre verfehlt, über diese Entwicklung zu moralisieren, weil sie sich außerhalb moralischer Kategorien als eine systeminhärente Konsequenz vollzieht. [...] Ähnlich wie die napoleonische Ära bedeutete die Ära des Nationalsozialismus und der Besatzungspolitik keine echte Zäsur. Die Tradition erwies sich abermals als stärker. Die Anpassung an die Erfordernisse einer anderen Situation hatte deshalb nicht neue Formen des Pressewesens zur Folge, sondern belebte die alten wieder, wenn auch in zeitgemäßer Gestalt." (Koszyk 1966: 307 f.)

2.2.2 Das Mediensystem der Bundesrepublik

2.2.2.1 Pressefreiheit und Medienrecht

Die Pervertierung der institutionalen Auffassung von Pressefreiheit durch ihre Verpflichtung auf die Ziele eines furchtbaren Staates mag ein Grund dafür gewesen sein, daß in der Verfassung der Bundesrepublik Deutschland (Art. 5 des GG) Pressefreiheit als Freiheit vom Staat, also als negatives Individualrecht definiert wurde. Dieses Grundrecht können Medieneigentümer deshalb als gewerbliches Individualrecht gegen den Staat reklamieren - ohne sich dabei durch Pflichten gegenüber der Allgemeinheit allzusehr einengen zu lassen. Und sie haben dabei eine Reihe renommierter Verfassungsrechtler auf ihrer Seite.

Der Artikel 5 des Grundgesetzes erlaubt unterschiedliche Auslegungen. Nach Auffassung des Dortmunder Medienrechtlers Udo Branahl bilden insgesamt vier Grundrechtsdoktrinen das Fundament für divergierende Interpretationen - wobei erneut das Spannungsverhältnis zwischen dem individualistischen und dem institutionellen Charakter der Pressefreiheit deutlich wird:

- Pressefreiheit als ausschließlich individuelles staatsgerichtetes Abwehrrecht, keine 'öffentliche Aufgabe' der Medien (liberale Deutung);
- Pressefreiheit zur Garantie der privatwirtschaftlichen Struktur des Pressewesens, Verlegerstand zur Korrektur des Parteienstaates (konservative Deutung);
- Pressefreiheit als Teilhaberecht (von Journalisten im Auftrag der Bevölkerung), 'öffentliche Aufgabe' der Medien (sozialstaatliche Deutung);
- Pressefreiheit als Mittel zur Verwirklichung des demokratischen und sozialen Rechtsstaates, Funktionieren des Meinungsmarktes entscheidend (funktionale Deutung).

Die funktionale Deutung kann man als vorherrschende Lehrmeinung bezeichnen. Sie korrespondiert mit dem Postulat der konkurrierenden Willensbildung in einer demokratischen politischen Ordnung. Dies bedeutet aber auch, daß nach dieser Auffassung eine Einschränkung des Meinungsmarktes durch Verringerung der Konkurrenz (Pressekonzentration) die normativen Grundlagen des Systems berühren würde.

Der Interpretationsspielraum des Art. 5 GG führte bis heute zu einer verwirrenden Diskussion über Anspruch und Wirklichkeit des Mediensystems der Bundesrepublik (vgl. Hoffmann-Riem 1984a). Im Zentrum steht dabei die Frage nach Art und Umfang der 'öffentlichen Aufgabe' - wobei auch hier eine funktionale Interpretation die überwiegend verbreitete Lehrmeinung darstellt:

- Bedeutet 'öffentliche Aufgabe' Staatsbezogenheit, analog zu 'öffentliche Hand' oder 'öffentliche Gewalt', also: Presse als Teil der Staatlichkeit?

- ▲ Bezieht sich 'öffentliche Aufgabe' auf besondere staatsbürgerlich wertvollen Dienste, also: eine restriktive Auslegung nur für bestimmte Publikationen?
- ▲ Bedeutet 'öffentliche Aufgabe' die Erfüllung spezifischer Funktionen für die demokratische Gesellschaft, also vor allem: Allgemeinzugänglichkeit und Vielfalt?[28]

Allen Interpretationen fehlt jedoch die explizite verfassungsrechtliche Grundlage, denn Pressefreiheit als 'öffentliche Aufgabe' taucht im Grundgesetz selbst gar nicht auf, sondern erscheint nur in den einzelnen Landespressegesetzen. Dies ist freilich insofern konsequent, als die politische Zuständigkeit für die Medien - abgesehen von Rahmenregelungen - bei den Bundesländern liegt. Im 'Spiegel-Urteil' vom 5. August 1966 hat das Bundesverfassungsgericht zur 'öffentlichen Aufgabe' aber eindeutig Stellung bezogen und dabei der Presse sogar die Funktion von Kontrollorganen zugewiesen; kommunikationspolitische Maßnahmen zur Herstellung von Meinungsvielfalt wurden ausdrücklich nicht ausgeschlossen:

> "Eine freie, nicht von der öffentlichen Gewalt gelenkte, keiner Zensur unterworfene Presse ist ein Wesenselement des freiheitlichen Staates; insbesondere ist eine freie, regelmäßig erscheinende politische Presse für die moderne Demokratie unentbehrlich. Soll der Bürger politische Entscheidungen treffen, muß er umfassend informiert sein, aber auch die Meinungen kennen und gegeneinander abwägen können, die andere sich gebildet haben. Die Presse hält diese ständige Diskussion in Gang [...] In ihr artikuliert sich die öffentliche Meinung [...] So wichtig die damit der Presse zufallende 'öffentliche Aufgabe' ist, so wenig kann diese von der organisierten staatlichen Gewalt erfüllt werden. [...]
>
> Der Funktion der freien Presse im demokratischen Staat entspricht ihre Rechtsstellung nach der Verfassung. Das Grundgesetz gewährleistet in Art. 5 die Pressefreiheit. Wird damit zunächst - entsprechend der systematischen Stellung der Bestimmung und ihrem traditionellen Verständnis - ein subjektives Grundrecht für die im Pressewesen tätigen Personen und Unternehmen gewährt, das seinen Trägern Freiheit gegenüber staatlichem Zwang verbürgt und ihnen in gewissen Zusammenhängen eine bevorzugte Rechtsstellung sichert, so hat die Bestimmung zugleich auch eine objektiv-rechtliche Seite. Sie garantiert das Institut 'Freie Presse'. Der Staat ist - unabhängig

---

[28] Vertreter der Staatsbezogenheitsthese ist der Rechtswissenschaftler Helmut Ridder; Franz Schneider tritt für eine restriktive Auslegung ein, die funktionale Auffassung vertreten Löffler und Ricker sowie Peter Schneider; vgl. dazu auch Donsbach 1982: 19 ff.

> von subjektiven Berechtigungen Einzelner - verpflichtet, in seiner Rechtsordnung überall, wo der Geltungsbereich einer Norm die Presse berührt, dem Postulat ihrer Freiheit Rechnung zu tragen. Freie Gründung von Presseorganen, freier Zugang zu den Presseberufen, Auskunftspflichten der öffentlichen Behörden sind prinzipielle Folgerungen daraus; doch ließe sich etwa auch an eine Pflicht des Staates denken, Gefahren abzuwehren, die einem freien Pressewesen aus der Bildung von Meinungsmonopolen erwachsen könnten." (BVerfGE 20: 162 ff., zit. n. der Dokumentation in: Der Spiegel 1966/35: 64 f.)

SPIEGEL-Herausgeber Rudolf Augstein, der mit seiner Verfassungsbeschwerde gegen die damaligen Durchsuchungs- und Verbotsaktionen der Bundesregierung unterlegen war, hatte damit eine wichtige verfassungsrechtliche Präzisierung der Aufgaben und Rechten der Presse erstritten. Er selbst beurteilte Jahre später die Funktion der 'Vierten Gewalt' in der Bundesrepublik aber eher zurückhaltend (→ Text 2-5).

Das Prinzip der konkurrierenden Willensbildung, das im Grundgesetz und den Länderverfassungen seine Basis hat, weist die Bundesrepublik Deutschland als Staat aus, in dem die rechtlichen Bedingungen für demokratisch-pluralistische Gemeinwesen bestehen. Damit sind wesentliche normative Grundlagen für den Journalismus in Deutschland aber noch nicht genannt. Zunächst gelten die allgemeinen Gesetze natürlich auch für die Medien und die Medienakteure[29]. Doch darüber hinaus gibt es eine große Zahl von allgemeinen und speziellen Bestimmungen, Urteilen, Codices und Vereinbarungen, die für das Handeln im Mediensystem von Belang sind. (→ Text 2-6)

Insgesamt weist das Mediensystem der Bundesrepublik einen hohen Grad der Verrechtlichung auf. Dabei sind aktuell zwei Tendenzen zu erkennen: die zunehmende Konkretisierung des Medienrechts auf den verschiedenen Regelungsebenen vom Verfassungs- bis zum Satzungsrecht (vertikale Differenzierung) und die Herausbildung neuer sowie die Verknüpfung bestehender Regelungsbereiche (horizontale Differenzierung). Beispiele für die vertikale Differenzierung sind die in immer kürzeren Abständen notwendig gewordenen Urteile des Bundesverfassungsgerichts insbesondere zum Rundfunkrecht und für die horizontale Differenzierung die Verbindung von Medienrecht und Wettbewerbsrecht. (Vgl. Scherer 1990)

---

29 Etwa der Verunglimpfungs-Paragraph des Strafgesetzbuches (§ 90), der Volksverhetzungs-Paragraph des StGB (§ 130), das Gesetz über die Verbreitung jugendgefährdender Schriften, verschiedene Wettbewerbsgesetze, Gesetze und Ordnungen, die die Post betreffen (insbes. Art. 73, 87 GG), sowie das Personalvertretungsrecht des Bundes und der Länder.

TEXT 2-5

Öffentlichkeit als 'vierte Gewalt'

Rudolf Augstein über Macht und Einfluß der Medien

"Öffentlichkeit als 'vierte Gewalt'? Das war sie ja nie. Es ist vielmehr so, daß die drei klassischen Gewalten Legislative, Exekutive und Jurisdiktion durch Öffentlichkeit erst möglich wurden.

Als Kain den Abel erschlug, muß es irgendwen gegeben haben - Eltern, Geschwister, Kinder -, der der Untat Öffentlichkeit verschaffte. Jede Mitteilung stellt Öffentlichkeit her. [...] Öffentlichkeit entsteht also immer nur da, wo ein Diskurs möglich ist, wo zwei oder drei oder vier ein Sagen haben und es benutzen. [...]

Renaissance und Reformation schufen den geistig-politischen Raum, in dem sich die klassischen drei Gewalten des Montesquieu langsam durch Herstellung von Öffentlichkeit entfalten konnten.

Wie krude und unterschiedlich es dabei zuging, kann man vielleicht an dem Beispiel dingfest machen, daß es in dem protestantischen Preußen des aufgeklärten Despoten und Machiavellisten Friedrich gar keine Zeitungen gab, keine Gazetten, die man hätte 'geniren' können. Wollte man irgend Politisches erfahren, mußte man seine Nachrichten aus England und Holland, allenfalls noch aus Hamburg beziehen. In Berlin waren sie nicht zu haben. [...]

Nie gab es mehr Öffentlichkeit als nach Ausbruch der Französischen Revolution 1789. Der Explosion der Gedanken folgte, wie später zu Lenins Zeiten im Sowjetreich, der Rückschlag, die strikte Unterdrückung aller gedruckten Öffentlichkeit durch Zensur. [...]

Angeblich hat Napoleon die Presse als die fünfte Großmacht bezeichnet. Ich habe darüber trotz eifrigen Suchens nichts finden können. Aber es wirkt schon leicht komisch, daß die deutsche Redensart nachweisbar ist, offenbar nach 1870, die Presse sei die 'siebente Großmacht' hinter Deutschland, England, Frankreich, Italien, Österreich-Ungarn, Rußland. Man fühlt sich an die schöne Geschichte erinnert, wo der ungarische Schuster in einem kleinen Dorf sein Einmonatsblättchen redigiert und glücklich vor sich hinmurmelt: 'Was wird der Zar sich Montag ärgern.' [...]

Die konstituierende Macht der Presse, des Rundfunks und des Fernsehens wurde bei uns nach 1945 nur darum nicht erkannt, weil eine autoritäre Gründerfigur die Tatsachen überdeckte. Es ist nicht ohne Reiz, jedenfalls für mich nicht, daß die Ära Adenauer einerseits ein zu spätes, andererseits aber ein von der Öffentlichkeit ins Werk gesetztes Ende fand. Der SPIEGEL, wie Sie wissen, war hier nicht unbeteiligt. Es hatten sich die zweite und die dritte Gewalt kurzgeschlossen, und das klappte nicht mehr. [...]

Nun wäre es ein Mißverständnis, der vierten, der sogenannten 'öffentlichen' Gewalt einen moralischen Sonderstatus zuzuschreiben, so, als seien die drei klassischen Gewalten dazu da, von der vierten kontrolliert und zur Ordnung gerufen zu werden. Es ist vielmehr so, daß die vier öffentlichen Gewalten, nimmt man das Schema einmal an, einander nicht nur kontrollieren, sondern auch durchdringen und korrumpieren. [...]

Die Menschheit bleibt auf den Gedanken des Wachstums programmiert, sie will sich die Erde weiterhin untertan machen. Katastrophen, die nicht nur vielleicht kommen können, sondern die mit Sicherheit in absehbarer Zeit über uns hereinbrechen, die in Teilen der Welt schon akut sind, nehmen wir nicht zur Kenntnis, etwa die Überbevölkerung der südlichen Erdhälfte. Wir treiben nicht Politik, sondern Alibipolitik, keine kosmische, sondern eine kosmetische Politik.

Hier hilft auch keine Gewaltenteilung und keine vierte öffentliche Gewalt. Das gedruckte Wort verliert langsam an Kraft. Wer regelmäßig fernsieht, ist im Schnitt nicht informierter als jemand, der keinen Fernseher hat. [...] Ich möchte hier nebenbei den Irrtum berichtigen, Journalisten gäben der Versuchung nach, nur Skandale und Katastrophen berichtenswert zu finden [...] Skandale und Katastrophen - wir werden damit überschwemmt. Eine reinigende, heilende Wirkung ist nirgends zu sehen. [...] Die drei Gewalten, und die angenommene vierte Öffentlichkeit, sie werden der Korruption nicht Herr und nicht Frau werden. [...] Öffentlichkeit wird sinnlos, wenn man sich nach Lesen des Feuilletons der wenigen großen Zeitungen seiner Ohnmacht, seine Zipfelmützigkeit, seines tölpelhaften Bürgerstatus so sehr bewußt wird. Solch ein System, das die eigentlichen Skandale gar nicht mehr wahrnimmt, kann aus sich selbst heraus nicht reformiert werden. Es muß bescheiden auf den Umsturz warten, der es von außen wegpustet.

Früher, als ich noch fünfundzwanzig Jahre jünger war, hatte ich Hoffnung auf die Macht der vierten, der öffentlichen Gewalt. Heute sehe ich, daß alle vier Gewalten zurückgehen, die Anarchie demgemäß zunimmt.

Lange schon glaube ich nicht mehr, daß mehr Öffentlichkeit durch immer neue und universale Medien hergestellt werden kann. [...]

Herstellung von Öffentlichkeit: Ich gebe mich der Hoffnung hin, wir hätten dazu mehr beigetragen als viele andere.

Es hat mich nicht allerwegen nach dem Grabstein gezogen, auf dem geschrieben steht: "Er hat seine Pflicht und Schuldigkeit getan." Von mir aus bedarf es überhaupt keines Steines. Mir würde genügen, wenn einige Leute den Gedanken hegten, der SPIEGEL sei diesem Lande mehr nützlich als schädlich gewesen, und sei es noch."

(aus: Rede in der Bergischen Universität/Gesamthochschule Wuppertal aus Anlaß der Promotion zum Dr. phil. h.c., 10.2.1988; zit. n. "informationsrundschreiben DER SPIEGEL")

Auch weitere spezielle rechtliche Regelungen für die Medien wie z. B. die Einrichtung eines zentralen 'Medienrates' als Kontrollorgan werden neuerdings wieder diskutiert[30].

Der Normenkontext des Journalismus in der Bundesrepublik ist also keineswegs nur das Werk der Verfassungsväter, sondern auch Resultat von späteren Präzisierungen, Erweiterungen und pragmatisch-politischen Maßnahmen. Immer wieder - und zwar in zeitlich zunehmend kürzeren Abständen und vorwiegend zu Fragen des Rundfunks - hat das Bundesverfassungsgericht bei der Gestaltung des rechtlichen Rahmens klärend eingreifen müssen.

---

30 Dazu hatte der Mainzer Medienrechtler Reinhart Ricker der Bundesregierung am 27.5.1990 ein 131 Seiten umfassendes Gutachten vorgelegt, das heftige Kritik auslöste (vgl. z. B. Siegfried Weischenberg: Der Medienrechtler als Totengräber, in: Artikel 5, 1990/4: 76 f.)

TEXT 2-6

Rechtsgrundlagen des Mediensystems der Bundesrepublik

- **Grundgesetz** der Bundesrepublik Deutschland v. 23.5.1949 : Art. 5 des Grundgesetzes v. 23.5.1949 ("Jeder hat das Recht..."); Art. 18 GG (Mißbrauch der Freiheit der Meinungsäußerung), Art. 75, der ausdrücklich Rahmenvorschriften über die allgemeinen Rechtsverhältnisse der Presse erlaubt, sowie der Hinweis auf Länderbefugnisse in Art. 30.
- **Landesverfassungen**: Pressefreiheit zum Teil Gegenstand eigenständiger, erweiternder Regelungen.
- **Landespressegesetze** der Bundesländer: u. a. Regelungen zu Freiheit der Presse, Informationsrechten, Impressum, Sorgfaltspflicht, Gegendarstellung, Zeugnisverweigerungsrecht. Zur öffentlichen Aufgabe der Presse heißt es z.B. im Landespressegesetz von NRW (§ 3): "Die Presse erfüllt eine öffentliche Aufgabe insbesondere dadurch, daß sie Nachrichten beschafft und verbreitet, Stellung nimmt, Kritik übt oder auf andere Weise an der Meinungsbildung mitwirkt."
- Gesetze der Länder über **Errichtung und Aufgaben der Landesrundfunkanstalten** (z.B. Gesetz über den WDR v. 25.5.1954 mit späteren Änderungen und Ergänzungen, Neufassung v. 11.1.1988) sowie **Landesrundfunkgesetze** (z.B. Rheinland-Pfalz v. 24.6.1986 und 5.7.1988; Niedersachsen v. 16.3.1987; Saarland v. 20.6.1987; NRW v. 11.1.1988, zuletzt geändert durch Gesetz v. 7.3.1990; Hessen v. 30.11.1988; Schleswig-Holstein v. 18.12.1989)
- **Staatsverträge**: regeln die Errichtung von gemeinsamen Landesrundfunkanstalten in mehreren Bundesländern (Norddeutscher Rundfunk, Südwestfunk), über die Errichtung des ZDF (v. 6.6.1961), über die Regelung des Rundfunkgebührenwesens (Fassungen v. 30.10.1968 und 5.12.1974), über die Neuordnung des Rundfunkwesens v. 12.3.1987 und über den Rundfunk im vereinten Deutschland v. 31.8.1991.
- **Bundesgesetz**: über die Errichtung der beiden Bundesrundfunkanstalten (Deutschlandfunk, Deutsche Welle) v. 29.11.1960.
- **Verfassungsgerichturteile**: institutionelle Garantie der Pressefreiheit im 'Spiegel-Urteil' v. 6.8.1966; Bestätigung der Länder-Kompetenz für die Veranstaltung von Rundfunk-Programmen im Ersten Rundfunkurteil v. 28.2.1961; Definition der Tätigkeit der Rundfunkanstalten als nicht gewerblich im Mehrwertsteuer-Urteil (Zweites Rundfunkurteil, 1971); Postulat der Ausgewogenheit aller - auch der privaten - Rundfunkprogramme im Dritten Rundfunkurteil ("FRAG-Urteil" v. 16.6.1981); bei Grundversorgung durch öffentlich-rechtlichen Rundfunk niedrigere Programmanforderungen für private Anbieter möglich (Viertes Rundfunkurteil v. 4.11.1986); Zulässigkeit der Veranstaltung von regionalen und lokalen Programmen durch öffentlich-rechtliche Rundfunkanstalten (Fünftes Rundfunkurteil v. 24.3.1987); Zulässigkeit des sogenannten Zwei-Säulen-Modells für den lokalen Rundfunk in NRW (Sechstes Rundfunkurteil v. 5.2.1991).[12 kommunikationspolitisch relevante BVG-Urteile seit 1976]
- **Betriebsverfassungsgesetz**: im Tendenzschutzparagraphen (§ 118 des Gesetzes v. 15.1.1972) eingeschränkte Mitbestimmungsrechte für den Betriebsrat in sogenannten Tendenzbetrieben.

- **Kartellgesetz**: durch die 3. Gesetzesnovelle v. 28.6.1976 ist die Fusionskontrolle bei Presseunternehmen mit einem Gesamtumsatz von 25 Millionen DM und mehr (Aufgreifkriterium) vorgeschrieben.
- **Tarifverträge**: z. B. Manteltarifvertrag für Tageszeitungsredakteure; Tarifvertrag über die Einführung und Anwendung rechnergesteuerter Textsysteme v. 20.3.1978 (RTS-Vertrag).
- **Betriebsvereinbarungen**: z. B. Redaktionsstatute zur Regelung der Beziehungen zwischen Verlag und Redaktion, Vereinbarungen zum Einsatz elektronischer Aussagenproduktion.
- **Standesrecht**: nicht verbindliche Codices (Grundsätze, Richtlinien des Deutschen Presserates); Standesgerichtsbarkeit ist durch die Landespressegesetze verboten.

Die Richter versuchten dabei aus einem liberal-pluralistischen Verständnis heraus, die 'öffentliche Funktion' der Medien mit den Strukturen eines marktwirtschaftlichen Gesellschaftssystems in Einklang zu bringen, zuletzt im Sechsten Rundfunkurteil zum nordrhein-westfälischen 'Zwei-Säulen-Modell' des lokalen Rundfunks.

Fünfunddreißig Jahre lang hatte in der Bundesrepublik ein duales Mediensystem mit einer privatwirtschaftlichen Organisationsstruktur für die Presse und einer öffentlich-rechtlichen Organisationsstruktur für den Rundfunk Bestand. Dem wirtschaftlichen Konkurrenzmodell stand dabei ein administratives Kooperationsmodell gegenüber - oder, in der Terminologie der "Four Theories of the Press" (→ Kapitel 2.1.2): Das Mediensystem ließ sowohl Platz für das Liberalismus-Konzept als auch für das Sozialverantwortungs-Konzept. (Vgl. Wildenmann/Kaltefleiter 1965: insbes. 43 ff.)

Dem Doppelcharakter der modernen Medien als Industrie und Institution wurde also durch eine Art Arbeitsteilung zwischen Presse und Rundfunk entsprochen. Es gab zum einen Gelegenheit für Unternehmer, mit Informationen, Meinungen und Unterhaltungsstoffen Geld zu verdienen; die Nachfrage, die 'Abstimmung am Kiosk', sollte das Angebot bestimmen: Vielfalt durch Außenpluralismus. Und es gab auf der anderen Seite - nach dem Muster der britischen BBC - eine gesellschaftliche Kontrolle über Medien, die aus technischen und ökonomischen Gründen keinen Außenpluralismus zuließen; bei den Rundfunkanstalten als Körperschaften öffentlichen Rechts sollte Kontrolle durch sogenannte gesellschaftlich relevante Gruppen in den Programmen eine Art Spiegelbild des sozialen Systems sicherstellen: Vielfalt durch Binnenpluralismus. (Vgl. Bausch 1980)

Die Vor- und Nachteile des jeweiligen Organisationsmodells liegen auf der Hand und haben sich seither in der Praxis immer wieder gezeigt:

- ▲ bei der privatwirtschaftlichen Presse Staatsferne auf Kosten kommerzieller Abhängigkeiten (Anzeigen, redaktioneller Aufwand) bis hin zu Konzentrationsvorgängen, die für kapitalistische Wirtschaftssysteme typisch sind;
- ▲ beim öffentlich-rechtlichen Rundfunk kommerzielle Unabhängigkeit auf Kosten von Staatsnähe und Gruppenabhängigkeit bis hin zu direkten (parteipolitischen) Einflußnahmen auf Personalpolitik und Programme.

Nach einer langen Zeit des weitgehenden Konsenses über die Strukturen des Mediensystems der Bundesrepublik wurde nicht zuletzt deshalb - mit unterschiedlichen Interessen und Zielen - gefragt, ob die demokratietheoretisch geforderte Vielfalt in den Publikationen und Programmen noch ausreichend wirksam werden könne. Dieser Zweifel an der tatsächlich existierenden Medienvielfalt bildete zusammen mit den neuen technischen Möglichkeiten die Grundlage für Forderungen nach Gestaltung einer anderen Medienlandschaft (→ Kapitel 2.2.2.3).

2.2.2.2 Pressefreiheit und Medienvielfalt

Wie soll man die aktuellen Erscheinungsformen von Mediensystemen bewerten? Gibt es Kriterien für die Qualität der konkurrierenden Willensbildung in den Demokratien westlichen Typs? Konkret: Kann man den Grad an Pressefreiheit als Funktionsmaßstab eines Mediensystems empirisch-systematisch erfassen, also messen?

Nach Auffassung des amerikanischen Medienforschers Ralph L. Lowenstein steht für eine solche Erfassung der Praxis von Pressefreiheit eine ausreichende Zahl zuverlässiger Indikatoren zur Verfügung. Mitte der sechziger Jahre hat das "Freedom of Information Center" an der University of Missouri unter Leitung von Lowenstein versucht, vergleichende Bewertungen über die Unabhängigkeit und Kritikfähigkeit der Presse in aller Welt vorzunehmen. Dabei wurden insgesamt 23 Kriterien entwickelt und auf die Situation der nationalen Pressesysteme in aller Welt angelegt. Diese Kriterien lassen sich in drei Gruppen zusammenfassen: Vielfalt im Mediensystem, Zugang zu Informationen sowie Existenz und Ausmaß von Kommunikationskontrolle[31].

---

31 Das Maß wurde "PICA" (Press Independence and Critical Ability) genannt. Zu den Indikatoren gehörten im einzelnen: Gesetze zur Regelung des Mediensystems, Formen organisierter Medien-Selbstkontrolle, Öffentlichkeit amtlicher Informationen, Zugang zu den Diensten ausländischer Nachrichtenagenturen, Situation inländischer Nachrichtenagenturen, Zahl wirtschaftlich ungesi-

Auf der Grundlage dieser vom liberalistischen Medienmodell bestimmten Faktoren kam Lowenstein zu dem Ergebnis, daß - jedenfalls vor mehr als 25 Jahren - nur 16 Länder einen hohen Grad von Pressefreiheit aufwiesen[32]. Die Bundesrepublik gehörte nicht dazu. Sie zählte nach Ansicht Lowensteins zu Ländern mit (immerhin maßvoller) Kontrolle - ebenso wie z. B. Ecuador, Zypern, Honduras, Malaysia und die Türkei zum damaligen Zeitpunkt. Das Ausmaß der Pressekonzentration, vor allem aber die in seinen Augen staatsnahe Rundfunkorganisation sowie das Vorhandensein einer Pressegesetzgebung und verschiedener Medien-Selbstkontrolleinrichtungen ergaben Minuspunkte. (Vgl. Lowenstein 1970[33])

Deutlich positiver beurteilten ungefähr zum selben Zeitpunkt die beiden Politikwissenschaftler Rudolf Wildenmann und Werner Kaltefleiter in ihrer Studie zu den "Funktionen der Massenmedien" das Mediensystem der Bundesrepublik. Ihr Resümee:

> "Die Massenmedien sind bei aller Kritik im Detail weitgehend so gestaltet, daß sie 'unabhängig' in ihrer Art an der Willensbildung beteiligt werden können. Trotz vieler Mängel besteht eine gewisse Vielfalt der Informationsquellen und der Meinungsbildung. Die Bevölkerung besitzt das notwendige Vertrauen in die Massenmedien." (Wildenmann/Kaltefleiter 1965: 78)

Ein Jahrzehnt später formulierte der Journalist und Medienkritiker Hans Janke - inzwischen waren die Konzentrationsbewegung bei der Presse fortgeschritten und zahlreiche Einschränkungen 'innerer Pressefreiheit' bekannt geworden - aber dann die folgende Einschätzung:

> "Meinungs- und Informationsfreiheit sind immerzu gefährdet und in vielen Bereichen medialer Vermittlung faktisch suspendiert. Genauer: nicht irgendeine abstrakte Freiheit der Meinungsäußerung ist bei uns umzingelt - es kann ein jeder im Parkwinkel flammende Reden gegen den Bundeskanzler halten -, sondern eine Medienarbeit (Kommentierung, Berichterstattung, Unterrichtung, Bildung und Ausbildung), die sich an den Postulaten unserer demokratischen Verfassung orientiert und

---

cherter Presseeinheiten, konzentrierter Besitz publizistischer Einheiten, Einflußnahme auf Zeitungen und Journalisten und Einfluß durch Gewerkschaften.

32 Es waren (in alphabetischer Reihenfolge): Australien, Belgien, Costa Rica, Dänemark, Finnland, Guatemala, Kanada, Niederlande, Norwegen, Peru, Philippinen, Schweden, Schweiz, Uruguay, USA, Venezuela.

33 Vgl. dazu auch Fischer 1982: 343 f.; eine deutsche Übersetzung der Studie ist enthalten im Handbuch der Weltpresse (Hrsg.: Institut für Publizistik der Universität Münster), Bd. 1, Köln/Opladen 1970: XI ff.

> die Interessen der breiten Bevölkerungsmehrheit ernst nimmt, hat es schwer." (Janke 1975: 132)

Zuvor schon hatte der Kommunikationsforscher Horst Holzer grundsätzlich bezweifelt, daß die verfassungsrechtliche Normierung von Massenkommunikation (als funktionalem Erfordernis einer demokratisch-pluralistischen Gesellschaft) mit der faktischen Funktionswahrnehmung der Massenmedien in der Bundesrepublik übereinstimme. Holzer schrieb in "Gescheiterte Aufklärung?", einer Analyse des Zusammenhangs von Politik, Ökonomie und Kommunikation in der Bundesrepublik Deutschland :

> "Insbesondere [...] wird die Annahme nachträglich erschüttert, die Medien der Massenkommunikation könnten als Lieferanten von Daten, Interpretations- und Handlungsmustern die Entwicklung und Stärkung demokratischer Persönlichkeiten in einer den komplexen Problemen differenzierter Industriegesellschaften adäquaten Weise leisten und gleichzeitig als Organe einer kritischen und kontrollierenden Öffentlichkeit den Widerstreit von Gruppeninteressen und -ideologien in vor- wie nachparlamentarischer Diskussion klären. Denn die privatwirtschaftlich betriebenen Unternehmen der Massenkommunikation wie die Rundfunk- und Fernsehanstalten, die der werbeorientierten Industrie und den Vertretern der politischen Machtgruppen ausgesetzt sind, haben kaum die Chance, mit ihren Informations- und Unterhaltungsangeboten die Grundlagen des oligopolkapitalistischen Systems und seine neuralgischen Punkte in Frage zu stellen, da sie hart in dieses System eingepaßt sind." (Holzer 1971: 230 f.)

Medienforscher wie Holzer behaupten also, daß zwischen dem Verfassungsanspruch demokratischer Gesellschaften und der Verfassungspraxis ihrer kommerzialisierten Mediensysteme ein unaufhebbarer Widerspruch bestehe. Wer dem so rigoros nicht folgt, wird die Medienrealität graduell zu erfassen versuchen - wie das oben im Zusammenhang mit der international vergleichenden Studie zur Pressefreiheit beschrieben worden ist.

Das Ausmaß der Vielfalt auf dem Meinungsmarkt ist dabei ein zentrales Kriterium für die Umsetzung von Pressefreiheit. Medienpraktiker wie der - liberal-konservative - Publizist Paul Sethe haben zur Beurteilung der Situation skeptisch-zynische Beiträge beigesteuert. Sethe fand in einem Leserbrief an den SPIEGEL (1965/19: 18) eine seither vielzitierte Negativformel für 'Pressefreiheit':

> "Das Verhängnis [...] besteht darin, daß die Besitzer der Zeitungen den Redaktionen immer weniger Freiheit lassen, daß sie ihnen immer mehr ihren Willen aufzwingen. Da aber die Herstellung von Zeitungen und Zeitschriften immer größeres Kapi-

> tal erfordert, wird der Kreis der Personen, die Presseorgane herausgeben können, immer kleiner [...] Pressefreiheit ist die Freiheit von zweihundert reichen Leuten, ihre Meinung zu verbreiten. Journalisten, die diese Meinung teilen, finden sich immer. [...] Aber wer nun anders denkt, hat der nicht auch das Recht, seine Meinung auszudrücken? Die Verfassung gibt ihm das Recht, die ökonomische Wirklichkeit zerstört es. Frei ist, wer reich ist. Das ist nicht von Karl Marx, sondern von Paul Sethe. Aber richtig ist es trotzdem. Und da Journalisten nicht reich sind, sind sie auch nicht frei [...]"

Ein zweites Kriterium für das Ausmaß an Pressefreiheit ist der Einfluß insbesondere des politischen Systems auf das Mediensystem. Hier gibt es in der Bundesrepublik seit Jahren - von allen Seiten eingestandenermaßen - das Problem des Drucks der Parteien auf die öffentlich-rechtlichen Rundfunkanstalten (→ Kapitel 4.3.3, 4.3.4). Drittens ist aber auch das Ausmaß der journalistischen Autonomie von Bedeutung (→ Kapitel 3.2). Und schließlich kann danach gefragt werden, in welchem Ausmaß die Bevölkerung das Mediensystem 'annimmt', das heißt also, wie intensiv die Mediennutzung ist und wie die Medienbewertung aussieht (→ Kapitel 4.4).

Medienvielfalt sollte in Westdeutschland vor allem durch das Miteinander und Gegeneinander von privatwirtschaftlicher Presse und öffentlich-rechtlichem Rundfunk sichergestellt werden. Die Organisationsform des Rundfunks basiert auf dem Prinzip, binnenpluralistisch ('ausgewogen') öffentliche, nicht aber staatliche Aufgaben wahrzunehmen. Für diesen Binnenpluralismus wurde viele Jahre verfassungsrechtlich vor allem mit technischen (Frequenzmangel) und ökonomischen Argumenten (Finanzvolumen von Rundfunkveranstaltungen) plädiert. Zur Sicherung der 'öffentlichen Aufgabe' sollten die Rundfunkräte als Kontrollgremien der Sender nach ständischem Prinzip zusammengesetzt sein und Staatsferne praktizieren. Doch Politiker innerhalb und außerhalb dieser Gremien mischten sich im Laufe der Zeit immer ungenierter in Personalpolitik und Programme ein.

Kommunikationsrecht und Kommunikationspraxis der Bundesrepublik hatten ein Rundfunksystem mit insgesamt 13 Rundfunkanstalten geschaffen, die jeweils in unterschiedlichem Maße regionale, nationale und übernationale Aufgaben wahrnahmen; 9 Landesrundfunkanstalten bildeten zusammen mit dem Deutschlandfunk und der Deutschen Welle als Anstalten des Bundesrechts die ARD. Das Besatzungskind RIAS wurde der ARD assoziiert. Hinzu kam am 1. April 1963 (Aufnahme des Sendebetriebs) das Zweite Deutsche Fernsehen als indirektes Produkt des am Bundesverfassungsgericht gescheiterten 'Adenauer-Fernsehens'. Die Finanzierung der Landesrundfunkanstalten und des ZDF beruht auf einer Mischung aus Gebühren- und Werbeeinnahmen.

Die Presse als der andere Pfeiler des dualen Mediensystems der Bundesrepublik ist durch folgende allgemeine Strukturmerkmale charakterisiert:

- ▲ die lokale Bindung vieler Tageszeitungen
- ▲ eine eher schwache Parteipresse
- ▲ relativ wenige überregionale Blätter
- ▲ eine kleine Zahl politischer Wochenzeitungen mit relativ breitem politischem Spektrum
- ▲ eine große Zahl von Zeitschriftentiteln
- ▲ zunehmende Bedeutung von Zielgruppentiteln (Special-interest-Magazine)

Das auf dem Prinzip des Außenpluralismus basierende Pressesystem wirkte, alles zusammengenommen, stets durchaus vielfältig. Diese Einschätzung beruhte vor allem auf Abdeckung aller Regionen der Bundesrepublik durch Lokalausgaben von Tageszeitungen und auf dem reichhaltigen Zeitschriftenangebot; auch die Quellensituation der Medien stellte sich, wenn man die Zahl der konkurrierenden Nachrichtenagenturen zum Maßstab nimmt, als vielfältig dar (→ Kapitel 4.3.1). Zu einer differenzierteren Einschätzung gelangt jedoch, wer sich die ökonomische Entwicklung und die Details dieses Pressemarktes genauer ansieht.

- ▲ Die Zahl der selbständigen Zeitungen ('Publizistische Einheiten') sank zwischen 1954 und 1976 um fast die Hälfte auf rund 120; die "zweihundert reichen Leute", von denen bei Paul Sethe die Rede war, gab es Mitte der siebziger Jahre in der Bundesrepublik also gar nicht mehr. Die Konzentrationsprozesse, die zu diesem Zeitpunkt ihren Höhepunkt erreichten, lenkten den Blick gleichermaßen auf die Konjunkturanfälligkeit der Presse und auf die ungesicherte Beschäftigungssituation der Journalisten (→ Kapitel 3.1.2).
- ▲ Wenige Pressekonzerne haben sich in der Bundesrepublik eine weitgehende Kontrolle über den Markt gesichert. Dies gilt nur eingeschränkt für den Tageszeitungsmarkt insgesamt. Auf dem Markt der Boulevard- und Sonntagsblätter dominiert aber ein Verlag eindeutig (Springer); der Markt der Publikumszeitschriften wird von wenigen Verlagen beherrscht.
- ▲ In rund der Hälfte der rund 330 kreisfreien Städte und Kreise Westdeutschlands erscheint nach den regionalen und lokalen Konzentrationsprozessen nur noch eine Zeitung. Es gibt dadurch

zwar keine weißen Flächen auf der Medienlandkarte der Bundesrepublik, aber doch eine starke Einschränkung der Pressevielfalt im Nahbereich.

▲ Nach dem Zeitungssterben und den Konzentrationsprozessen vor allem in den siebziger Jahren konnte von einer Stabilisierung des Tageszeitungsangebots gesprochen werden. Doch dehnte sich der Konzentrationsprozeß bei den regionalen Abonnementzeitungen auch auf die Großstädte aus, wobei ein verstärkter Trend zur Verflechtung der Erst- mit der Zweitzeitung festzustellen war; die Konzentrationsnetze wurden einerseits immer dichter, andererseits aber auch immer weniger durchschaubar.

▲ Zur Gesamtbeurteilung der Pressevielfalt müssen gleichermaßen die Zahl der selbständigen Zeitungen, das Ausmaß der Verlagsgruppen-Konzentration und die Zahl der Einzeitungskreise berücksichtigt werden[34]. Gerade mit Blick auf diese Verhältnisse im lokalen Raum haben sich in Westdeutschland seit Jahren Informations- und Meinungsmonopole herausgebildet (vgl. Knoche 1978). Als struktureller Effekt der neuen Medienlandschaft (→ 2.2.2.3) bildeten sich 'Poly-Monopole'.

Die Komunikationsverhältnisse in der Bundesrepublik entsprechen also unter dem Gesichtspunkt der Medienvielfalt nicht dem liberal-pluralistischen Ideal. Für Vielfalt fehlt das gesellschaftliche Organisationsprinzip; Pluralismus ist somit im Grunde in das Belieben des jeweiligen Medieneigentümers gestellt. Daraus resultiert ein grundsätzliches Problem des Mediensystems, denn nur durch Vergleich eines vielfältigen Angebots läßt sich die Nützlichkeit und Glaubwürdigkeit von Wirklichkeitsentwürfen der Medien angemessen beurteilen.

---

[34] Während das quantitative Ausmaß der Pressekonzentration über die Kategorien 'Publizistische Einheit', 'Verlagsgruppe' und 'Einzeitungs-Kreis' zu erfassen ist, bereiten (wegen der Informationslage und der schwierigen Abgrenzbarkeit) die qualitativen Dimensionen der Verflechtung und ihre Konsequenzen erheblich größere Probleme. Hinzu kommt, daß die Konzentrationen über Medien-Typen und verschiedene Medien bis hin zur Verbindung zwischen Medienunternehmen und anderen Industriezweigen gehen. Darauf wird bei den organisatorischen und technologischen Imperativen zurückzukommen sein (→ Kapitel 3.2, 3.3).

2.2.2.3 Der Start in eine neue Medienlandschaft

Ein neues Zeitalter wird zweckmäßigerweise am Neujahrsmorgen eingeläutet. So war es auch mit dem neuen Medienzeitalter in der Bundesrepublik Deutschland. Es begann - von Klängen des Münchner Bach-Orchesters festlich umrahmt - am 1. Januar 1984 um 10.30 Uhr, als in Ludwigshafen das erste Kabel-Pilotprojekt gestartet wurde. Genau ein Jahr später begleiteten die Böllerschüsse dann den Auftakt zum ersten privaten Fernsehprogramm: Am 1. Januar 1985 begann SAT 1 sein Programm mit den beiden Spielfilmen "Der Unverbesserliche" und "Vier für ein Ave Maria".

Die Titel erhielten später einen gewissen Symbolwert. Denn zu den Goldgräbern, die im El Dorado der sogenannten Neuen Medien[35] zunächst desillusioniert wurden, schien auch der Springer-Verlag zu gehören, der maßgeblichen Einfluß auf den Privatsender SAT 1 besitzt. Als er mit seinem Engagement bei SAT 1 Millionenverluste gemacht hatte, kam es 1989 zum offenen und öffentlich ausgetragenen Krieg des Springer-Großaktionärs und Filmhändlers Leo Kirch mit dem damaligen Vorstand des Unternehmens.

Als Fehlschlag erwiesen sich auch die Pläne der Bundespost, den Bildschirmtext als Medium für den privaten Markt durchzusetzen. Verleger, die Ende der siebziger und Anfang der achtziger Jahre verbissen um die von ihnen 'Bildschirmzeitung' genannten Textdienste kämpften, emigrierten später in andere Marktsegmente der Neuen

---

[35] Unter der recht unpräzisen Bezeichnung 'Neue Medien' werden gerade entwickelte und neu kombinierte, noch nicht entwickelte bzw. nicht einsetzbare Kommunikationstechnologien zusammengefaßt. Eigentlich sind es nicht neue Medien, die dadurch entstehen. Vielmehr handelt es sich im wesentlichen um den Einsatz neuer Übertragungstechniken, die Möglichkeiten für ein anders strukturiertes Mediensystem eröffnet haben. Als Neue Medien in diesem Sinne wurden zuerst Videotext, Bildschirmtext und das Kabelfernsehen bezeichnet. Versuche mit Videotext, der in der Austastlücke des Fernsehbildes übertragen wird, begannen am 1. Juni 1980 in den öffentlich-rechtlichen Fernsehanstalten. Bildschirmtext ist eine Dialogkommunikationsform, die in Großbritannien als 'Viewdata' entwickelt und eingeführt wurde. Dabei werden Textinformationen über Fernsprecher oder Fernschreiber abgerufen und auf einem Fernsehbildschirm dargestellt. Die Bundespost führte ab 1980 zwei Feldversuche mit diesem neuen Medium durch. Kabelfernsehen wurde über die vier Pilotprojekte in Ludwigshafen, München, Dortmund und Berlin gestartet. Diese Pilotprojekte beruhten auf einer Empfehlung der Kommission für den Ausbau des technischen Kommunikationssystems (KtK). Die KtK plädierte für solche Versuche vor allem wegen der hohen Investitionskosten, der Folgewirkungen und der unsicheren Nachfrage. Inzwischen ist dieser Gesichtspunkt durch die Verkabelungspolitik der Bundespost obsolet geworden. Eine tatsächliche Rücknahmemöglichkeit war in den dann gestarteten Pilotprojekten ohnehin nicht mehr gegeben.

Medien.[36] Auch wer glaubte, nun werde eine neue Vielfalt im Mediensystem entstehen - mit ganz neuen Anbietern und ökonomischen Chancen für solche Veranstalter, die in dem seit Jahren festgefügten Pressesektor keine Marktzutrittschancen hatten - mußte sich schnell eines Besseren belehren lassen.

Und die Programme selbst? Gab es nach dem vielversprechenden, feierlichen Auftakt weiterhin zumindest genug Bach, daß sich mit dem "Vier für ein Ave Maria" leben ließ? Gab es innovative Angebote - oder mehr von demselben? Kritiker stellten schnell mit einer gewissen Häme fest, daß sich die Hoffnungen der meisten Interessenten nicht erfüllt hatten - wohl aber die Befürchtungen (→ Text 2-7).

Der Start der neuen Fernsehprogramme korrespondierte mit Bemühungen der Politiker, Ordnung in die veränderte rundfunkpolitische Landschaft zu bringen und dabei standortpolitische Interessen durchzusetzen. Sie taten dies mit - von Land zu Land verschiedenen - Medien- und Vorschaltgesetzen oder zumindest Entwürfen dafür. Außerdem suchten sie gemeinsam nach Formeln für einen Staatsvertrag der Bundesländer. Das Ganze machte einen so wenig rationalen Eindruck, daß die Wochenzeitung DIE ZEIT urteilte: "Es scheint, als habe die Einfalt der künftigen Programme die Köpfe der Politiker schon erreicht." (Die Zeit v. 28.12.1984: 11)

Medienpolitik erweis sich hier als besonders schwieriges Geschäft, denn scheinbar Unvereinbares mußte unter einen Hut gebracht werden: Erstens ging es darum, Außenpluralismus - nach Wegfall des Frequenzmangels - auch im Rundfunkbereich zu realisieren, dabei aber die ökonomische Zwangsläufigkeit neuer Konzentrationsprozesse nun im intermediären Maßstab zu verhindern; und zweitens sollte der Bestand des öffentlich-rechtlichen Fernsehens gesichert, privaten Anbietern aber Chancengleichheit verschafft werden.

Die Politiker, die Ordnung in die Rundfunklandschaft bringen wollten, mußten zu diesem Zeitpunkt mindestens drei verschiedene Anforderungen berücksichtigen:

- ▲ Normierungen durch das Bundesverfassungsgericht, die den Rundfunkprogrammen eine gewisse Vollständigkeit und inhaltliche Pluralität vorschrieben.
- ▲ Lobbyismus von Seiten der Verleger, die bessere Startvoraussetzungen gegenüber den öffentlich-rechtlichen Rundfunkanstalten verlangten.

---

[36] So stellte im Herbst 1989 die FAZ ihre "Btx-Nachrichten" ein (vgl. Frankfurter Allgemeine Zeitung v. 4.10.1989).

▲ Ansprüche insbesondere der SPD-geführten Länder, über die Gebührenpolitik eine Bestandsgarantie für die öffentlich-rechtlichen Rundfunkanstalten durchzusetzen.

Dies erklärt die Schwierigkeiten, einen medienpolitischen Kompromiß zwischen den Bundesländern zustande zu bringen. So dauerte es bis zum Jahre 1987, ehe ein Staatsvertrag zustandekam, der den verschiedenen Interessen einigermaßen gerecht wurde. Voraufgegangen war das Vierte Rundfunkurteil des Bundesverfassungsgerichts vom 4. November 1986, welches für das Mediensystem der Bundesrepublik neue ordnungspolitische Grundstrukturen vorgab[37]. Das Bemühen der Richter, eine Bestandsgarantie des öffentlich-rechtlichen Rundfunks (als Adresse für die 'Grundversorgung') mit der Eröffnung von Entwicklungschancen für private Anbieter (durch Senkung der Programmanforderungen) zu verknüpfen, führte zu einem Ergebnis, das als 'salomonisch' empfunden wurde.

Bald zeigte sich aber - zum Beispiel bei den Auseinandersetzungen um die Übertragungsrechte der Fußball-Bundesliga - die Problematik des Schlüsselbegriffs 'Grundversorgung'; er ist seit dem Vierten Rundfunkurteil bevorzugter Gegenstand rundfunkrechtlicher und -politischer Erörterungen. Der Oldenburger Medienrechtler Götz Frank verwies dabei auf den Zusammenhang zwischen der Finanzierung des öffentlich-rechtlichen Rundfunks und den Pluralismusanforderungen. Seine Prognose erwies sich schnell als zutreffend:

> "Es ist [...] nicht zu erwarten, daß der Grundversorgungsstandard in den öffentlich-rechtlichen Anstalten im dualen System stabil sein wird, vielmehr werden Veränderungen stattfinden, die die variabel gehaltende Grundaussage zu den Pluralismusanforderungen im dualen System der Bundesrepublik Deutschland bald unter veränderten Gesichtspunkten von neuem auf den Plan ruft. Die Je-desto-Formel des Bundesverfassungsgerichtes kann bei einem sinkenden Grundversorgungsstandard durch den Verlust von Werbeeinnahmen im öffentlichen Sektor in Form folgender Alternativen aufgefangen werden: Entweder hebt der Gesetzgeber bei einem sinkenden Grundversorgungsstandard im öffentlichen Bereich die Pluralismusanforderungen im privaten Bereich an, oder die Länderchefs gleichen den Rückgang von Werbeeinnahmen in den öffentlich-rechtlichen Anstalten durch entsprechende Gebührenanhebungen aus." (Frank 1987: 427 f.)

---

37 Vgl. dazu den Text des Vierten Rundfunk-Urteils des Bundesverfassungsgerichts, dokumentiert in: Rundfunk und Fernsehen 1986/4: 535-564; das Fünfte Rundfunk-Urteil wurde dann im März 1987 gesprochen.

Nur wenig thematisiert wurden außerhalb von Fachzirkeln die medienstrukturellen Konsequenzen der privaten Veranstaltung von Rundfunkprogrammen. Schon bald nach dem Start zeigte sich, daß nur die großen Pressekonzerne in der Lage waren, wesentliche Beteiligungen an den Programm-Gesellschaften der privaten Fernsehsender durchzusetzen und zu verkraften.

Schon früh hatte aber die von der Bundesregierung eingesetzte Monopolkommission auf die Wettbewerbsprobleme bei der Verbreitung der Neuen Medien aufmerksam gemacht und insbesondere die Auswirkungen auf kleinere Betriebe im Bereich der klassischen Medien hervorgehoben. Die Empfehlung der Experten:

> "Die Monopolkommission hält es nach wie vor für dringend erforderlich, daß der Zutritt marktbeherrschender Medienunternehmen zu den Neuen Medien einer wettbewerblichen Kontrolle unterzogen wird. Das geeignete Mittel hierzu ist die Behandlung der Vergabe von Rundfunklizenzen als Unternehmenszusammenschlüsse." (zit. n. Rundfunk und Fernsehen 1984/3: 378)

Die Neuen Medien - und das heißt inzwischen vor allem: die Freigabe des Rundfunks für private Veranstalter - haben zu einer sichtbaren Kommerzialisierung des gesamten Mediensystems geführt. Doch diese Situation wird ganz unterschiedlich bewertet. Für die einen ist 'kommerziell' nichts anderes als ein Synonym für ökonomisch, für marktwirtschaftlich; für die anderen ist kommerziell identisch mit allem, was der Kapitalismus an Negativem hervorbringt: Monopolisierung der Medienproduktion, Gewissenlosigkeit der Medienproduzenten, Geschmacklosigkeit der Medienprodukte. (Vgl. McQuail 1986)

Diese dichotomen Positionen kennzeichnen auch ziemlich genau den Mainstream jeweils in der Wirtschafts- und der Kommunikationswissenschaft. Wird hier oft aus der Perspektive eines idealen Marktes argumentiert, so haben sich dort Maßstäbe idealer Kommunikation gehalten, ohne Rücksicht auf die Strukturen. Diese Strukturen gibt es aber nicht erst seit dem Einzug der 'Neuen Medien' - wenn vermittelte Kommunikation überhaupt je keusch und rein war. Denn die modernen Medien sind selbstreferentielle Systeme: Systeme, die sich nach ihren eigenen Operationsweisen und allein auf sich bezogen selbst organisieren und entwickeln (vgl. Luhmann 1985).

In der Systemlogik liegt, daß die Verlage so schnell wie möglich Diversifizierungsmöglichkeiten im Land der Neuen Medien gesucht haben: als Veranstalter von privaten Fernsehprogrammen, vor allem aber als Veranstalter von Hörfunkprogrammen.

TEXT 2-7

Das neue Fernsehzeitalter in der Bundesrepublik

Laßt uns [...] gedenken der Anfänge des Privatfernsehens und all der schönen Sätze, die damals gesagt worden sind. Mir drängt sich diese Erinnerung auf, weil ich zufällig dabei war an jenem denkwürdigen 1. April 1984, an dem im Europäischen Patentamt zu München für Bayern das neue Medienzeitalter begann, an dem - unter Anwesenheit kirchlicher und sonstiger Würdenträger - der Knopf gedrückt wurde, den die christlichen Medienpolitiker unbedingt hatten installiert sehen wollen, nicht nur in München.

Es war ein ergreifendes Erlebnis - und man konnte richtig sehen, was da alles Liebliches und Frommes auf uns zukommen würde: War es nicht erfrischend mitzuerleben, wie da auf 21 Kanälen Peter Alexander sein wienerisch Stimmchen und Lennie Bernstein den Stab erhob? Konnte man sich überhaupt sattsehen an all den Schweizer Barockkirchen, die über die Bildschirme flimmerten? So also sah das neue Zeitalter aus.

Der katholische Bischof Moser hatte einige Jahre vor dieser Eröffnung an den bayerischen Ministerpräsidenten Goppel geschrieben und ihm ans Herz gelegt, es müßten bei den Debatten über die neuen Medien "nicht nur organisatorische, wirtschaftliche und technische Fragen erörtert werden", die Kirche wolle vor allem auch diskutiert wissen, "ob und wie diese Technik zum Besten des Menschen gesteuert" werden könne, weshalb er auch darauf bestanden hatte, daß "eine gesicherte Mitwirkung der katholischen Kirche gewährleistet" werde. Und vor allem der bekannte Medienpolitiker Stoiber von der CSU hatte die ganze Zeit über mit treffenden Beispielen "gegen das extreme Monopol der öffentlich-rechtlichen Fernsehanstalten" gewettert. Zum Beispiel hatte er im Frühjahr 1983 beklagt, die TV-Nachrichten dieser Fernsehanstalten hätten "den Ostermarschierern überaus lange Berichte gewidmet", aber sie seien an den Millionen ganz normaler Menschen vorbeigegangen, "die an den Feiertagen die Kirchen besuchen".

Abgesehen davon, daß Herr Stoiber - wie man hört - inzwischen stark enttäuscht sein muß von der politischen Unbotmäßigkeit der privaten Programme: ob diese ganz normalen Kirchenbesucher jetzt manchmal hineinschauen in die privaten Programme? Ob sie vielleicht der Sexberaterin Erika Berger lauschen, wie sie live die Frage erörtert, wie lange die Anruferin den Penis ihres Freundes im Mund behalten soll, auch wenn sie es im Grunde nicht so gerne möchte? Und was sich Alfons Goppel wohl denken würde angesichts dessen, was fast täglich so an Soft-Porno-Programmen in den privaten Fernsehanstalten geboten wird, für die er so mächtig gekämpft hat? Und vor allem die Gewalt: An seinem ganz normalen Montag - hat der Stern gezählt - bringt es Sat 1 allein auf 42 Gewaltszenen, wird dort 42mal erschossen, über den Haufen geschlagen, niedergeknüppelt, vorzugsweise im Nachmittagsprogramm, wenn die lieben Kleinen vor den Schirmen sitzen und bei den Öffentlich-Rechtlichen die Sendung mit der Maus ihren immer schwieriger werdenden Konkurrenzkampf ausficht. Vielleicht sollten uns auch einige Bischöfe und Politiker nicht einzureden versuchen, sie hätten das alles nicht gewußt, sonst müssen wir sie auf ein paar Aussagen von Experten verweisen, in denen das alles seit Jahren vorhergesagt ist. Vielleicht hätten sie schon mal früher mit dem Pressesprecher von Sat 1 ein Wort wechseln sollen, der jetzt so freimütig sagt, sein Sender verstehe sich nicht "als Ersatz der Volkshochschule", man beanspruche auch "keinen Erziehungsauftrag", und im übrigen liege die Verantwortung dafür, was ge-

sehen werde, "beim Empfänger, nicht beim Sender". Mit diesem Argument wird man demnächst vermutlich auch den Absender eines kleinen Sprengstoffpaketes freisprechen.

(aus: Herbert Riehl-Heyse: Bestellte Wahrheiten, München 1989: 205 f.)

Rund 80 Prozent (der rund 300) Tageszeitungs-Verlage waren bereits bis 1988 zu Multi-Media-Unternehmen geworden, weil sie sich auch im Rundfunkgeschäft engagierten. Das geschah sogar mit Duldung des Kartellamtes, das offenbar Doppelmonopole von Verlegern auf Zeitungs- und Rundfunkmärkten weniger bedenklich fand als das alte öffentlich-rechtliche Monopol im Rundfunkbereich. Strittig blieb dabei, ob das Argument, durch den privaten Rundfunk entstünden Substitutionseffekte für die lokale Zeitungswerbung (vgl. Witte 1984) und deshalb müßten die Verleger am lokalen Rundfunk beteiligt werden, überhaupt stichhaltig ist.

Für die Beantwortung der Frage, wohin die Kommerzialisierung das Mediensystem der Bundesrepublik treiben wird, ist der Werbemarkt von entscheidender Bedeutung - nachdem die wichtigsten juristischen Schlachten schon geschlagen sind und der Verfassungskrieg um die Privatisierung entschieden ist. Prognosen über künftige Entwicklungen hängen somit wesentlich von den Entwicklungen der Werbemärkte ab Dabei geht es im einzelnen um die Größe des künftigen Werbekuchens, die Veränderung der Werbestrukturen, den Unsicherheitsfaktor Werbeeffizienz und 'Europa' (und neuerdings Osteuropa) als vorerst unbekannte Bezugsgröße[38].

Prognosen zu den Veränderungen des Werbekuchens reichen von der Annahme eines Nullsummenspiels bis zur Verheißung gigantischer Wachstumsmargen. Wahrscheinlich ist ein eher langsames, kontinuierliches Wachstum, denn die Bundesrepublik gehört - gemessen am Bruttosozialprodukt - schon heute zu den führenden Werbenationen. Das Marktforschungsunternehmen Prognos, das bis zum Jahre 2000 eine Verdreifachung des Werbevolumens prophezeite, erwartet auch eine Verschiebung der Werbung vom Print- in den Rundfunk-Sektor[39]. Doch nach wie vor erwirtschaften die Printmedien mehr

38 Vgl. zum Folgenden Christa-Maria Ridder: Werbemarkt 1988. Bewegung innerhalb stabiler Strukturen, in: Media Perspektiven 1989/6, S. 305-312; dies.: Der Werbemarkt der Zukunft. Prognosen, Prämissen, Probleme, in: Media Perspektiven 1988/4: 185-197.

39 Vgl. Klaus Schrape: "Werbekuchen wächst weiter" (Szenario: Der Rundfunkmarkt im Jahr 2000), in: werben & verkaufen, Nr. 45, 6.11.1987: 81-86. Später korrigierte die Prognos AG - nicht zuletzt wegen der ungünstigen Entwicklung des Werbeaufkommens in Ostdeutschland - die optimistischen Schätzungen nach unten; gleichzeitig zeigte sich, daß ein Boom der Fernsehwer-

als drei Viertel der Bruttowerbeumsätze im Bereich der aktuellen Medien. Trotz der Zunahme der Werbeumsätze der (privaten) Fernsehveranstalter ist diese Rahmenstruktur zugunsten der Printmedien-Werbung recht stabil geblieben. Auch die Verhältnisse in Frankreich und Italien mit ihren günstigen Bedingungen für private Sender sprechen vorerst gegen wesentliche Verschiebungen.

Ungewiß sind aber die künftigen Reichweitenpotentiale für private Veranstalter. Erwartungen, daß im Jahr 2000 fast 90 Prozent aller Haushalte private Fernseh-Programme empfangen können, mögen zu optimistisch zu sein.

Doch selbst eine Vollverkabelung (die nicht geplant ist) würde ja nur eine Fragmentierung des Publikums und damit eine Reichweitenteilung bedeuten. Hinzu kommt, daß der Fernsehkonsum seit dem Urknall der Privatisierung bisher nur geringfügig gestiegen ist. Schwer zu realisieren wäre eine Zielgruppen-Präzisierung nach dem Vorbild von Special-Interest-Zeitschriften, an welcher der Werbewirtschaft stets am meisten gelegen ist. Absehbar ist aber die Etablierung von Sport-, Kultur- und Nachrichtensendern.

Schließlich der europäische Aspekt: Als bei den Plädoyers für den privaten Rundfunk die Argumente ausgingen, wurde der europäische Werbemarkt eingeführt, auf den Industrie und Werbewirtschaft nicht verzichten könnten. Doch dieser Werbemarkt ist ebenso wie der europäische Programmarkt schon allein wegen der Sprachbarriere eine Schimäre. Dies haben die privaten britischen Fernsehsender SUPER CHANNEL und SKY CHANNEL mit ihren englischsprachigen Programmen zu spüren bekommen. Der Londoner Mediendirektor der Agentur Saatchi and Saatchi kommentierte deren kommerzielle Flops mit den Worten: "The fact is, most people are not businessmen and they don't speak English." (zit. n. Newsweek v. 9.10.1989: 41) Die Werbeagenturen stehen deshalb supranationaler Werbung skeptisch gegenüber.

Abzuwarten bleibt, welche neuen Bedingungen das europäische Kartellrecht und die Entwicklung in Osteuropa für die nationalen Mediensysteme schaffen werden. Wenn die kartellrechtliche Angleichung Liberalisierung bedeutet, könnten die Medienstrukturen in der Bundesrepublik - nach der Konsolidierung des ostdeutschen Pressemarktes - erneut in Bewegung geraten. Von einer solchen Aufweichung

---

bung im Zweifelsfall zu Lasten der öffentlich-rechtlichen Rundfunkanstalten geht (vgl. Christa-Maria Ridder: Fernsehen und Werbemarkt in Deutschland. Prognosen, Fakten und Argumente zur Auseinandersetzung um die Werberegelungen für den öffentlich-rechtlichen Rundfunk, in: Media Perspektiven 1991/8: 489-503).

des deutschen Wettbewerbsrechts würden die immer mehr expandierenden Pressekonzerne am meisten profitieren.

Das Wachsen der Medieninstitutionen ist nicht nur ein marktwirtschaftliches, sondern auch ein inhaltlich-publizistisches Problem. Publizistisch Tätige wie der Verleger Ernst Reinhard Piper bezweifeln grundsätzlich, daß in Medienkonzernen so etwas wie Kreativität, wie intellektuelle Originalität, wie Querdenken und Durchdenken überhaupt gefördert werden kann. Der Filmregisseur und Autor Alexander Kluge nennt den Glauben an die Käuflichkeit der Kreativität das 'Problem Bertelsmann'. (Vgl. Die Zeit v. 18.10.1985: 73 ff.)

Es gibt aber noch ein zweites 'Problem Bertelsmann': Große Medienorganisationen begünstigen eine Anonymisierung von Verantwortung. Auch höchste Entscheidungsträger fühlen sich in quasi kybernetisch ablaufende Prozesse eingebunden, die ihren individuellen Spielraum stark einschränken. 'Ethisches Handeln' wird dadurch zunehmend durch institutionelles Handeln, das an ökonomischen Maßstäben ausgerichtet ist, konditioniert. (→ Kapitel 2.3.5)

Welche Spirale durch Kommerzialisierung und Deregulation des Mediensystems in Gang gesetzt wird, kann in den USA seit Jahren studiert werden - einschließlich der sozialen Kosten, die diese Entwicklung verursacht (→ Kapitel 2.2.3.2). Zusätzliche Probleme schafft die Kommerzialisierung der Mediensysteme im internationalen Maßstab; sie kann zu verstärktem Konkurrenzdruck in bestimmten Segmenten des Medienmarktes führen und zur Abhängigkeit von ausländischen Medienkonzernen.

Man kann in dieser Situation eine nüchterne Kosten-Nutzen-Analyse der Kommerzialisierung des Mediensystems anstellen. Nutzen kann man zum Beispiel im möglichen Zurückdrängen parteipolitischen Einflusses in den öffentlich-rechtlichen Rundfunkanstalten, in mehr Chancen für Pluralismus, in mehr Beschäftigungsmöglichkeiten für Medienschaffende, in mehr Leistungsdenken auf dem Kommunikationsmarkt, in besseren Marktzutrittschancen für neue Anbieter und in womöglich niedrigeren Preisen durch Konkurrenz sehen. (Vgl. McQuail 1986) Alle diese Möglichkeiten sind nicht grundsätzlich zu bestreiten.

Nicht zu bestreiten ist auch, daß es sogar unter dem Druck der Kommerzialisierung immer wieder Marktsegmente gibt, in denen sich Qualität hält - und sei es nur, damit die Pressefreiheit sich selbst feiern kann. Es gibt in einem offenen Mediensystem wie dem der Bundesrepublik Spielraum für 'guten Journalismus', für Medien, die sich als Vierte Gewalt verstehen und Skandale aufdecken - wie auf der anderen Seite für spekulative Gewaltdarstellung und Pornographie.

TEXT 2-8

Rundfunkfreiheit und Rundfunkwirklichkeit

Der ehemalige Verfassungsrichter Helmut Simon über Entwicklungen im Mediensystem

"Das Bundesverfassungsgericht hat den Schutz der Meinungs- und Pressefreiheit nicht einmal für die Verbreitung unrichtiger oder rechtswidrig beschaffter Informationen gänzlich ausgeschlossen. Grundsätzlich gilt zwar die in sämtlichen Pressegesetzen normierte Pflicht, 'alle Nachrichten vor ihrer Verbreitung mit der nach den Umständen gebotenen Sorgfalt auf Inhalt, Herkunft und Wahrheit zu prüfen'; der Pressekodex bezeichnet 'die Achtung vor der Wahrheit und wahrhaftige Unterrichtung der Öffentlichkeit' zutreffend als 'oberstes Gebot der Presse'. Unrichtige Informationen sind - so heißt es in der Böll-Entscheidung [...] unter dem Blickwinkel der Meinungsfreiheit kein schützenswertes Gut, weil sie der Aufgabe zutreffender Meinungsbildung nicht dienen können. Zugleich warnt das Gericht aber davor, die Anforderungen an die Wahrheitspflicht so zu bemessen, daß dadurch die Funktion der Meinungsfreiheit in Gefahr gerät oder leidet: 'Eine Übersteigerung dieser Pflicht und die daran anknüpfenden, unter Umständen schwerwiegenden Sanktionen könnten zu einer Einschränkung und Lähmung namentlich der Medien führen; diese könnten ihre Aufgabe, insbesondere diejenige öffentlicher Kontrolle nicht mehr erfüllen, wenn ihnen ein unverhältnismäßiges Risiko auferlegt würde.' [...]

Das Verfassungsgericht bewertet die Rundfunkfreiheit ebenso wie die Meinungs- und Pressefreiheit als schlechthin konstituierend für ein freiheitlich-demokratisches Gemeinwesen und den Rundfunk als unentbehrliches und eines der mächtigsten Massenkommunikationsmittel. [...] Aus diesem Verständnis werden im einzelnen die verfassungsrechtlich begründeten Forderungen nach Staats- und Programmfreiheit sowie nach Sicherung gleichgewichtiger Vielfalt und Verhinderung vorherrschender Meinungsmacht hergeleitet. [...] Der Grundsatz der Staatsfreiheit meint aber weit mehr. Er schließt zwar 'staatliche Maßnahmen nicht aus, welche der Herstellung oder Erhaltung der Rundfunkfreiheit dienen [...]. Hingegen versagt er dem Gesetzgeber und der Exekutive jegliche Einflußnahme auf den Rundfunk, die mit der Aufgabe einer solchen Sicherung unvereinbar oder durch Schranken des Grundrechts nicht gerechtfertigt ist. [...]

Neben diesem Grundsatz der Staatsfreiheit spielt in der verfassungsgerichtlichen Rechtsprechung zur Rundfunkfreiheit vor allem die Sicherung der Meinungsvielfalt eine wesentliche Rolle. [...] Richtungsweisend für die weitere Entwicklung wurde insoweit die oft zitierte Forderung an den Gesetzgeber, sicherzustellen, daß der Rundfunk nicht einer oder einzelnen gesellschaftlichen Gruppen ausgeliefert werden dürfe, daß alle in Betracht kommenden Kräfte in den Organen der Rundfunkveranstalter Einfluß haben und im Gesamtprogramm zu Wort kommen könnten und daß für den Inhalt des Gesamtprogramms Leitgrundsätze verbindlich seien, die ein Mindestmaß an inhaltlicher Ausgewogenheit, Sachlichkeit und gegenseitiger Achtung gewährleisteten [...]

'Ein Programmangebot, das der gebotenen Vielfalt Rechnung trägt, läßt sich aber - so heißt es in der Entscheidung zu den freien Mitarbeitern und das ist gegenüber personalpolitischen Manipulationen kräftig zu unterstreichen - nicht allein durch rechtlich normierte inhaltliche Anforderungen oder organisatorische Regelungen gewährleisten; es setzt auch, wenn nicht in erster Linie, voraus, daß die Sendungen von Personen gestaltet werden, die in der Lage sind, die gebotene Vielfalt in das Programm einzubringen.' [...]

Abschließend möchte ich noch darauf hinweisen, daß die oft mißbrauchte Forderung nach Ausgewogenheit ausdrücklich nur im Gesetz über den Bayerischen Rundfunk sowie in der Satzung für den SFB und in den Richtlinien für das ZDF erhoben wird. Sie gilt aber nur für das Gesamtprogramm und erfordert - wie die Richtlinien für das ZDF zutreffend klarstellen - keine Überparteilichkeit in jeder Einzelsendung und ist erst recht kein Alibi für farblos-fade Mittelmäßigkeit ohne Biß. [...]

Haben die Medien ihre Chancen genutzt? Wie sind sie mit der ihnen anvertrauten 'Gewalt' umgegangen? Prüfen wir nunmehr im zweiten Teil, was aus der Presse- und Rundfunkfreiheit in der Wirklichkeit geworden ist. Diese Prüfung ist in wesentlichen Teilen bedrückend und für einen Festvortrag wenig geeignet. Niemand wird behaupten, daß die vielberufene elektronische Revolution dazu geführt habe, den Traum von der informierten Gesellschaft zu verwirklichen. [...] Als jemand, der die Rolle der vierten Gewalt hoch einschätzt und der an den meisten der zitierten Verfassungsgerichtsentscheidungen beteiligt war, bin ich äußerst beunruhigt über das, was ich von Insidern lese und höre, und was ich selbst beobachte. [...]

Das fängt bei Verhaltensweisen an, die es in der noch unerlösten Welt in allen Lebensbereichen gibt, die aber auf dem Mediensektor gemeingefährlich werden können. Gemeint sind Lähmungen durch bürokratische Apparate, Anpassungen wegen Existenzsorgen und ungünstigen Berufsaussichten und schließlich das Einschwenken auf Modetrends, das kein eigentlicher Opportunismus sein mag, sondern sich letztlich mit der Überforderung der Journalisten durch die Komplexität der Verhältnisse erklärt, mit der daraus folgenden Unsicherheit des eigenen Standpunktes und nicht zuletzt mit dem Bedürfnis, Zugang zu den Mächtigen und den Informationsquellen zu behalten.

Weniger verzeihlich erscheint mir die Kapitulation vor den Einschaltquoten, die damit verbundene Selbstkommerzialisierung und die fast panische antizipatorische Anpassung des Programms an das als attraktiv befürchtete populistische Unterhaltungsangebot der neuen privaten Sender. [...] Glücklicherweise beschreiben die Berichte aber nicht die ganze Wirklichkeit. Nach wie vor gibt es auch überzeugende Programme und auch in den Funkhäusern engagierte und streitbare Journalisten, die unabhängig und unbequem ihren Beruf ausüben, die saubere journalistische Arbeit leisten und auf die ich in dieser Festrede in erster Linie meine Hoffnung setze. [...]

Selbstverständlich erwächst aus den außerordentlichen Einwirkungsmöglichkeiten der Massenmedien eine gesteigerte Verantwortung. Das alles ist in der Rechtsprechung auch wiederholt zum Ausdruck gekommen. Aber als Richter würde ich es vorziehen, wenn über die Pflichten der Medien ein Angehöriger eben dieser Medien sprechen würde. Eine Selbstkontrolle gegenüber Mißbräuchen erscheint mir wünschenswerter als eine Fremdkontrolle. [...]

Zumindest im Bereich der öffentlich-rechtlichen Medien besteht Anlaß, über eine solche Pflicht nachzudenken und nach innen und außen klarzumachen, daß ein Journalist im Gemeinwohlinteresse handelt und nichts anderes als seine Pflicht tut, wenn er auf der ungeschmälerten Inanspruchnahme des Freiheitsrechts besteht."

(aus: Vortrag in der Christlichen Presseakademie Frankfurt, zit. n. Frankfurter Rundschau v. 28.6.1988: 10 und 29.6.1988: 10)

Hin und wieder gelingt es sogar Publikationen, aus einer Außenseiterrolle ein Geschäft zu machen. Die 'Zeitgeist'-Blätter, zum Teil in der Provinz geboren, waren in den achtziger Jahren ein Beispiel dafür. Kein Zweifel auch, daß sich kommerzielle Medieninstitutionen auf Veränderungen des Marktes schnell und bedingungslos einstellen. Denn ein solches Handeln liegt innerhalb der Logik ökonomischer Systeme.

Doch diesem Nutzen, der nicht zuletzt auf der Flexibilität marktwirtschaftlicher Systeme beruht, stehen Kosten gegenüber. Diese Kosten der Kommerzialisierung der privatwirtschaftlichen Medien und der 'Selbstkommerzialisierung' des öffentlich-rechtlichen Rundfunks beobachten auch Richter des Bundesverfassungsgerichts, das diesem Mediensystem neue ordnungspolitische Grundstrukturen geben mußte, mit Sorge (→ Text 2-8).

Wer nun sagt, wegen der Veränderung der Medienlandschaft gehe das Abendland nicht unter[40], setzt sich dem Verdacht der Verharmlosung durch Übertreibung aus. Natürlich wird das Mediensystem die Aufklärungsarbeit von Erika Berger überleben. Und gewiß gibt es keine wirkliche Alternative zu einem offenen Mediensystem. Aber gerade deshalb muß ständig darauf geachtet werden, daß die Kommerzialisierung dieses Mediensystem nicht erdrücken kann.

2.2.2.4 Die deutsch-deutsche Medienentwicklung

Daß 'Öffentlichkeit' nicht mit 'Publizistik' gleichzusetzen ist, wurde bei der friedlichen Revolution in der DDR im Herbst 1989 eindrucksvoll unter Beweis gestellt. Nicht die Medien als Institutionen - und, nebenbei, auch nicht die Universitäten - artikulierten und organisierten den Widerstand gegen das Regime, sondern Bürgerrechtler, die von den Kirchen unterstützt wurden. Nicht die Journalisten als Personen sorgten mutig für den Sturz der Regierung, sondern Gruppen in der Bevölkerung, die ihrem Unmut öffentlich Luft machten. Hier zahlte sich die jahrzehntelange Ausbildungs- und Rekrutierungspraxis im Journalismus für die Machthaber zunächst noch einmal aus. "Neben der Armee der Staatssicherheit", schrieb der Reporter Cordt Schnibben in jenen Tagen, "war die Armee der Journalisten für die SED-Führung das wichtigste Hilfscorps, um millionenfache Duldung zu erzwingen." (Der Spiegel 1989/49: 66)

---

[40] Vgl. Klaus Schönbach/Bernd Schmidt: Das Abendland geht nicht unter, in: Die Zeit v. 25.8.1989: 43.

Die Kirchen und die Menschen auf der Straße waren es auch, die zuerst die Forderung nach Meinungs-, Informations- und Medienfreiheit erhoben. Der Widerspruch zwischen den Verhältnissen im Lande, die sie erfahren hatten, und der Medienrealität, von der sie erfahren hatten, war dem Medienpublikum als zentrales Problem dieses Staates nur zu bewußt. Erst mit Verzögerung reagierten die Zeitungen und Rundfunksender:

> "Die Medien jubelten noch mit, als die greise Garde an der Spitze von Einheitspartei und Staat sich selbst und den 40. Gründungstag der Republik bejubelte. Noch funktionierte die soziale Kontrolle in den Redaktionen, die sich offenbar lieber einigelten, als selbst aufzubegehren. Ihre Redakteure überließen es damit den westdeutschen Kollegen, die DDR-Bevölkerung via ARD und ZDF über die ersten Anfänge der [...] Proteste zu informieren [...] Erst als aus den Redaktionsfenstern nicht mehr zu übersehen war, daß der Protest des Volkes, der Ruf nach Reise-, Meinungs- und Versammlungsfreiheit anwuchs, [...] regte sich vorsichtig - individuell oder kollektiv - der Ungehorsam der professionellen Publizisten." (Kutsch 1990: 9 f.)

In der Zeit der 'Wende' erwies sich - wie schon am Ende der Weimarer Republik - wieder, daß die Medien und ihre Journalisten im Zweifelsfall 'Agenten der Macht' (Altschull 1984) sind. Sie sind strukturell zu sehr in die gesellschaftlichen, politischen und ökonomischen Bedingungen einer staatlichen Ordnung eingepaßt (→ Kapitel 2.1.4), um letztlich eine aktive Rolle beim Kampf für die Erhaltung der Demokratie oder die Abschaffung einer Diktatur spielen zu können; ihr Einfluß ist eher mittelbar.

Das Mediensystem der DDR, dessen Grundlage die zentrale Überwachung der veröffentlichten Meinung war, brach gemeinsam mit der Ordnung des SED-Staates zusammen. Die Bevölkerung nahm sich das Recht der Kommunikationsfreiheit; der "Beschluß über die Gewährleistung der Meinungs-, Informations- und Meinungsfreiheit", dem die Volkskammer am 5. Februar 1990 zustimmte, sanktionierte nur noch die bestehenden Verhältnisse und sicherte sie ab. Doch die Zeichen standen schon auf 'Vereinigung' und damit auch auf Verschmelzung der beiden deutschen Mediensysteme.

Über die Grundzüge eines gesamtdeutschen Mediensystems bestand spätestens seit den Wahlen in der DDR am 18. März 1990 Klarheit. Übereinstimmend erklärten danach Medienpolitiker hüben wie drüben, daß dabei das gegenwärtige westdeutsche Modell Pate stehen sollte[41]. Wie die genaue Struktur dieses Mediensystems am Ende aussehen würde, hing aber noch von einer Vielzahl von - politischen, ökonomischen, aber auch professionellen - Faktoren ab.

Aus der Sicht westdeutscher Medienverantwortlicher stellte sich die ökonomische, aber auch die politische Seite des Zusammenwachsens der Mediensysteme zunächst offenbar als recht unproblematisch dar. Verlagsmanager und Intendanten reisten seit dem Herbst 1989 mit ihren Rechtsberatern in die DDR, schlossen Vorverträge ab, versprachen technische Hilfe, vermittelten Know-how (insbesondere zum Thema Werbeeinnahmen) und suchten nach unproblematischen Kooperationsmodellen, die freilich nicht selten auf eine Übernahme von DDR-Betrieben hinauslaufen sollten. Bald wurde bekannt, mit welchem Eifer die ARD den Deutschen Fernseh-Funk der DDR (DFF) zu umgarnen versuchte und wie schnell die Großverlage, mit eigenen Worten, ihre "Claims abgesteckt" hatten. Die entscheidenden Daten schienen schon gesetzt, die Strategien waren klar:

- ▲ Fortbestand der Tageszeitungen mit ihren bemerkenswert hohen Auflagen, natürlich nicht mehr unter der Kontrolle von Parteien; schnelle Lieferung von elektronischen Redaktionssystemen und modernen Rotationsmaschinen; Durchforstung der betriebswirtschaftlichen Kostenrechnung nach Rationalisierungsreserven.
- ▲ Weitgehendes Verschwinden der Zeitschriften in der DDR, Ersatz durch westdeutsche Hochglanz-Produkte, denen sich damit ungeahnte Auflagen-Steigerungen eröffneten; westdeutsche Großverlage zeigten sich deshalb besonders an zügigen Regelungen für den Zeitschriften-Vertrieb interessiert.
- ▲ Herausgabe neuer, speziell für den ostdeutschen Markt konzipierter Blätter. Die Burda-Schöpfungen SUPER! ZEITUNG und SUPER! ILLU erregten dabei in der ersten Phase der Vereinigung durch ihren Boulevardjournalismus besonderes Aufsehen.
- ▲ Unbürokratisch geregelte Sendemöglichkeiten für private Sender, Integration der bestehenden DDR-Sender in das öffentlich-rechtliche Rundfunksystem der Bundesrepublik unter Einschluß von Regelungen für die nicht-ländergebundenen Westsender Deutschlandfunk, Deutsche Welle und RIAS sowie schnelle Kooperation im Bereich der Rundfunkwerbung.

---

41 Vgl. z. B. entsprechende Äußerungen des Vorsitzenden der SPD-Medienkommission, Björn Engholm, zit. in: Frankfurter Allgemeine Zeitung v. 11.4.1990, sowie des DDR-Ministers für Medienpolitik, Gottfried Müller (CDU), in einem Interview mit der Frankfurter Rundschau (FR v. 26.4.1990).

Der Prozeß der deutschen Medien-Vereinigung verlief dann jedoch nicht ohne Friktionen. Immerhin mußten zwei Mediensysteme zusammengefügt werden, die jahrzehntelang völlig unterschiedliche Strukturen aufgewiesen hatten. Dies geschah im wesentlichen nach den Bedingungen der 'alten Bundesländer', also als Einfügung der ostdeutschen Medien in das privatwirtschaftliche Presse- und dualistische Rundfunksystem Westdeutschlands. Als Probleme erwiesen sich dabei insbesondere die Entscheidung über die Struktur des öffentlich-rechtlichen Rundfunks, der Aufbau eines Vertriebs für Presseprodukte und die Regelung der Besitzverhältnisse bei den Tageszeitungen.

Vor der 'Wende' hatte es in Ostdeutschland ein dichtes Netz von Printmedien gegeben, das ganz wesentlich von der SED, aber auch von den Blockparteien CDU, LDPD und NDPD kontrolliert wurde[42]. Insgesamt existierten am Ende in der DDR 1.812 Presseerzeugnisse, darunter 39 Tageszeitungen mit einer Gesamtauflage von 9,7 Millionen, 30 Wochen- und Monatszeitungen mit einer Gesamtauflage von 9,5 Millionen, 508 Zeitschriften mit einer Gesamtauflage von 21,4 Millionen sowie 667 Betriebszeitungen der SED mit einer Gesamtauflage von 2,0 Millionen Exemplaren.

Nach dem Sturz des SED-Regimes veränderte sich die jahrzehntelang stabile Struktur der Printmedien in der DDR innerhalb weniger Monate grundlegend. Schnell zeichneten sich dabei vier Basistendenzen ab, welche die Eckpfeiler der künftigen deutschen Pressestruktur und damit die Bedingungen des Journalismus in Ostdeutschland darstellten; es ging dabei um

- ▲ die wachsende Konkurrenz durch westdeutsche Presseerzeugnisse,
- ▲ Konkurse und Auflagenverluste bei den 'alten' Printmedien,
- ▲ Marktzutritte von neugegründeten Zeitungen und Zeitschriften sowie
- ▲ Kooperationen von westdeutschen Medienunternehmen mit Verlagen und Betrieben aus der ehemaligen DDR.

Die Mehrheit der westdeutschen Verlage beschränkte sich zunächst im wesentlichen darauf, Ausgaben ihrer jeweiligen Produkte auf dem ostdeutschen Markt anzubieten. Schon Ende Mai 1990 waren 23 westdeutsche Tageszeitungen, 42 Wochenblätter und 240 Zeitschriften an den Kiosken vertreten. Ein Verleger aus dem Westen progno-

---

42 Vgl. zum Folgenden insbesondere: Jürgen Grubitzsch: Presselandschaft der DDR im Umbruch. Ausgangspunkte, erste Ergebnisse und Perspektiven, in: Media Perspektiven 1990/3: 140-155 sowie die beiden Beiträge von Günter Herkel in: Publizistik & Kunst 1990/7: 32 ff.

stizierte damals für 95 Prozent aller ostdeutschen Verlage einen schnellen Konkurs (vgl. Media Spektrum 1990/4: 8). Er behielt damit zumindest für die Betriebszeitungen recht, von denen die meisten schnell verschwanden. Nicht ganz so dramatisch, aber immer noch mit deutlichem Abwärtstrend, verlief die Entwicklung bei den Wochenzeitungen: Wegen zahlreicher Abonnementstornierungen mußten die meisten ihre Auflage um bis zu 50 Prozent senken.

Auch die Tageszeitungen hatten Umstellungsprobleme: Bundesdeutsche Konkurrenz, verdreifachte Kaufpreise (wegen des Wegfalls der Staatssubventionen seit dem 1. April 1990) und Vertriebsprobleme sorgten für ökonomische Einbußen. Insgesamt sank die gesamte Tageszeitungsauflage bis Ende Mai 1990 von 9,8 auf 7,7 Millionen Exemplare; damit näherte sich die Verbreitungsdichte dem westdeutschen Niveau an[43].

Während die meisten der 'alten' Printmedien in Ostdeutschland mit existentiellen ökonomischen Schwierigkeiten zu kämpfen hatten, nutzte eine Reihe von Newcomern die Gunst des Umbruchs. Insbesondere die neuen politischen Organisationen, aber auch Geschäftsleute oder Journalisten auf Alternativkurs brachten neugegründete Zeitungen und Zeitschriften auf den Markt. Beispiele dafür waren DIE ANDERE in Ost-Berlin und die NEUE ERFURTER ZEITUNG. Diese Neugründungen hatten allerdings häufig nicht lange Bestand; das aktuelle Bedürfnis nach anderen Informationen und auch die Goldgräberstimmung auf dem Pressemarkt ließ gerade Presseneulinge die Schwierigkeiten des Marktzutritts unterschätzen; frühzeitige Konkurse waren die Folge.

Weitaus professioneller als die meisten ostdeutschen Akteure agierten dagegen westdeutsche Medienunternehmen bei der Ausweitung ihrer Produktions- und Absatzräume. In der Regel wählten sie dabei gleich den Weg der Kooperation, die von einer einfachen Absprache redaktioneller oder technischer Hilfestellung über ein west-östliches Joint Venture bis hin zu Kapitalbeteiligungen reichte. (Vgl. Journalist 1990/10: 21)

Schon bald nach der Vereinigung war absehbar, daß auf die Einbindung des DDR-Mediensystems in bundesdeutsche und internationale Strukturen Konzentrations- und Rationalisierungsprozesse folgen, die den Journalismus in Ostdeutschland entscheidend verändern. Schnell wandelten sich die Erlösstrukturen der Zeitungen (→ Kapitel 3.1.2.1) und somit die Abhängigkeitsverhältnisse im Journalismus: Die

---

43 Die Verbreitungsdichte der Tageszeitungen hatte in Ostdeutschland vor der Wende erheblich höher gelegen als in Westdeutschland: Kamen hier auf 1.000 Einwohner 340 Exemplare, so waren es in der DDR 430.

Einnahmen aus dem Zeitungsverkauf, die bei den DDR-Betrieben noch drei Viertel des Gesamterlöses ausmachten, entwickeln sich in Richtung auf das westdeutsche Niveau von 35 Prozent - zugunsten des Anzeigengeschäftes, das dann 65 Prozent des Erlöses ausmacht.

Im Frühjahr 1991 traf die von der Bundesregierung zur Privatisierung der ostdeutschen Wirtschaft geschaffene Treuhandanstalt in Berlin, welche die Rechtsnachfolge als Eigentümerin der Zeitungen in Ostdeutschland angetreten hatte, nach einer Art Versteigerungsverfahren die wesentlichen Entscheidungen zum Verkauf von ostdeutschen Zeitungen an westdeutsche Verlage. Diese hatten sich bis dahin den Zeitungsmarkt der ehemaligen DDR durch das Angebot ihrer Westblätter oder durch zusätzliche Lokalausgaben, durch Herausgabe neuer Zeitungen oder durch Kooperationen mit ehemaligen Zeitungen der SED und der Blockparteien erschlossen. Gleichzeitig sollte Ostdeutschland als Brückenkopf für Engagements in Ungarn, Polen, der CSFR und der UdSSR dienen.

Die Entscheidungen der Treuhand bedeuteten die 'Stunde Null' für die ostdeutsche Tagespresse. Im wesentlichen blieben aber die Grundstrukturen des von der SED geschaffenen Marktes erhalten; den Zuschlag erhielten dabei fast ausschließlich Großverlage. Dazu zählten insbesondere auch Konzerne, die bisher in Westdeutschland kaum oder gar nicht auf dem Zeitungsmarkt aktiv gewesen waren. Vorher schon waren die multinational aktiven Verleger Robert Maxwell und Rupert Murdoch - als zweite und dritte nach dem italienischen Fernseh-Multi Silvio Berlusconi - mit größeren Beteiligungen in den deutschen Medienmarkt eingestiegen.

Die Entscheidung der Treuhand gab aber erst den Startschuß für eine ökonomische Konsolidierung des ostdeutschen Pressemarktes, der sich im ersten Jahr der deutsch-deutschen Vereinigung in verschiedenen Regionen noch den Luxus wirtschaftlich nicht tragbarer Vielfalt geleistet hatte[44]. Der Osten Deutschlands, kommentierte ein Fachorgan die Situation, sei "auf dem besten (?) Weg, sich von einer blühenden Medien-Wiese mit vielen bunten Kräutern in einen sauber vermessenen bundesdeutschen Einheitsrasen zu wandeln" (Media Spektrum 1991/10: 12).

Insofern wiederholt sich in Ostdeutschland die für die Presse in Deutschland kennzeichnende Entwicklung (→ Kapitel 2.2.1): Entweder einem totalitären politischen System ausgeliefert zu sein oder aber den Marktgesetzen zu unterliegen, die dann schmerzhafte Strukturanpas-

---

[44] Am 1. April 1991 gab es allein im Land Thüringen 22 Zeitungen mit lokalen oder regionalen Informationen, darunter 17 Neugründungen.

sungen erforderlich machen. Auf dem gesamtdeutschen Tageszeitungsmarkt werden (Stand: 1.10.1991) rund 28 Millionen Exemplare verkauft. Erhebliche Anteile daran haben im wesentlichen jeweils fünf Verlagsgruppen, wobei auf dem Markt der Kaufzeitungen allein der Springer-Verlag drei Viertel der Gesamtauflage herausgibt. Die zehn größten Verlagsgruppen der Bundesrepublik produzieren deutlich mehr als die Hälfte der Gesamtauflage der Tageszeitungen.[45]

Zu den wichtigsten - und umstrittensten - Fragen bei der Integration der beiden deutschen Mediensysteme gehörte die Neuorganisation des Rundfunks. In der DDR hatte es zwei landesweite Fernsehketten und im Hörfunk sechs Sender auf einer regionalen Frequenz und auf fünf landesweiten Frequenzen gegeben: RADIO DDR 1 und DDR 2, den DEUTSCHLANDSENDER (KULTUR) (früher: Stimme der DDR), das Jugendradio Dt 64, den BERLINER RUNDFUNK (der auch über Berlin hinaus zu empfangen war) und schließlich RADIO BERLIN INTERNATIONAL.

Spielte sich die Überführung der ostdeutschen Presse strikt in der Logik des liberalistischen Medienmodells ab, so zeigte sich bei der Neuordnung des Rundfunks erneut, wie staatsnah das Sozialverantwortungsmodell des öffentlich-rechtlichen Rundfunks in der Bundesrepublik ist. Die 'Vereinigungsopfer' DEUTSCHLANDFUNK, RIAS und DS KULTUR sollten nach einem parteipolitischen Geschacher unter dem Dach einer Gemeinschaftseinrichtung ('Holding') von ARD und ZDF zusammengefaßt werden. Die Länder Sachsen, Sachsen-Anhalt und Thüringen einigten sich auf die Gründung des MITTELDEUTSCHEN RUNDFUNKS (MDR), dessen Leitung konsequent nach den politischen Mehrheitsverhältnissen besetzt wurde. Die Regierungen von Berlin, Brandenburg und Mecklenburg-Vorpommern bewiesen bei der Klärung der Frage, ob auch hier eine Dreiländeranstalt oder eine andere Lösung in Frage kommt, gleichfalls, daß Rundfunkpolitik in Deutschland Parteipolitik ist. (Vgl. Journalist 1991/8: 22 f.) Nach langem Hin und Her entschloß sich Mecklenburg-Vorpommern dann doch zur nordostdeutschen Lösung mit dem NDR, der dadurch zur Vierländeranstalt wurde. Das Land Brandenburg gründete seinen eigenen OSTDEUTSCHEN RUNDFUNK BRANDENBURG (ORB) mit Sitz in Potsdam-Babelsberg.

---

[45] Vgl. zum Vorhergegangenen Horst Röper: Die Entwicklung des Tageszeitungsmarktes in Deutschland nach der Wende in der ehemaligen DDR, in: Media Perspektiven 1991/7: 421-430; ders.: Daten zur Konzentration der Tagespresse in der Bundesrepublik Deutschland im I. Quartal 1991, in: Media Perspektiven 1991/7: 431-444.

So hat die deutsch-deutsche Medienentwicklung letztlich nur das Mediensystem der alten Bundesrepublik vergrößert - und damit auch seine Mängel. Ökonomische Konzentration und politische Abhängigkeit bleiben die Hauptprobleme dieses Mediensystems. Vielfalt der Medien ist so strukturell nicht gesichert; Glaubwürdigkeit und Nützlichkeit der Aussagen im System Journalismus bleiben dysfunktionalen Einflüssen unterworfen.

2.2.3 Die Perspektive: 'Amerikanisierung' des Mediensystems

2.2.3.1 Der rechtliche Rahmen des Mediensystems der USA

Für die nordamerikanischen Medienverhältnisse besteht in Deutschland traditionell ein besonderes Interesse. Dabei dominiert die Skepsis. "Geht die deutsche Presse der 'Amerikanisierung' entgegen oder nicht?" sorgte sich der Zeitungswissenschaftler Emil Dovifat (1927: 9) in seiner Studie über den amerikanischen Journalismus. Fast 60 Jahre später wurde wieder ähnlich gefragt: "Kommen jetzt amerikanische Verhältnisse in die deutschen Wohnstuben?" So die Wochenzeitung DIE ZEIT (30.12.1983: 9) zum Start des Ludwigshafener Kabel-Pilotprojektes.

Das Interesse war neu geweckt, als seit Beginn der achtziger Jahre die Vor-und Nachteile der Privatisierung des Rundfunks diskutiert wurden. Verfassungsrechtler unternahmen damals den Versuch, nach der Legitimationsbasis für eine Ausrichtung des deutschen Rundfunksystems am Vorbild der kommerzialisierten US-Medienlandschaft zu suchen. Verleger suchten nach einer Begründung für Rundfunkfreiheit als Verlegerfreiheit. Befürworter und Gegner einer neuen Medienlandschaft verwiesen gleichermaßen auf die USA - ob zur Stimulation (vgl. Stroetmann 1980) oder zur Abschreckung (vgl. Hoffmann-Riem 1981).

Das nordamerikanische Modell hatte Pate gestanden, als es nach dem Zweiten Weltkrieg darum ging, die deutsche Presse von der totalitären Last des Nationalsozialismus zu befreien und vor einem Rückfall in das ideologische Wirrwarr der Weimarer Parteienrepublik zu bewahren. Mit den Care-Paketen schickten die Amerikaner ihre 'Objektive Berichterstattung' (→ Kapitel 4.1.2). Danach wollten sie wissen, was aus diesem Mediensystem 'Made in USA' - angereichert durch das britische Organisationsmodell für den Rundfunk - geworden ist (vgl. Sandford 1976). Und zufrieden registrierten sie, daß die Lektionen offenbar gelernt worden waren[46].

Als es dann darum ging, Aufschluß über die Zukunft des deutschen Mediensystems in der Phase der Kommerzialisierung und Deregulation zu gewinnen, wurden Fragen nach dem rechtlichen Rahmen, den politischen Strategien und den ökonomischen Mechanismen gestellt; und nach Medieninhalten, Medienfunktionen und Nutzungsgewohnheiten (→ Kapitel 4.4), nach dem Zuschnitt von Berichterstattungsmustern, nach journalistischen Rollenkonzepten und Standards und dem Erfolg von Selbststeuerungsprinzipien (→ Kapitel 2.3.3). An dieser Stelle sollen zunächst der rechtliche Rahmen und die wesentlichen Strukturmerkmale des amerikanischen Mediensystems dargestellt werden.

Wichtigste normative Basis dieses Mediensystems ist das "First Amendment", der erste von zehn Zusatzartikeln ("Bill of Rights") der Verfassung der Vereinigten Staaten aus dem Jahre 1787. Die Kommunikationsfreiheit wurde damit in den Grundrechtskatalog der USA aufgenommen, der 1791 in Kraft trat. Explizit formuliert ist darin aber nur eine Bestimmung gegen die Zentralgewalt in Washington. Danach soll der Kongreß kein Gesetz verabschieden dürfen, das die Redefreiheit oder die Pressefreiheit einschränkt.

Die 'Founding Fathers' der Vereinigten Staaten, allen voran Thomas Jefferson, waren durchaus an einer wohlinformierten Öffentlichkeit als Grundlage für eine funktionierende Demokratie interessiert gewesen. Ihre Erfahrungsbasis aber bildete ein Mediensystem, in dem es vor allem Almanache und Flugblätter, aber nicht mehr als 35 kleinere Zeitungen gab. Heute gilt diese Verfassungsbestimmung für ein Mediensystem mit rund 20.000 Zeitungen und Zeitschriften sowie einem Netz von fast 12.000 Fernseh- und Hörfunkstationen.

Ähnlich wie die Väter des Grundgesetzes der Bundesrepublik Deutschland einhundertsechzig Jahre später, haben die amerikanischen Verfassungsväter eine überaus interpretationsoffene Rechtsgrundlage für die Kommunikationsfreiheit hinterlassen. Herauslesen läßt sich alles, was heute an Medienrechtsinterpretationen zwischen Liberalismus- und Sozialverantwortungskonzept gehandelt wird: Pressefreiheit als Gewerbefreiheit, Pressefreiheit als Informationsfreiheit ("The Public's Right to Know") sowie Pressefreiheit als demokratisches

46 So z. B. bei einem amerikanisch-deutschen Symposium, das im Jahre 1978 in Bloomington/Indiana stattfand (vgl. Herbert Altschull: The Media in Germany and the United States: the Same but Different, in: The Mass Media in West Germany and the United States. Papers and Discussions, Bloomington/Indiana 1978: 1-12).

Funktionsmerkmal. Im Unterschied zum Grundgesetz ist nicht einmal eine Gewährleistung der Medienfreiheit explizit formuliert.

In beiden Verfassungen wird Pressefreiheit aber eher als ein Unterfall der allgemeinen Meinungsfreiheit behandelt. Das individuelle Äußerungsrecht gilt als Leitbild auch für die medial vermittelte Kommunikation. Ob Meinungen mit Hilfe von Medien oder auf eine andere Weise verbreitet werden, unterliegt demnach demselben Rechtsprinzip. Und das ist folgenreich für den aktuellen Umgang mit diesem Grundrecht.

Die herrschende Grundrechtslehre in den USA hat stets hervorgehoben, daß die Freiheit der Presse vom Staat das zentrale Gut sei. Darüber, ob ansonsten die ökonomische Freiheit oder die Sozialverantwortung der Medien Vorrang hätten, gingen die Meinungen im Lauf der mehr als zweihundertjährigen Verfassungsgeschichte jedoch stets auseinander. Wie in der Bundesrepublik schwankte die Diskussion zwischen folgenden dichotomen Interpretationen von Pressefreiheit:

- ▲ Liberalismus versus Sozialverantwortung
- ▲ Äußerungsfreiheit versus Informationsfreiheit
- ▲ Abwehrrecht gegen den Staat versus funktionales Erfordernis
- ▲ Kommunikationsfreiheit als individueller Wert versus Kommunikationsfreiheit als sozialer Zielwert
- ▲ Markt versus Teilhabe
- ▲ Selbstentfaltung versus Kontrolle
- ▲ Interessen der Medieneigentümer versus Interessen des Publikums

Je nach politischem Klima und aktueller Medienkultur wurde mal die eine, mal die andere Interpretation favorisiert. Vor allem nach dem Zweiten Weltkrieg gab es offenbar eine Zeit des Regelungsbedarfs, die in der Arbeit der "Commission on Freedom of The Press" ihren sichtbaren Ausdruck fand (→ Kapitel 2.3.1). Seit Ende der siebziger Jahre erlebte das Liberalismus-Konzept jedoch eine Renaissance. In der Reagan-Ära wurde Pressefreiheit in den USA wieder vor allem als Privileg der Medieneigentümer verstanden. Der Medienrechtler Wolfgang Hoffmann-Riem beschrieb das dabei feststellbare Ineinandergreifen von ökonomischem System, Kommunikationspraxis und Rechtsinterpretation in den USA so:

> "Die herrschende Auslegung stützt ein Mediensystem ab, das durch seine ökonomische Grundstruktur geprägt ist. Die ökonomische Struktur und die Verfassungsinterpretation sind aufeinander abgestimmt." (Hoffmann-Riem 1981: 60)

In diesem Mediensystem, in dem traditionell nicht nur die Presse, sondern auch der Rundfunk kommerziell, also in wesentlichen Teilen privatwirtschaftlich organisiert ist, gibt es jedoch zwei 'öffentlich-rechtliche' Komponenten: das öffentliche Network PBS (Public Broadcasting System) und die staatliche Aufsichtsbehörde FCC (Federal Communications Commission). Die Etablierung dieser FCC beruhte auf Überlegungen, die Parallelen zum Binnenpluralismus-Postulat des Rundfunks in der Bundesrepublik aufweisen. Angesichts eingeschränkter Verfügbarkeit des elektronischen Mediums sollte durch das Aufsichtsgremium gewährleistet werden, daß die Programme der mehr als 10.000 Hörfunk- und ca. 1.400 Fernsehstationen zumindest minimale Gemeinwohlorientierungen aufweisen. Konkret sind die sieben Commissioners, die der amerikanische Präsident vorschlägt und der Senat ernennt, zuständig für die Erteilung und Erneuerung der Rundfunklizenzen sowie die Überwachung der (programmlichen) Tätigkeit der Sender. Faktisch greift die Aufsichtsbehörde im wesentlichen zur "Politik der hochgezogenen Augenbrauen" bei Verstößen gegen die Lizenzauflagen. (Vgl. ebd.: 61 ff.)

Die FCC beruht auf dem "Communications Act", einem zentralen, weite Bereiche des Mediensystems regelnden Gesetz aus dem Jahre 1934. Schon in den zwanziger Jahren, als die Radio-Landschaft nach den Prinzipien der alten Goldgräber-Mentalität gestaltet zu werden drohte, war der Ruf nach staatlichen Ordnungsmaßnahmen laut geworden. Ein ungebremster Liberalismus im Medienbereich wurde nicht mehr für angemessen gehalten.

Ebenso wie die Bundesrepublik hat also auch die USA gesetzliche Bestimmungen, die die allgemeine Verfassungsnorm der Medienfreiheit ergänzen. Regelungsversuche der staatlichen Aufsichtsbehörde FCC werden faktisch jedoch nicht wirksam - trotz teilweise flankierender Gesetzgebungsinitiativen. Geradezu folgerichtig hat deshalb auch die FCC den seit Beginn der achtziger Jahre in den USA propagierten Trend der 'Deregulation' aufgegriffen, wonach keine Kommunikationspolitik die beste Kommunikationspolitik sei Zu den Aktionen der Kommission gehörte, im August 1987 die eigene 'Fairness-Doktrin' wegen verfassungsrechtlicher Bedenken aufzuheben. Sie hatte die nordamerikanischen Rundfunkanbieter zu einem gewissen Maß an Ausgewogenheit bei Themen von öffentlicher Bedeutung verpflichten sollen, ohne freilich großen Einfluß auszuüben. In der Praxis handelte es sich dabei eher um "die Illusion einer Aufgeschlossenheit der Rundfunkindustrie gegenüber den Anliegen der Bürger" (Le Duc 1988: 66).

Die Politik der Deregulation und der Förderung des Wettbewerbs in der gesamten Telekommunikationsindustrie hat sich weltweit in den kapitalistischen Ländern durchgesetzt. Ausgelöst wurde der Trend zweifellos von den USA; die Bundesrepublik gehörte zu den Ländern, die als erste gefolgt sind (vgl. Schiller 1984). Motive und Ziele der Deregulation lassen sich so zusammenfassen:

- ▲ Freiheit fördert Wettbewerb und damit Vielfalt auf dem Medienmarkt; Regulation kann immer nur ein schlechter Ersatz für funktionierenden Wettbewerb sein.
- ▲ Eingriffe in den Rundfunkbereich lassen sich aufgrund der neuen Technologien nicht mehr mit Kanalknappheit rechtfertigen.
- ▲ Die Telekommunikations- und Rundfunkindustrie sollte möglichst vollständig den Prinzipien der Marktwirtschaft unterworfen werden.
- ▲ Deregulation entspricht den ökonomischen Interessen der nordamerikanischen Telekommunikationsindustrie in weltweitem Maßstab.
- ▲ Übergangsweise kann allenfalls da ein Eingriff in den Markt noch gerechtfertigt werden, wo keine wirkliche Vielfalt existiert.

Die Deregulation ließ die amerikanische Kommunikationsindustrie "von der Leine" (Tunstall 1986). Damit wurde nach Ansicht von Kritikern das sozialdarwinistische Gesellschaftsmuster auch auf den Bereich der Kommunikation übertragen. Allerdings setzten nicht nur der amerikanische Kongreß, sondern auch Interessengruppen und Gerichte entsprechenden industriegesteuerten Aktivitäten der US-Regierung Widerstand entgegen.

2.2.3.2 Strukturmerkmale des Mediensystems der USA

In seinem Film "Citizen Kane" hat Orson Welles 1941 auf den Typ des Medien-Moguls aufmerksam gemacht. Die Machtfülle eines Großverlegers - gemeint war Randolph Hearst - und ihre Gefahren für das politische System sind spätestens seit diesem Meisterwerk bekannt. Das Lehrstück führt vor, wie weit sich Idee und Praxis eines offenen Mediensystems voneinander entfernen können. Denn die Praxis ist in den USA stets von der Auffassung bestimmt gewesen, daß Medienfreiheit in erster Linie Gewerbefreiheit sei. Fast alle Medienbetriebe befinden sich in privater Hand und werden als kommerzielle Unternehmen betrieben.

Der Pressemarkt weist dabei eine ähnliche Struktur auf wie der der Bundesrepublik. Er ist rein numerisch ungeheuer vielfältig. Mehr als 1.700 Tageszeitungen erscheinen in den USA. Auf dem Zeitschriftenmarkt tummeln sich unterschiedlichste Publikationen mit Auflagen von zum Teil deutlich mehr als zehn Millionen Exemplaren an der Spitze. Während es bei den Tageszeitungen in den achtziger Jahren nur wenige Veränderungen gab, blieb der Zeitschriftenmarkt in Bewegung; allein 1989 wurden 584 neue Titel herausgebracht (vgl. Stipp 1991).

Der nordamerikanische Rundfunk weist im Grunde einen noch höheren Konzentrationsgrad auf als der Pressemarkt. Im Bereich des Fernsehens sind es im wesentlichen die drei großen Networks NBC, CBS und ABC, die den Markt beherrschen. Daneben gibt es zahlreiche unabhängige Stationen in den einzelnen Bundesstaaten und Städten. Im nationalen Maßstab ist die publizistische Dominanz der drei großen Networks, die jeweils weit über eine Milliarde DM Umsatz im Jahr machen, aber ganz eindeutig. Die FCC hat mit einer an Vielfalt orientierten Lizenzvergabe nicht verhindern können, daß sich die Macht über den Rundfunk in wenigen Händen befindet.

Das nichtkommerzielle Network PBS stellt dazu kein Gegengewicht, sondern nur eine symbolische Kompensation dar, um das "schlechte Gewissen des US-amerikanischen Fernsehbetriebes" zu beruhigen (Rust 1985b). Immerhin ist das PBS aber in den meisten Millionenstädten und mittleren Städten der USA vertreten; ihm ist fast ein Viertel der ca. 1.400 Fernsehstationen zuzurechnen. Beim Hörfunk stellt sich das Verhältnis noch eindeutiger zugunsten der kommerziellen Stationen dar: Von den ca. 10.500 Radiostationen sind rund 9.000 in privater Hand; ca. 1.100 werden vom PBS unterhalten, das sich - abgesehen von Spenden - vor allem durch staatliche Zuwendungen finanziert. (Vgl. Kleinsteuber/Müller 1985; Schmidt 1986)

Konzentration - das zentrale Merkmal des nordamerikanischen Mediensystems - bedeutet nicht nur die Akkumulation von Medienbesitz (ökonomische Konzentration). Kommunikationsforscher fassen darunter auch eine unzureichende Repräsentanz der sozialen Schichten im Journalismus (Status-Konzentration) und eine unzureichende Verteilung der Medieninstitutionen auf der publizistischen Landkarte (geographische Konzentration); aus Status-Konzentration resultiert mangelnde Vielfalt der Berichterstattung aufgrund journalistischer Konsonanz (→ Kapitel 5.2.2). Geographische Konzentration bedeutet in den USA konkret, daß die Inhalte der Massenmedien von den Medienzentren an der Ostküste dominiert werden. Insofern relativiert sich der Befund eines lokalen Charakters der nordamerikanischen Medien.

Zentral ist jedoch die Konzentration von Medienbesitz[47]. Dieses Problem hat vor allem zwei Effekte für die Kommunikationsverhältnisse: die Bildung von lokalen (Presse-) Monopolen und Zeitungsketten (vgl. Entman 1985) und die Bildung von Konglomeraten - Medienunternehmen mit Beteiligungen in diversen Medienbereichen und darüber hinaus - als vorherrschender Konzentrationsform.

"The Media Monopoly" nannte der Medienkritiker Ben Bagdikian sein Buch über "die 50 Unternehmen, die kontrollieren, was Amerika sieht, hört und liest" (Untertitel). Er konfrontierte darin den Verfassungsanspruch der Meinungs- und Pressefreiheit mit der Realität der Informationsmonopole:

> "Das Zeitalter der Aufklärung schuf eine neue Art von Gesellschaft, in der für Diktatoren und Könige kein Platz mehr war. [...] Die USA sind für das Aufklärungszeitalter die fundamentale Demokratie gewesen. Im ersten Zusatzartikel ihres heiligsten Dokumentes wird die Meinungsfreiheit ausdrücklich garantiert. Meinungsvielfalt sollte der natürliche Zustand dauerhafter Freiheit sein.
>
> Die moderne Technologie und die amerikanische Ökonomie haben leise eine neue Art von zentraler Obrigkeit über die Informationen geschaffen - die nationalen und multinationalen Unternehmen. Die Mehrheit aller bedeutenden amerikanischen Medien - Zeitungen, Zeitschriften, Radio, Fernsehen, Bücher und Filme - wird in diesem Jahrzehnt von 50 gigantischen Unternehmen kontrolliert. Diese Unternehmen sind durch gemeinsame finanzielle Interessen verkettet mit anderen riesigen Industrien und mit ein paar dominierenden internationalen Banken." (Bagdikian 1983: XV; übers. v. Verf.)

---

47 Der Grad publizistischer Konzentration auf den lokalen Pressemärkten stellt die Situation in der Bundesrepublik noch bei weitem in den Schatten. 1923 gab es in den USA noch 502 Städte, in denen zwei oder mehr im Wettbewerb liegende Zeitungen erschienen; 100 Städte hatten sogar drei oder mehr Zeitungen. 1985 gab es nur noch 30 Städte mit konkurrierenden Tageszeitungen; nur noch New York hat drei Wettbewerbszeitungen. Damit sind inzwischen 98 Prozent der nordamerikanischen Städte 'one-owner towns' mit nur einem Zeitungsverleger. Zeitungsketten regieren diese regionalen und lokalen Märkte. Zur Jahrhundertwende waren die damals 2.042 Tageszeitungen im Besitz von 2.023 verschiedenen Verlegern. 1982 gab es nur noch 760 Zeitungseigentümer, wobei 20 von ihnen mehr als die Hälfte der Gesamtauflage herausgaben. Inzwischen befinden sich zwei Drittel der Tageszeitungen im Besitz von 160 Verlagsgruppen, die 75 Prozent der Gesamtauflage kontrollieren; ein Dutzend davon kontrolliert rund die Hälfte der Auflage. (Vgl. Compaine et al. 1982: 21 ff., 1985: 82 ff.; Bagdikian 1971: 129, 1985: 100 ff.) Anders als Bagdikian sieht Compaine (1985: 87) in dieser Situation keinen Grund zur Besorgnis: "There is nothing inherent in either the one-newspaper city or the chain trends to warrant alarm with regard to media diversity or the role of newspapers in the practice of democracy."

Bagdikian schrieb im Zusammenhang mit der Verflechtung von Medien- und Nichtmedienunternehmen von der "endlosen Kette". Allein im Aufsichtsrat des Network ABC sitze die gesamte Finanzwelt der USA, die doch eigentlich von den Medien kontrolliert werden sollte. Auch der Medienkonzern TIME sei dermaßen mit dieser Finanzwelt verkettet, daß sein Aufsichtsrat fast die oberste Etage der amerikanischen Geschäfts- und Finanzwelt ausmache. (Vgl. ebd.: 25)

Die ungeheure Konzentrationsmasse, die sich im amerikanischen Mediensystem angesammelt hat, ist immer wieder als Herausforderung für staatliche Regelungsmaßnahmen diskutiert worden. Solche Regelungsmaßnahmen konnten sich in Ergänzung des "First Amendment" zum Beispiel auf die "Commerce Clause" der amerikanischen Verfassung und den "Communications Act" von 1934 stützen, der die Grundlage für die Tätigkeit der FCC bildet. Zu den Bemühungen, die es immer wieder gegeben hat, Auswüchse des Marktmodells zu begrenzen, gehört die Tätigkeit der "Commission on Freedom of the Press" nach dem Zweiten Weltkrieg (→ Kapitel 2.3.1). Doch allein das vielfach vorfindbare Problem des Doppeleigentums von Tageszeitungen und Fernsehsendern an einem Ort zeigt die relative Folgenlosigkeit all dieser ordnungspolitischen Bemühungen. Alle Versuche, in die Medieneigentümerfreiheit durch gesetzliche Regelungen einzugreifen, scheiterten im übrigen am Verfassungsrecht.

In der Bundesrepublik wurde oft beklagt, daß die Medien nach dem Zweiten Weltkrieg und der Teilung der einstigen Zeitungsmetropole Berlin eher provinziell geworden seien. Immerhin gibt es aber mehrere Qualitätszeitungen mit nicht nur nationalen, sondern auch - zum Teil eigenständig gesammelten - internationalen Informationen. Im Vergleich dazu sind die nordamerikanischen Medien in ihren Inhalten hochgradig ethnozentriert. Legt man die Reichweite ihrer Themen zugrunde, dann scheinen sich die Amerikaner überhaupt nicht dafür zu interessieren, was außerhalb der Landesgrenzen vor sich geht. Mehr noch: Presse und Rundfunk sind im wesentlichen vor allem eine fragmentierte Ansammlung regionaler oder lokaler Einrichtungen[48] - die freilich zunehmend mehr zentral bedient werden.

---

[48] Ein internationaler Vergleich der Zeitungsmärkte, der Anfang der siebziger Jahre durchgeführt wurde, macht das Merkmal einer Regionalisierung oder sogar Lokalisierung der Medien in den USA besonders deutlich: Trotz NEW YORK TIMES, WALL STREET JOURNAL und WASHINGTON POST kamen aus den Metropolen New York und Washington (6,6 Prozent der Bevölkerung leben hier) nur 9,6 Prozent der nationalen Auflage. Dagegen wurden zum Beispiel in Moskau (3 Prozent der sowjetischen Bevölkerung) 87 Prozent der Auflage, in Tokio (11 Prozent der japanischen Bevölkerung) 70 Prozent der

Erst mit dem Start von USA TODAY am 15. September 1982 erhielten die USA überhaupt eine nationale Tageszeitung mit universellem Themenangebot. Nach hohen Anfangsverlusten (1983: 85 Millionen Dollar) konnte sich das bunte Blatt der Gannett-Gruppe später durch 'fast food journalism' auf dem gesamten Markt etablieren. Dies gelang vor allem mit Hilfe einer kunstvollen farbigen Wetterkarte (ganzseitig) sowie durch knappste Textbeiträge und viele Graphiken. USA TODAY ist das Fernsehbild als Tageszeitung und somit vielleicht das Printmedium der Zukunft. Worte werden, wo immer möglich, durch Fotos und Graphiken ersetzt oder zumindest ergänzt - Muster eines 'snapshot journalism'. Überall im Lande kann man USA TODAY aus stummen Verkäufern, die wie Fernsehapparate aussehen, herausnehmen. Technisch ist das Blatt ein Produkt der modernen Satelliten- und Computertechnik. (Vgl. Prichard 1987) Machart und Inhalt von USA TODAY - inzwischen gibt es auch eine europäische Ausgabe - sind schon Vorbild für viele Lokalzeitungen in den USA. (→ Kapitel 4.6)

Das Mediensystem der USA besitzt trotz seiner offensichtlichen Schwächen für viele Menschen in Deutschland - nicht nur Politiker und Medieneigentümer - nach wie vor große Faszination. Es basiert auf ähnlich vagen verfassungsrechtlichen Grundlagen wie das der Bundesrepublik. Teile seiner ökonomischen Basis und publizistischen Ideologie wurden direkt nach dem Zweiten Weltkrieg in die Bundesrepublik exportiert. Die nordamerikanische Medienindustrie hat danach in immer stärkerem Maße Software für das deutsche Fernsehsystem geliefert; heute ist sie dabei, im Rahmen internationaler Informatisierungsprozesse weitere Strukturangleichungen durchzusetzen. (Vgl. Schiller 1984) In beiden Ländern sind Deregulations- und Privatisierungsbestrebungen feststellbar[49], die noch bestehende Unterschiede zwischen den Mediensystemen weiter reduzieren werden. Nach Phasen, in denen 'Sozialverantwortung' nicht nur ein wissenschaftliches Thema war, gibt es in den USA nun schon seit einem Jahrzehnt den Trend zu einer ungehemmten Nutzung der Erwerbschancen einer wachsenden Informationsindustrie, die zu einer weiteren Kommerzialisierung nicht nur der Medien und des Journalismus, sondern der Kultur insgesamt führt (vgl. Schiller 1986).

Auflage und in London (14 Prozent) ebenfalls 70 Prozent gedruckt. (Vgl. Bagdikian 1971: 70)

49 Dies gilt generell für die Entwicklung der Mediensysteme in Europa und den USA; vgl. dazu das Themenheft der Zeitschrift Rundfunk und Fernsehen (1985/3-4).

So weit ist es in der Bundesrepublik zwar bisher nicht gekommen. Doch auch hier ließ sich ein im Prinzip bewährtes duales Mediensystem gegen die Mechanismen eines internationalen Medien- und Kommunikationsmarktes nicht aufrechterhalten; das neue Mediensystem der Bundesrepublik, das sich ab Mitte der achtziger Jahre herausbildete, wurde auch zum Muster für die deutsch-deutsche Medienentwicklung nach der 'Wende' im Herbst 1989. Das Ausmaß der Anpassung an das nordamerikanische Vorbild wird am Ende von der Abenteuerlust der Politiker, der Durchsetzungsfähigkeit der Medienindustrie, dem Rechtsverständnis von Verfassungsrechtlern - und vor allem vom Mediennutzungs- und -bewertungsverhalten der Bürgerinnen und Bürger (→ Kapitel 4.4) abhängen.

2.3 Ethische und professionelle Standards

2.3.1 Selbstverpflichtung durch Sozialverantwortung

Offene Mediensysteme westlichen Typs haben einen Doppelcharakter: Einerseits verstehen sie Presse und Rundfunk als soziale Institutionen, die also der Allgemeinheit dienen sollen; andererseits sind die Medien eine Industrie und dienen somit - im weitesten Sinne - (wirtschaftlichen) Einzelinteressen. Einerseits sind sie - als Kinder der Aufklärung - philosophischen Werten verpflichtet; solche Werte sind Vernunft, Freiheit, Wissen, Mündigkeit; andererseits sind die Medien und ihre Journalisten an praktisch-pragmatischen Vorgaben und Zielen wie Reichweite, Konkurrenz, Redaktionssschluß, Professionalität und Karriere orientiert. Die Spaltung geht dabei durch jedes einzelne Medium selbst. Diese 'eingebaute Schizophrenie' führt zu Widersprüchen zwischen Erwartungen gegenüber den Medien und den Leistungen, zu denen sich die Medien und ihre Akteure in der Lage sehen.

Medienkritiker beklagen, daß sich die Journalisten grundlegende Fragen zu ihrem Beruf ungern stellten: Was ist Wahrheit, was ist Wirklichkeit? Und in welchem Verhältnis stehen Nachrichten und Wahrheit/Wirklichkeit zueinander? (Vgl. Chase 1971) Oder, radikaler gefaßt: Gibt es - zumal mit den Möglichkeiten des Journalismus - überhaupt die Chance, 'wahre' und 'wirklichkeitsgetreue' Aussagen zu machen? Dies ist eine erkenntnistheoretische Frage, die von Konstruktivisten verneint wird (→ Kapitel 1.2.3). Angesprochen sind damit jedoch nicht nur erkenntnistheoretische, sondern auch ethische Probleme, denen sich der Journalismus stellen muß, wenn er sich selbst zum Thema macht.

Die Philosophie bemüht sich um ethische Theorien im Sinne der Formulierung von Prinzipien richtigen Handels oder zumindest der Generalisierung moralischer Regeln für viele Fälle. Dies sind - auch im Rahmen einer spezifischeren Soziologie der Moral - zunächst nur "Expertenbemühungen in ihrem Gegenstandsbereich" (Luhmann 1985: 322).

Hier verblieben zunächst auch die Anstrengungen in Sachen 'Medienethik'. Doch seit dem Zweiten Weltkrieg hat der Druck auf die Medien und ihre Journalisten immer mehr zugenommen, über den Tellerrand der täglichen Berufspraxis zu blicken und sogar Reflexionsangebote von Philosophie, Soziologie und Kommunikationswissenschaft zur Kenntnis zu nehmen. Die Bereitschaft dazu hält sich freilich bei den Berufsvertretern - gerade in Deutschland - bisher in Grenzen. Ihnen ist durchweg allenfalls auf irgendeine Weise bewußt, daß - im Interesse der eigenen Glaubwürdigkeit (→ Kapitel 4.4.3) - der Graben zwischen den Ansprüchen an die Berichterstattung und dem Verhalten der Berichterstatter nicht zu tief werden darf. Diese Einsicht vermitteln vor allem die sogenannten Fälle, spektakuläre Ereignisse, welche die Medien und die Journalisten selbst zum Thema machen (→ Kapitel 2.3.4.1). Bei solchen Medienaffären ist aber ohnehin die Aufforderung nicht zu überhören, daß sich die Medien und die Journalisten ihrer Verantwortung bewußt werden und ihr Handeln an moralischen Normen ausrichten sollten.

Die Verantwortung der Medien ist in den letzten 50 Jahren insbesondere in den angelsächsischen Ländern, wo die offenen Mediensysteme westlichen Typs entstanden sind, immer wieder in die Diskussion gebracht worden. Dies geschah vor allem dann, wenn der "Journalismus unter Feuer"[50] geriet. Doch dabei blieb stets unklar, welcher Verantwortungsbegriff den Bewertungen journalistischen Handelns zugrundegelegt werden soll[51].

---

50 "Journalism under Fire. A growing perception of arrogance threatens the American press" hieß die Titelgeschichte des US-Nachrichtenmagazine TIME am 12. Dezember 1983;

51 "In no other area is the sense of 'responsibility to' (journalistic loyalties) so abstract as in mass communication. This often makes it difficult for even a sensitive journalist to thoughtfully focus on the main victim or beneficiary in discussions of ethical behaviour." (Ralph D. Barney: Responsibilities of the Journalist: An Ethical Construct, in: Mass Comm Review, Vol. 14, 1987/3: 14-22; hier: 21)

Gemeint ist mit journalistischer Verantwortung[52] gewiß nicht eine kausale 'Handlungsverantwortung' im Sinne etwa der Verursachung eines Unfalls. Auf der anderen Seite wird aber wohl mehr verlangt als nur eine 'Fähigkeitsverantwortung' im Sinne beruflicher Kompetenz. Denn es ist selbstverständlich, daß auch Journalisten ihren Beruf nach allen Regeln der Kunst ausüben sollten - wobei je nach Medium diese Kunstregeln durchaus mit den allgemeinen Moralvorstellungen kollidieren können.

Eine 'Aufgaben- oder Rollenverantwortung' würde zumindest in Rechnung stellen, daß sich Verantwortung "auf die institutionellen Vermittlungen einlassen" muß (Spaemann 1989: 199). Doch hier stellt sich dann die Frage individueller Schuld im Rahmen organisierten Handelns, das den Journalismus heute kennzeichnet (→ Kapitel 3.2). Noch unsichereren Boden betreten wir aber, wenn wir Verantwortung als allgemeines Prinzip im Sinne einer Präventionsverantwortung für die Erhaltung der Natur und damit für das Schicksal der künftigen Welt postulieren (vgl. Jonas 1984). Dies scheint gerade zum Journalismus schlecht zu passen, der der Aktualität und dem Zeitgeist oft nur hinterherlaufen kann. Zu fragen ist hier außerdem, was eine solche unteilbare Verantwortung im konkreten Falle bedeuten würde: Daß wir alle für alles verantwortlich sind - und damit niemand mehr für etwas Bestimmtes?

Eine Ethik - wie auch das formalisierte Recht - unterstellt jedoch, daß jeweils immer ein einzelner verantwortlich ist. Davon geht jedenfalls eine 'Haftbarkeitsverantwortung' aus, die sich an Max Webers Ethik professionellen Handelns orientiert. Weber beschrieb professionelles Handeln als zweckrational und verantwortungsethisch. 'Zweckrational' bedeutet die Bereitschaft, Handlungen an den möglichen Folgen auszurichten; 'verantwortungsethisch', für diese Folgen geradestehen zu wollen. Die Gegenbegriffe sind wertrational und gesinnungsethisch: Das Handeln ist ausschließlich an Werten und ethischen Zielen orientiert; Verantwortung für die Folgen des Handelns wird hier grundsätzlich abgelehnt. (Vgl. Weber 1968: 56 ff.)

Journalisten müßten im Sinne dieser professionellen Ethik bei der Produktion von Medienausssagen die möglichen Folgen für Berichterstattungsobjekte wie für Unbeteiligte bedenken und bereit sein, dafür gegebenenfalls die Verantwortung zu übernehmen. Eine Reihe von Kommunikationswissenschaftlern fordert eine solche journalistische

---

52 Vgl. zu den im Folgenden dargestellten Verantwortungsbegriffen Lenk 1988: 58 ff., der sich bei seinen Ausführungen auf den amerikanischen Philosophen John Ladd bezieht.

Verantwortung für Konsequenzen aus den von ihnen initiierten Informations- und Kommunikationsprozessen (→ Kapitel 5.2.3).

Nach wie vor gibt es auf Fragen nach der letztlich nur abstrakt zu beschreibenden journalistischen Verantwortung ganz unterschiedliche Antworten. Die einen appellieren an die individuelle Verantwortung der Journalisten, wieder andere glauben an die Möglichkeit, Handlungsnormen für *den* Journalismus fixieren zu können, wieder andere orientieren sich an den sozialen Funktionen der Berichterstattung und postulieren allgemeiner eine 'Sozialverantwortung' der Medien und des Journalismus.

Die Idee, die einem solchen Sozialverantwortungs-Konzept zugrundeliegt, lautet: Die Medien sollten freiwillig der Gesellschaft dienen, so daß in den 'Marktplatz der Wahrheit' nicht bürokratisch eingegriffen werden muß. Die Frage ist aber auch hier, ob sich diese Idee auch praktisch umsetzen läßt. Die Autoren der "Four Theories of the Press" schienen dies Mitte der fünfziger Jahre für die USA zu glauben; sie verstanden das Sozialverantwortungs-Konzept als reformiertes Liberalismus-Konzept (→ Kapitel 2.1.2).

Das Konzept einer Sozialverantwortung der Medien geht auf die Arbeit der "Commission on Freedom of the Press"[53] zurück. Diese Kommission, der u.a. der Politologe Harold Lasswell und der Historiker Arthur Schlesinger angehörten, war gebildet worden, um akute Gefährdungen der Pressefreiheit zu untersuchen, die gegen Ende des Zweiten Weltkriegs in den USA sichtbar geworden waren. 1947 legte das Gremium nach dreijähriger Arbeit eine Analyse der Nachrichtenmedien und ihrer Verpflichtungen gegenüber der amerikanischen Bevölkerung vor und erhob darin insbesondere drei Vorwürfe[54]:

- ▲ Die wachsende Bedeutung der Medien ist begleitet von der Tatsache, daß immer weniger Leute die Möglichkeit haben, ihre Ansichten über die Medien zu verbreiten.
- ▲ Die wenigen Personen, die über die Medien verfügen (Verleger, Journalisten usw.), sind offenbar nicht in der Lage, angemessene Kommunikationsleistungen zur Befriedigung demokratischer Bedürfnisse zu erbringen.
- ▲ Die Kontrolleure der Nachrichtenmedien greifen teilweise zu Praktiken, die eine Kontrolle der Medien von außen herausfordern.

---

53 Sie wurde nach ihrem Vorsitzenden Robert M. Hutchins, dem Kanzler der Universität von Chicago, auch "Hutchins Commission" genannt.

54 Vgl. zum Folgenden den Report der Commission on Freedom of the Press (1947) sowie die parallel erschienene Darstellung von Hocking (1947).

Das erste Monitum bezieht sich auf das in späteren Jahren noch bedrohlicher werdende Problem der Pressekonzentration (→ Kapitel 3.1.2). Das zweite Monitum bezieht sich auf die Erfüllung der Medienfunktionen (→ Kapitel 4.1). Direkt auf den Normenzusammenhang des Journalismus, seine rechtlichen Grundlagen und die ethischen sowie professionellen Standards zielt das dritte Monitum.

Die Hutchins Commission stellte hierzu die Frage, ob die Medienwirklichkeit länger den unregulierten Aktivitäten einiger weniger Unternehmer und Manager überlassen werden dürfe und ob auf diese Weise tatsächlich "eine wahrheitsgemäße, vollständige und intelligente Darstellung der täglichen Ereignisse in einem Zusammenhang, der ihnen Sinn gibt", hergestellt werden könne.

Geleitet von Sorgen über die schwindende Glaubwürdigkeit der Medien setzte die Kommission aber auf die Selbstregulierungskräfte des Mediensystems - die bis heute vorherrschende Meinung in den westlich-pluralistischen Gesellschaften. Die Kommission formulierte Postulate einer Medienethik und setzte dabei insbesondere auch auf eine institutionalisierte Medienkritik[55]. Im einzelnen erhob die Kommission fünf Forderungen für einen sozial verantwortlichen Journalismus:

- ▲ die Ereignisse wahrhaftig, umfassend und intelligent darzustellen und im Zusammenhang zu interpretieren;
- ▲ dem Austausch von Kritik und Kontrolle in der Gesellschaft ein Forum zu bieten;
- ▲ ein Bild der sozialen Verhältnisse zu zeichnen, das alle gesellschaftlichen Kräfte enthält;
- ▲ Ziele und Wertvorstellungen der Gesellschaft darzustellen und zu erklären;
- ▲ der Bevölkerung vollen Zugang zum aktuellen Wissen zu verschaffen.

Trotz des relativ bescheidenen Anspruchs ihrer Vorschläge geriet die Kommission unter heftige Kritik. Jede Form von Regulierung sei unvereinbar mit der Verfassung, die in den USA den Medien als einzigen Privatunternehmen ihr Existenzrecht garantiert, meinten insbesondere die Verleger. Aber auch Ethik-Spezialisten aus der Wissenschaft wie zum Beispiel der Journalistik-Professor John C. Merrill kritisierten dieses Verantwortungsmodell. Denn dadurch würden die Medien zum öffentlichen Dienst an der Leine des Staates. Statt dessen müsse die individuelle journalistische Freiheit und Verantwortung gestärkt werden. (Vgl. Merrill 1974: bes. 88 f.)

---

55 Diese institutionalisierte Medienkritik gibt es in den USA seit vielen Jahren, z. B. in der Zeitschrift "Columbia Journalism Review".

Als philosophische Basis für Massenmedien in der kapitalistischen Gesellschaft schien das Konzept der Sozialverantwortung auf der anderen Seite aber doch gerne aufgegriffen zu werden - nicht zuletzt auch zur Legitimation für den öffentlich-rechtlichen Rundfunk westeuropäischen Typs. Herbert Altschull (1984: 303) sieht dafür vor allem vier Gründe:

- 'Sozialverantwortung' gibt den Journalisten das positive Gefühl, daß sie einen Beitrag für die Gesellschaft leisten, also im öffentlichen Interesse arbeiten.
- Ein solches Konzept reduziert Unsicherheiten über die Ziele der Arbeit in den Medien.
- Das Konzept erlaubt den Journalisten, die ökonomischen Realitäten ihrer Branche zu ignorieren.
- Und es unterläuft geradezu Forderungen nach staatlichen Regelungen für den Bereich der Medien (was durchaus im Sinn der Hutchins-Commission war).

Über diese professionellen und politischen Aspekte hinaus stellen sich aber weitere Fragen: Ob es eine Sozialverantwortung ausschließlich auf moralischer Grundlage, ohne rechtliche Regelungen, überhaupt geben kann. Dann, ob die Sozialverantwortung dem Medienbesitzer oder dem Journalisten obliegt und ob eine Wahrnehmung von Sozialverantwortung durch die Journalisten ohne ausreichende Autonomie überhaupt möglich ist. Weiter, wie die Wahrnehmung von Sozialverantwortung empirisch meßbar ist. Und: Worauf sich 'Sozialverantwortung' eigentlich bezieht - auf das Verhalten der Medien gegenüber der Regierung, dem Staat oder der Gesellschaft? Schließlich: Ob es in einem marktwirtschaftlichen Mediensystem nur die Verantwortung des Anbieters und nicht auch die Verantwortung des Kunden gibt (vgl. Christians 1989a), ob also das Publikum nicht die Medienangebote erhält, die es verdient - eine Frage, die vor allem dann gestellt wird, wenn die Journalisten nach Medienaffären auf Marktzwänge und die Neugier der Menschen als Steuerungsfaktoren ihrer Arbeit verweisen (vgl. Weischenberg 1988). Damit sind die Probleme einer Selbstverpflichtung der Medien auf bestimmte Maßstäbe, wie sie ethische Grundsätze leisten sollen, beschrieben.

Das Konzept der Sozialverantwortung begreift das Verhältnis von Medien und Gesellschaft als Faustischen Pakt, der nicht zuläßt, daß sich die Institutionen und ihre Journalisten aus ihrer Verantwortung für das Funktionieren der 'Mediengesellschaft' zurückziehen. Eine Renaissance erlebt ein solcher Appell an die Sozialverantwortung der Medien immer dann, wenn aktuelle Begründungen vorliegen.

2.3.2 Grundlagen einer Medienethik

2.3.2.1 Aktuelle Begründungen

In einer zitatreichen Dissertation der Universität Wien ist - auf der Grundlage des Kritischen Rationalismus - nach Begründungen für eine journalistische Berufsethik in der "offenen Gesellschaft" (Popper 1980) gesucht worden. Der Ethik wurde dabei eine Art Feuerwehrfunktion zugewiesen:

> "Unsere offenen Gesellschaften benötigen [...] gegen Mißbräuche der Problemlösungsinstitution Journalismus eine Berufsethik und eine kritisch-rationale Legitimation zur Aufrechterhaltung der Problemlösungskapazitäten des Mediensystems in Demokratien gegenüber den unerwünschten Nebenfolgen und realen Verfehlungen des gegenwärtig praktizierenden Journalismus." (Perzl 1988: 98)

Doch auch in offenen Mediensystemen wird Journalismus bereits auf vielfältige Weise geregelt und gesteuert. Die Bedingungen, die dabei die Medienstrukturen schaffen, lassen sich freilich oft nur mühsam mit ethischen Kategorien in Einklang bringen. Nach Maßstäben für journalistisches Verhalten wird vor allem gesucht, wenn es Irritationen über die Berichterstattung gibt. Dann wird Medienkritik geübt, aber es kommt auch vor, daß sich die Medien selbst zum Thema machen.

Solche aktuellen Begründungen für Diskussionen über die Ethik der Medien lassen sich freilich genauso schwer kategorisieren wie die Verantwortungsbegriffe, die bei dieser Gelegenheit gehandelt werden. Zu klären ist also, was genau der Gegenstand einer solchen Medienethik sein kann.

Da gibt es zum einen die Medienaffären, die öffentliches Aufsehen erregen und Gegenstand einer ethischen Kasuistik werden (→ Kapitel 2.3.4.1); sie können durchaus die Konfliktzonen einer journalistischen Ethik verdeutlichen. Dann gibt es die einzelne Fehlerkritik, den Hinweis auf Widersprüche oder schlichte Falschmeldungen. Etwa, als im August 1990 von vielen Medien der angebliche Selbstmord des früheren Olympiasiegers und Weltrekordlers im Hochsprung, Walerie Brumel, gemeldet wurde und schon kurz darauf dementiert werden mußte[56].

---

[56] Dabei handelte sich sich um eine Meldung des Sportinformationsdienstes, die nicht nur von BILD verbreitet wurde ("Warum wurde sein Selbstmord verschwiegen", Ausg. v. 8.8.1990: 7) und am Tag darauf korrigiert werden mußte ("Brumel lebt! Er schreibt sogar ein Buch", Ausg. v. 9.8.1990: 6), sondern auch z.B. von der FRANKFURTER ALLGEMEINEN ZEITUNG übernommen wurde.

Hier ist es schon schwieriger, professionelle Fehler, moralische Verfehlungen und ideologische Eintrübungen auseinanderzuhalten.

Und andererseits gibt es eine allgemeinere kritische Auseinandersetzung mit den Medien, die ethische Probleme im Zusammenhang mit der Kommerzialisierung der Mediensysteme, mit der Struktur von Mediengroßbetrieben und mit Überforderungen journalistischer Kompetenz thematisiert und dabei auf Daten zur Mediennutzung und Medienbewertung zurückgreifen kann; das Fernsehen steht im Zentrum dieser Medienkritik:

▲ Die *Kommerzialisierung* der Mediensysteme im internationalen Maßstab (→ Kapitel 3.1.4) führt zu verstärktem Konkurrenzdruck in bestimmten Segmenten des Journalismus. Hinzu kommt der Monopolverlust der klassischen Medien im Zuge der Informatisierungsprozesse in der Gesellschaft (vgl. Weischenberg 1985). Die Journalisten verlieren ihre Bedeutung als Schleusenwärter, ihre Produkte werden Teil eines schwer durchschaubaren Gemischs von Daten, Informationen und Kommunikation. In der Logik marktwirtschaftlicher Mediensysteme insgesamt liegt offenbar, daß darauf mit Mitteln wie 'Infotainment' und 'redaktionelles Marketing' reagiert wird, nicht aber mit verstärkten Bemühungen um journalistische Glaubwürdigkeit (→ Kapitel 4.4.3).

▲ *Konzentrationsprozesse* in den Mediensystemen führen zu immer größeren Einheiten. Insbesondere in größeren Medienorganisationen findet aber eine Anonymisierung von Verantwortung statt. Auch höchste Entscheidungsträger fühlen sich in quasi kybernetisch ablaufende Prozesse eingebunden, die ihren individuellen Spielraum stark einschränken. 'Ethisches Handeln' wird so durch institutionelles Handeln konditioniert. (→ Kapitel 3.2)

▲ Die zunehmende Komplexität aller Themen, die in der Gesellschaft für den Journalismus relevant werden, stellt immer höhere Anforderungen an die journalistische *Kompetenz* (vgl. Weischenberg 1990a). Zu den besonderen Herausforderungen gehört der Druck, der von Interessenvertretern als 'Public Relations' auf den Journalismus ausgübt wird (→ Kapitel 4.3.2). Auf der anderen Seite wird immer wichtiger, daß der Journalismus sinnvoll ausgewählte, aufbereitete, eingeordnete Aussagen anbieten kann, die sich qualitativ von den immer mehr und leichter verfügbaren 'Rohinformationen' unterscheiden.

▲ Die Bevölkerung, die für das gewaltige Angebot der 'Informationsgesellschaft' mit Unsicherheit über Relevanz und *Glaubwürdigkeit* (→ Kapitel 4.4.3) von Informationen bezahlt, ist zwar auf kompetenten Journalismus immer mehr angewiesen (→ Kapitel 5.4). Doch Befunde zur Mediennutzung und Medienbewertung (vgl. z. B. Berg/Kiefer 1987) haben gezeigt, daß sich Teile des Publikums von den Medien abwenden können, weil sie ihnen nicht mehr vertrauen (→ Kapitel 4.4). Dabei spielt auch der Vorwurf dysfunktionaler Wirkungen der Medien eine Rolle. Er wird wegen angeblich verantwortungsloser Berichterstattung der Journalisten insbesondere in den USA erhoben (→ die Kapitel 4.5.2, 5.2.2).

▲ Das Fernsehen steht sowohl auf Grund von Strukturveränderungen im Mediensystem als auch auf Grund seiner eigenen Bedingungen unter besonderem Druck. In der Bundesrepublik schafft die *Privatisierung* neue Konkurrenzbedingungen, die nach Ansicht von Kritikern u.a. zur 'Selbstkommerzialisierung' des öffentlich-rechtlichen Rundfunks geführt hat. Probleme schaffen aber auch die neuen Möglichkeiten der Produktionstechnik (→ Kapitel 3.3.4). Dem Visualisierungszwang kann dieses Medium heute mit Hilfe elektronischer Technik fast unbegrenzt gerecht werden. Potentiell erhält jedes Ereignis dadurch Live-Charakter, schwinden die Bearbeitungsspannen - und damit die Pausen zum Nachdenken. Dafür haben Medienaffären der letzten Jahre deutliche Belege geliefert.

Für gesellschaftlichen Diskurs über ethische Probleme des Journalismus gibt es also ausreichende aktuelle Begründungen unterschiedlichster Art. Der amerikanische Journalistik-Professor Edmund B. Lambeth, der sich in verschiedenen Veröffentlichungen mit der Medienethik beschäftigt hat, schreibt, daß in diesen Zeiten die Doppel-Herausforderung an Ethik und Kompetenz nicht mehr allein Sache der Journalisten sei[57]. Gerade in den USA wird der Bedarf für einen öffentlichen Diskurs über die Ethik der Medien und des Journalismus aktuell wieder hervorgehoben, obwohl gerade dort das Thema nie völlig von der Tagesordnung verschwunden war und in der Journalistenausbildung, der Literatur zum Journalismus und bei Medienkongressen traditionell eine wichtige Rolle spielt.

Die Intensität dieses Bedarfs folgt offenbar bestimmten Zyklen. Dem Soziologen Niklas Luhmann ist aufgefallen, daß es seit der Verbreitung des Buchdrucks jeweils in den achtziger Jahren eines Jahrhunderts zu einer 'Ethikwelle' komme; die Erklärung dafür will er den Astrologen überlassen (vgl. Luhmann 1990a: 10 ff.).

---

57 "The times are such that the twin demands of ethics and competence are no longer merely matters of special interest to journalists alone." (Lambeth 1986: 79)

Anfang der achtziger Jahre dieses Jahrhunderts begann jedenfalls wieder das verstärkte Bemühen um eine Ethik des Journalismus. John C. Merrill schrieb damals ironisch, heute sei wieder "ethics talk time" für die Presse - eine Erscheinung, die es in der amerikanischen Geschichte in zyklischen Abständen immer wieder gegeben habe. Dann würden sich die Journalisten um ihre beruflichen Grundlagen Sorgen machen und Ethik-Kodizes formulieren. Sie suchten nach moralischer Stabilisierung, doch trotz aller Aktivitäten und allen Geredes fänden sie wenig.[58] Zu einem ähnlich resignativen Befund war schon ein Jahrzehnt zuvor Dennis J. Chase in seinem Aufsatz über die "A philosophy of Journalism" gekommen[59]. Merrill fahndete in seinem Beitrag für das von der Zeitschrift "Communication" dem Thema Ethik gewidmete Heft nach Gründen für das angebliche "ethics vacuum" in den USA. Eine wesentliche Ursache dafür sah er in den fehlenden Gratifikationen für ethisches Handeln.[60]

Das Themenheft von "Communication" erschien zu einer Zeit, als es für die Beschäftigung mit der Medienethik besondere aktuelle Begründungen gab. Heftig kritisiert wurde in dieser Nach-Vietnam und Nach-Watergate-Äre vor allem, daß die 'Sozialverantwortung' immer häufiger als Begründung für zweifelhafte Medien-Praktiken herhalten mußte.[61]Lambeth gab deshalb dem ersten Kapitel seines Ethik-Lehr-

---

58 "So, it is 'ethics talk time' today for the Press - that time which comes and goes in cyclic motion throughout American history. Journalists claim to be searching for some basics to agree upon; they are writing Codes of Ethics; they are looking, they say, for some moral stability. But in spite of renewed activity and talk, they are finding little." (Merrill 1981: 18)

59 "The education of journalists has improved, but the state of journalism philosophy is about the same as it was in Mencken's day. Journalists *must* begin paying attention to philosophy, if only to understand who they are and what their function should be." (Chase 1971: 17; kurs. im Orig.) Herbert L. Mencken war in der Zeit nach dem Ersten Weltkrieg einer der schärfsten Kritiker des nordamerikanischen Journalismus (vgl. auch Dovifat 1927: 236).

60 Er schrieb dazu: "We have an ethics vacuum in this country, to be sure. And we have one simply because that is what journalists and government officials desire. The ethical person is not really the successful person in journalism or government today; this is almost a truism, although it is seldom stated so bluntly. Those persons who seriously want to be ethical had best stay out of both fields unless they are satisfied to sit in frustrated silence on the sidelines of the game, unable to attain prominence in the hard-fought, Machiavellian battle for power, prestige, and success." (Merrill 1981: 191)

61 Einen neuen Höhepunkt erreichte übertriebener Enthüllungseifer amerikanischer Journalisten im Präsidentschafts-Wahlkampf 1988, als u. a. der demokratische Kandidat, Senator Gary Hart, durch intime Berichte des MIAMI HERALD über sein Privatleben zur Strecke gebracht wurde.

buchs den Titel "Beyond a Socially Responsible Press". Er schrieb darin, daß das Mißtrauen gegenüber den Medien, die Skepsis gegenüber dem ethischen Verhalten von Journalisten und der Groll gegen die Macht der Medien in den USA immer mehr zunehme. Es sei deshalb höchste Zeit, daß sich die Journalisten und die Medieneigentümer über Prinzipien für ihr berufliches Handeln Gedanken machten.[62]

Trotz der relativ wenigen greifbaren Resultate wird die Diskussion über ethische Probleme des Journalismus in den USA aber insbesondere im Rahmen der Journalistenausbildung intensiv betrieben - teilweise mit einer rigorosen Ausrichtung am Informationsrecht der Öffentlichkeit, dem Vorrang gegenüber dem Persönlichkeitsrecht des Individuums eingeräumt wird (→ Text 2-9). Im Zentrum steht dabei weiterhin die 'soziale Verantwortung' der Medien. "Press Responsibility: What Does Society Need From Us?" fragte z. B. die Association for Education in Journalism and Mass Communication (AEJMC), die Organisation der Journalistik-Dozenten, bei einem Kongreß im Frühjahr 1987[63]. Die Referenten vertraten dabei die These, daß die Journalisten angesichts ihrer sozialen und rechtlichen Privilegien und der Macht, die sie besäßen, auch Verantwortung für die Informationen, welche die Bevölkerung braucht, übernehmen müßten, und zwar in einer wohlüberlegten und klugen Weise.

Das würde freilich bedeuten, daß die Journalisten auch für die Entscheidung, bestimmte Nachrichten zu unterdrücken, Verantwortung tragen - also auch für das, was sie unterlassen. 'Verantwortung' ist jedoch, wie bereits zu sehen war, ein schillernder Begriff; im Handlungssystem Journalismus hat er stets eine doppelte Bedeutung, denn hier geht es sowohl um die Verpflichtungen gegenüber dem eigenen

---

62 Das komplette Zitat lautet: "Accumulated distrust of the news media, skepticism of journalists' ethics, and a resentment of media power are very nearly permanent features of the contemporary American scene. While the media themselves are not alone responsible for this state of affairs, it is past time for journalists and owners of newspapers and radio and television stations to articulate principles of performance that are publicly visible, ethically defensible, and rooted clearly in a philosophic tradition that continues to justify a free press." (Lambeth 1986: 1)

63 Die Vorträge sind in der Zeitschrift Mass Comm Review (Vol. 14, 1987/3) dokumentiert; s. auch Anm. 57, 70 und 71.

Medium als auch um die Verpflichtungen des Mediums gegenüber der Gesellschaft[64].

Bei derselben Veranstaltung machte Louis D. Boccardi, Präsident der Nachrichtenagentur AP, deutlich, daß Journalisten ihre Verantwortung nach wie vor in erster Linie an recht allgemeinen berufspraktischen Maßstäben messen. Verantwortung sei eine Frage des Lernens und Könnens, sagte er. Es gehe darum, informierte und aufgeweckte Reporter loszuschicken, die von besser trainierten Redakteuren geführt würden - dann würden die Medienprodukte schon mehr aufklären als Verwirung stiften.[65]

Ähnlich argumentieren auch deutsche Chefredakteure, wenn sie Fragen journalistischer Ethik auf professionell-technische Bereiche wie etwa bestimmte Recherchemethoden oder auf Rechts- und Marktprobleme reduzieren[66]. Ethische Probleme stellen sich ihnen im Alltag sehr konkret; über ihre allgemeine soziale Verantwortung machen sie sich deshalb weniger Gedanken - oder sie sehen sie gar nicht als spezifisches Berufsproblem, weil sie grundsätzlich bestreiten, daß es für die Medien eigene moralische Regeln gibt[67].

Beide Gruppen - Wissenschaftler und journalistische Berufspraktiker - sind durchweg aber schon übereinstimmend der Auffassung, daß es mehr denn je einen Ethikbedarf im Journalismus gibt. Dieser aktuelle Ethikbedarf läßt sich in Hinblick auf seine Ursachen und Konsequenzen auf allen vier Ebenen unseres Analyseschemas (→ Kapitel 1.4.2) untersuchen:

---

64 "The ethical journalist both acts as an agent for the responsible organization and keeps watch to ensure that the organization meets its own weighty obligations." (Deni Elliott: Creating the Conditions for Ethical Journalism, in: Mass Comm Review, Vol. 14, 1987/3: 6-10; hier: 10).

65 "We have a responsibility to learn to do our jobs better, to field informed and more astute reporters, guided by better trained editors, who will fashion publications that enlighten rather than confuse." (Louis D. Boccardi: Press Responsibility: The Journalist's View, in: Mass Comm Review, Vol. 14, 1987/3: 11-13, 35; hier: 35).

66 So z. B. Joachim Sobotta, Chefredakteur der RHEINISCHEN POST, und Peter Koch, der - inzwischen verstorbene - ehemalige Chefredakteur des STERN (vgl. Joachim Sobotta: Eine Frage des Charakters. Das berühmte journalistische Ethos, in: Boventer 1988a: 149-155; Peter Koch: Die Ethik der Blattmacher, in: Erbring et al. 1988: 139-149).

67 "Es gibt keine journalistische Ethik, die sich von der allgemeinen Ethik unterscheidet. [...] Es gibt nur eine Integrität für alle; nur eine Art von Anstand für alle; nur eine Art von Tugendhaftigkeit für alle". So Theo Sommer, Chefredakteur der ZEIT, in seinem Vortrag "Journalistische Ethik heute" am 1. März 1989 vor der Alstertafel in Hamburg (Masch.-schr.-Man.).

- ▲ auf der Ebene der Normen (Ethik-Kataloge und ihre Verschränkung mit rechtlichen Regelungen);
- ▲ auf der Ebene der Strukturen (institutionelle Voraussetzungen für die individuelle Selbstregelung journalistischen Handelns);
- ▲ auf der Ebene der Funktionen (Übereinstimmung von ethischen Prinzipien mit den Kommunikationsabsichten der Journalisten und den Kommunikationserwartungen des Publikums);
- ▲ auf der Ebene der Rollen (Dispositionen von Journalisten gegenüber ethischen Entscheidungssituationen).

Es handelt sich bei Fragen einer beruflichen Selbstverpflichtung von Journalisten also um einen komplexen Zusammenhang, bei dem an dieser Stelle vor allem zu klären ist, ob es konsensfähige Regeln für das geben kann, was die Medien und ihre Journalisten sollen. Dann aber muß es darum gehen, was die Journalisten dürfen (→ Kapitel 3). Und darum, was sie wollen (→ Kapitel 5), also, empirisch gefaßt, über welche ethischen Dispositionen sie verfügen. Auf der Funktionsebene wird das, was die Journalisten sollen, dürfen und wollen, zusammengebracht mit den Leistungserwartungen der Gesellschaft und der verschiedenen Publika (→ Kapitel 4).

2.3.2.2 Philosophische Prinzipien

Fragen journalistischer Ethik haben in Deutschland jahrzehntelang kaum eine Rolle gespielt. Wenig Interesse an diesem Thema zeigte auch die Publizistik- und Kommunikationswissenschaft, die sich nach dem Bruch mit ihrer praktizistisch-normativen Tradition und der Konzentration auf "Gesinnung" und "Verantwortung" als Zielkategorien publizistischen Handelns (vgl. Noelle-Neumann 1982) kaum noch für die Ethik des Journalismus interessiert hatte. Damit, so beklagt der Mainzer Publizistikwissenschaftler Jürgen Wilke,

> "schwand auch die Überzeugung, sich dieses Themas überhaupt wissenschaftlich annehmen zu können. Denn bei kaum einem anderen Thema scheint es schwieriger, zu intersubjektiver Übereinstimmung zu gelangen als wo es um Ethik geht. Dabei ist diese Unsicherheit der Wissenschaft ein Reflex auf den gewachsenen Wertepluralismus der Gesellschaft." (Wilke 1987b: 234)

Die auch in der Bundesrepublik etwa seit Mitte der achtziger Jahre betriebene Renaissance einer Ethik-Diskussion mußte deshalb wieder fast bei Null anfangen. So verwundert es nicht, daß sowohl das theoretische Niveau dieser Diskussion als auch die Präzision der Argumente unzureichend sind (→ Kapitel 2.3.3). Kritisiert werden insbesondere die Vermengung von Moral und Recht und die erneute Individualisierung des Systems Journalismus bei der Suche nach Maßstäben für journalistisches Handeln. Statt nach aktuell angemessenen Maßstäben zu suchen, die im modernen Journalismussystem Relevanz beanspruchen können, wird, wie Rühl moniert, diese Diskussion aus der Ableitung großer philosophischer Prinzipien gespeist:

> "Ausgewählte philosophische Theorien aus der Tradition von zweieinhalbtausend Jahren sollen eine journalistische Berufs- und Arbeitsethik im Gesellschaftsleben dieses Landes zum Ende des 20. Jahrhunderts begründen." (Rühl 1990: 154)

Der Philosoph Robert Spaemann setzt jedoch einen anderen Akzent, wenn er davon ausgeht, daß zum Thema Ethik alles Wichtige schon gesagt sei. Die Herausforderung bestehe eben darin, die alten Ideen auf den modernen Menschen und seine sozialen Verhältnissen zu beziehen. Spaemann schreibt im Vorwort zu seinem "Versuch über Ethik":

> "Dieser Versuch über Ethik enthält hoffentlich nichts grundsätzlich Neues. Wo es um Fragen des richtigen Lebens geht, könnte nur Falsches wirklich neu sein. Und doch muß das, was Menschen immer schon wissen, von Zeit zu Zeit neu gedacht werden, weil die realen Bedingungen des Lebens und die zur Verfügung stehenden Begriffe für unsere Selbstverständigung sich wandeln. Die Herausforderung, der sich ethische Reflexion stellt, ist seit dem 5. Jahrhundert vor Christus im Grunde dieselbe geblieben, so daß man Anlaß hat, von einer anthropologischen Konstante zu sprechen, zumindest von einer Konstante in allen Hochkulturen." (Spaemann 1989: 9)

Seit dem 5. Jahrhundert vor Christus gibt es Systematisierungsbemühungen von Moral. Die Reflexionstheorie der Moral nennt man seit Aristoteles üblicherweise 'Ethik'. Dabei geht es darum, Moral als Unterscheidung zu thematisieren - zwischen gut und schlecht oder gut und böse - und dafür Maßstäbe zu entwickeln. Nach solchen Maßstäben suchen wir üblicherweise nur dann, wenn wir bei unserem Handeln in einen Konflikt geraten. (Vgl. Luhmann 1985: 317 ff.)

Aristoteles, der erste Ethik-Theoretiker, bot als Maßstab die Normalität an, den Ausgleich zwischen individuellen und sozialen Bedürfnissen. Dieser Kompromiß als Grundlage vernünftigen Handelns, den er in seiner Nikomachischen Ethik entwickelte, hatte freilich eine überschaubare Bezugsgröße: den geschlossenen Systemzusammenhang der Polis.

TEXT 2-9

Gesetze der Prominenz: The Name of the Game

Vor einigen Jahren unterrichtete ich an einer *journalism school* in einer Kleinstadt im Mittleren Westen der USA. Die Einrichtung wurde zu den zehn besten des Landes gezählt, und das war nicht zuletzt auf die Qualitäten ihres Dekans zurückzuführen. Er galt als profilierter Lehrer und begnadeter Geldbeschaffer für das Institut. Einige Wochen nach Semesterbeginn erschien die örtliche Zweitzeitung, die von Studenten dieser *journalism school* produziert wird, mit der Schlagzeile auf Seite 1: "Dekan in Florida verhaftet". Aus dem Artikel ging hervor, daß der Dekan auf der Toilette eines Homosexuellen-Lokals von einer Zivilstreife der Polizei aufgegriffen worden und bei einer tätlichen Auseinandersetzung mit den Beamten schwer verletzt worden sei. Die Umstände des Vorfalls seien unklar; der Dekan liege jetzt in einem Krankenhaus im fernen Florida.

Der Bericht trat eine Lawine los. Alle örtlichen Medien berichteten tagelang über den Vorfall. Für die Familie des Dekans und ihn selbst nach seiner Rückkehr begann ein Spießrutenlaufen. Die Einzelheiten des Vorgangs wurden nie gklärt. Nach Zahlung einer Strafe stellte das Gericht das Verfahren ein. Der Dekan, der im Amt blieb, überstand die folgenden Monate unter Einsatz aller Kräfte. Dann starb er im Alter von 52 Jahren. "Herzversagen nach dem Jogging" war die offizielle Todesursache.

Ich unterrichtete zu Beginn der Affäre ein Hauptseminar, in dem es auch um die journalistische Ethik ging. Nach der ersten Veröffentlichung machte ich den Artikel zum Unterrichtsthema, weil ich es für nicht akzeptabel hielt, diese vagen Informationen mit solch absehbaren Folgen für den Betroffenen und seine Familie zu drukken. Doch die Studenten und später auch die Fakultät belehrten mich über das, was sie *the name of the game* nannten: Man könne eine derartige Information nicht zurückhalten, das habe dieser Dekan selbst immer wieder gelehrt. Für bekannte Personen, also auch Institutsleiter an einer Kleinstadt-Universität mit 40.000 Studenten, hätten ohnehin Gesetze der Prominenz zu gelten.

Zwar gab es in den Wochen danach eine kontroverse Leser-Diskussion in der örtlichen Presse, doch im Prinzip waren sich alle einig: Die Pressefreiheit sei das höhere Gut gegenüber der Schonung eines einzelnen. Die Presse habe nicht das Recht, aus wie auch immer gearteten moralischen Erwägungen heraus Informationen zu unterdrücken.

(aus: Der Preis der Wahrheit, die Gesetze des Marktes, in: Die Zeit v. 15.1.1988: 16; kurs. im Orig.)

Das Problem, einen solchen in die Praxis umsetzbaren Kompromiß in offenen modernen Gesellschaften noch zustandezubringen, wird durch die Polarisierung ethischer Grundprinzipien deutlich, an der sich insbesondere die nordamerikanische Diskussion mit ihrer stattlichen Lehrbuchkultur zur Medienethik orientiert. Grob unterschieden wird dabei zwischen der deontologischen Ethik und der teleologischen Ethik, wobei es sich aber nicht um diametrale Gegensätze handelt, sondern um unterschiedliche Begründungen normativer Ethik:

- ▲ Die *deontologische Ethik* (Pflichtethik) rekurriert auf Kants Kategorischen Imperativ: ein Handeln nach Regeln, die wir als allgemeine Gesetze wünschen, und zwar ohne Berücksichtigung der Umstände und ohne Ausnahme. Im Journalismus wäre demnach zum Beispiel jede Art von Täuschung bei der Recherche grundsätzlich nicht akzeptabel. Entscheidungen werden nach Vernunftgründen getroffen, die in der Sache selbst liegen - das Wesen des Handelns entscheidet über richtig oder falsch, prinzipiell unabhängig von den Folgen. Deontologische Regeln sind kontextunabhängige Normen, die jederzeit und überall Gültigkeit besitzen.
- ▲ Die *teleologische Ethik* (Zielethik) rekurriert auf den Utilitarismus u.a. von Jeremias Bentham: ein Handeln unter dem Aspekt der Folgen für die größte Zahl (Gesellschaft). Entscheidungen werden nach der Zweckmäßigkeit getroffen, wobei letztlich die Handlungsfolgen über richtig oder falsch entscheiden. Der Utilitarismus setzt also gutes Handeln mit nützlichem Handeln gleich. Der Utilitarismus (oder: Konsequenzialismus) ist seit dem 19. Jahrhundert die zentrale Richtung normativer Ethik in der angelsächsischen Welt.

Utilitaristisches Denken leitete auch das von der Hutchins-Kommission propagierte Sozialverantwortungsmodell der Medien und die Verantwortungsethik Max Webers (→ Kapitel 2.3.1) - eine nicht unproblematische Monopolisierung des Verantwortungsbegriffs:

> "Wenn er [der Utilitarismus bzw. Konsequenzialismus, S.W.] sich selbst als 'Verantwortungsethik' bezeichnet, so ist das irreführend. Handlungen sind dadurch definiert, daß sie Wirkungen haben. Jede Ethik ist Verantwortungsethik, weil keine Ethik von allen Wirkungen absieht. Sie müßte dann von Handlungen absehen. Die Differenz liegt im Gegenstand der Verantwortung." (Spaemann 1989: 159 f.)

Am Nutzenkalkül orientiert sich in den USA traditionell die Diskussion über die journalistische Berufsethik. Doch inzwischen gibt es auch dort Bemühungen, die Erörterung ethischer Probleme des Journalismus von der rein utilitaristischen Perspektive wegzurücken. Autoren wie Edmund B. Lambeth bezweifeln grundsätzlich, daß Nützlichkeitserwägungen als journalistische Handlungsmaßstäbe im Berufsalltag ein Schutz gegen übertriebenen Individualismus und Hedonismus sein könnten; für die Unterscheidung zwischen Freiheit und Mißbrauch von Freiheit habe das Sozialverantwortungs-Konzept keinen praktischen Nutzen[68].

---

68 Lambeth schreibt dazu: "[...] something more is needed of an ethical perspective. In short, the practical weakness of the Hutchins literature is that it contains little that would assist individual journalists in daily ethical judgements

TEXT 2-10

Kodex der Berufsethik des sowjetischen Journalisten (Auszug)

Artikel 1. Die soziale Verantwortung des Journalisten

Der Journalist ist verantwortlich vor den Lesern, Zuschauern und Hörern sowie vor der Gesellschaft als ganzer in Gestalt ihrer verfassungsmäßigen Institutionen für den Inhalt der Mitteilungen, die von ihm zur Veröffentlichung vorgelegt werden, für die wahrheitsgemäße und rechtzeitige Information der Leser, Zuschauer und Hörer über aktuelle Probleme von gesellschaftlichem Interesse.

Der Gebrauch der Masseninformationsmittel zum Schaden der Interessen des sowjetischen Staates, der Gesellschaft, der rechtlichen und gesetzlichen Interessen der Persönlichkeit, für die Anstiftung zum Krieg und zu Gewalt, zu nationaler und religiöser Intoleranz, zur Propagierung von Grausamkeit und zur Verbreitung von Pornographie ist ebenso unzulässig wie die Manipulierung der öffentlichen Meinung und die Monopolisierung der Publizität (Glasnost).

Wenn eine Anordnung des Herausgebers oder der Redaktionsleitung in Gegensatz tritt zu den Forderungen der gesellschaftlichen Moral oder zu den Bestimmungen des vorliegenden Kodex, dann muß der Journalist ihre Ausführung verweigern. Der Journalist hat das Recht, die Ausführung einer Redaktionsanordnung abzulehnen, wenn sie seinen moralischen Überzeugungen widerspricht.

Artikel 2. Wahrhaftigkeit

Der Journalist ist zur wahrheitsgetreuen Darstellung der Wirklichkeit auf dem Weg der genauen und erschöpfenden Information verpflichtet. Er stellt die Fakten dar, indem er ihren ursprünglichen Sinn bewahrt, die wichtigsten Zusammenhänge aufdeckt und keine Entstellungen zuläßt, damit die Öffentlichkeit genügend Material erhält, das es ihr ermöglicht, sich eine genaue, zusammenhängende und weitestgehend adäquate Vorstellung von den laufenden sozialen Prozessen, ihrem Ursprung, Wesen und Bedeutung machen kann, über die Lage der Dinge in der heutigen Welt.

Artikel 3. Objektivität

Bei der Auswahl der Fakten, ihrer Interpretation und Bewertung, der Bearbeitung und Veröffentlichung der Information geht der Journalist von den grundlegenden Interessen des Volkes, den Zielen der Erneuerung und Vervollständigung der sozialistischen Gesellschaftsordnung aus. Den Unterschied der Interessen verschiedener sozialer Gruppe und Schichten beachtend, darf der Journalist nicht zum Mittler egoistischer privater oder Gruppeninteressen werden, von Behördeninteressen, Lokalpatriotismus oder Cliquenwirtschaft in Apparaten. Er ist verpflichtet dazu beizutragen, daß die Masseninformationsmittel den sozialistischen Pluralismus der Mei-

---

they have to make. There is no general framework that can be applied to specific decisions. In this, it is deficient in precisely the same way as the libertarian theory from which it sprang. Social responsibility theory can, as justly as libertarian doctrine, be judged as having failed, in Fred Siebert's phrase, to provide 'rigorous standards for the day-to-day operations of the mass media - in short, a stable formula to distinguish between liberty and the abuse of liberty'." (Lambeth 1986: 8) nungen objektiv widerspiegeln, ohne Verzerrungen die Standpunkte aller streitenden Seiten darstellen. Das Prinzip der kommunistischen Parteilichkeit des sowjetischen Journalisten schließt das Verschweigen gesellschaftlich bedeutsamer Information aus, die Entstellung von Fakten und ihre unwahre Interpretation.

(Quelle: Žurnalist 1989/1: 32-35; übers. v. Lutz P. Michel)

Statt dessen wird inzwischen in den USA Immanuel Kant wiederentdeckt[69], auf dessen Kategorischen Imperativ sich die deontologische Ethik bezieht. Es geht dabei um den Verzicht auf teleologische, aber auch empirisch-pragmatische Überlegungen, um sittliche Gebote zu begründen, um Maximen, die in sich gut sind. (Vgl. Höffe 1986: 184) In diesem Sinne wird nach Regeln gesucht, die es den Journalisten erlauben, im Berufsalltag ethisch zu handeln (vgl. Goodwin 1987). Dabei gehen amerikanische Autoren insofern pragmatisch und induktiv vor, als sie - auf der Grundlage von konkreten Entscheidungssituationen - eine Art journalistischer Kasuistik (→ Kapitel 2.3.4.1) entwickeln.

In der Tradition Kants steht auch die u. a. von Habermas propagierte *Diskursethik*. Als sozusagen moderne Variante des kategorischen Imperativs will sie die vernunftgesteuerte Verallgemeinerung des Handelns über die Kommunikation unter den Betroffenen auf Handlungsfolgen in einer komplexen Gesellschaft der heutigen Zeit beziehen.

Dieser Versuch, "den Kantischen Begriff der praktischen Vernunft zu operationalisieren und zu entindividualisieren" (Spaemann 1989: 173), hätte für eine Medienethik Bedeutung, wenn er sich mit den institutionellen Bedingungen einer 'Mediengesellschaft' in Übereinstimmung bringen ließe (→ Kapitel 2.3.3).

2.3.2.3 Zur Substanz von Pressekodizes

Pressekodizes folgen der Logik einer deontologischen Ethik. Es geht darin um das Angebot von Maximen, an denen sich Journalisten bei ihrem Handeln unabhängig von den jeweiligen Umständen oder den absehbaren oder nicht absehbaren Folgen orientieren können.

Insbesondere journalistische Berufsverbände haben sich immer wieder um die Formulierung von Pressekodizes bemüht. Erste Versuche reichen in die Zeit vor dem Ersten Weltkrieg zurück, als Anstren-

---

69 Vgl. z. B. Richard L. Johannesen: Issue editor's introduction: Some ethical questions in human communication, in: Communication, Vol. 6, 1981: 145-157 (hier: 146 f.).

gungen zur Hebung des Berufsprestiges der Journalisten besonders nötig schienen. Allein seit dem Zweiten Weltkrieg sind dann in verschiedenen Ländern der Erde mehr als ein Dutzend solcher Gebotslisten zu den Rechten und Pflichten von Journalisten vorgelegt worden (vgl. Fleck 1985).

Es liegt nahe, hinter dieser Inflation professionellen Eigennutz zu vermuten. Die amerikanischen Kommunikationswissenschaftler Jay Black und Ralph D. Barney sehen deshalb in den Pressekodizes nichts anderes als einen weiteren widersprüchlichen Hinweis auf Professionalisierungsprozesse im Journalismus (→ Kapitel 5.3). Sie drückten berufliche Ideologien aus und dienten der Legitimation beruflichen Handelns, hätten aber kaum etwas zu tun mit freier moralischer Entscheidung im Sinne professioneller Autonomie. (Vgl. Black/Barney 1990: 9)

Beteiligt an der Inflation von Ethik-Katalogen waren nicht nur die westlich-kapitalistischen, sondern zuletzt auch die östlich-sozialistischen Journalismussysteme. Nach der 'Wende' und vor der deutsch-deutschen Vereinigung hatte auch der später aufgelöste Verband der Journalisten der DDR "Überlegungen zu ethischen Prinzipien" angestellt (vgl. Neue Deutsche Presse 1990/3: 20). Er folgte darin dem sowjetischen Journalistenverband, der schon Anfang 1989 der Öffentlichkeit seine "moralisch-sittlichen Leitlinien" vorgestellt hatte. Darin finden wir viele Kernbegriffe wieder, die aus entsprechenden westlichen Kodizes bekannt sind: Sittlichkeit, Objektivität, Wahrheitsliebe und anderes mehr. (Vgl. Michel 1989)

Der "Kodex der Berufsethik des sowjetischen Journalisten" (→ Text 2-10) entsprach insofern westlichen Verhaltenskatalogen nach dem Muster, das der einflußreiche nordamerikanische Journalistik-Professor Willard Bleyer 1925 vorgestellt hatte. Noch immer werden diese genau zehn Gebote des Journalismus viel zitiert. Der Journalist und Politiker Karl-Hermann Flach hat sie an den Anfang seines Buchs "Macht und Elend der Presse" gestellt, einer seinerzeit kompetenten Analyse des Mediensystems.

"Wir glauben", heißt es in Bleyers Ethik-Kodex, "daß Journalismus ein ehrenvoller Beruf ist, der im Dienste der menschlichen Gesellschaft eine wesentliche Aufgabe zu erfüllen hat." Auf diesen ersten Artikel folgen zahlreiche Konkretisierungen. Da ist davon die Rede, daß die Zeitungen dahin wirken sollen, "eine gesunde öffentliche Meinung zu schaffen und zu erhalten." Sie sollten "die Wahrheit berichten", ihre "Leser abschrecken, dem Beispiel des Bösen zu folgen"; sie sollten Einzelpersonen und Verbände fair behandeln und nichts in die

Wohnungen bringen, "das nicht im Familienkreis laut vorgelesen werden könnte." Bleyers zehnter und letzter Artikel lautet:

> "Wir glauben, daß nur solche Zeitungen die Unterstützung der Allgemeinheit verdienen, die in ihrer Berichterstattung und in ihren Leitartikeln den höchsten Anforderungen der Wahrheitsliebe, der Redlichkeit und des Anstandes genügen." (zit. n. Flach 1967: 7 f.)

Ehre, Wahrheit, Sauberkeit, Fairness, Anstand - in den Pressekodizes werden Werte absolut gesetzt, die in einer offenen, pluralistischen Gesellschaft abhängig sind vom Bezugssystem und somit eine relative Wertigkeit besitzen. Dies betrifft, wie wir gesehen haben, im Fall der Medien insbesondere den Wahrheitsbegriff. Ganz abgesehen von Relativierungen, die diese Werte jeweils in Abhängigkeit vom Medium erfahren.

Bei diesen absoluten Moralbegriffen, wie sie sich in Ethikkatalogen finden, wird außerdem nicht zur Kenntnis genommen, daß Journalismus durchweg im Großbetrieb, im Kollektiv, eingebunden in vielfältige Zwänge, zustande kommt (→ Kapitel 3.2). Den individuellen Täter im Medienbereich, der völlig frei entscheiden kann, gibt es im heutigen Mediengeschäft nicht mehr. Und deshalb haben Selbstverpflichtungsregelungen für den einzelnen Journalisten, wie sie in den meisten Pressekodizes formuliert werden, auch nur begrenzten Wert. Sie enthalten außerdem zum Teil Bestimmungen aus bestehenden gesetzlichen Regelungen, wiederholen also nur bestehendes Recht. Beispiel dafür ist der Informantenschutz, der sowohl in Pressegesetzen und als auch in Pressekodizes auftaucht; hier besteht also gar kein zusätzlicher professioneller Regelungsbedarf.

Dennoch haben auch in der Bundesrepublik Verleger und Journalisten in ihrem paritätisch besetzten Deutschen Presserat nach ethischen Grundsätzen gesucht, die der journalistischen Arbeit zugrundeliegen sollen und deren Einhaltung überprüft werden kann. Am 12. Dezember 1973 überreichte der Deutsche Presserat dem damaligen Bundespräsidenten Gustav Heinemann einen aus 16 Punkten bestehenden Pressekodex, der als "Publizistische Grundsätze" seither Basis der Beratungen des Gremiums ist ist. (→ Text 2-11)

Die Grundsätze und die später formulierten, stärker an der Praxis ausgerichteten "Richtlinien für die publizistische Arbeit" enthalten vier grundlegende Handlungsempfehlungen für Journalisten (vgl. Deutscher Presserat 1990):

TEXT 2-11

Publizistische Grundsätze (Pressekodex)

**Vom Deutschen Presserat
in Zusammenarbeit mit den Presseverbänden beschlossen
und Bundespräsident D. Dr. Dr. Gustav W. Heinemann
am 12. Dezember 1973 in Bonn überreicht
in der Fassung vom 14. Februar 1990.**

Die im Grundgesetz der Bundesrepublik verbürgte Pressefreiheit schließt die Unabhängigkeit und Freiheit der Information, der Meinungsäußerung und der Kritik ein. Verleger, Herausgeber und Journalisten müssen sich bei ihrer Arbeit der Verantwortung gegenüber der Öffentlichkeit und ihrer Verpflichtung für das Ansehen der Presse bewußt sein. Sie nehmen ihre publizistische Aufgabe nach bestem Wissen und Gewissen, unbeeinflußt von persönlichen Interessen und sachfremden Beweggründen, wahr.

Diese publizistischen Gründsätze dienen der Wahrung der Berufsethik; sie stellen keine rechtlichen Haftungsgründe dar.

1. Achtung vor der Wahrheit und wahrhaftige Unterrichtung der Öffentlichkeit sind oberstes Gebot der Presse.
2. Zur Veröffentlichung bestimmte Nachrichten und Informationen in Wort und Bild sind mit der nach den Umständen gebotenen Sorgfalt auf ihren Wahrheitsgehalt zu prüfen. Ihr Sinn darf durch Bearbeitung, Überschrift oder Bildbeschriftung weder entstellt noch verfälscht werden. Dokumente müssen sinngetreu wiedergegeben werden. Unbestätigte Meldungen, Gerüchte und Vermutungen sind als solche erkennbar zu machen.
   Bei Wiedergabe von symbolischen Fotos muß aus der Unterschrift hervorgehen, daß es sich nicht um ein dokumentarisches Bild handelt.
3. Veröffentlichte Nachrichten oder Behauptungen, die sich nachträglich als falsch erweisen, hat das Publikationsorgan, das sie gebracht hat, unverzüglich von sich aus in angemessener Weise richtigzustellen.
4. Bei der Beschaffung von Nachrichten, Informationsmaterial und Bildern dürfen keine unlauteren Methoden angewandt werden.
5. Die bei einem Informations- oder Hintergrundgespräch vereinbarte Vertraulichkeit ist grundsätzlich zu wahren.
6. Jede in der Presse tätige Person wahrt das Berufsgeheimnis, macht vom Zeugnisverweigerungsrecht Gebrauch und gibt Informanten ohne deren ausdrückliche Zustimmung nicht preis.
7. Die Verantwortung der Presse gegenüber der Öffentlichkeit gebietet, daß redaktionelle Veröffentlichungen nicht durch private oder geschäftliche Interessen Dritter beeinflußt werden. Verleger und Redakteure wehren derartige Versuche ab und achten auf eine klare Trennung zwischen redaktionellem Text und Veröffentlichungen zu werblichen Zwecken.
   Werbetexte, Werbefotos und Werbezeichnungen sind als solche kenntlich zu machen.
8. Die Presse achtet das Privatleben und die Intimsphäre des Menschen. Berührt jedoch das private Verhalten eines Menschen öffentliche Interessen, so kann

es auch in der Presse erörtert werden. Dabei ist zu prüfen, ob durch eine Veröffentlichung Persönlichkeitsrechte Unbeteiligter verletzt werden.

9. Es widerspricht journalistischem Anstand, unbegründete Beschuldigungen, insbesondere ehrverletzender Natur, zu veröffentlichen.

10. Veröffentlichungen in Wort und Bild, die das sittliche oder religiöse Empfinden einer Personengruppe nach Form und Inhalt wesentlich verletzen können, sind mit der Verantwortung der Presse nicht zu vereinbaren.

11. Auf eine unangemessen sensationelle Darstellung von Gewalt und Brutalität soll verzichtet werden. Der Schutz der Jugend ist in der Bericherstattung zu berücksichtigen.

12. Niemand darf wegen seines Geschlechts, seiner Zugehörigkeit zu einer rassischen, religiösen oder nationalen Gruppe diskriminiert werden.

13. Die Berichterstattung über schwebende Ermittlungs- und Gerichtsverfahren muß frei von Vorurteilen erfolgen. Die Presse vermeidet deshalb vor Beginn und während der Dauer eines solchen Verfahrens in Darstellung und Überschrift jede einseitige oder präjudizierende Stellungnahme. Ein Verdächtiger darf vor einem gerichtlichen Urteil nicht als Schuldiger hingestellt werden. Bei Straftaten Jugendlicher sind mit Rücksicht auf die Zukunft der Jugendlichen möglichst Namensnennung und identifizierende Bildveröffentlichungen zu unterlassen, sofern es sich nicht um schwere Verbrechen handelt. Über Entscheidungen von Gerichten soll nicht ohne schwerwiegende Rechtfertigungsgründe vor deren offizieller Bekanntgabe berichtet werden.

14. Bei Berichten über medizinische Themen ist eine unangemessen sensationelle Darstellung zu vermeiden, die unbegründete Befürchtungen oder Hoffnungen beim Leser erwecken könnte. Forschungserkenntnisse, die sich in einem früheren Stadium befinden, sollten nicht als abgeschlossen oder nahezu abgeschlossen dargestellt werden.

15. Die Annahme und Gewährung von Vorteilen jeder Art, die geeignet sein könnten, die Entscheidungsfreiheit von Verlag und Redaktion zu beeinträchtigen, sind mit dem Ansehen, der Unabhängigkeit und der Aufgabe der Presse unvereinbar. Wer sich für die Verbreitung oder Unterdrückung von Nachrichten bestechen läßt, handelt unehrenhaft und berufswidrig.

16. Es entspricht fairer Berichterstattung, vom Deutschen Presserat öffentlich ausgesprochene Rügen abzudrucken, insbesondere in den betroffenen Publikationsorganen.

(aus: Deutscher Presserat, Trägerverein (Hrsg.): Schwarz Weiß Buch. Spruchpraxis des Deutschen Presserats, Bonn, August 1990: 293-295)

- ▲ Die Berichterstattung soll wahrhaftig und unabhängig von Interessen sein.
- ▲ Bei der Informationsbeschaffung soll auf unlautere Methoden verzichtet werden.
- ▲ Die Persönlichkeitsrechte von der Berichterstattung betroffener Personen sollen gewahrt bleiben.
- ▲ Bei schweren Verbrechen soll besondere Zurückhaltung geübt werden.

Die "Publizistischen Grundsätze" sind als berufsethisches Entscheidungsprogramm für Journalisten in der Bundesrepublik gemeint. In dieser Funktion haben sie gewisse Vorzüge gegenüber anderen Pressekodizes. Zentrale Bezugsgrößen sind aber auch hier absolute Maßstäbe wie 'Wahrheit' und 'richtig-falsch'.

Inzwischen wurden die Grundsätze mit den Richtlinien für die publizistische Arbeit direkt verknüpft. Das stellt sie zweifellos vom Kopf auf die Füße - wobei freilich von den ursprünglichen absoluten Maßstäben so gut wie nichts übrig bleibt. Beispiel ist die Ziffer 1 des Pressekodex ("Achtung vor der Wahrheit"), die durch die drei Stichwörter "Exklusivverträge", "Wahlkampfveranstaltungen" und "Pressemitteilungen" konkretisiert wird. (Vgl. Deutscher Presserat 1990: 297 ff.)

Doch auch dem Deutschen Presserat wird eine 'Ganzheitsethik' kritisch vorgehalten. Die Kommunikationswissenschaftler Manfred Rühl und Ulrich Saxer, die sich mit den Publizistischen Grundsätzen intensiver beschäftigt haben, glauben deshalb, daß auch diesem Kodex der soziale Bezug fehle:

> "Die im Text versammelten werthaften und normativen Prämissen umreißen eher eine rollendiffuse Moral für publizistisches Wohlverhalten, eingerahmt in überlieferte publizistische Sitten, wenn es sich nicht nur um die Wiedergabe positiver Rechtsnormen handelt. So sozial unverbunden wie diese Wertbekenntnisse dastehen, erregen sie wenig Widerspruch und entzünden so gut wie keine Konflikte. Um so mehr muß man ihre Brauchbarkeit als Regelungsstruktur im Berufsfeld der Presse in Frage stellen." [...] Mit den Forderungen des Pressekodex mögen einfache Pressesysteme ohne nennenswerte Innendifferenzierung auskommen, hingegen fungiert für die komplexe Problemlage der Presse der Bundesrepublik Deutschland der Pressekodex eher als Dekoration denn als Entscheidungsstruktur." (Rühl/Saxer 1981: 501)

Noch einen Schritt weiter geht Jürgen Bermes in seiner Dissertation über "Arbeit und Reform des Selbstkontrollorgans der bundesdeutschen Presse". Gerade die Medienaffären der letzten Jahre hätten Fragen nach der Leistungsfähigkeit des Presserats aufgeworfen und gezeigt, daß er Verstöße gegen den Pressekodex gar nicht verhindern könne:

> "Seine Selbstkontrolle funktioniert nach dem Zufallsprinzip. Seine Entscheidungen sind von großer Zurückhaltung geprägt, um die Akzeptanz in der Branche nicht zu gefährden. Konträre Weltanschauungen der Ratsmitglieder führen entweder zu umstrittenen Beschlüssen mit Minderheitsvoten oder zur Ausklammerung gesellschaftspolitischer Faktoren der Pressemoral. [...I Das Gremium arbeitet mit der Vorstellung, das Verantwortungs-

> gefühl und die Charakterstärke der Journalisten und Verleger seien die entscheidenden Variablen des Niveaus der Presse." (Bermes 1989: 634)

Selbstkontrollorgane wie der Deutsche Presserat können natürlich kein Reparaturbetrieb des Journalismus sein. Sie können im besten Fall einen Diskurs über Maßstäbe journalistischen Handelns in Gang halten. Dieser Diskurs muß aber stets die strukturellen Voraussetzungen des Systems Journalismus thematisieren. Eine journalistische Ethik, will sie mehr sein als schöner Schein, ist daran geknüpft, daß Journalisten dürfen, was sie können, und können, was sie wollen.

Die oft geschmähten Pressekodizes sind Ausdruck einer journalistischen Standesethik. Sie spiegeln deren idealistische Berufsentwürfe wider und entsprechen an vielen Stellen einer Individualethik in der Tradition der normativen Publizistikwissenschaft, die Journalisten als 'publizistische Persönlichkeiten' beschrieb (vgl. Hachmeister 1987: 111 ff.). In die Nähe dieser Tradition hat sich ungewollt auch der Dortmunder Kommunikationswissenschaftler Claus Eurich begeben, der in einem seiner technikkritischen Bücher einen "hippokratischen Eid für die Ausübung des Journalistenberufs" vorgeschlagen hat. Dieser besteht aus vier Sätzen:

> "Wir sind uns bewußt, wofür unsere Vorfahren die Pressefreiheit erkämpft haben.
>
> Entgegen allen Herrschaftsinteressen, allen Widerständen und aller Macht geloben wir den unbedingten Einsatz für die Wahrheit, die Menschenrechte und die Demokratie.
>
> Unser Handlungsimpetus ist die Verantwortung für das Ganze.
>
> Unser Handlungsethos ist die Wahrhaftigkeit auch im Detail." (Eurich 1991a: 200)

Das Alltagsgeschäft des 'normalen' Journalisten sei die Anpassung, schreibt Eurich. Er ruft deshalb zum Kampf "wider den journalistischen Untertanengeist" auf und appelliert an die Journalisten, ihre berufliche Verantwortung und ihr berufliches Selbstverständnis nach diesem Gelöbnis auszurichten. Wer dazu bereit sei, werde Unrecht öffentlich bekämpfen, Nachrichtenunterdrückung verhindern und 'Sachzwänge' durchleuchten. Und: "Der wird sich schließlich auch bewußt sein, daß die Wahrheit einfach zu formulieren ist, aber oft schwierig zu erfragen für andere und vor allem für sich selbst." (Ebd.: 196 ff.)

Diese Empfehlungen reduzieren das System Journalismus erneut auf eine Frage der persönlichen Haltung.

2.3.3 Kommunikationswissenschaftliche Annäherungen

Mit gewisser Berechtigung kann beim Thema 'Ethik des Journalismus' von einem großen "Reflexionsvorsprung amerikanischer Kommunikationswissenschaft und Journalistenausbildung" (Boventer 1988c: 234) gesprochen werden. Dafür gibt es mehrere Gründe. Erstens die schon erwähnte jahrelange Ethik-Abstinenz der deutschen Publizistik- und Kommunikationswissenschaft - nach dem Paradigmenwechsel hin zu einer empirischen Sozialwissenschaft. Bis zu einem gewissen Grade hatte sich ihre Vorgängerin, die Zeitungswissenschaft, ausschließlich moralisierend mit dem Journalismus beschäftigt und dabei seine Strukturen und Funktionen vernachlässigt. Nach dem Scheitern dieses Ansatzes wurde der Journalismus wissenschaftlich radikal 'entpersönlicht'.

Zweitens fehlte - im Unterschied zu den USA - ohne eine systematische Journalistenausbildung die Adresse für eine kontinuierliche Auseinandersetzung mit den Standards des Journalismus auf wissenschaftlichem Niveau. Drittens hatte die nordamerikanische Ethikdiskussion stets einen pragmatischen Charakter und bildete insofern eine Klammer zwischen Theorie und Praxis des Journalismus, wodurch auf beiden Seiten das Interesse am Thema wachgehalten wurde. Die kontinuierliche Produktion und Rezeption von Ethik-Lehrbüchern ist sichtbarer Ausdruck dieser Situation. (→ Kapitel 2.3.4) Diese "pragmatische Methode" (Boventer, 1988c: 234) setzt dem behaupteten Vorsprung auf der anderen Seite jedoch auch Grenzen, zumal sich die Reflexion bisher eben durchweg im Rahmen des typischen - pragmatisch-utilitaristischen - Wertsystems Nordamerikas abgespielt und nicht zuletzt dadurch neuerdings selbst Reflexionen ausgelöst hat (→ Kapitel 2.3.2.2).

Insofern hat die in der Bundesrepublik Mitte der achtziger Jahre wieder aufgenommene wissenschaftliche Diskussion über die Ethik des Journalismus nicht nur einen eigenen Charakter, sondern sogar durchaus auch ein eigenes Niveau. Doch stehen sich nun zwei Lager recht unversöhnlich gegenüber: Zum einen Autoren, die weiterhin der traditionellen Publizistikwissenschaft mit ihrer normativ-ontologischen Ausrichtung verpflichtet sind; sie setzen Maßstäbe wie 'Wahrheit' absolut und machen sie am journalistischen Individuum fest. Und zum anderen Anhänger systemtheoretischer Modellvorstellungen, die seit den siebziger Jahren auch in der Kommunikationswissenschaft immer größere Beachtung gefunden haben und in zahlreichen Studien den konzeptionellen Rahmen für eine Sammlung von Erfahrungswissen abgeben.

Die Vertreter des normativ-ontologischen Ansatzes und die Vertreter des empirisch-analytischen Ansatzes fechten einen Paradigmenstreit aus. Die einen (z. B. Boventer 1984b, Oberreuter 1985) werfen den anderen (z. B. Rühl) vor, sie nähmen das Individuum völlig aus dem Blickpunkt und entzögen durch einen 'entpersönlichten' Journalismus dem ethischen Diskurs die Basis. Die anderen (z. B. Spinner 1988, Rühl 1990) werfen den einen (z. B. Boventer) vor, ihre Journalistenethik sei Sonntagsphilosophie und mit ihrem Mangel an theoretischer und methodischer Stringenz wissenschaftlich nicht ernstzunehmen. Brückenschläge, die der empirisch-analytische Ansatz über die Einführung von 'Achtung' (→ Kapitel 2.3.4.2) als moralischer Münze moderner Handlungssysteme versucht, werden vom normativ-ontologischen Ansatz als nicht plausible Volte aufgefaßt (vgl. Wilke 1987: 236 ff.). Diese Debatte führt letztlich zu unbefriedigenden Ergebnissen, weil es offenbar so nicht gelingt, für die individuelle wie systemische Verantwortung bei der Aussagenentstehung gemeinsame theoretische Begründungen und praktische Maßstäbe zu finden (→ Kapitel 2.3.5).

Aus demselben Grunde gibt es auch Einwände gegen den von Jürgen Habermas gemeinsam mit Karl-Otto Apel entwickelten diskursethischen Ansatz (→ Kapitel 2.1.1, 2.3.2.2), der in der Kommunikationswissenschaft zwar stark beachtet, aber kaum weiterverfolgt worden ist (vgl. z. B. Perzl 1988). Im festen Vertrauen auf die "Produktivkraft Kommunikation" wird darin postuliert, daß moralisch-praktische Fragen in der modernen Gesellschaft in angemessener Form durch "Argumentationen" gelöst werden könnten (vgl. z. B. Apel 1988, Habermas 1981, insbes. Bd. I: 39 ff.). Die Gültigkeit von Normen wird an die Chance einer begründeten Akzeptanz durch alle potentiell Betroffenen gebunden - unter einer Voraussetzung: Daß diese Betroffenen tatsächlich die Rolle von Diskursteilnehmern übernehmen können. Deshalb sei für die Klärung zum Beispiel politischer Fragen die Einrichtung einer öffentlichen Argumentationspraxis notwendig. Denn auch bei der Klärung von Sachverhalten gehe es durchweg um Bewertungen, wobei Habermas das Problem der praktischen Umsetzung dieses Diskursideals durchaus bewußt ist:

> "Die ethisch-politische Selbstverständigung darüber, wie wir als Angehörige eines bestimmten Kollektivs leben wollen, muß mit moralischen Normen wenigstens im Einklang stehen. Verhandlungen müssen sich auf den Austausch von Argumenten stützen; und ob sie zu *fairen* Kompromissen führen, hängt wesentlich von Verfahrensbedingungen ab, die moralisch beurteilt werden müssen. [...]
>
> Da der Diskursbegriff der Demokratie zunächst im Rahmen einer normativen Theorie geklärt und plausibel gemacht werden

muß, bleibt die Frage offen, wie eine diskursive Meinungs- und Willensbildung unter Bedingungen sozialstaatlicher Massendemokratien so eingerichtet werden kann, daß das Gefälle zwischen aufgeklärtem Selbstinteresse und Gemeinwohlorientierung, zwischen den Rollen des Klienten und des Staatsbürgers überbrückt wird." (Habermas 1990: 40 f.; kurs. im Orig.)

Bei diesem Problem der Operationalisierung setzt die vielstimmige Kritik an. Denn im Unterschied zu einem Relativismus, der Staatsrechtslehrer (→ Kapitel 2.1.1) und Konstruktivisten (→ Kapitel 2.3.5) bei der Ablehnung von Letztbegründungen für moralische Maßstäbe verbindet, unterstellt die Diskurstheorie als 'kognitivistische Ethik' zumindest die "Wahrheitsfähigkeit praktischer Fragen". Damit aber gerät sie in Begründungszwänge. (Vgl. Reese-Schäfer 1991: 54 f.) Lösungen sucht die Diskursethik - erstaunlicherweise - in der empirischen Ermittlung der Verhältnisse mit den Methoden zum Beispiel der Geschichts- und der Sozialwissenschaft; dadurch sei jeweils die Situation zu klären (vgl. Habermas, z. B. 1990: 43).

"Mit diesem Verweis an andere Wissenschaften ist das diskursethische Begründungsprogramm, wie man in der Computersprache zu sagen pflegt, 'abgestürzt'. Es leistet nicht das, was von ihm erwartet werden muß: nämlich die Hervorbringung begründeter Vorschläge zu grundsätzlichen moralisch-praktischen Fragen. [...] Der Programmabsturz der ursprünglich vielversprechenden Diskursethik hat seine Ursache darin, daß sie von Habermas (und, was diesen Punkt angeht, auch von Apel) ohne einen Blick auf verbindliche Institutionen gedacht worden ist. [...] Die 'institutionsfreien Diskurstheoretiker' kämpfen mit den 'ethikfreien Institutionstheoretikern' (Höffe) von Hobbes über Gehlen und Schelsky bis hin zu Luhmann, die die ethische Reflexion durch scheinbar selbstverständliche Selbsterhaltungs- bzw. Systemerhaltungsbegriffe ersetzen." (Reese-Schäfer 1991: 66 f.)

In der modernen Gesellschaft hat öffentlicher Diskurs gewiß einen ambivalenten Charakter. Einerseits ist er von der Rationalität einer idealen Sprechsituation weit entfernt, andererseits aber erzwingen die Medien - mit ihren Mitteln und in ihren Grenzen - oft öffentliche Debatten zur Legitimation gesellschaftlicher Praxis, so daß zum Beispiel wirtschaftliches Handeln immer mehr einer "diskursiven Beweislast" (Münch 1991: 89) unterworfen wird. Solche Aspekte und damit auch Fragen der Macht von und in Institutionen vernachlässigt die Diskursethik nach Ansicht ihrer Kritiker jedoch zugunsten der Beschäftigung mit Sprachspielen, die aber auch keineswegs herrschaftsfrei ablaufen:

"Was unterscheidet einen auf Gerechtigkeit bezogenen Diskurs von einem gruppendynamischen Prozeß mit all seinen verborgenen Mechanismen? Michel Foncault hat den Diskurs entmythologisiert. Unter der nominalistischen Voraussetzung, die dem Paradigmenwechsel von der Vernunft zum Diskurs zugrundeliegt, verfällt der Diskurs schließlich demselben Verdikt wie die mit sich selbst sich verständigende Vernunft. Wo es kein Allgemeines gibt, auf das hin sich partikulare Interesse transzendieren können, da hat auch der Diskurs nicht eigentlich einen gemeinsamen Gegenstand, die Gerechtigkeit nämlich. Es gibt nur partikulare, opake Interessen und deren allfällige Repression. Diskurse sind nur eine andere Form von Gewalt, Gewalt mit Worten." (Spaemann 1989: 176 f.)

Reese-Schäfer (1991: 68 f.) glaubt, die "neue Bescheidenheit der Diskursethik" bleibe "nicht das letzte Wort [...] Ein 'abgestürztes' Programm kann wieder 'hochgefahren' werden." Dazu sei eine "Lehre von den Diskursinstitutionen" notwendig - für die aber, zumindest, was die Kommunikationswissenschaft angeht, noch keine Voraussetzungen vorhanden sind. Solange diese Feststellung zutrifft, scheint eine Diskursethik für die Journalistik, von der nicht nur theoretische Diskursbetreuung, sondern auch praktische Handlungsanleitung in ethischen Fragen zu erwarten ist, weitgehend irrelevant zu sein.

2.3.3.1 Der normativ-ontologische Ansatz

Vor allem der Journalist und Pädagoge Hermann Boventer hat sich in zahlreichen - zum Teil weitgehend identischen - Veröffentlichungen um eine ethische Journalismustheorie bemüht, die gleichermaßen "ungeschriebene Regeln" (Boventer 1988b) wie das Wesen des Journalismus erfassen soll. Bei seiner Arbeit im "Bergwerk der Philosophie" (Boventer 1984a: 18) soll die letztlich doch normative Prägung des Journalismus durchsichtig gemacht und eine journalistische Reflexionsmoral entwickelt werden. Boventer bekennt sich dabei zu einem Eklektizismus; das Bergwerk wird zum Steinbruch, denn der Autor will herausbrechen,

> "was an wertvollem Gestein in das Theoriegebäude des Journalismus paßt. Aristoteles mit seiner Ethik, die Kantische Philosophie, Nietzsche, Heidegger, Wittgenstein, Max Scheler und andere werden auswahlhaft auf die rationale Begründbarkeit einer Ethik befragt, die im kommunikativ-öffentlichen Handeln zum Tragen kommt". (Ebd.)

Boventer rekurriert also auf philosophische und andere Autoritäten und ist gleichzeitig bemüht, mit dem aktuellen Stand der Kommunikationswissenschaft Schritt zu halten. Doch bleibt bei diesem breit angelegten Versuch "im Endergebnis trotz vieler Worte schwer faßbar, welchen praktisch-substantiellen Gehalt die theoretische Grundlegung besitzt." (Wilke 1987b: 237)

Auch bei Hermann Boventer geht es an verschiedenen Stellen um "Journalismus und das Prinzip Verantwortung" (z. B. Boventer 1985; 1988b: 176). Dieses Verantwortungsprinzip operationalisiert er jedoch nicht, sondern zieht sich - wie andere Autoren (vgl. z. B. Fuchs 1984, Auer 1988) - auf allgemeine (christliche) Werte und Normen zurück. Das 'Prinzip Verantwortung' ist dabei Boventers Antwort auf die mehrfach wiederholte rhetorische Ausgangsfrage seiner Bemühungen um eine journalistische Ethik: "Darf der Journalismus, was er kann?" (Boventer 1984a: 13; 1988b: 176) Der Autor knüpft daran weitere Fragen, die das Dilemma journalistischer Verantwortung - verantwortlich gegenüber wem, verantwortlich wofür? - einkreisen, ohne Antworten anzubieten. Als Richtung gibt er an, "Sollensvorstellungen [...] in der Sache" zu suchen:

> "Die Ethik steckt gewissermaßen in der Sache, die Journalismus heißt, und dort ist sie herauszuholen. Vernünftige Kriterien für das journalistische Handeln lassen sich aus der Sache entwickeln, wenn und solange wir das Moralische als einen Teil ihrer selbst respektieren. Die Richtigkeit steckt in jener Moral, die sich im handwerklichen Können, im Recherchieren- und Schreiben-Können, im klugen und kompetenten Umgang mit den Mitteln und Möglichkeiten vielfach bewährt hat und die die Praxis als eine 'gute' ausweist. Diese Kompetenz in der journalistischen Könnerschaft, diese 'Prudentia' im Journalismus ist die elementare Bedingung für ein gelungenes Werk und durch keine moralische Absichtserklärung zu ersetzen. Die Sachgebundenheit tritt als eine Art 'geronnene Moral' ins Blickfeld." (Boventer 1988b: 181)

Dies ist nur scheinbar ein Plädoyer für eine Ethik, die sich an den Systemerfordernissen des Journalismus orientiert. Für Vertreter des normativ-ontologischen Ansatzes ist nicht entscheidend, was im Journalismus ist, sondern, was sein soll. Mit diesem Anspruch wird begründet, der Journalismus sei "philosophiebedürftig" (ebd.: 183). Autoren, die dieser Richtung verpflichtet sind, wenden sich dabei mit einer gewissen Berechtigung dagegen, die Relativierung gültiger Wertauffassungen in einer pluralistischen Gesellschaft als Legitimierung einer journalistischen Situationsethik (vgl. Fletcher 1966) zu nutzen:

> "Journalistische Verhaltensnormen dürfen [...] nicht ausschließlich situationsbezogen relativiert und additiv behandelt werden. Sie müssen zwar situations- und menschenbezogene Differenzierungen sowie Güterabwägungen in Sachfragen erlauben,

> allein, sie bedürfen auch dauernder Grundlagen, bleibender Werte." (Bosshart 1985: 12)

Boventer orientiert sich bei der Suche nach solchen Verhaltensnormen an Immanuel Kant, dessen Vernunftbegriff er zum "moralischen Gesetz" und somit auch für Journalisten gültigen Maßstab erklärt:

> "Es sind nicht Situationen oder Sachen, Traditionen oder metaphysische Postulate, die dem Handeln seine Bestimmung, seinen Wert und seine Wirklichkeit geben, sondern dieses Handeln entwickelt die Vernünftigkeit aus sich selbst, indem es sich ihr anvertraut und unterwirft." (Boventer 1985: 64)

Dieser 'Vernünftigkeit' wird ein ausschließlich personalisierter Journalismusbegriff zugrundegelegt, der jedoch in sozialen Handlungszusammenhängen der Redaktion an seine Grenzen stößt. Während dies Boventer immerhin bewußt ist, versucht der Verleger Johannes Binkowski, allen Strukturproblemen mit Hilfe von "Instanzen" einer Ethik aus dem Wege zu gehen. Diese Instanzen sind für ihn "personale Haltung", die Redaktion und die Öffentlichkeit als Referenzen.

Als eines der entscheidenden "personalen Prinzipien" bezeichnet Binkowski die Freiheit des Redakteurs. Doch dieser Freiheit seien natürlich redaktionelle Grenzen gezogen. Er empfiehlt für die journalistische Arbeit die "Grundhaltung der Sachlichkeit". Sachlichkeit wird dann aber schlicht als Vermittlung von Informationen verstanden. Der Journalist habe eine Verantwortung gegenüber der Öffentlichkeit, die darin liege, daß eine unangemessene Betonung von Sensationellem vermieden werden müsse, damit das Publikum nicht verlerne, zwischen Fiktion und Realität zu unterscheiden. Für Binkowski ist dabei die Sprache maßgebend, die kein Mittel sein dürfe, das Publikum zu passiven Empfängern zu machen. Vielmehr wünscht er sich ein "partnerschaftliches Verhältnis" zwischen mündigen Rezipienten und Journalisten, die vermitteln und nicht erziehen. Grundlegend dafür sei, daß der Journalist den Leser als "sittliches Subjekt" anerkenne.

Dieses verantwortliche Verhalten fordert Binkowski auch gegenüber der Redaktion - und damit verwickelt sich seine personale Ethik in einen Widerspruch. Die "Mitgliedschaftsregeln" der Redaktion (→ Kapitel 3.2.3.2) müssen nämlich seiner Meinung nach in das Berufsethos des Redakteurs eingehen; die Grundhaltung einer Zeitung sei selbstverständlich voll anzuerkennen. (Vgl. Binkowski 1981: 27 ff.)

Während Binkowski seine personale Journalistenethik mit einem vertikalen Verantwortungsmodell verknüpft und diesen Gegensatz zwischen individualistischer und institutioneller Ethik ignoriert, präsentiert Boventer - unter Rekurs auf Sokrates - ein Gesprächsmodell zur Lösung der ethischen Probleme im Journalismus. Durch fallbezogenen

Diskurs im Rahmen der Journalistenausbildung sieht er mit Recht Chancen zur Anregung ethischer Phantasie, wobei freilich dieses Plädoyer für eine pragmatische Ethik schlecht zu seiner journalistischen Ontologie paßt. (Vgl. Boventer 1988c: 23 f.) Überhaupt bleibt Boventer da allgemein, wo er versucht, sein Gesprächsmodell zu operationalisieren:

> "Die Medien sind keine Herrschaftsmittel zur Selbstbedienung und Selbstverwirklichung, sondern ihre Wertauffassungen sind dialogisch am Gesprächsmodell orientiert. Journalisten leisten vermittelnde Dienste, sie sollen den Prozeß der sozialen Kommunikation und des öffentlichen Austausches über alles, was für die Bürger und Menschen von Belang ist, ermöglichen und fördern. Diese Aktivierung der Freiheit von Wort und Meinung zur allseitigen Kommunikation ist für das geistige Klima der offenen und demokratischen Gesellschaft unentbehrlich. Hier treffen wir auf den Kern der journalistischen Dienstleistung. [...] Selbstreflexion ist möglich und kann dort, wo sie praktiziert wird, auch einsichtig gemacht werden. In den Anstrengungen der einzelnen zeigt sich das Gemeinsame, nämlich der Wille zu einem fairen und offenen Journalismus, der dem Ganzen dient, indem er das Besondere immer wieder beschreibt." (Boventer 1988b: 175 f.)

Binkowski versucht hingegen, mit Hilfe seiner Vorstellung von Sachlichkeit eine Brücke zwischen normativer Ethik und journalistische Praxis zu schlagen. Am Beispiel der Informationssammlung stellt er seine Vorstellung eines "publizistischen Berufsethos" folgendermaßen vor:

> "Recherchen sind ein legitimes Mittel publizistischer Arbeit. Gerade bei ihnen kommt es darauf an, mit Takt und der gebotenen Zurückhaltung, mit Offenheit, Diskretion und Mitgefühl vorzugehen. Sonst wird nicht der Sachverhalt erkundet, sondern ein Spiegelbild des Rechercheurs wird sichtbar, der gerade das herausfindet, was er finden will." (Binkowski 1981: 29)

Diese Mischung aus normativen und praktischen Elementen halten Vertreter eines empirisch-analytischen Ansatzes nicht für wissenschaftsfähig. Sie nehmen liberal-pluralistisches Denken (→ Kapitel 2.1.1) ernst: In der modernen Gesellschaft kann es nur einen äußerst begrenzten Wertekonsens geben. Denn der Pluralismus ist eine regulative Idee - eine Norm zur Sicherung von Normenvielfalt. Diese Vielfalt würde durch die Grundprinzipien, welche die Vertreter eines normativ-ontologischen Ansatzes voraussetzen, in nicht begründbarer Weise eingeschränkt.

2.3.3.2 Der empirisch-analytische Ansatz

In den sechziger Jahren hatte sich die deutsche Publizistik- und Kommunikationswissenschaft vom alten normativ-ontologischen Ansatz abgewendet und für empirische Analyse nach nordamerikanischen Vorbildern geöffnet (vgl. Hachmeister 1987: 206 ff.). Diese Öffnung, die insbesondere den Ersatz der publizistischen Ziellehre durch funktionalistisches Denken bedeutete, wird in verschiedenen damals erschienenen Lehrbüchern dokumentiert (vgl. insbes. Maletzke 1963, Prakke et al. 1968). Sie sollte die Publizistikwissenschaft vom Praktizismus wegbringen und durch eine systematische empirische Erfassung von Strukturen und Funktionen der Medien wissenschaftlich hoffähig machen. Diese Perspektive beruhte zunächst noch auf einer recht oberflächlichen Rezeption des sozialwissenschaftlichen Funktionalismus, wurde dann aber - vor allem inspiriert durch die immer mehr verfeinerte Systemtheorie Niklas Luhmanns (1972 ff.) - zunehmend anspruchsvoller.

Der Paradigmenwechsel kam insbesondere der Journalismusforschung zugute (vgl. Rühl 1969/1979, 1980), auch wenn er zunächst gerade für das Thema 'Medienethik - nach der Überwindung publizistischer Gesinnungslehre - eine jahrelange Abstinenz bedeutete. Als erste legten dann die der Systemtheorie verpflichteten Manfred Rühl und Ulrich Saxer in ihrer Studie zum Deutschen Presserat einen Ethik-Entwurf vor, der eine konsequente Abkehr von normativ-ontologischem Denken bedeutete. Er basiert auf radikalen Schlußfolgerungen aus dem Wertepluralismus in der Moderne, der (auch) für den Journalismus keine eindimensionalen und damit gesellschaftsfernen Moralkonzepte zulasse. Im Gegensatz zu den Entwürfen von Soll-Zuständen ist für Rühl und Saxer

> "eine Ethiktheorie für Kommunikation einzubetten in die durch konkrete Personal- und Sozialsysteme konstituierten Situationssysteme, die sich wiederum in einer gesellschaftlichen Gesamtlage (soziale Umwelt) spezifischer Kulturen befinden." (Rühl/ Saxer 1981: 487)

Der Ansatz der Autoren beruht im wesentlichen auf drei systemtheoretischen Axiomen:

- ▲ Trennung zwischen personalen und sozialen Systemen
- ▲ doppelte Selektivität von Kommunikation
- ▲ Reflexivität von Kommunikation und Ethik

Die strikte Unterscheidung zwischen personalen und sozialen Systemen wird der "Argumentationsfigur 'ganzer Mensch'", mit welcher der normativ-ontologische Ansatz operiert, konsequent gegenübersteIlt. Dies trägt dem Rollenmix in modernen Gesellschaften Rechnung, in denen die Menschen mit den Verhaltenserwartungen unterschiedlicher Systeme klarkommen müssen (→ Kapitel 3.2.3.1). Rühl und Saxer unterscheiden dabei relativ autonome und meist stabile personale und soziale Systeme von den situativen, also kurzzeitigen Kommunikationssystemen. Personal- und Sozialsysteme werden danach untersucht, inwieweit sie sich durch Kommunikation gegenseitig durchdringen. Auf diese Weise berücksichtigen die Autoren, daß es bei der Kommunikation jeweils Aspekte gibt, die entweder Sozialsystemen (durch Rollen) oder Personalsystemen zuzuordnen sind. Eine Trennung der Systeme sei aber nicht nur analytisch sinnvoll, sondern werde in der täglichen Praxis erlebt: Mit zunehmender Komplexität der Massenkommunikation würden die unterschiedlichen Erwartungen an Verantwortung (übernommen durch Rollen im Sozialsystem) und Verantwortlichkeit (als Sache des Personalsystems) wachsen. (Vgl. Rühl/Saxer 1981: 482 ff.)

Unter der doppelten Selektivität von Kommunikation verstehen Rühl und Saxer die notwendige Auswahl aus der unendlich großen Vielzahl an Mitteilungen aus der und über die Welt sowohl nach Themen bzw. Inhalt als auch nach Symbolen, Zeichen oder Signalen. Dabei sorgten die sozial akzeptierten Strukturen der jeweiligen Gesellschaft für eine relative Konstanz, da durch diese nur bestimmte Mitteilungen ausgewählt würden, die zudem auf sich selbst rückbezogen werden könnten. Somit schlössen sich personale und soziale Systeme an Mitteilungen an, die andere Humansysteme ebenfalls so selektiert hätten. In einer derartigen Strukturierung menschlicher Kommunikation sehen die Autoren Themen und Mitteilungen präzisiert und die Kommunikation zwischen Individuen entlastet. (Vgl. ebd.: 485)

Als drittes Axiom einer systemtheoretischen Ethiktheorie führen Rühl und Saxer - in direkter Anlehnung an die Begrifflichkeit Luhmanns - die Reflexivität und Kontingenz von Kommunikation und Ethik an. Dabei sehen die beiden Autoren eine doppelte Kontingenz, die durch eine integrierte Dreifachverbindung von Ego, Alter und alter Ego innerhalb der zuvor beschriebenen doppelten Selektivität wirke:

> "Ego und Alter erfahren nicht nur kommunikatives Erwarten und kommunikatives Handeln des jeweils anderen als kontingent; auch ihre Selbsterfahrung wird, weil in Wechselbeziehungen zum anderen sich vollziehend, als Alternativen bietende Möglichkeit erlebt." (Ebd.: 487)

Das bedeutet, daß nicht nur die Erwartungen, Entscheidungen und Mitteilungen des jeweils anderen eine Alternative zum eigenen kommunikativen Verhalten bilden, sondern der Handelnde stets im Wissen um alternative Möglichkeiten agiert. Ethik ist demnach stets nur im Systemzusammenhang gültig - als besonderer "Typus normativer Strukturen". Nur in diesem Rahmen könne entschieden werden, ob ethisch oder nicht ethisch kommuniziert werde. Der einzelne erlebe Werte und Normen als "teilweise institutionalisierte, sozial bevorzugte bzw. kontrafaktisch geltende Sollenserwartung", die real sei und somit nicht in jeder Phase der Kommunikation zur Diskussion oder gar Disposition gestellt werden müsse. Zu fragen bleibe stets, ob Ethik als besondere Sozialstruktur anderen Erwartungen im Kommunikationsprozeß zur Seite gestellt werden könne und ob sie als Entscheidungsstruktur in diesem Prozeß an der Selbststeuerung und -stabilisierung personaler und sozialer Systeme in ihren Wechselbeziehungen zu ihren jeweiligen Umwelten mitwirken könne (Ebd.: 486) Die Antwort auf diese Fragen sehen Rühl und Saxer - im Gefolge Luhmanns - in der mitmenschlichen Achtung als zentraler Kategorie einer systemtheoretischen Ethik (→ Kapitel 2.3.4.2).

Mit dieser Orientierung an den jeweiligen sozialen Bedingungen und Verhältnissen, die bestimmte Werte und Normen zulassen oder nicht, handeln sich die Vertreter dieses Ansatz den Vorwurf der Legitimation jedweder Systemzwecke ein: "Es ist so, wie es funktioniert - weil es funktioniert." (Boventer 1985: 62) Boventer schreibt in diesem Zusammenhang vom "Empirismus" und kritisiert die seiner Ansicht nach pseudo-objektive Reduzierung von Journalismus auf seine jeweils vorfindbare Praxis und Systemtauglichkeit; diese Ethik hält er selbst für unethisch:

> "Wie wollen die angehenden Journalisten und Kommunikationswissenschaftler bei fehlendem Interesse für die Moralität der Phänomene eine Praxis beurteilen, die zwar als System funktioniert, aber für sich und als sie selbst im Hinblick auf ihren Sinn und ihre Verantwortlichkeit eine unsittliche ist?" (Ebd: 53)

Wesentlich differenzierter hat sich der österreichische Kommunikationswissenschaftler Maximilian Gottschlich mit einer systemtheoretisch inspirierten Ethik und ihrer "Versuchung des ethischen Relativismus" (Gottschlich 1980: 154) auseinandergesetzt (→ auch Kapitel 2.3.4.2). Dabei grenzt er sich zunächst deutlich von einem normativ-ontologischen Ansatz ab, dem er die Vernachlässigung von organisatorischen Zwängen und einen nur vagen, praxisfernen Zielcharakter vorhält. Gerade diese Richtung habe das Bemühen um eine journalistische Berufsethik diskreditiert:

> "Der normative Anspruch an Journalismus, den die historisch ausgerichtete Zeitungswissenschaft noch ex cathedra verkünden konnte, entbehrte nicht nur der notwendigen empirischen

> Grundlagen, sondern wurde durch die historischen Ereignisse und den Mißbrauch publizistischer Gesinnungsideale durch den Nationalsozialismus um ihre Glaubwürdigkeit gebracht." (Ebd.: 141)

Am empirisch-analytischen Ansatz kritisiert Gottschlich vor allem, daß seine Vertreter angesichts der mangelnden Verbindlichkeit ethischer Normen und aus der Feststellung ethischer Divergenz in einer pluralistischen Gesellschaft vor der Aufgabe, journalistisches Handeln zu verbessern, resignierten. Gerade die sozialwissenschaftliche Journalismusforschung müsse aber an einem berufsethisch akzeptablen Verhaltensrepertoire für Journalisten mitwirken:

> "Unter dem Aspekt der Frage nach den - ethischen - Grundlagen öffentlich-kommunikativen Handelns, läge das praktische Interesse der empirisch-analytischen Journalismusforschung demnach [...] darin, mit der Reflexion wertorientierten journalistischen Handelns zugleich auch für ein, auf mögliche alternative Orientierungsschemata verweisendes, ethisches Engagement die Basis zu schaffen." (Ebd.: 163)

Die systemtheoretische Auseinandersetzung mit der Medienethik besitzt in der Tat kaum handlungsleitende Qualitäten; sie hat insofern weder dem Journalismus noch der Journalistik etwas Praktikables anzubieten - außer dem resignativen Rekurs auf institutionelle Zwänge und Marktmechanismen (vgl. Haller 1992: 197 f.). Auf der anderen Seite hat dieser Ansatz aber die Ethikdiskussion entstaubt und das journalistische Handeln in Medienorganisationen entmythologisiert.

2.3.4 Zum Praxisbezug einer Medienethik

2.3.4.1 Kasuistik als Medienethik: das Lernen am Fall

Ethikbedarf entsteht nicht am Grünen Tisch, sondern in der Tagespraxis, "wenn es brenzlig wird" (Luhmann 1990a: 18). Gerade das Nachdenken über journalistisches Handeln wird nachhaltig durch Grenzfälle stimuliert, die sich bei der Berichterstattung ergeben. So ist in den USA auch die universitäre Ethikdiskussion zum Journalismus in erster Linie eine Kasuistik, ein fallbezogener Diskurs. Dabei geht es, so zeigen Journalismus-Lehrbücher (vgl. z. B. Cullen 1981, Christians et al. 1983), weniger um allgemeine moralische Ansprüche an den einzelnen Journalisten, sondern ganz pragmatisch um professionelle Standards, die sich für die Praxis direkt operationalisieren lassen. Viele amerikanische Journalisten setzen ethischen Journalismus mit 'objektiver Berichterstattung' und seinen Kriterien Direktheit und Genauigkeit gleich (vgl. Merrill 1985).

Das Lernen am Fall ist in den USA auch eine vorbeugende Strategie: Die Journalisten sind dort durchweg weniger kooperativ, so daß es immer wieder zu Konfrontationen mit Institutionen und Personen kommt, welche die Medienfreiheit einschränken wollen. Selbstregulierung der Medien und der Journalisten ist insofern also auch eine Vorsichtsmaßnahme gegen Versuche einer Verrechtlichung des Mediensystems (→ Kapitel 2.2.3.1)

Schwerpunkte dieser eher handwerklichen Diskussion bilden z.B. die Verwendung anonymer Quellen sowie Probleme der Unparteilichkeit beim Nachrichtenschreiben. Genaue Verhaltensregeln haben auch einzelne Medien für ihre Mitarbeiter formuliert. So sind zum Beispiel bei der Washington Post Scheckbuch-Journalismus, 'freebies' und 'junkets'[70] ebenso verboten wie Berichte über das Sexualleben bekannter Personen.

Wenn man in dieser Weise Probleme der Ethik direkt auf den Berufsalltag bezieht, lassen sich prekäre Konstellationen bei der journalistischen Arbeit benennen. Dazu gehören natürlich Zeit- und Produktionsdruck, aber auch die individuelle Sehnsucht nach dem Scoop, nach der exklusiven Story oder auch nur der Wunsch, als Erster mit einem Bericht herauszukommen. Konkurrenzdruck und Fremdsteuerung durch Vergünstigungen werden als weitere berufsethische Fallen thematisiert.

Bestimmen lassen sich aber noch konkreter professionelle Konstellationen, die ethische Probleme hervorrufen können: Dazu gehören die Verdichtung von Zitaten bis hin zur bewußten oder unbewußten Verfälschung von Aussagen, die Manipulation durch Bilder, die zu sehr zugespitzten Schlagzeilen. Der Aufruf, fair zu berichten, ist ein allgemeiner Appell; der Hinweis, gerade bei Menschen, die einem unsympathisch sind, vorsichtig mit Bewertungen zu sein, kann hingegen als professionelle Hilfe dienen. Gefahren drohen aber auch, wenn Medien selbst Anlässe schaffen oder sich zum Ratgeber aufspielen. Und schließlich, wenn sie 'schmutzige Soziologie' betreiben: auf dünner Recherchegrundlage, auf der Kenntnis weniger Fälle weitreichende Generalisierungen vornehmen. (Vgl. z.B. Cullen 1981: 333 ff.) Solche Konstellationen werden in Dutzenden von nordamerikanischen Journalismus-Lehrbüchern abgehandelt. Ihr Thema ist der alltägliche

---

70 Geschenke und Gelage: z. B. kostenlose Reisen auf Einladung von Interessengruppen.

Ethikbedarf, bei dem es meist nur um konsentierte professionelle Standards geht; hier bewährt sich 'richtiges Handeln' dauerhaft.

Besondere Prüfsteine einer Medienethik sind jedoch Extremsituationen, die nach einem Versagen der Journalisten zu Medienaffären werden. Der 'case study approach' ist deshalb vor allem bei solchen Fällen möglich, wo sich die Medien selbst zum Thema gemacht und eine gewisse Transparenz ihres Verhaltens hergestellt haben. Dies gilt in besonderem Maße für die WASHINGTON POST mit ihren ansonsten durchweg erfolgreichen Berichterstattungspraktiken. Zum Thema wurden sie zuerst in der Zeit des Vietnamkriegs, als die Zeitung zusammen mit der NEW YORK TIMES die 'Pentagon Papers' veröffentlichte, dann aber vor allem durch die Watergate-Affäre und schließlich durch die Affäre um die POST-Reporterin Janet Cooke. (→ Text 2-12).

Die Watergate-Affäre, die zu Beginn auch hinsichtlich der angewandten journalistischen Praktiken überaus kontrovers diskutiert worden war, brachte der POST trotz aller Kritik (vgl. Epstein 1975) am Ende nur Ruhm ein. Der Zweck, das mußten auch die Kritiker einräumen, rechtfertigte hier die Mittel.

Ganz anders endete eine zweite Affäre, die nicht nur die WASHINGTON POST, sondern auch deren vielgerühmten Watergate-Reporter Bob Woodward in seiner neuen Rolle als Lokalchef betraf. Bei diesem zweiten Fall, nach dem erfundenen Berichterstattungsobjekt ironisch 'Jimmygate' genannt, trat eine berufsethische Instanz in Aktion, welche die Washington Post selbst etabliert hatte: der Ombudsmann. Auf mehreren Seiten der Zeitung rekonstruierte er wenige Tage nach dem Geständnis der Janet Cooke, wie es zu dem 'getürkten' Artikel gekommen war und warum alle redaktionellen Kontrollstellen, darunter auch Woodward, versagt hatten. Die Rekonstruktion zeigte, daß es auch in diesem Fall nicht nur um individuelles Versagen, sondern um institutionelle Zwänge ging. Produktionsdruck und redaktionelles Klima hatten die Reporterin offensichtlich zur Fälschung getrieben.

Eine Fälschung, noch dazu im historischen Großformat, bewegte im Frühjahr 1983 die Gemüter in Deutschland: die angeblichen Hitler-Tagebücher (→ Text 2-12), deren Präsentation durch den STERN sich als gigantischer Schwindel herausstellte (vgl. Harris 1986). Die Aufdeckung hatte für das Image der Illustrierten und ihres Verlags Gruner & Jahr (Bertelsmann) sehr unangenehme Auswirkungen.

Bei der Affäre um den Kremlflieger Matthias Rust im Mai 1987 zeigte das Magazin jedoch erneut, daß es notfalls seine Glaubwürdigkeit aufs Spiel setzt, wenn es um spektakuläre Veröffentlichungen geht. Der STERN praktizierte hier - nicht zum ersten- und nicht zum letztenmal - 'Scheckbuchjournalismus', als es mit Rust einen Exklusivvertrag schloß. Informationen über den spektakulären Vorgang waren damit monopolisiert. Interviews mit Rust bedurften der Genehmigung des STERN; Filmaufzeichnungen mußten im Fernsehen mit dem Hinweis "by courtesy 'stern'" gesendet werden.

Auch an einer weiteren Medienaffäre der letzten Jahre war der STERN direkt beteiligt: dem Fall des Politikers Uwe Barschel. Dabei traten allerdings über weite Strecken berufsethische Aspekte gegenüber den Dimensionen des größten politischen Skandals in der Geschichte der Bundesrepublik in den Hintergrund. Ging es hier um eine politischen Affäre, die erst am Ende auch zum Medienskandal wurde, so standen bei drei weiteren Fällen ausschließlich die Medienpraktiken im Zentrum öffentlicher Diskussionen: beim Gladbecker Geiseldrama sowie bei den Unglücken von Borken und Ramstein. (→ Text 2-12)

2.3.4.2 Steuerungsinstanzen einer Medienethik

Es ist schwierig, über Moral, auch über journalistische Moral, moralfrei zu reden und zu schreiben. Niklas Luhmann versucht dies, wenn er den Begriff 'Moral' seines normativen Charakters entkleiden will und vorschlägt, Achtung des Mitmenschen als normative Grundlage für Moral begreifen: "Die Gesamtheit der faktisch praktizierten Bedingungen wechselseitiger Achtung und Mißachtung", schreibt er in seiner "Soziologie der Moral", "macht die Moral einer Gesellschaft aus." (Luhmann 1978: 51)

Rühl und Saxer (1981) haben diesen Moralbegriff für ihre Überlegungen zu einer Ethik des Journalismus aufgegriffen (→ Kapitel 2.3.3.2). Der Anspruch Luhmanns, "das Faktum Moral mit moralfreien Begriffen zu begreifen" (Luhmann 1978: 43), scheint indessen weder bei ihm noch bei denen, die ihm folgen, eingelöst: Denn diese Annäherung über die Achtung des Mitmenschen erinnert stark an den Grundsatz christlicher Ethik, also an ein normatives Prinzip. Zielsetzung und Inhalt einer Ethik fallen hier zusammen. Unklar ist auch, wie wir einen solchen Moralbegriff für Aussagen über die 'ethische Praxis' - zum Beispiel im Journalismus - operationalisieren sollen. Auf der anderen Seite scheint dieser Moralbegriff aber insofern kompatibel zu sein mit einem sozialwissenschaftlichen Verständnis, als er die Funktion der Integration und Stabilisierung sozialer Systeme durch Moral in den Vordergrund rückt.

TEXT 2-12

Die Watergate-Affäre

Am 17. Juni 1972 begannen zwei junge Reporter der WASHINGTON POST, Carl Bernstein und Bob Woodward, mit den scheinbar alltäglichen Recherchen über einen Einbruch. Fünf Männer, die in das Hauptquartier einer Partei eingedrungen waren, waren festgenommen worden. Im Laufe ihrer Ermittlungen förderten die zwei einen der größten Politskandale des 20. Jahrhunderts zutage. Sie zwangen mit ihrer Veröffentlichung einen Teil der engsten Mitarbeiter des amerikanischen Präsidenten Richard Nixon zum Rücktritt. Nach mehr als zweijähriger kontinuierlicher Berichterstattung der beiden, nach Aufdeckung der Einzelheiten und Hintergründe, gab dann auch der Regierungschef selbst dem Druck des Parlaments und der Öffentlichkeit nach und trat am 9. August 1974 zurück.

Der Fall Janet Cooke ('Jimmygate')

Am 28. September 1980 erschien in der WASHINGTON POST eine unter der Überschrift "Jimmy's World“ die Story über einen achtjährigen farbigen Jungen, der heroinabhängig war. Die Autorin Janet Cooke, eine junge, farbige Reporterin, analysierte das Rauschgift-Problem in der Hauptstadt und beschrieb als Augenzeugin, wie der Freund seiner Mutter dem Kind Heroin in die Venen injiziert. Die Story erregte Aufsehen, der Junge Mitleid. Präsidenten-Gattin Nancy Reagan bot aus Kalifornien Hilfe an. Am 13. April 1981 wurde die scheinbar intensiv recherchierte Geschichte mit dem Pulitzer-Preis ausgezeichnet. Doch zwei Tage später wurde die Autorin als Fälscherin entlarvt. Sie mußte gestehen, daß das von ihr beschriebene drogensüchtige Kind nicht existierte.

Die Hitler-Tagebücher

Am 28. April 1983 begann der STERN mit der Veröffentlichung von Dokumenten, die zunächst als historische Sensation ersten Ranges bewertet wurden. Beschafft hatte sie der Reporter Heidemann, den seine Vorgesetzten für den besten des Landes hielten. Chefredakteur Peter Koch qualifizierte den Fund als Herausforderung, die Geschichtsbücher umzuschreiben. Seine Einschätzung sorgfältiger Prüfung und eindeutiger Beweise der Echtheit wurde durch eine eingehendere Dokumentenanalyse am 6. Mai 1983 widerlegt. Fünf Tage später gestand auch der Herausgeber "in eigener Sache" ein, daß man einer Fälschung aufgesessen sei. Der Reporter wurde entlassen, später auch verhaftet. Die beiden Chefredakteure traten zurück und wurden abfunden, Herausgeber Henry Nannen entmachtet. Gerd Schulte-Hillen, Leiter des Verlags Gruner + Jahr und Hauptverantwortlicher der Affäre, blieb.

Die Barschel-Affäre

Bei der Barschel-Affäre ging es zunächst vor allem um die kriminellen Mittel, die der schleswig-holsteinische Ministerpräsident Uwe Barschel (CDU) im Landtagswahlkampf 1987 angewandt hatte, um den damaligen Opositionsführer Björn Engholm (SPD) zu kompromittieren. Engholm wurde durch Privatdetektive bespitzelt; sein Telefon wurde abgehört, das Steuergeheimnis gebrochen u. a. m. Diese Machenschaften wurden der Öffentlichkeit durch den damaligen Pressereferenten in der Kieler Staatskanzlei, Reiner Pfeiffer, bekannt gemacht. Am Tag nach der Landtagswahl, am 14. September 1987, erschien eine SPIEGEL-Ausgabe mit der Titelgeschichte "Barschels schmutzige Tricks". Diese Geschichte war in Auszügen bereits zwei Tage vorher durch verschiedene Medien bekannt gemacht worden. Was zunächst von Barschel und dem damaligen CDU-Landesvorsitzenden Gerhard Stoltenberg als Kampagne der "linken Kampfpresse" bezeichnet wurde, stellte sich in den folgenden Wochen im gesamten Umfang als zutreffend heraus. Die Affäre wurde als 'Waterkantgate' bekannt. Zum wirklichen Medienskandal geriet sie, nachdem Barschel in seinem Hotelzimmer in Genf unter bis heute ungeklärten Umständen Selbstmord begangen hatte. Der später von einem Schweizer Gericht bestrafte STERN-Reporter Sebastian Knauer fand den Politiker tot in der Badewanne liegend. Statt zunächst die Polizei zu holen, photographierte er den Toten. Das Foto der Leiche Barschels wurde in Zeitungen, Zeitschriften und im Fernsehen, z. T. mehrmals, veröffentlicht. Im Zusammenhang mit dieser Veröffentlichung wurde den Medien vorgeworfen, die Menschenwürde verletzt zu haben.

Das Gladbecker Geiseldrama

Das Gladbecker Geiseldrama gilt nicht nur als das wohl deutlichste Beispiel für die Mißachtung journalistischer Standards, sondern auch als eines der spektakulärsten Verbrechen in der Kriminalgeschichte der Bundesrepublik Deutschland. Das Geiseldrama spielte sich vom 16. bis zum 18. August 1988 ab. Es begann mit einem Banküberfall zweier Männer auf die Filiale der Deutschen Bank in Gladbeck. Nicht zuletzt aufgrund von Fehlern der Polizei eskalierte der Bankraub zu einer mehrtägigen Geiselnahme, in deren Verlauf drei Menschen ums Leben kamen und zahlreiche weitere Personen in die Hand der Täter gerieten. Die Flucht vor der Polizei führte Geiselnehmer und Geiseln in einer Irrfahrt durch die Bundesrepublik und in die Niederlande. Schließlich stoppte die Polizei gewaltsam den Fluchtwagen, in dem sich die inzwischen drei Täter und zwei Geiseln auf der Autobahn 3 bei Bad Honnef befanden. Während der Odyssee wurden die Gangster und ihre Geiseln nicht nur von Polizeieinheiten, sondern auch von einer großen Zahl Journalisten verfolgt. Berichterstatter aller Medien sorgten dafür, daß Fernsehzuschauer, Radiohörer und Zeitungsleser stets ganz nah dabei waren. Dies war mitentscheidend für die spektakuläre Entwicklung der Ereignisse. Dabei griffen die Journalisten mehrmals vor den Einsatzkräften der Polizei in das Geschehen ein. Wiederholt wurde aus eigenem Antrieb Kontakt mit Tätern und Geiseln aufgenommen. Schließlich gingen die Medien sogar so weit, den speziellen Wunsch der Geiselnehmer zu erfüllen, "nur noch durch die Medien" sprechen zu wollen. Dadurch behinderten sie die Ermittlungsarbeit der Ordnungsbehörden. Behinderungen entstanden auch dadurch, daß Pressefahrzeuge Polizeiwagen an der Verfolgung der Gangster und ihrer Geiseln hinderten. Außerdem dienten sich Journalisten den Tätern als Vermittler und Ersatzgeiseln an.

Die Unglücke von Borken und Ramstein

Bei einer Routinesprengung im Stollen eines Braunkohle-Bergwerks im nordhessischen Borken war es am 1. Juni 1988 zu einer Explosion gekommen, bei der 51 Bergleute ihr Leben verloren; 6 weitere Kumpel, die verschüttet worden waren, konnten einige Tage nach der Explosion unter spektakulären Umständen gerettet werden. Als Skandal wurde insbesondere empfunden, daß Angehörige von Unglücksopfern unter falschen Angaben von Vertretern der Presse unter Druck gesetzt worden waren. Dabei ging es insbesondere darum, Fotos der Verunglückten zu erhalten. Rücksichtslos jagten Journalisten dann den Geretteten hinterher, so daß diese z. T. Polizeischutz anfordern mußten, um sich vor Reportern in ihrer Wohnung zu schützen. Im einzelnen konnte aber nicht festgestellt werden, welche Journalisten sich in welcher Weise schuldig gemacht hatten.

Bei der Flug-Katastrophe von Ramstein wurden insbesondere die gezeigten Bilder von tödlich verletzten Personen Gegenstand einer Ethikdebatte. Zu dem Unglück war es gekommen, als während eines Flugtages auf der US-amerikanischen Luftwaffen-Basis bei Ramstein bei Kaiserslautern am 28. August 1988 zwei Maschinen zusammengestoßen waren. Dabei handelte es sich um die Kunstflug-Staffel "Frecce Tricolori", die ein Kunstflugprogramm vorgeführt hatte. Eine der Maschinen war brennend in die Zuschauermenge gestürzt. Bei dem Unglück kamen die Piloten der beiden Maschinen und 58 Besucher ums Leben. Zahlreiche weitere Menschen trugen schwere Verbrennungen davon. Auch in diesem Fall, wie schon bei der Gladbecker Geiselnahme, wurde von den Fernsehanstalten mit authentischem Material gearbeitet. In schonungsloser Weise und mit deutlich vernehmbarem Originalton wurde die Katastrophe in ihrem ganzen Ausmaß dargestellt. Diese Darstellung trug dem Fernsehen den Vorwurf der Sensationsgier ein. Erneut wurde eine Art von Live-Berichterstattung praktiziert, die stark an fiktionale Darstellungen in einschlägigen Spielfilmen erinnerte.

Dieser Aspekt kann ein Ausgangspunkt für die Suche nach Steuerungsinstanzen einer spezifischen journalistischen Berufsethik im Sinne von "Pflichten [...], die sich aus den spezifischen Aufgaben der verschiedenen Berufe einer arbeitsteiligen Gesellschaft ergeben" (Höffe 1986: 19 f.), sein. Denn seit einiger Zeit - in der Bundesrepublik gab die Barschel-Affäre vielleicht hierzu die Initialzündung - werden den Journalisten und den Medien immer häufiger dysfunktionale Effekte ihres Handelns für eine Verständigung über gesellschaftliche Moral vorgehalten. Der Vorwurf lautet also, daß eine bestimmte Art der Berichterstattung quer liege zur Integrationsfunktion der Medien, daß er die Stabilität unserer Gesellschaft bedrohe und daß den Journalisten hier das nötige Pflichtbewußtsein fehle.

Die zentrale Frage ist dabei, welche Maßstäbe wir haben, wenn über journalistisches Handeln in Grenzbereichen der Berichterstattungspraxis geurteilt werden soll. Dazu sollen nun drei - nur analytisch unterscheidbare - Ethiktypen näher betrachtet werden:

- ▲ Maßstäbe, die als moralische Verhaltensregeln für den einzelnen Journalisten formuliert werden (Individualethik);
- ▲ Maßstäbe, die das berufliche Verhalten innerhalb der Gruppe der Journalisten berechenbar machen ('professionalisieren') sollen, und die zum Teil als 'Standesethik' von den Berufsverbänden kodifiziert werden (Professionsethik);
- ▲ Maßstäbe, die Medienbetriebe und ihre Verantwortlichen zu beachten hätten - in einem demokratischen System, das ihnen Freiräume zur Erfüllung einer 'öffentlichen Aufgabe' einräumt (Institutionenethik).

Wir werden sehen müssen, ob sich aus einer Kombination solcher 'Ethiken' eine anspruchsvolle und doch anwendbare 'Handlungsethik für Journalisten' destillieren läßt.

Individualethik

Maximilian Gottschlich (1980: 146 ff.) hat in seinem Buch "Journalismus und Orientierungsverlust" vier Hauptargumente zusammengetragen, die gegen eine Medienethik als verbindliche Beurteilungsgrundlage journalistischen Handelns immer wieder vorgetragen werden:

- die Idealisierung der Berufswirklichkeit
- die Verschleierung beruflicher Abhängigkeitsverhältnisse
- das Problem ethischer Divergenz in einer pluralistischen Gesellschaft
- Probleme der Operationalisierbarkeit ethischer Normierungen

Diese Argumente lassen es unmöglich erscheinen, individuelle Maßstäbe für journalistisches Handeln zu benennen und durchzusetzen. Gottschlich hält einer solchen resignativen Position aber entgegen:

> "Erst auf die Erkenntnis möglicher Widersprüchlichkeit zwischen einer Handlungspraxis, wie sie *ist* und Vorstellungen bzw. Beispielen davon, wie sie sein *soll*, folgt das praktische (sittliche) Urteil als Versuch der Überwindung eines Gegebenen in Richtung auf ein Erkanntes, auf ein Aufgegebenes. Es geht also gar nicht anders, als die Berufswirklichkeit zu idealisieren, wenn man sie verbessern will." (Ebd.: 147; kurs. im Orig.)

Diese Idealisierung der Berufswirklichkeit ist insbesondere den Pressekodizes vorzuwerfen (→ Kapitel 2.3.2.3); sie bieten keine Chancen für eine Verbesserung des Journalismus, denn sie setzen Werte absolut, die in der modernen Gesellschaft relative Wertigkeit besitzen.Dies gilt sowohl für die zeitliche als auch für die soziale Dimension. Schon kurzgreifende historische Analysen zeigen, daß die Moral einer permanenten Wandlung unterworfen ist. Es gibt eben nicht die ein für allemal feststehenden Maßstäbe - sofern wir nicht auf der allgemeinsten Ebene bleiben wollen. Relativierungen in der sozialen Dimension ergeben sich aus dem Charakter pluralistischer Gesellschaften. "Pluralisierung der Gesellschaft", schreiben Rühl und Saxer apodiktisch, "heißt vor allem, daß es *die* Ethik und *die* Moral nicht geben kann." (Rühl/Saxer 1981: 475; kurs. im Orig.]

Einer journalistischen Berufsethik als Individualethik liegt eine idealisierte Menschenkonzeption zugrunde, denn 'der' ethisch handelnde Mensch - der in allen Lebensbereichen denselben Normen unterworfen ist und überall gleich handeln soll - ist empirisch ja gar nicht vorfindbar. Statt dessen bewegen sich alle Menschen in diversen sozialen Systemen, wo jeweils andere Verhaltenserwartungen, formelle und informelle Regeln, gelten:

> "Mutmaßlich ist es das Fehlen einer Auseinandersetzung traditioneller Ethiker mit dem empirisch prüfbaren begrifflich-theoretischen Instrumentarium der Systemtheorie, ja überhaupt mit dem Wissensstand der Humanwissenschaften, das es ihnen gestattet, die Argumentationsfigur 'ganzer Mensch' wissenschaftlich ungestraft einzusetzen und ethische Verbindlichkeiten als im Menschen angelegt und in der Gesellschaft entfaltet aufzufassen. Über die Individualisierung der Ethik versuchen sie so den gesellschaftlichen Wirklichkeitsbezug herzustellen - mit dem ontologisierenden Rekurs auf verborgene Gesetzlichkeiten." (Rühl/Saxer 1981: 485)

Professionsethik

Gewiß wären die "verborgenen Gesetzlichkeiten" am ehesten in der professionellen Sphäre auszumachen - als Verhaltensregeln für den Berufsalltag: Standards für die tägliche Arbeit, Hilfen, Tricks, die dem einzelnen Journalisten erlauben, professionell zu überleben und dabei einigermaßen 'ethisch' zu handeln. Stichworte dafür sind z. B. Objektivität, Nachprüfbarkeit und genaue Quellenangaben (vgl. Weischenberg 1990h: 214 ff.). So könnte man also zum Beispiel den unangemessenen Wahrheits- und Objektivitätsanspruch der Individualethik durch die Trennungsnorm - die formale Abgrenzung von Nachricht und Kommentar - einer Professionsethik ersetzen.

Was es da zu beachten gibt und was da konsensfähig ist, würden viele allerdings nicht mit dem anspruchsvollen Etikett 'Ethik' versehen, und zum Teil handelt es sich dabei tatsächlich nur um sprachlich aufbereitete Betriebsroutinen. Oder um Berufsnormen in Bereichen, die längst formalisiert, also 'verrechtlicht' sind. Deutliches Beispiel ist der Informantenschutz, der weder in Berufskodizes noch in sonstigen Handlungsanweisungen fehlt, obwohl er in der Bundesrepublik als "Zeugnisverweigerungsrecht" zentraler Bestandteil der Landespressegesetze ist.

Was über diese professionellen Standards hinausgeht, ist schon vom Problem ethischer Divergenz bedroht. Dies zeigen zum Beispiel empirische Befunde, die einen internationalen Vergleich journalistischer Einstellungen zu den Recherchemethoden erlauben (→ Kapitel 5.2.3). Deutsche und nordamerikanische Journalisten haben hier offensichtlich andere berufsethische Dispositionen als britische Journalisten (vgl. Weischenberg 1989). Doch in Ignoranz dieser ethischen Divergenz neigen gerade auch die journalistischen Berufsverbände dazu, über die Ansprüche einer Professionsethik hinauszugehen und absolute Charakterwerte zu formulieren und zu kodifizieren.

Das System Journalismus befindet sich aber nicht im luftleeren Raum; es besitzt kein Wesen, das man mit Ethik ausstopfen kann, sondern es wird durch Umweltbezüge (zur Öffentlichkeit und zur Konkurrenz auf dem Markt) bestimmt. Journalisten mit besonders hohen ethischen Ansprüchen, die solche Kataloge ernstnehmen, geraten in Verwirrung, wenn sie sich mit den Zwängen konfrontiert sehen, die aus utilitaristischen Erwägungen ihres Mediums resultieren.

Institutionenethik

Eine aus der Institution zu entwickelnde Handlungsethik für Journalisten hätte in besonderem Maße die Grenzen journalistischer Autonomie in modernen Mediengroßbetrieben zu thematisieren (→ Kapitel 3.2). Bei diesen Institutionen, in denen die Journalisten - mehr oder weniger ethisch - handeln, handelt es sich heute um eine riesige Industrie, deren Gewinnorientierung eine eigene, primär an ökonomischen Kategorien orientierte Logik schafft und damit auch eine eigene Moral entfaltet.

In diesen Medienbetrieben trifft nicht der einzelne Journalist mit seiner Individualethik die folgenreichen Entscheidungen über publizistisches Handeln. Es läge freilich auf der Hand, wenn sich die Forderung nach mehr Moral, nach einer publizistischen Ethik auf die Institutionen, die Medien, gerichtet würden. Was sie nicht tun sollten, hat der Schriftsteller Heinrich Böll in seiner Erzählung "Die verlorene Ehre der Katharina Blum" deutlich zu machen versucht[71] . Es ist unmoralisch, wollte Böll die Medien lehren, kleine Leute für eine gute Story in die Zange zu nehmen ('Witwenschütteln' nennen Illustriertenreporter ihren Auftritt bei Hinterbliebenen). Es ist unmoralisch, mit großen Leuten zu paktieren, rücksichtslos zu recherchieren, bei der Berichterstattung zu übertreiben und zuzuspitzen. Es ist unmoralisch, die Fak-

---

71 Heinrich Böll: Die verlorene Ehre der Katharina Blum oder: Wie Gewalt entstehen und wohin sie führen kann, München 1976 [zuerst: Köln/Berlin 1974]. Die Erzählung wurde 1975 von Volker Schlöndorff verfilmt.

ten auf die eigene Weltanschauung hin zu biegen und den Kommerz, die Auflage über alles zu stellen.

Die Medien und ihre Verantwortlichen wären es wohl zuerst, die für eine solche Böllsche Medienmoral die Voraussetzungen schaffen müßten. Doch eine 'Verantwortungsethik der Medien' sehen diese Personen heute primär als Verantwortung gegenüber dem eigenen Unternehmen, seinen Aktionären und Mitarbeitern. Und dies hat nun wieder sehr viel mehr mit Ökonomie als mit publizistischer Moral zu tun. Aus der Sicht des Bertelsmann-Konzerns war die Tagebücher-Affäre vor allem deshalb ein Beispiel für verantwortungsloses Handeln der Verantwortlichen (wer auch immer das war), weil durch diesen Hitler-Deal die Existenz des Unternehmens gefährdet wurde (→ Text 2-13).

Kein Zweifel aber: Die obersten Konzernetagen wären die ersten Adressen, um eine bessere Medienmoral einzufordern. Doch, wie wir sehen, bleibt sogar der Einfluß des Verlegers gering - selbst wenn der Verleger ein höchst moralischer Mensch ist. Man muß daraus für eine 'Institutionenethik' den Schluß ziehen, daß die heutigen Unternehmensziele und Unternehmensstrukturen der Medienbetriebe Moral- und Ethik-Postulate ins Leere laufen lassen.

Weder eine Individualethik für Journalisten noch eine Professionsethik noch eine Institutionenethik allein führen also zu befriedigenden Antworten. So sind Maßstäbe für journalistisches Handeln offenbar nicht zu gewinnen. Nicht lösbar scheint dabei insbesondere das Problem der Überlagerung von widersprüchlichen Anforderungen und Zwängen, die dem Journalismus sein ethisches Dilemma zwischen Funktionsnorm und Funktionswirklichkeit bescheren. Michael Haller bezeichnet dies als "Matroschka-Syndrom": Wie bei dieser russischen Schachtelpuppe würden die journalistischen Handlungsmaßstäbe im Inneren umschlossen "von den übergreifenden Maximen, Zwängen und Routinen" (Haller 1992: 208) - ein Bild, das unserer Zwiebel-Metapher für das System Journalismus nahekommt (→ Kapitel 1.3). Aus der Zahl der "Überformungen", die sich funktionsethisch negativ auswirkten, zieht Haller die Schlußfolgerung:

> "Journalismusethik läßt sich sinnvollerweise weder auf Organisationsnormen des Mediensystems, noch auf die Dimension persönlicher Gesinnung und Moral verkürzen; sie ist vielmehr der Sammelbegriff für Begründungen, die professionelle Verhaltens- und Verfahrensweisen rechtfertigen, soweit und solange die Medienproduktion nach Maßgabe der erörterten Funktionsnormen vonstatten gehen soll. [...] Die Frage nach Journalismusethik ist immer auch ein Hinweis auf den *Graben*, der zwischen erforderlichem und tatsächlichem Journalismus

> klafft - und diese Feststellung impliziert die Aufforderung, alles zu tun, um den Graben schmaler, zumindest nicht breiter werden zu lassen." (Ebd.: 210; kurs. im Orig.)

Die einfachen Antworten, welche vor allem Journalisten suchen, sind einem medienethischen Diskurs also gar nicht angemessen. Rühl und Saxer plädieren statt dessen für empirisches Augenmaß bei der Auseinandersetzung mit ethischen Kriterien für die Journalisten und empfehlen, folgende Fragen zu stellen:

> "Unter welchen gesellschaftlichen, insonderheit organisatorischen, programmatischen und personalen Bedingungen und angesichts anderer begrenzter Entscheidungsstrukturen kann wieviel Kontingenz für das Entscheidungshandeln der Presse (bzw. anderer publizistischer Teilsysteme oder des gesamten Massenkommunikationssystems) toleriert werden? Welche ethischen Regelungen sind neben den innerhalb von Redaktionen und Verlagen entwickelten formalen und informalen Normen sowie von den von außen kommenden Werten und vor allem den Rechtsnormen noch sinnvoll, um für das Entscheidungshandeln der Presse jene Grenzen zu ziehen, die ein ethisches Entscheidungshandeln möglich macht?" (Rühl/Saxer 1981: 503)

Dies ist ein Plädoyer dafür, die Frage "Wieviel Ethik braucht der Journalist?" (Knott-Wolf 1983) jeweils nur unter Rekurs auf variable Systemstrukturen zu beantworten:

- ▲ die pluralistische Gesellschaft mit ihren wandelbaren, relativen Moralvorstellungen;
- ▲ die Medienbetriebe in einem ökonomischer Logik unterworfenen, aber einer 'öffentlichen Aufgabe' verpflichteten Mediensystem;
- ▲ die Unterschiede zwischen einzelnen - der Industrie oder der Institution unterschiedlich stark verpflichteten - Medieninstitutionen;
- ▲ die mit jeweils unterschiedlichen Erwartungen verbundenen Rollen im Journalismus.

Nach solchen Analysen müßte aber jeweils das bestimmt werden, was wir 'Ethik des Journalismus' nennen, aber kaum in 'Zehn Gebote' pressen können. Von absoluten Werten (Wahrheit, Moral) müßten wir uns dann bei der Ethikdiskussion über den Journalismus verabschieden; absolute Werte sind (auch) als Maßstab journalistischer Arbeit untauglich. Das heißt jedoch nicht, daß ein 'Nachdenken über journalistisches Handeln', weil bezugslos, grundsätzlich überflüssig wäre. Berufsethische Reflexion kann schon ein Wert an sich sein. Dazu müßte aber im Zusammenhang mit Kommunikation und Verantwortung ein Perspektivenwechsel stattfinden.

TEXT 2-13

Der Verleger Reinhard Mohn und die publizistische Verantwortung

Anderthalb Jahre nach dem Desaster seines STERN mit den Hitler-Tagebüchern stellte sich Bertelsmann-Chef Reinhard Mohn aus Anlaß des 150. Unternehmensjubiläums einem Interviewer, der Werner Höfer hieß. "Es ist mir bewußt geworden", versichert Mohn in diesem Gespräch, "daß ich die Lebensspuren meiner Vorfahren hier in diesem Verlag aufgenommen habe, beispielsweise die starke Bindung an ethische Prinzipien." Und er berichtet über den Gründer Carl Bertelsmann, der beim Kampf gegen den Alkohol Anzeigenaufträge ablehnte und dadurch geschäftliche Nachteile für seine Zeitung in Kauf genommen habe.

Doch nach diesem Loblied auf den Kleinverleger mit Grundsätzen betont er, daß eine Illustrierte wie der STERN nur in einem Großunternehmen herauszubringen sei. Und damit stellten sich Fragen der Verantwortung ganz anders. Er selbst sei nie in seinem Leben Verleger, sondern immer nur Unternehmer gewesen. "Ich freue mich ganz besonders darüber", sagt dann der Herr über STERN und andere Publikationen, über Druckereien, Schallplattenfirmen, elektronische Medien, natürlich die Buchklubs und vieles mehr, "daß man im Hause Gruner & Jahr verstanden hat, daß ein Mann wie der Vorstandsvorsitzende Schulte-Hillen nicht für alles verantwortlich zu machen ist, was in den vielen Redaktionen von G & J geschieht."

An der Entscheidung, die Tagebücher zu publizieren, waren außer dem Gruner & Jahr-Chef Schulte-Hillen der damalige Bertelsmann-Chefmanager Manfred Fischer und auch Reinhard Mohn selbst beteiligt gewesen. Zu Mohns Beteiligung hat der BBC-Reporter Robert Harris in seinem Buch "Selling Hitler" folgende Schlüsselszene beschrieben:

Am Montag, dem 9. März, reiste Manfred Fischer von Hamburg, dem Sitz von Gruner & Jahr, nach Gütersloh. In seinem Aktenkoffer hatte er drei der 'Hitler-Tagebücher', die er am Abend vorher aus dem Safe im 9. Stock genommen hatte. In der Gütersloher Bertelsmann-Zentrale bat er Mohn um eine private Verarabredung, mit den Worten: "Wir haben sie jetzt gefunden."

Mit sichtlichem Stolz präsentierte er Mohn die Tagebücher: "Dies sind die Hitler-Tagebücher." Mohn blätterte das Manuskript durch. Seine Reaktion war so, wie Fischer gehofft hatte: "Er war genauso fasziniert wie wir alle. Er dachte, das sei einfach großartig." Und Mohn sagte: "Manfred, dies ist das wichtigste Manuskript, das jemals über meinen Schreibtisch gegangen ist."

(Zitate aus: Ich bin kein Verleger, ich bin Unternehmer. Reinhard Mohn im Gespräch mit Werner Höfer, 150 Jahre Bertelsmann, Verlagsbeilage in: Journalist 1985/1: 12-17; Robert Harris: Selling Hitler, New York 1986: 149 f., übers. v. Verf.)

2.3.5 Kommunikation und Verantwortung

Gewiß haben sich seit der 'Entdeckung' der Ethik vor zweieinhalbtausend Jahren die Grundfragen menschlichen Lebens und Zusammenlebens nicht radikal geändert. Insofern unterliegt der ethische Diskurs konstanten Bedingungen. Doch auf der anderen Seite kann niemand leugnen, daß wir heute über natur- und sozialwissenschaftliche Kenntnisse verfügen, die eine andere ethische Reflexion erlauben als zu Zeiten des Aristoteles. Deshalb können metaphysische Antworten auf ethische Fragen bis zu einem gewissen Grade ersetzt werden durch Analysen, deren Komplexität der Komplexität heutiger Gesellschaften entspricht.

Über Analysehilfen verfügen wir insbesondere durch Erkenntnisse der Systemtheorie, der Neokybernetik und des Konstruktivismus - drei bis zu einem gewissen Grade ähnlichen wissenschaftlichen Ansätzen. Systemtheoretiker wie Luhmann haben dargelegt, daß moderne Gesellschaften auf sinnhafter Kommunikation beruhen. Diese Gesellschaften erzeugen ihre Verhältnisse durch Kommunikation; sie sind insofern geschlossene Systeme. Außerhalb von Gesellschaft gibt es keine Kommunikation. Innerhalb von Gesellschaft gibt es Kommunikation zum Beispiel zwischen den sozialen Teilsystemen. Luhmann hat diesen systemtheoretischen Entwurf für die Wirtschaft und die Wissenschaft der Gesellschaft, für Religion, Liebe, aber eben auch für die Moral durchdekliniert - nicht jedoch für die Massenmedien und den Journalismus. (Vgl. Luhmann, z. B. 1978, 1985, 1988, 1990c)

Hier haben wir es nun insofern mit komplizierten Verhältnissen zu tun, als das Mediensystem einerseits wie jedes andere soziale System auf Kommunikation beruht und damit Wirklichkeiten schafft, auf denen es operiert. Andererseits produziert es aber auch nichts anderes als Kommunikation bzw. Wirklichkeiten - während zum Beispiel Wirtschaft mit der Zirkulation von Geld beschäftigt ist und Wissenschaft mit der Zirkulation von Hypothesen über die Welt.

Medien und Journalismus beruhen also auf den Elementen, die sie selbst herstellen, von denen sie selbst leben. Sie haben aber deshalb keineswegs ein Kommunikationsmonopol in der Gesellschaft, obwohl niemand bestreiten wird, daß Medienangebote, die wir 'Nachrichten' nennen, für die Gesellschaft immer wichtiger werdende Funktionen erfüllen. Für die Prozesse, die dabei ablaufen, ist man sehr schnell mit Metaphern bei der Hand, die folgenreich sind für unser Verständnis und für unsere Bewertung von Medienkommunikation und Journalismus.

Geradezu determinierend für unser Denken über Kommunikation ist bis heute die Metapher vom Kanal, insbesondere von den Medien als Kanälen und den Journalisten als Wärtern an den Schleusen der Kanäle. Medienaussagen erhalten dabei einen physikalischen Charakter: Es gibt einen Informationsfluß vom Ereignis bzw. der Quelle hin zum Empfänger (→ Kapitel 3.2.4.1)

Diese Vorstellung hat grundsätzliche Bedeutung für unser Verständnis gerade auch der Leistungen des Systems Journalismus und der Maßstäbe, mit denen wir diese Leistungen beurteilen. Wir verlangen vom Journalismus die Bereitstellung aktueller Themen für die Medienkommunikation (→ Kapitel 1.2) und meinen damit Angebote, bei denen möglichst ohne Störungen 'vermittelt' wird. Und da wir gelernt haben, uns in dieser Vorstellungswelt zu bewegen, liegt es nahe, daß wir für das Gelingen von Kommunikation und auch für das Gelingen von Medienkommunikation absolute Kriterien hochhalten: die Abbildung von Wirklichkeit durch die Medien, wahre und objektive Aussagen. Objektivität beziehen wir auf die Haltung der Schleusenwärter, Wahrheit auf das Produkt und Wirklichkeit auf den Objektbereich, aus dem die Medienangebote losgeschickt werden. Ethiken des Journalismus sind, wie sich unschwer nachweisen läßt, bis heute an diesen absoluten Maßstäben ausgerichtet, ja, sie wären, wie zu sehen war, ohne diese Maßstäbe für viele gar nicht vorstellbar.

Absolute Maßstäbe wie Wahrheit, Objektivität, und der Anspruch, mit den Mitteln des Journalismus Wirklichkeit abzubilden, sind aber nicht zu vereinbaren mit den empirisch belegten Erkenntnissen zur menschlichen Wahrnehmung und Kommunikation, die Biologen, Psychologen und Kybernetiker anbieten. Sie belehren uns, daß wir nicht in der Lage sind, mit Hilfe unserer Sinnesorgane direkt auf 'die Welt' zuzugreifen. Das Nervensystem ist ein geschlossenes System, das zur Umwelt keine direkten Verbindungen hat. Es ist offen für Anregungen, die es aber in seiner eigenen Sprache verarbeitet. Unser Bewußtsein, mit dessen Hilfe wir Kommunikation betreiben, ist in diesem Verständnis nichts anderes als das Ergebnis von Verarbeitungsprozessen im Gehirn.

Bei diesen Verarbeitungsprozessen wird dem, was das Nervensystem anbietet, erst Bedeutung, Sinn, zugeordnet. Dabei spielen gewiß nicht nur die biologischen Voraussetzungen des Gehirns eine Rolle, sondern insbesondere Erfahrungen, gerade auch Erfahrungen mit den Medien, die wir seit unserer Geburt machen. Das Ergebnis solcher Prozesse im Kopf können keine Abbildungen von 'Realität' sein, die sich an absoluten Maßstäben wie 'wahr' oder 'objektiv' messen lassen. Es handelt sich vielmehr um Konstruktionen von Wirklichkeit. Kommunikation ist demnach kein Transport oder Austausch von Irgendetwas, sondern ein letztlich vom Individuum bestimmter Prozeß der Konstruktion.

Bei diesen Konstruktionsprozessen orientieren wir uns nicht an den Maßstäben absoluter Erkenntnis, sondern an relativen Maßstäben, die es uns erlauben, in der Umwelt klarzukommen. Was sich in den Köpfen abspielt, ist also ganz pragmatisch ausgerichtet an den Anforderungen von Lebenssituationen, in denen man sich bewegt.

Wirklichkeitskonstruktion macht handlungsfähig, wobei gewiß die Medien eine zunehmend wichtige Rolle spielen. Diese Wirklichkeitskonstruktionen sind subjektabhängig, aber deshalb nicht willkürlich. Sie müssen mit anderen abgestimmt werden; Wirklichkeit ist sozial konstruiert. (Vgl. Berger/Luckmann 1980) Absolute Realität als Maßstab durchzusetzen bedeutet, Machtfragen zu stellen. 'Realitätsterror' ist somit ein ethisches Problem.

Wenn Kommunikation kein Informationstransport ist, dann sind Medien auch nicht als Einrichtungen zu verstehen, die Botschaften versenden oder Informationen vermitteln, sondern als Teilsysteme der Gesellschaft, die - nach ihren internen Strukturen - Wirklichkeitsentwürfe anbieten. Auch das soziale System Journalismus ist keine Vermittlungsinstanz; es operiert auf der Grundlage seiner Organisationsweisen - auf sich selbst bezogen, also 'selbstreferentiell'. Auch der Journalismus ist - wie der einzelne Mensch bei seiner Kommunikation - eigensinnig.

Dies bedeutet zunächst zweierlei: Erstens sind Journalisten Beobachter, die nicht Aussagen über Dinge, Eigenschaften oder Beziehungen in der "Welt-an-sich" (Kant) macht, sondern über Ergebnisse von Unterscheidungen machen. Journalisten stellen auf der Grundlage dieser Unterscheidungen Beziehungen und damit am Ende eigene Konstruktionen her. Zweitens sind auch die einzelnen Journalisten bei ihren Medienaussagen im Prinzip autonom. Sie entscheiden letztlich, in welcher Weise welchen Ereignissen welche Bedeutung zugewiesen wird und können sich deshalb nicht hinter der 'Objektivität' verstecken.

Der chilenische Biologe Humberto Maturana unterscheidet Objektivität mit und ohne Klammern. Objektivität ohne Klammern, absolute Objektivität, bedeutet in seinem Verständnis, die 'Welt-an-sich' darstellen zu können. Das heißt, den nicht einlösbaren Anspruch zu erheben, daß Erkenntnis - unabhängig vom Beobachter - die 'objektive Realität' erfassen und Sprache sie bezeichnen könne. Objektivität in Klammern ist die relative Objektivität des Beobachters, der Wirklichkeit konstruiert. (Vgl. Riegas/Vetter 1990: 77 f.) Objektivität in Klammern ist die Objektivität des Journalisten.

Die Konsequenz dieser (Objektivität) ist, daß jeder für seine Wirklichkeitsentwürfe die Verantwortung trägt. Dies gilt auch für die Journalisten, welche die Verantwortung für ihre Aussagen gern an die Institutionen abgeben wollen, in denen sie arbeiten. Und an 'die Realität', die sie abzubilden vorgeben - an absolute Maßstäbe wie eben 'die Objektivität' und 'die Wahrheit'.

Gewiß werden die Wirklichkeitsentwürfe der Journalisten in erheblichem Maße durch professionelle Regeln und Schemata geleitet. Und durch die Strukturen der Medienbetriebe, in denen Journalisten arbeiten; sie werden durch ökonomische, politische und technische Bedingungen in erheblichem Maße beeinflußt (→ Kapitel 3). Doch letztlich bestimmen einzelne Journalisten, welche Weltbilder die Medien anbieten. Diese Verantwortung - auch die Verantwortung für ihre ethischen Maßstäbe - kann ihnen niemand abnehmen, weder der Verleger oder Intendant noch 'die Realität'.

Ein solches Verständnis von Kommunikation und von Verantwortung für Kommunikation hat direkte Konsequenzen für eine 'Ethik des Journalismus'.

> "Ich glaube, wir verfallen sehr leicht einer grundlegenden Art der Entfremdung: der Suche nach *der* Wahrheit, nach *dem* Absoluten; der Sehnsucht nach letztmöglicher Stabilität durch Ausschluß allen Wandels; der Sehnsucht nach einer festen und sicheren Welt, in der alle unsere Wünsche befriedigt werden. [...] Wir erfinden stabile konsensuelle Systeme, die wir als absolute Wahrheiten ausgeben, die gegen jede Veränderung geschützt werden müssen. Unter Berufung darauf beschneiden und verachten wir die Individualität von Menschen in anderen konsensuellen Bereichen und unterwerfen sie damit in systematischer Weise sozialer Ausbeutung, ja, wir erwarten auch noch, daß sie dies als rechtmäßig akzeptieren. Dies ist die stärkste Art der Entfremdung, unsere Blindheit gegenüber der Welt *relativer* Wahrheiten, die wir *selbst erzeugen* und für die daher der Mensch allein den absoluten Bezugspunkt darstellt, und unsere Hingabe an eine Ideologie, die unsere Blindheit rechtfertigt." (Maturana 1982: 29; kurs. im Orig.)

Dieser Ideologie unterliegen insbesondere alle die, welche 'die' Ethik' des Journalismus entwerfen und in 'Zehn Gebote' pressen wollen. Ethik will auf die Frage 'Was soll ich tun?' dadurch Antworten geben, daß sie Verhaltensempfehlungen zur Veränderung der Welt formuliert. Auf diese Weise soll als 'ethische Theorie' sozial wünschenswertes Verhalten beschrieben werden, soweit juristisch fixierte Normen als nicht ausreichend gelten. Doch in einem Journalismussystem, in dem organisiert gehandelt wird, ist die Steuerung durch den Einzelnen begrenzt. So kann eine Berufsethik von vornherein im Grunde kaum mehr anbieten als Maßstäbe für die Reflexion des Verhaltens von Journalisten, Maßstäbe für das Nachdenken über journalistisches Handeln.

Was wir im Kontext einer Ethikdebatte diskutieren und rügen, muß zunächst als Ergebnis des Systems Journalismus erklärt werden, das nach seinen Regeln Wirklichkeit schafft. Bei der Festlegung der moralischen Maßstäbe, die in diesem System Gültigkeit besitzen sollen, geht es darum, Unterscheidungen zu treffen. Aber diese Unterscheidungen - gut/schlecht oder gut/böse - genügen nicht. Es geht auch darum, diesen binären Code selbst zu reflektieren. Also zu fragen, ob die Unterscheidung zwischen gut und schlecht selbst gut oder schlecht ist. Und zu fragen, wann man diese Unterscheidung zugrundelegen kann. Das Dilemma wird spätestens bei den Folgen des Handelns deutlich: Es gibt allerbeste Absichten, die zu Schrecklichem führen. Und umgekehrt kann auch aus schlimmen Absichten Gutes resultieren. Für welche Konstellation ist Ethik zuständig? (Vgl. Luhmann 1990a) Aus der Sicht des Sozialwissenschaftlers geht es hier vor allem darum, Systemzusammenhänge zu reflektieren. Das bedeutet, das Problem der Perspektive in den ethischen Diskurs mit einzubeziehen. Theologen und Philosophen würden hingegen darauf beharren, daß Moral etwas Ganzheitliches ist, eine Münze, mit der immer und überall bezahlt werden muß.

Alltagsbeobachtungen im Zusammenhang mit der Wahrnehmung von Verantwortung, die für jede Ethik zentral ist, zeigen jedoch, daß die Verhältnisse so nicht sind. Offenbar haben wir große Probleme, uns die Betroffenheit anderer vorzustellen; bei unserem eigenen Handeln, das andere betrifft, sind wir grundsätzlich risikobereiter als dann, wenn wir die Folgen des Handelns anderer auszubaden haben (→ Kapitel 5.4.3). Das Risiko des einen ist die Gefahr für den anderen (vgl. Luhmann 1990b: 131 ff.); die Verantwortung des einen ist die Betroffenheit des anderen. Insofern ist Ethik stets abhängig von der Situation des Handelnden. Politiker, die später als Journalisten arbeiten, und Journalisten, die Politiker werden, machen dies beispielhaft deutlich. Der ehemalige polnische Ministerpräsident Tadeusz Mazowiecki, ein gelernter Journalist, schrieb in einem Rückblick auf sein politisches Amt dazu:

> "Ralf Dahrendorf hat zutreffend geschrieben, daß in der Regierung andere Fähigkeiten gebraucht würden als in er antitotalitären Opposition: nämlich eine praktische 'Verantwortungsethik' statt einer reinen 'Gesinnungsethik'. Ich habe diesen Wechsel am eigenen Leib erfahren und ihn mitgemacht. Das Gefühl der Verantwortung für den Staat, also für das gesamte Gemeinwesen, schafft sofort eine ganz andere Perspektive."[72]

---

[72] Tadeusz Mazowiecki: Polens schwieriger Weg in die Normalität. Der demokratische Wandel und der Konflikt zwischen Pluralismus und Konsens, in: Frankfurter Allgemeine Zeitung v. 24.8.1991.

Auch wer heute in einem Medienunternehmen Verantwortung trägt, denkt nicht in erster Linie an die allgemeine Moral, sondern ans Geld, ans Image. Und er spricht von Verantwortung für die Firma und ihre Beschäftigten. Die ökonomische Perspektive steuert sein Verantwortungsgefühl; in dieser Logik haben Gruner & Jahr und Bertelsmann die Affäre um die Hitler-Tagebücher abgehandelt.

Diese empirischen Aussagen stellen eine Ethik als binären Code, wie er auch den Pressekodizes zugrundeliegt, in Frage. Der Philosoph Robert Spaemann (1989: 223) schreibt in seinem "Versuch über Ethik" von der "Dimension des verantwortlichen Umgangs mit der Wirklichkeit". Doch um welche Wirklichkeit geht es dabei? Doch nur um die Wirklichkeit des Beobachters, der in einem bestimmten sozialen System bestimmte Unterscheidungen trifft, mit deren Hilfe er bestimmte Dinge sehen kann oder eben auch nicht. Im ökonomischen System wird er dabei Moral eher als störend ansehen, weil dort der zentrale Regelungsfaktor das Geld ist. Und er wird bestimmte Unterscheidungen gar nicht vornehmen müssen, weil sie durch das Recht, zum Beispiel eben das Medienrecht, schon vorgegeben sind. Mit anderen Worten: Moral kann nicht außen an soziale Systeme wie den Journalismus herangetragen werden: Sie muß vom System selbst zu 'verarbeiten' sein. Die Frage ist dabei, ob Journalisten funktional eher Agenten der Gesinnung oder der Verantwortung sind.

Gerade der Rekurs auf 'Wirklichkeit' oder 'Wahrheit' hilft, wie zu sehen war, auch im Journalismus nicht weiter. Auch für moralische Entscheidungen gibt es keine 'realen' Grundlagen, sondern nur subjektabhängige Kriterien und die Bedeutung, welche sie in sozialen Kontexten haben. Natürlich kann ich mich auf diese Weise auf 'Sachzwänge' zurückziehen; die Verantwortung ist mir aber damit nicht abgenommen. Aufgabe einer Ethik, auch einer Ethik des Journalismus, ist damit die ständige Reflexion über die Unterscheidungen, die dem individuellen Handeln zugrundeliegen. Dabei sind die Bedingungen des Systems ebenso zu berücksichtigen wie die Bedingungen moderner Gesellschaften, die immer mehr durch Systemvernetzungen (vgl. Lenk 1988: 71) gekennzeichnet sind.

Angesichts dieser Situation, die im Bereich Kommunikation durch den Begriff 'Informationsgesellschaft' etikettiert wird (→ Kapitel 5.4), weist der etablierte Ethik-Begriff eine zu geringe Komplexität auf. Er stammt aus der Gedankenwelt von Philosophen früherer Jahrhunderte. Im Journalismus wird er auf eine Objektwelt bezogen, die seit dem 19. Jahrhundert kaum fortgeschrieben worden ist. Aus dieser Welt - nicht aus der modernen Gesellschaft - stammt auch das nach wie vor hochgehaltene Verständnis von journalistischer Objektivität (→ Kapitel 4.2.2).

In der modernen Gesellschaft wird das ganzheitliche Menschenbild, traditionelle Grundlage einer Ethik, aufgelöst in soziale Handlungsrollen (→ Kapitel 3.2.3.1). Soziale Systeme funktionieren auf der Basis von Selbstorganisation und Selbstreferenz. Das heißt, sie erzeugen ihre internen Strukturen selbst. Und sie erzeugen ihre internen Zustände wesentlich durch ihre eigenen Bestandteile und nicht so sehr durch Einflüsse ihrer Umwelt.

Man muß annehmen, daß allgemeine Gesetze der Selbstorganisation und Selbstreferenz auch für die Medien und den Journalismus gelten: Je mächtiger, größer und komplexer Systeme werden, um so irrelevanter werden Normierungen, die von außen dem System angeboten werden. Das heißt, das System reagiert selbstbezogen. Auf der anderen Seite werden auch die Umwelten immer komplexer und selbstbezogener; sie lassen sich immer schlechter durchschauen. Diesen 'Autismus' des Journalismus können wir kulturkritisch verdammen oder - jeweils nach einem 'Medienunfall' - mit einer Reparaturethik bekämpfen: Wir müssen uns dabei stets darüber im klaren sein, daß einer ethischen Beeinflussung des Systems von außerhalb enge Grenzen gezogen sind.

Der Einzelne, auch der einzelne Journalist, ist durch diese Hinweise auf Systembezüge jedoch nicht ganz 'aus dem Schneider'. Denn über vielfältige Formen von Kommunikation ist er als ganzer Mensch in die Gesellschaft eingebunden. Die Pluralität von Rollen führt zu Gefährdungen der Identität und - für Kommunikatoren - der Glaubwürdigkeit: "Wer in vielen Wohnungen wohnen muß, ist in keiner zuhause." (Spaemann 1989: 195)

Wenn wir ethisches Handeln als verantwortlichen Umgang mit der Wirklichkeit begreifen, müssen wir im Fall des Journalismus aber eben ganz besonders vorsichtig sein. Für die Wirklichkeit gibt es keine Referenzinstanz - solche Bezüge, auf denen Pressekodizes aufbauen, sind Ideologie. Es gibt freilich einen Konsens über Wirklichkeitsbezüge des Journalismus, denn diesem Konsens verdankt das System Journalismus seine Existenz (→ Kapitel 1.2.1). Durch diese Wirklichkeitsbezüge und ihre Referenzmechanismen wird Journalismus von anderen Kommunikationssystemen der Gesellschaft unterschieden; wir nennen diese zum Beispiel 'Literatur'.

Die Referenz wird dabei selbst wieder konstruiert, etwa anhand der Glaubwürdigkeit von Medien und Journalisten (→ Kapitel 4.4.3), auf Grund bestimmter Darstellungsformen wie Bericht und Kommentar (→ Kapitel 4.1.2) oder in Hinblick auf die Nützlichkeit von Medienangeboten etwa als Orientierungshilfen für den Alltag (→ Kapitel 4.4.1). Ein solcher Konsens über die Wirklichkeitsbezüge würde durch die Fiktionalisierung von Nachrichten in Frage gestellt.

Diese Fiktionalisierung von Nachrichten wurde dem Fernsehen beim Golfkrieg im Januar 1991 vorgeworfen. Die Zuschauer wohnten damals einer sehr eigenen Konstruktion von Wirklichkeit bei, mit Computergraphiken, vielstimmigen Spekulationen von Experten, welche die Kampfhandlungen wie eine Schach-Weltmeisterschaft kommentierten - und lange Zeit mit der Darstellung eines Krieges ohne Tote und Blut. Präsentiert wurde die Wirklichkeit der Interessenvertreter: der Politiker und vor allem der Militärs.

Es gab aber nicht nur erfolgreiche politische Strategien der Informationslenkung und Public Relations, sondern auch Strategien der Medien, die den Konsens über Funktionen des Systems Journalismus in Frage stellten. Dazu gehörte insbesondere der Versuch, mit Hilfe des Archivbildes von einem ölverklebten Kormoran ein Symbol für diesen Krieg zu schaffen, der auch ein Krieg gegen die Natur in der Golfregion war. Die Golfkriegberichterstattung, die heftige Kritik des Publikums auslöste, aber auch ernsthafte Selbstkritik der Journalisten, demonstrierte zusammen mit der Berichterstattung über die Umwälzungen in Osteuropa und der DDR die Ambivalenz der Eigenschaften einer globalen 'Mediengesellschaft' (vgl. Habermas 1990: 48 f.). Trug hier die Präsens des Fernsehens zum Erfolg der friedlichen Revolutionen wesentlich bei, so wurde im Falle des Golfkrieges die Instrumentalisierung des Mediums Quelle einer Orientierungslosigkeit der Bevölkerung, die längst als zentrales Problem einer "Fernsehgesellschaft", in der es "No Sense of Place" gibt, beschrieben worden ist (Meyrowitz 1987).

Dieser Ambivalenz ist auch in Hinblick auf das journalistische Handeln, dessen Maßstäbe sogar für die Journalisten immer undurchschaubarer werden, mit einer 'Medienethik' nicht mehr beizukommen. Deshalb bleiben erhebliche Zweifel, ob es für moralisches Handeln in einer modernen Gesellschaft Routinen geben kann - wie sie Pressekodizes für das kommunikative Handeln von Journalisten anbieten können. Ihr Fehler sind nicht nur die Maßstäbe, die einer erkenntnistheoretischen wie empirischen Überprüfung nicht standhalten. Ihr Fehler ist vor allem, daß sie auf der binären Unterscheidung von gut und schlecht basieren, diese Unterscheidung aber selbst nicht problematisieren. Damit erweisen sie sich für moderne Journalismus-Systeme als zu wenig komplex.

Die für bare Münze genommenen Kodizes führen darüber hinaus stets in eine Nachzeitigkeit von ethischen Diskursen. Die kommunikative Praxis ist aber gegenläufig: Die Anlässe kommen immer schneller, für ein Nachdenken über journalistisches Handeln steht immer weniger Zeit zur Verfügung, Werte und Normen wandeln sich in immer kürzeren Abständen. Rechtzeitige Ethik-Debatten wären vorzeitige Ethik-Debatten. Ethisches Denken sollte dabei nicht länger auf Bewahrung gerichtet, sondern kreativ sein: kontrafaktisch, innovativ - also auf Alternativen hin, die dem modernen Journalismus wie den modernen Gesellschaftssystemen gerecht werden. (Vgl. Pfürtner 1978: 242 ff.)

Die besondere Herausforderung für die Journalistik besteht hier darin aufzuzeigen, inwieweit sich auf den Journalismus trotz seiner Selbstreferenz äußere Maßstäbe 'guten Handelns' anwenden lassen. Gewiß bedeutet bereits das kontinuierliche Nachdenken über journalistisches Handeln im Kontext sozialer Bezüge eine Überwindung des Selbstbezugs. Im Rahmen von Journalistenausbildung müßten jedoch kognitive Dispositionen geweckt werden, die eine soziale Orientierung und ein berufliches Reflexionsvermögen der Journalisten auch gegen Systemzwänge absichern.

Die Sammlung von zitierfähigen Sollens-Sätzen zum Journalismus kann allenfalls das Gerüst für den ethischen Diskurs bilden. Er lebt von der kontinuierlichen Auseinandersetzung mit Wahrnehmungen und Handlungen im Journalismus. Dabei müssen auch in Hinblick auf den Journalismus Person und System aufeinander bezogen werden, wobei sich aus der Rolle der Journalisten - wie anderer 'opinion leader' - auch besondere Verantwortlichkeiten ergeben. Der amerikanische Informatiker Joseph Weizenbaum hat dazu folgendes Bekenntnis abgelegt:

> "[...] die Tatsache, daß jeder einzelne für die ganze Welt verantwortlich ist und daß die Befreiung von dieser Verantwortung zuallererst erfordert, daß jeder einzelne sich selbst gegenüber verantwortlich ist, bedeutet nicht die Leugnung, daß wir alle gegeneinander Pflichten haben. Eine der vordringlichsten davon ist die, daß wir einander unterweisen, so gut wir können. Und die erste und wirksamste Form der Unterweisung, die wir praktizieren können, ist das Beispiel, das unser eigenes Verhalten denen gibt, die davon betroffen sind. Lehrer und Schriftsteller tragen eine besonders schwere Verantwortung, weil sie sich in Stellungen befinden, in denen ihr Beispiel weit mehr Personen erreicht als nur den kleinen Kreis ihrer nächsten Umgebung." (Weizenbaum 1978: 349)

Dies gilt gewiß auch für die Medien und die Journalisten, die besonders viele Menschen erreichen.

Bibliographische Hinweise

ad 2.1 Gesellschaftliche Bedingungen der Medienkommunikation

Mit der Unterscheidung der vier Richtungen Kritik der Massengesellschaft und Massenkultur, Kritische Theorie, Historischer Materialismus und Liberal-pluralistisches Denken (→ Kapitel 2.1.1) bin ich dem Vorschlag von BENNETT (1982) gefolgt, der auf diese Weise allgemeine Medientheorien, die den Charakter von Gesellschaftstheorien haben, kategorisiert. Dabei stehen - im Unterschied zum Hauptstrom (angelsächsischer) Kommunikationsforschung, die mit Hilfe von Ansätzen allenfalls mittlerer Reichweite Einzelprobleme empirisch kleinarbeitet - grundlegende Fragen sozialer Chancenverteilung und Integration durch Medieneinfluß im Vordergrund. Vgl. zur Darstellung allgemeiner Medientheorien z. B. die Sammelwerke von CURRAN ET AL. (1982), GUREVITCH ET AL. (1982) und COLLINS ET AL. (1986); darin wird die Grundthese vertreten, daß jede Analyse der Medienkommunikation auf allgemeinen Gesellschaftstheorien beruhen sollte. Zu frühen Gesellschaftstheorien der Medien in Deutschland und Amerika vgl. auch HARDT (1979).

Hauptwerke der genannten sozialwissenschaftlichen Klassiker sind u. a. : Der Aufstand der Massen (ORTEGA Y GASSET, 1930), Über die Demokratie in Amerika (DE TOQUEVILLE, 1835/40), Psychologie der Massen (LE BON, 1895), Gemeinschaft und Gesellschaft (TÖNNIES, 1887), Über die Arbeitsteilung (DURKHEIM, 1893); zu PARETO vgl. dessen Ausgewählte Schriften, Frankfurt/Berlin/Wien 1976. Der bekannteste neuere Massentheoretiker ist Elias CANETTI (Masse und Macht, 1960).

BENIGER (1987) hat rekonstruiert, in welch starkem Maße das Modell der 'Massengesellschaft' fast dreißig Jahre lang die Kommunikationsforschung dominiert hat. Erst seit den sechziger Jahren zeigte sich ein Paradigmenwechsel, der u. a. durch die Ablösung allzu einfacher Kausalmodelle der Medienwirkungen gekennzeichnet war. Dieser Wandel der theoretischen Perspektive wird in verschiedenen Beiträgen der Aufsatzsammlungen von GERBNER (1983) und DERVIN ET AL. (1989) deutlich. Eine eindeutige Gegenposition zum Konzept der Massengesellschaft ist durch neuere Erkenntnisse der Kognitionswissenschaft herausgefordert worden, die sich insbesondere im Ansatz des Konstruktivismus niederschlagen (→ u. a. Kapitel 1.2.3); vgl. dazu z. B. KRIPPENDORFF (1989a, b), der für eine "emanzipatorische Kommunikationstheorie" plädiert.

Kritischen/materialistischen Medientheorien lassen sich zahlreiche Darstellungen zuordnen, die vor allem in den siebziger Jahren in der Bundesrepublik erschienen sind. Dazu zählen - neben anderen bereits genannten Veröffentlichungen - ZOLL (1971), DRÖGE (1972), NEGT/KLUGE (1972), HUND (1976) sowie die Sammelbände von BAACKE

(1974) und HAUG (1976); bereits 1962 publizierte ENZENSBERGER seinen Versuch über "Bewußtseins-Industrie". Ein breiteres Spektrum medientheoretischer Ansätze deckt der dreibändige Reader von PROKOP (1985) ab, der - z. T. mit anderen Autoren und Themen - zweibändig zuerst 1972/73 erschienen war. Zur Auseinandersetzung mit der marxistischen Medientheorie vgl. (aus kritisch-sympathisierender Sicht) ROBES (1990) und (kategorisch ablehnend) SCHREIBER (1984). Die umfassendste Studie über die 'Frankfurter Schule' hat WIGGERSHAUS (1986) vorgelegt; zur Auseinandersetzung mit der Kritischen Theorie vgl. zuletzt KAUSCH (1988) und HEINZE (1990).

In den angelsächsischen Ländern hat die Rezeption dieser Ansätze außerhalb der Zeitschrift "Media, Culture & Society" (darin z.B. Burkhard HOFFMANN: On the development of a materialist theory of mass communications in West Germany, Vol. 5, 1983/1: 7-24) verspätet begonnen. Inzwischen liegen dazu aber zahlreiche Veröffentlichungen vor, die sich z. T. auch kritisch mit dem Mainstream der positivistischen Kommunikationsforschung auseinandersetzen. Beispiele dafür sind: Michael REAL: The Debate on Critical Theory and the Study of Communications, in: Journal of Communication, Vol. 34, 1984/4: 72-80 und Hanno HARDT: Critical Theory in Historical Perspective. An essay review, in: Journal of Communication, Vol. 36, 1986/3: 144-154.

Ich habe die globalen Typologien von Mediensystemen in normativ, analytisch und empirisch unterteilt (→ Kapitel 2.1.2 - 2.1.4) und dazu paradigmatisch jeweils die Studien von SIEBERT ET AL. (1956), WIIO (1983) und ALTSCHULL (1984) vorgestellt. Zentrale Kategorie dieser Typologien ist das Ausmaß an Pressefreiheit in einem Mediensystem, wobei vor allem die normative Richtung den eigenen Beobachterstandpunkt nicht reflektiert, sondern unterstellt, die 'realen Verhältnisse' modellhaft abbilden zu können.

Dies gilt auch für deskriptive quantifizierende Vergleichsuntersuchungen, deren bekannteste (LOWENSTEIN 1970) an anderer Stelle referiert wurde (→ Kapitel 2.2.2.2). Mit den methodischen und konzeptionellen Problemen insbesondere der normativen und deskriptiven Studien hat sich BURROWES (1989) kritisch auseinandergesetzt. Am Beispiel der "Four Theories of the Press" macht er deutlich, in welch starkem Maße die Einordnung und Beurteilung von Mediensystemen durch (westliche) ideologische Färbungen geprägt ist. Sie führten auch zum unkritischen Umgang mit dem eigenen (nordamerikanischen) Mediensystem, etwa, wenn privater Medienbesitz eo ipso zum Garanten der Pressefreiheit erklärt und deshalb z. B. öffentlich-rechtlicher Rundfunk nach westeuropäischem Muster abgewertet werde. BURROWES schreibt weiter: "The model of communication freedom evident in these studies is a mixture of prescription and description, of ideology and theory [...] power [...] is either ignored or defined in a culturally biased way." (S. 48) Der Aufsatz bietet auch einen guten Literaturüberblick zum Thema.

Nach Abschluß dieses Kapitels erhielt ich Kenntnis von einem bisher unveröffentlichten Manuskript, das sich sehr materialreich - mit ähnlichen Schlußfolgerungen, wie sie von BURROWES (1989) und mir gezogen wurden - mit der bisherigen international vergleichenden

Forschung über Mediensysteme auseinandersetzt (Hans J. KLEINSTEUBER: Mediensysteme und Medienpolitik in vergleichender Perspektive, o. O. (Hamburg), o. J. (1991)). Der Autor bezeichnet darin den Forschungsstand sowohl quantitativ wie auch qualitativ als unzureichend und kritisiert insbesondere Pauschalisierungen und Ideologisierungen, die aus dem Ethnozentrismus in den vorliegenden Darstellungen resultierten. Als Beispiele nennt er neben der hier (→ Kapitel 2.1.2) ausführlicher referierten älteren Studie von SIEBERT ET AL. (1956) den aktuellen Sammelband von BECKER/SCHÖNBACH (1989), der elf Fallstudien über die Folgen der Einführung Neuer Medien in westlichen Staaten enthält.

Statt des darin zugrundegelegten ökonomischen Ansatzes, der die Effekte der Kommerzialisierung für die sozialen Funktionen der Mediensysteme herunterspiele und zu einer Uniformisierung der Medienlandschaften in den untersuchten Ländern führe, plädiert KLEINSTEUBER nachdrücklich für multikausale kulturelle Ansätze, die der Vielgestaltigkeit der Mediensysteme Rechnung trügen. Denn kulturelle Eigenheiten schlügen sich deutlich in den nationalen Mediensystemen nieder. Den deutlichsten Beleg für diese These liefern direkte Vergleiche von nationalen Mediensystemen, etwa zwischen dem Rundfunksystem Italiens und dem der Niederlande (vgl. dazu die an der Universität Münster entstandene Magisterarbeit von Nina PASTERNACK: Fernsehen im Umbruch. Eine vergleichende Studie über Organisationsformen und Programme in Italien und den Niederlanden, 1986).

Während KLEINSTEUBER in "grobschlächtigen" normativen Welttypologien von Mediensystemen keinen Sinn sieht, räumt er aber andererseits ein, daß allgemein konsentierte Standards der Medienproduktion, globale Prozesse der Kommerzialisierung von Medienorganisationen und Medieninhalten, weltweit verbreitete Medientechnologien sowie internationale Normsetzungen im Rundfunkbereich zu einem gewissen Maß an Homogenität geführt hätten. Es kommt hinzu, daß in einer globalen 'Mediengesellschaft', in der allein das Satellitenfernsehen schon grenzübergreifend wirkt, nationale Mediensysteme nicht mehr geschlossen zu halten sind.

Vom selben Autor stammt eine international vergleichende Analyse des nicht-kommerziellen Rundfunks ('Public Broadcasting', → auch Kapitel 2.2.3), aus der Schlußfolgerungen für die Zukunft des öffentlich-rechtlichen Rundfunkfunks in Westeuropa gezogen werden (KLEINSTEUBER et al. 1991); er ist auch Mitherausgeber eines Sammelbandes, in dem namhafte Autoren elektronische Medien und Medienpolitik in 17 Ländern Westeuropas darstellen (KLEINSTEUBER ET AL. 1986).

Zur Entwicklung der Mediensysteme in Europa und den USA hat die Zeitschrift "Rundfunk und Fernsehen" einen Themenband zusammengestellt (1985/3-4), dessen Beiträge weniger beschreibend als problemorientiert angelegt sind. Aufsätze z. T. älteren Datums zu den Mediensystemen der deutschsprachigen Länder sind in dem Reader von HAAS (1987) enthalten. Einen vorzüglichen globalen Vergleich von Rundfunk-Systemen, der auf Grund der aktuellen Entwicklungen freilich ergänzungsbedürftig wäre, hat HEAD (1985) verfaßt. Detaillierte

Länderstudien zu Hörfunk und Fernsehen enthält das vom Hans-Bredow-Institut (Hamburg) herausgegebene "Internationale Handbuch für Rundfunk und Fernsehen", das im zweijährlichen Rhythmus aktualisiert wird. Basisdaten zur Situation der Medien und ihrer Verbreitung in aller Welt sind in dem jährlich in Paris erscheinenden "Statistical Yearbook" der UNESCO zu finden.

Die Situation der Forschung über die Medien in der UdSSR habe ich als unbefriedigend bezeichnet (→ Kapitel 2.1.5). Vor Beginn des Glasnost-Zeitalters, das den Zugang zu Informationen erleichterte, gab es im Grunde nur zwei empfehlenswerte deutschsprachige Werke: die Studie von Christine KUNZE (1978) über den Journalismus in der UdSSR und (mit Einschränkungen) den Sammelband von Hansjürgen KOSCHWITZ (1979) über die Massenkommunikation in der UdSSR und ihre Erforschung. Zuletzt hat Paul ROTH, der allerdings früher nicht durch unvoreingenommene Urteile aufgefallen war, eine systematische Studie über die aktuelle Situation des sowjetischen Mediensystems vorgelegt (Glasnost und Medienpolitik unter Gorbatschow, Bonn 1990); ROTH ist Hochschullehrer an der Münchner Bundeswehr-Hochschule. Welche Chancen die westdeutschen Verleger durch die Öffnung der osteuropäischen Mediensysteme sehen, haben sie in einer Schrift ihres Verbandes dargestellt (Bundesverband Deutscher Zeitungsverleger: Alte Nachbarschaften werden neu belebt. Die Zeitungen im Wandel der Systeme in Mittel- und Osteuropa, Bonn-Bad Godesberg 1991).

Zur Situation und Entwicklung des Mediensystems der DDR und seines Journalismus vgl. insbesondere GESERICK (1987), HOLZWEIßIG (1983), die verschiedenen Studien von Verena BLAUM (insbes. 1980, 1985), KUTSCH (1990) sowie die Themenhefte "Massenmedien in der DDR" der Zeitschrift "medium" (1986/2) und "Medien und Medienwissenschaft in der DDR. Dokumente einer Phase des Umbruchs" der Zeitschrift "Rundfunk und Fernsehen" (1990/3).

Zur Situation der Mediensysteme in Staaten Osteuropas vgl. z. B. die Beschreibungen aus der Tschechoslowakei, aus Rumänien und Ungarn in Media Perspektiven 1991/2 sowie den Report des New Yorker Gannett Center for Media Studies (Everette E. DENNIS/Jon Vanden HEUVEL: Emerging Voices: East European Media in Transition, New York, October 1990).

ad 2.2 Normative Grundlagen und aktuelle Erscheinungsformen

Zu den Maßnahmen der Presselenkung in der Zeit des Nationalsozialismus finden sich zahlreiche Dokumente in: WULF (1983, insbes. Kapitel I) und FAUST/REINKENSMEIER (1982). Zur Medienpolitik der Machthaber vgl. auch die "Zeittafel der politisch und publizistisch wichtigsten Ereignisse des Dritten Reiches" in: HAGEMANN (1948: 491 ff.).

Für die verschiedenen Deutungen des Artikels 5 des Grundgesetzes (→ Kapitel 2.2.2.1) stehen jeweils prominente Vertreter der Rechtswissenschaft: die Verfassungsrechtler FORSTHOFF (liberale Deutung), LERCHE (konservative Deutung), MALLMANN (sozialstaatliche Deutung) und LÖFFLER (funktionale Deutung). Vgl. dazu die zusammenfassende Darstellung bei BRANAHL (1979: 20 ff.) sowie im einzelnen FORSTHOFF (1969), MALLMANN (1959), LÖFFLER/RICKER (1986).

Zur Geschichte der kommunikationspolitisch relevanten Verfassungsgerichtsurteile liegen zwei gut zugängliche zusammenfassende Studien vor. Mit der Zeit bis Anfang der siebziger Jahre beschäftigt sich STEIN (1974), mit der Zeit ab Mitte der siebziger Jahre SCHUMACHER (1987). Zur Bewertung des Vierten Rundfunkurteils des Verfassungsgerichts vgl. die Analyse von Holger RUST: Nach dem "Vierten Fernseh-Urteil" des Obersten Gerichtshofes: ordnungspolitische Grundstrukturen des Mediensystems in der Bundesrepublik Deutschland, in: HAAS (1987: 64-81). Die in diesem Urteil dem öffentlich-rechtlichen Rundfunk zugewiesene 'Grundversorgung' ist seither in verschiedenen Veröffentlichungen diskutiert worden (vgl. z. B. Michael LIBERTUS: Der Grundversorgungsauftrag als Grundfunktion des öffentlich-rechtlichen Rundfunks und seine dogmatische Grundlegung, in: Media Perspektiven 1991/7: 452-460). Eine grundlegende Studie über die Konsequenzen der Rechtsprechung zur Rundfunkordnung in der Bundesrepublik hat HESSE (1987) vorgelegt.

Der vollständige Wortlaut des Sechsten Rundfunkurteils (zum Rundfunk in NRW) ist als Dokumentation der Zeitschrift Media Perspektiven (1991/I) veröffentlicht worden (vgl. dazu auch: Martin STOCK: Das Nordrhein-Westfalen-Urteil des Bundesverfassungsgerichts, in: Media Perspektiven 1991/3: 133-160). Einen bewährten, weit verbreiteten Überblick zum Mediensystem der Bundesrepublik hat MEYN (1990) vorgelegt; dieses knapp gefaßte Buch wird seit Jahren immer wieder aktualisiert.

Die besten zugänglichen Quellen für Daten zum Mediensystem der Bundesrepublik (→ Kapitel 2.2.2.2) werden regelmäßig von der Zeitschrift "Media Perspektiven" veröffentlicht, die außerdem alle zwei Jahre ihre "Daten zur Mediensituation" als Sammelheft herausbringt; in der Abteilung Bildung und Kultur, Fachserie 11, Reihe 5 veröffentlicht das Statistische Bundesamts im Kohlhammer-Verlag (Stuttgart/Mainz), wie nach dem Pressestatistik-Gesetz vorgeschrieben, seine offiziellen Daten über die deutschen Pressebetriebe. Nach der deutsch-deutschen Vereinigung bedarf die Medienstatistik jedoch der Überarbeitung, wobei es nicht nur um die Aktualisierung der (in Ostdeutschland anfangs nur schwer verfügbaren) Daten, sondern auch um die Überprüfung traditioneller Kategorien etwa der Zeitungsstatistik geht; die Erfassung von Pressevielfalt über die Kategorien 'Publizistische Einheiten' 'Verlage als Herausgeber' und 'Redaktionelle Ausgaben' ist diskussionswürdig.

Anstöße für eine Medienstatistik, die stärker an den Folgen ökonomischer Konzentration im intermediären Maßstab für die publizistische Vielfalt orientiert ist, hat zuletzt insbesondere der Medienforscher

Horst RÖPER gegeben. Vgl. dazu z. B. seine folgenden Aufsätze: Formationen deutscher Medien-Multies 1988, in: Media Perspektiven 1988/12: 749-765, Stand der Verflechtung von privatem Rundfunk und Presse 1989, in: Media Perspektiven 1989/9: 533-551; darin wird insbesondere auch das neue Problem der Doppelmonopole thematisiert (→ Kapitel 2.2.2.3).

Zur Auseinandersetzung Springer-Kirch (→ Kapitel 2.2.2.3) sind über viele Monate in wissenschaftlichen und nicht-wissenschaftlichen Publikationen zahllose Beiträge erschienen; aktuell berichteten über die Entstehung des Konflikts z. B. epd Nr. 59, 29.7.1989, Die Zeit v. 4.8.1989: 20, Süddeutsche Zeitung v. 9.8.1989: 10 sowie Handelsblatt v. 8.8.1989: 3.

Zur Homogenität der Mediengesetze und Mediengesetz-Entwürfe, welche die Länder zur Neuordnung der Rundfunklandschaft vorlegten, vgl. z. B. das Rechtsgutachten von Reinhart RICKER: Privatfunk-Gesetze im Bundesstaat, München 1985.; zur Geschichte und Bewertung des Staatsvertrages der Länder vgl. Peter GLOTZ/Reinhold KOPP (Hrsg.): Das Ringen um den Medienstaatsvertrag der Länder, Berlin 1987. Texte der Staatsverträge der Länder, der Landesrundfunkgesetze und Landesmediengesetze sowie des Bundesrundfunkgesetzes sind, zusammen mit einer Einführung, enthalten in: Hans-Peter HILLIG: Rundfunkrecht, München 1990. Kritisch hat sich PROTT (1986) mit der Kommerzialisierung des Rundfunks auseinandergesetzt. Der Text und die Begründung des Staatsvertrages über den Rundfunk im vereinten Deutschland, der das duale Rundfunksystem grundlegend regelt, sind abgedruckt in: Media Perspektiven 1991/IIIa, b.

Die Wandlungsphase des Mediensystems der DDR vom Herbst 1989 bis zum Frühjahr 1990 (→ Kapitel 2.2.2.4) ist durch verschiedene Momentaufnahmen sowie eine "Chronik des publizistischen und journalistischen Wandels" in dem Sammelband von KUTSCH (1990) festgehalten worden. Zur 'Abwicklung' des DDR-Rundfunks und zur Neuordnung der gesamtdeutschen Rundfunklandschaft sind u. a. zwei kritische aktuelle Beiträge in der Wochenzeitung DIE ZEIT (28.6.1991) erschienen: Otto KÖHLER: Der Osten wird stumm (S. 55 f.), Marie-Luise HAUCH-FLECK: Teurer Spaß (S. 30). In einer Studie, die der Universität Münster als Magisterarbeit vorlag, wurde der Wandel von zwei Leipziger Regionalzeitungen einer Inhaltsanalyse unterzogen (Andrea HEISTER: Publizistischer Wandel der DDR-Presse, 1991). Zum Engagement ausländischer Verlage in Deutschland vgl. die Übersicht in: Artikel 5, 1991/3: 14-20, 63.

Zum rechtlichen Rahmen des Mediensystems der USA (→ Kapitel 2.2.3.1) vgl. z. B. die überblickartigen Beschreibungen in: CULLEN (1981: 37 ff.), KLEINSTEUBER (1984: insbes. 41 ff.) und WASSER (1980: 361 ff.). Als solideste Darstellung zum amerikanischen Regierungssystem gilt immer noch FRAENKEL (1981); dort im Anhang Abdruck des Verfassungstextes der USA. Zur aktuellen Kommunikationspolitik in Nordamerika seit Beginn der achtziger Jahre vgl. Rolf T. WIGAND: Die Deregulation der amerikanischen Kommunikationsindustrie, in: Media Perspektiven 1983/6: 385-401. Die Zeitschrift "Media Perspektiven" veröffentlichte zur Deregulation und ihren Folgen in den USA insbesondere in den Jahren 1983 und 1984 verschiedene Beiträge.

Mehrfach untersucht wurden in den USA die Folgen der Monopolbildung für die Vielfalt auf dem (lokalen) Medienmarkt. Zu diesem Themenbereich gehören - neben der erwähnten Studie von ENTMAN (1985) - insbesondere folgende Veröffentlichungen: Maxwell MCCOMBS: Effect of monopoly in Cleveland on diversity of newspaper content, in: Journalism Quarterly, vol. 64, 1987/4: 740-745, Edward S. HERMAN: Diversity of News: 'Marginalizing' the Opposition, in: Journal of Communication, Vol. 35, 1985/3:135-144 sowie LACY (1987).

ad 2.3 Ethische und professionelle Standards

Eine umfassende Monographie zur Medienethik, die wissenschaftlich-systematischen wie praktisch-handlungsleitenden Ansprüchen der Journalistik gerecht wird, liegt in deutscher Sprache bisher nicht vor. Anders ist die Situation in den USA, wo das Thema in zahllosen Darstellungen abgehandelt worden ist - wenngleich auch dort auf sehr unterschiedlichem Niveau und z. T. in recht eigenwilliger Weise. In den nordamerikanischen Lehrbüchern - zu den erfolgreichsten zählen die zum größeren Teil bereits erwähnten MERRILL (1974), MERRILL/BARNEY (1978), CHRISTIANS ET AL. (1983), LAMBETH (1986), GOODWIN (1987) und MEYER (1987) - findet sich durchweg auch eine (knappe) Darstellung ethischer Grundprinzipien. Üblicherweise enthalten auch die vielen allgemeinen Lehrbücher zur Massenkommunikation und zur journalistischen Praxis, die in den USA veröffentlicht werden, spezielle Kapitel zum Thema Ethik (vgl. z. B. CULLEN 1981, MENCHER 1983, FEDLER 1984, DOMINICK 1987). Umfangreiche bibliographische Angaben zur Medienethik sind u. a. in MCKERNS (1978) und WILKE (1987b) enthalten.

Ebenso wie dieser Aufsatz von Wilke widmen sich zahlreiche Beiträge Problemen der Vermittlung ethischer Maßstäbe in der Journalistenausbildung, wie z. B. BOVENTER (1983a, 1984a), CHRISTIANS/ COVERT (1980), RUß-MOHL (1988), SURLIN (1987) und MEYERS (1990). MEYERS' Beitrag erschien in der Zeitschrift "Journalism Educator", die sich regelmäßig insbesondere mit didaktischen Problem der Ethik-Vermittlung auseinandersetzt.

Aus den USA liegen auch zahlreiche empirische Studien vor, in denen berufsethische Prädispositionen von Journalisten ermittelt worden sind (→ Kapitel 5.2.3). Zu nennen sind hier zunächst die beiden repräsentativen Untersuchungen von JOHNSTONE/SLAWSKI/BOWMAN (1976) und WEAVER/WILHOIT (1986), die später ausführlicher dargestellt werden sollen (→ Kapitel 5.2.2); dann die folgenden Fallstudien: ANDERSON (1987), MCCULLOCH (1984), NORTON (1985), ST. DIZIER (1985) sowie Robert STEELE: Journalism Ethics: A Case Study in Television News Decision Making, Ph.D. Dissertation, University of Iowa 1990, und Christopher S. ROUSH: An Exploratory Case Study Using Documented Reporting Actual Practices to Determine the Applicability of Journalism Ethics Codes: The Miami Herald-Gary Hart Case, M.A. Thesis, University of Florida 1990.

In der Bundesrepublik haben medienethische Fragen bisher nur in der Dissertation von Renate KÖCHER (1985) im Zentrum einer empirischen Studie gestanden. Hier nehmen in der Literatur zum Thema Medienethik nach wie vor Praktiker-Darstellungen breiten Raum ein. Sie finden sich z. B. in den verschiedenen erwähnten Sammelwerken (vgl. z. B. ERBRING ET AL. 1988, BOVENTER 1988 sowie Michael ABEND: Überlegungen zur Berufsethik des Nachrichtenjournalisten, in: Akademie für politische Bildung: Kommunikationsprobleme bei Fernsehnachrichten, Tutzing 1977: 36-39).

Auch die Zahl der Reader, die zum Thema Ethik im deutschsprachigen Raum im letzten Jahrzehnt erschienen ist, deutet darauf hin, daß das Thema bisher eher eingekreist als systematisch erforscht wurde. Diese Kritik gilt auch für einen Teil akademischer Abschlußarbeiten, in denen - wozu das Thema 'Ethik' offenbar besonders verführt - viel heiße Luft enthalten ist und die in einem kryptischen Stil verfaßt sind; sie fallen deshalb als relevante Quellen für die Journalistik weitgehend aus. Beispiel dafür ist die schon erwähnte Wiener Dissertation von PERZL. Zur Begründung der "Notwendigkeit einer kritisch-rationalen, journalistischen Berufsethik [...] unter systemtisch bedingtem, überlebensorientiertem Problemlösungsdruck" (Titel) finden sich an verschiedenen Stellen (z. B. auch: S. 132, 229, 266 f.) Sätze wie die folgenden: "Die Notwendigkeit der professionalisierten Verbesserung sozialtechnologischer Masseninformationssysteme öffentlich-rechtlicher und privatwirtschaftlicher Provenienz durch eine kritisch-rationale, journalistische Berufsethik gegenüber den unerwünschten Auswirkungen medialer Macht durch 'Journalismusrituale' ist von zentraler Relevanz für die demokratische Methode, da das Informationssystem der Massenmedien eine Apriori-Ermöglichungsbedingung für die technologische Pragmatik des demokratischen Diskursprozesses bildet." (PERZL 1988: 203)

Die Sammelwerke zur 'Medienethik' sind durchweg ereignisorientiert entstanden, wobei meistens dem Thema gewidmete Veranstaltungen den Anlaß der Veröffentlichung bildeten (PÜRER 1981, ERBRING ET AL. 1988, MESTMÄCKER 1990, HALLER/HOLZHEY 1992). Themenhefte wissenschaftlicher Zeitschriften widmen sich der Medienethik gewöhnlich, wenn 'Medienunfälle' aktuelle Begründungen liefern; zu nennen sind hier insbesondere die schon erwähnte Ethik-Nummer der Zeitschrift "Communication" (Vol. 6, 1981) sowie die Ausgabe "Skandale und journalistische Ethik" der Zeitschrift "medium" (1989/2: 17-50). "Journalismus-Krisen und Medien-Ethik" bildeten auch den Hintergrund, vor dem sich der österreichische Publizistikwissenschaftler PÜRER (1991) mit kommunikationswissenschaftlichen Annäherungen zum Thema beschäftigt hat.

Mehrere Reader (MAIER 1985, BOVENTER 1988a, WUNDEN 1989) haben durch die Auswahl von Autoren, die entweder der katholischen oder der evangelischen Kirche verbunden sind, eine eindeutige weltanschauliche Ausrichtung. Einen in Nordamerika im Rahmen der Journalistik häufig benutzten Sammelband hat THAYER (1980) vorgelegt.

Speziell mit ethischen Problemen des Wissenschaftsjournalismus befaßt sich das von FLÖHL und FRICKE (1987) herausgegebene Buch. Diese Hinweise sollen die Orientierung im Literaturverzeichnis erleichtern, das bewußt einen besonders umfangreichen Nachweis von Publikationen über das Thema Medienethik enthält.

Zur Diskussion des Sozialverantwortungs-Konzepts (→ Kapitel 2.31), das vor allem in den USA im Zusammenhang mit einer Medienethik nach wie vor eine wichtige Rolle spielt, vgl. BLANCHARD (1977), ALTSCHULL (1984: 301-305), HOCKING (1947) und CULLEN (1981: 35-63); zum Praxisbezug des Konzepts vgl. die Studie von HARTUNG (1981). Die Selbstthematisierung der nordamerikanischen Medien Anfang der achtziger Jahre ("Journalism under Fire") ist in verschiedenen Publikationen diskutiert worden (vgl. z. B. CULLEN 1981: 55 ff., RUST 1986 sowie Siegfried WEISCHENBERG: Unverschämt und aggressiv, in: Journalist 1986/5: 33-35).

Über die Auswirkungen des Enthüllungseifers amerikanischer Journalisten (→ Kapitel 2.3.2.1) für das politische System und seine Rekrutierungspraxis hat Hugo MÜLLER-VOGG, inzwischen Mitherausgeber der Frankfurter Allgemeinen Zeitung, einen ironischen Bericht geschrieben (vgl. FAZ v. 1.10.1988). Gleichfalls im Jahre 1988 schreckten in England Zeitungen auf, die wegen Verletzung der Persönlichkeitsrechte von Prominenten zur Zahlung hoher Summen verurteilt wurden. So mußte das Massenblatt THE SUN, das Elton John eine homosexuelle Affäre nachgesagt hatte, umgerechnet 3,2 Millionen Mark Schmerzensgeld an den Popstar bezahlen (vgl. Die Welt v. 15.12.1988). Im übrigen ist der Persönlichkeitsschutz auch in den offenen Mediensystemen westlichen Typs unterschiedlich geregelt (vgl. z. B. die Korrespondentenumfrage der Tageszeitung Die Welt in der Ausgabe v. 2.10.1980); zur Rechtslage in der Bundesrepublik vgl. Klaus WASSERBURG: Der Schutz der Persönlichkeit im Recht der Medien: ein Handbuch über die Ansprüche auf Schadenersatz, Unterlassung, Widerruf und Gegendarstellung, Heidelberg 1988.

Bei der Darstellung von philosophischen Prinzipien (→ Kapitel 2.3.2.2) konnte hier nur die grobe Nachzeichnung von Schwerpunkten, so weit sie für die Diskussion über eine Medienethik von Belang sind, geleistet werden. Für eine erste Orientierung sei auf folgende Veröffentlichungen verwiesen: das Ethik-Lexikon von HÖFFE (1986), das Lehrbuch von PIEPER (1985) sowie den Sammelband von EDELSTEIN/NUNNER-WINKLER (1986); zur Einführung in die utilitaristische Ethik vgl. HÖFFE (1975). Neuere Gesamtdarstellungen haben die Philosophen Walter SCHULZ (1990) und Robert SPAEMANN (1989) veröffentlicht. Bei SPAEMANNS Kritik an der Diskursethik ist neben den dargestellten Aspekten insbesondere seine Differenzierung zwischen Theorie und Praxis ethischen Handelns bemerkenswert, die er am Beispiel der Medizin und des ärztlichen Handelns verdeutlicht (S. 179 f.). Während die Wissenschaft durch Falsifikationen intensiver stimuliert werde als durch Bestätigung, hätte ein Irrtum des Arztes buchstäblich tödliche Folgen; das Ethos könne in beiden Bereichen also gar nicht dasselbe sein. Eine solche Differenzierung ist gewiß auch zwischen dem wissenschaftlichen System Journalistik und dem Anwendungssystem Journalistik anzuraten. In dem abgedruckten Zitat, in welchem Spaemann vor einer Idealisierung des Diskurses warnt (→ Kapitel 2.3.3.1), rekurriert er auf FOUCAULT (1990: 404 ff.) und sein Kapitel "Der Diskurs und das Sein des Menschen".

Auch wenn die 'Diskursethik' vor allem mit dem Namen HABERMAS verbunden wird, so ist es wohl doch vor allem APEL (1988) gewesen, der die Grundlagen und den Praxisbezug dieses Ansatzes ausgearbeitet hat. APEL hat sich dabei um eine Konkretisierung anhand aktueller politischer Sachverhalte bemüht. Zur Kritik an APEL und HABERMAS vgl. auch MÜNCH (1991: 96, 218) sowie BOVENTER (1984a: 313 ff.), der allerdings auch der Diskursethik m. E. nicht hinreichend gerecht wird.

Zur Rolle des Ombudsmannes (→ Kapitel 2.3.4.1) vgl. z. B. die Studien von FISCHER ET AL. (1976), NELSON/STARCK (1974), ISAACS (1987), ETTEMA/GLASSER (1987) sowie WIEDEMANN (1990); WIEDEMANN hat die verschiedenen Einrichtungen zur freiwilligen Selbstkontrolle der Presse international vergleichend untersucht. Der lange Bericht des Ombudsmanns Bill GREEN erschien in der Sonntagausgabe der Washington Post v. 19.4.1981; auch in der Bundesrepublik berichteten verschiedene Medien ausführlich über die Affäre bei der Washington Post (vgl. z. B. "Von Watergate zu 'Jimmygate'", in: Der Spiegel 1981/ 19: 168 ff.). Den Skandal um die Reporterin Janet Cooke hat EASON (1986) kritisch untersucht.

Die Affäre um die Hitler-Tagebücher ist Gegenstand zahlreicher Veröffentlichungen gewesen; eine umfassende Rekonstruktion wurde jedoch m. W. in der Bundesrepublik bisher nicht geleistet, sondern nur in der erwähnten Studie des BBC-Reporters Robert HARRIS (1986). Zur Rekonstruktion des Skandals um den Politiker Uwe Barschel vgl. Siegfried WEISCHENBERG: Die Barschel-Affäre. Eine qualitative Analyse zu einem Fall in der "Mediengesellschaft", in: Forschungsgruppe Journalistik (Hrsg.): Werkstattberichte, Bd. 3, Münster 1990; zur Gladbecker Geisel-Affäre vgl. Siegfried WEISCHENBERG: Distanz-Verlust. Zwischen Information und Sensation, in: Journalist 1988/10: 8-14 und Ruprecht ESER: Gladbeck im Fernsehen und was daraus folgt, in: medium 1989/2: 25 f. Diese Medienaffären sind in einer Magisterarbeit an der Universität Münster in den Kontext einer grundsätzlichen Auseinandersetzung mit der journalistischen Ethik gestellt worden (Dieter HOß: Zur Praxisrelevanz ethischer Grundsätze im Journalismus, 1990).

Kein Ereignis ist wohl jemals Anlaß einer so umfassenden Selbstthematisierung der Medien gewesen wie der Golfkrieg Anfang 1991 (→ Kapitel 2.3.5). Dabei wurde auch von Medienverantwortlichen in den USA keineswegs nur Hurra-Patriotismus betrieben, sondern, wie eine Dokumentation des Gannett Center for Media Studies zeigt (DENNIS ET AL. 1991), das eigene Handeln wie die Informationspolitik der Regierung kritisch in Frage gestellt. In Deutschland wurde insbesondere von der FRANKFURTER ALLGEMEINEN ZEITUNG und der ZEIT die Fernsehberichterstattung kritisch durchleuchtet (vgl. z. B. FAZ v. 20.1.1991 und 3.4.1991, Die Zeit v. 1.2.1991 und 8.3.1991); (selbst-) kritisch setzte sich die Zeitschrift "Journalist", Organ des Deutschen Journalistenverbandes, mit der Golfberichterstattung auseinander (vgl. Journalist 1991/3: 10 ff. und 1991/4: 26 ff.). Beiträge aus ganz unterschiedlicher Perspektive enthält das Themenheft "Medien in Krisen - Krise der Medien" (KATZ ET AL. 1991); eine umfassendere Darstellung zum Thema 'Medien und Krieg' hat LÖFFELHOLZ (1992) herausgegeben.

3 Medieninstitutionen: Strukturkontext des Journalismus

3.1 Ökonomische Imperative

3.1.1 Zur Systematik und Problematik einer 'Medienökonomie'

Wenn sich Journalisten an die Arbeit machen, sind wichtige Entscheidungen schon gefallen: Ökonomische, organisatorische und technologische Imperative determinieren bis zu einem gewissen Grade, welche Wirklichkeitsentwürfe von Medien jeweils angeboten werden. Insofern werden in den Augen der Medienakteure die allgemeinen Bedingungen eines Mediensystems erst durch den institutionellen Zusammenhang konkret, in dem Journalismus zustandekommt.

Daß sich dieser Strukturkontext vom Normenkontext nur analytisch trennen läßt, wird insbesondere bei der Auseinandersetzung mit den medienökonomischen Zusammenhängen deutlich, die für Journalisten Relevanz besitzen. Hier gehen volks- und betriebswirtschaftliche, aber auch politische, technische, organisatorische Einflußgrößen fließend ineinander über. Ein Beispiel ist das zentrale medienökonomische Thema 'Pressekonzentration', bei dem demokratietheoretische Postulate und medienrechtliche Vorgaben (→ Kapitel 2.2.2.1) ebenso berührt sind wie wirtschaftspolitische Fragestellungen und Probleme redaktioneller Autonomie (→ Kapitel 3.2.4).

Für die 'Medienökonomie' gilt dasselbe wie für die Kommunikatorforschung (→ Kapitel 1.2.2): Daß ein Nachfrageboom auf eine theoretisch und methodisch unzureichend präparierte kommunikationswissenschaftliche Teildisziplin traf. Dieser Bedarf an medienökonomischen Erkenntnissen ist insbesondere durch zwei Prozesse in den Medien- und Kommunikationssystemen ausgelöst worden: die Kommerzialisierung und Deregulation im Rundfunkbereich (→ Kapitel 2.2.2.3, 2.2.3.2) und die Informatisierung der Gesellschaft, die neue ökonomische Herausforderungen für die Ware Information und die mit ihrer Produktion und Distribution Beschäftigten bedeutet (→ Kapitel 5.4).

Das aktuelle Interesse an der Medienökonomie ist also Folge allgemeiner sozialer und medienstruktureller Entwicklungen, die zu einer umfassenden Ökonomisierung des Medien- und Kommunikationssystems führen (vgl. Schenk/Hensel 1987: 535 f.) und das System Journalismus im Kern berühren. Im Medien- und Kommunikationssystem verschwinden auf Grund der heute eingesetzten Techniken die vertrauten Grenzen und damit auch die vertrauten Problemstellungen. Dies überfordert die Medienökonomie, die sich bis dahin als "Ökonomie der Medien" (Kopper 1982b) verstand und zumeist die Medien als einzelne Industriesektoren gleich behandelte. Dabei wurden die Besitz- und Wettbewerbsverhältnisse jeweils medienorientiert ermittelt - eine Perspektive, die im Zeitalter der Verschmelzung von klassischen Druck- und neuen elektronischen Technologien zunehmend problematischer wird (vgl. Compaine 1985: 82 f.).

Diese Situation hat auch in der deutschen Kommunikationswissenschaft zu der Einsicht geführt, medienorientierte durch strukturorientierte Systematiken zu ersetzen, welche "die ökonomischen Aspekte des Gutes Information" (Schenk/Hensel 1986: 12) zum zentralen Gegenstand haben. Daraus resultieren jedoch Probleme. Versuche, die vorliegenden Beiträge der Medienökonomie zu bilanzieren, laufen letztlich doch auf sektorale Gliederungen hinaus, weil das Material offenbar nicht mehr zuläßt (vgl. Kopper 1982a, b).

Auch wenn sie die eigenen theoretischen Ansprüche noch nicht einzulösen vermögen, eröffnen die vorliegenden analytischen Bestandsaufnahmen der Medienökonomie nun ein breites Spektrum von volks- und betriebswirtschaftlichen Bearbeitungsfeldern, die sich folgendermaßen systematisieren lassen:

▲ **Übergreifende Wirtschafts- und Strukturfragen der Massenmedien**

Zu diesen übergreifenden Problemstellungen gehören die allgemeinen Zusammenhänge zwischen den ökonomischen Grundlagen der Gesellschaft und des Mediensystems (→ Kapitel 2.1.5, 2.1.6), ökonomische Aspekte der internationalen Informations- und Medienordnung (→ Kapitel 4.3.1) sowie die Internationalisierung und der Europäisierung der Medienindustrie (→ Kapitel 3.1.4, 3.4). In ganz besonderem Maße sind die Massenmedien und ihre Akteure aber von den ökonomischen Folgen einer Informationsgesellschaft betroffen (→ Kapitel 5.4).

▲ **Ökonomische Aspekte der Nutzung und Reichweite von Medien**

Themen sind hier insbesondere die Aspekte wirtschaftlicher Konsequenzen bestimmter Nutzungsbefunde. Dabei geht es zunehmend um die Medien als Werbeträger und die Rezipienten als Kunden sowie um Nachfragedeterminanten beim härter gewordenen Kampf der Wettbewerber auf dem Fernsehmarkt (→ Kapitel 2.2.2.3, 4.4.1).

▲ **Strukturmerkmale des Mediensystems und seiner Teilsysteme**

Hierbei handelt es sich im wesentlichen um wirtschaftspolitische Probleme wie allgemein Beteiligungs- und Wettbewerbsverhältnisse sowie speziell Konzentrationsvorgänge und ihre Einordnung im Kontext demokratischer Postulate (→ Kapitel 2.2.2.2). Konkrete Fragestellungen betreffen dabei die Auswirkungen von Monopolstellungen der Medienanbieter auf Medieninhalte.

▲ **Aktuelle Veränderungen im Mediensystem und in seinen Teilsystemen**

Nicht zuletzt die aktuellen Veränderungen im Mediensystem haben zur Konjunktur medienökonomischer Forschung beigetragen. Themen waren hier zunächst u. a. das Aufkommen von Anzeigenblättern und Alternativzeitungen sowie von 'Neuen Medien', ehe es in Deutschland im Zusammenhang mit dem Start in eine neue Medienlandschaft (→ Kapitel 2.2.2.3) und der deutsch-deutschen Medienentwicklung (→ Kapitel 2.2.2.4) zu aktuellen Herausforderungen für die Medienökonomie kam.

▲ **Betriebswirtschaftliche Aspekte der Medienökonomie**

Themen sind hier u. a. Kosten und Erlöse der Presse und des Rundfunks, spezifische Probleme der Presse-Gewerbefreiheit (Marktzutritt, Subventionspraxis) sowie betriebswirtschaftliche Folgen des Wettbewerbs in der neu gestalteten Rundfunklandschaft. Wirtschaftliche Aspekte werden neuerdings im Zusammenhang mit der Einführung neuer Produktionstechniken (→ Kapitel 3.3) und Organisationsstrukturen in den Medien zum Gegenstand der Medienökonomie.

Die Benennung und Zuordnung dieser Bearbeitungsfelder macht deutlich, daß die Themen der Medienökonomie in vielfältiger Weise auch Gegenstand der Journalistik sind. Im Strukturkontext stehen betriebswirtschaftliche, aber auch mikroökonomische volkswirtschaftliche Aspekte im Zentrum: die Kosten- und Erlössituation der aktuellen Medien (→ Kapitel 3.1.2, 3.1.3) sowie die publizistischen Folgen von Wettbewerbssituationen auf den publizistischen Märkten (→ Kapitel 3.1.2.2); die Darstellung muß dabei aus den erwähnten Gründen einer medienorientierten Systematik folgen. Organisatorische und technologische Aspekte, die heute einen Schwerpunkt betriebswirtschaftlicher Themen der Medienökonomie bilden (vgl. Schenk/Hensel 1987: 541 ff.), werden gesondert abgehandelt (→ Kapitel 3.2, 3.3).

Die Wissenschaftsdisziplin 'Medienökonomie' kann man als Schnittmenge aus Kommunikationswissenschaft und Wirtschaftswissenschaft verstehen (vgl. Fleck 1987: 91). Doch dies ist nur eine sehr vage Begriffsbestimmung, so daß das Fach erst über eine konkrete Beschreibung von Gegenständen Profil gewinnt. Diese Begriffsunschärfe wird begleitet von einem defizitären Forschungsstand, der immer wieder beklagt wurde (vgl. z. B. Kopper 1982b, Schöhl 1985, Schenk/Hensel 1987). Unzureichend ist die Datenlage, unbefriedigend ist aber vor allem die bisherige theoretische Fundierung der Medienökonomie. So präsentieren sich die vorliegenden Befunde als Steinbruch, mit einzelnen 'größeren Brocken' etwa zum Thema Pressekonzentration (vgl. Kopper 1982b: 104). Diese Situation hat vor allem folgende Ursachen:

- ▲ Zur Untersuchung komplexerer medienökonomischer Fragestellungen reicht der ökonomische Sachverstand der Kommunikationswissenschaftler häufig nicht aus; von der Wirtschaftswissenschaft liegen nur wenige Beiträge vor, zum Beispiel zur Wettbewerbssituation von Zeitungen auf dem künftigen Medienmarkt (vgl. Witte 1984).
- ▲ Interessen- und Rechtslage (insbesondere im Bereich der Presse) machen die Datenerhebung in einzelnen Betrieben oft nahezu unmöglich[1]. Tempo und Komplexität medienökonomischer Entwicklungen erschweren den Durchblick; zu den besonderen Problemfeldern gehören die Verflechtungszusammenhänge im intermediären, internationalen und über den Medienbereich hinausgehenden Maßstab.

3.1.2 Die Ökonomie der Presse

3.1.2.1 Kosten- und Erlösstruktur

Das Grundprinzip privatwirtschaftlicher Presse, so hatte schon Emil Dovifat nach seinem USA-Aufenthalt erkannt, läßt sich auf eine einfache Formel bringen: "The readers pennies bring the advertisers Dollars" (Dovifat 1927: 47). In den USA verglich der Pressekritiker A. G. Liebling, der jahrelang Kolumnen für die Zeitschrift NEW YORKER schrieb, die Zeitung treffend mit einer Bar. Auf der Theke stehen Schalen mit Erdnüssen, Popcorn und Brezeln. Da darf man zulangen; die sind umsonst. Sie vergrößern den Durst auf das Bier - und das

[1] Diese Situation hat sich durch das "Gesetz über eine Pressestatistik vom 1. April 1975" zwar nicht grundlegend geändert, doch verdanken wir der jährlichen Pressestatistik des Statistischen Bundesamtes validere Pressedaten (vgl. Statistisches Bundesamt Wiesbaden (Hrsg.): Abteilung Bildung und Kultur, Fachserie 11, Reihe 5: Presse, Stuttgart/Mainz 1975 ff.). Versuche der von der Bundesregierung eingesetzten Monopolkommission, durch eine eigene empirische Erhebung insbesondere den Beteiligungsbesitz von und an Presseunternehmen zu ermitteln, scheiterten an mangelnder Kooperationsbereitschaft der Verleger (vgl. Schenk/Donnerstag 1989: 113).

muß man bezahlen. Erdnüsse, Popcorn und Brezeln sind, so meinte Liebling ironisch, wie die Nachrichten, mit denen Zeitungen die Leser locken. Sie sollen die Anzeigen lesen und dann die Produkte kaufen, für die geworben wird. Anzeigen sind wie das Bier in der Kneipe: Wer seinem Verlangen nachgibt, wird zur Kasse gebeten. Zeitungsleser bringen Geld als potentielle Kunden der Werbetreibenden; was sie als Abonnenten oder als Käufer am Kiosk bezahlen, ist im Vergleich dazu nicht der Rede wert.

Auch von Zeitungswissenschaftlern ist - schon bald nach der Jahrhundertwende - das Anzeigenwesen als Hauptproblem der Pressefreiheit ausgemacht worden. Karl Bücher, früherer Redakteur der FRANKFURTER ZEITUNG und dann Ordinarius für Nationalökonomie, beschrieb im Jahre 1915 die Funktion von Medium, Redaktion und Redakteur so:

> "Es kann nicht entschieden genug ausgesprochen werden. Die Redaktion ist für die 'kapitalistische Erwerbsunternehmung' nichts weiter als ein lästiger Kostenbestandteil, der gebraucht wird, um die Annoncen vor die Augen von Menschen zu bringen, auf die sie wirken können. [...] Also ist die Zeitung ein Erwerbsunternehmen, das Annoncenraum als Ware erzeugt, die nur durch einen redaktionellen Teil verkäuflich wird. [...] Ich kann mir denken, daß die Redaktionen sich mit Händen und Füßen sträuben werden, das anzuerkennen. [...] Es gab eine Zeit, in der die Zeitung nur neue Nachrichten und Artikel zur Belehrung und Beeinflussung der öffentlichen Meinung enthielt. Aber die liegt lange hinter uns, und aus ihr allein erklärt es sich, warum ein großer Teil der in der Presse Tätigen sich Täuschungen über den eigenen Beruf hingibt. Sie fühlen sich als Lehrer und Erzieher des Volkes, als Tribunen, die seine Rechte zu wahren und ihm die edelsten Güter auszuteilen haben. Sie sind durchdrungen von der Würde und Wichtigkeit ihres Berufes." (Bücher 1926b [zuerst 1915]: 377)

Heute machen die Anzeigen bei den deutschen Tageszeitungen etwa zwei Drittel des Erlöses aus; aus dem Vertrieb wird nur ein Drittel der Einnahmen erzielt[2]. In den USA liegt der Prozentsatz zugunsten der Werbung zum Teil noch höher (vgl. Udell et al. 1978: 99), so daß dort vehement vor der Gefahr einer Einflußnahme von Anzeigenkunden gewarnt wird (vgl. Bagdikian 1985: 107 f.[3]).

---

2 Das genaue Verhältnis lag im Jahre 1988 bei 64,5:35,5 (vgl. Bundesverband Deutscher Zeitungsverleger 1989: 104).

3 Ben Bagdikian hat dafür an derselben Stelle folgenden Beleg genannt: "The most dramatic example of the media's thematic self-censorship in order to protect a major advertiser has been the media's extraordinary silence and deemphasis for the last sixty years in handling scientific evidence about a major

TEXT 3-1

Der Zeitungs-Großkonzern

Die Entstehung und die bisherige Karriere des Zeitungs-Großkonzerns illustriert zwei Punkte, die ich besonders betonen möchte: einmal die vielfachen Aspekte, Beziehungen und Wirkungen eines *jeden* konkreten Elementes des sozialen Modells, die einfache, nur in einer Richtung laufende Behauptungen ausschließen, und zum andern die Wichtigkeit einer Unterscheidung von kurz- und langfristigen Phänomenen, für die verschiedene, manchmal entgegengesetzte Behauptungen zutreffen. Der Zeitungs-*Großkonzern* ist in den meisten Fällen nicht anderes als eine kapitalistische Unternehmung. Dies *impliziert* nicht ohne weiteres, daß er kapitalistische oder irgendwelche anderen Klasseninteressen verficht. Er *kann* es tun, aber nur aus einem oder mehreren der folgenden Motive, deren begrenzte Bedeutung offensichtlich ist: weil er von einer kapitalistischen Gruppe subventioniert wird mit dem ausgesprochenen Zweck der Verteidigung ihrer Interessen oder Ansichten, - je größer der Konzern und die Auflagen sind, desto weniger wichtig ist dieses Element; weil er seine Zeitungen einem Publikum mit bürgerlichem Geschmack verkaufen will, - dieses Motiv, das bis ungefähr 1914 sehr wichtig war, wirkt nun zunehmend in entgegengesetzter Richtung; weil die Inserenten es vorziehen, sich eines geistesverwandten Vermittlers zu bedienen, - aber meistens ist ihre Einstellung durchaus vom Geschäftsinteresse diktiert; weil die Eigentümer auf einem bestimmten Kurs bestehen, ohne Rücksicht auf ihr Absatzinteresse, - in einem gewissen Ausmaße tun sie dies und haben es namentlich getan; aber die Erfahrung zeigt, daß sie nicht durchhalten, wenn es zu einem zu ernsthaften Konflikt mit dem pekuniären Absatzinteresse kommt. Mit anderen Worten: der Zeitungs-Großkonzern ist ein überaus wirksames Mittel, um die Stellung der intellektuellen Gruppe zu heben und ihren Einfluß zu vergrößern; aber auch heute ist er noch nicht völlig unter ihrer Kontrolle. Er bedeutet Beschäftigung und ein weiteres Publikum, er bedeutet aber auch "Ketten". Diese sind hauptsächlich kurzfristig von Wichtigkeit; der einzelne Journalist, der um größere Freiheit kämpft, um tun zu können, was ihm gefällt, kann leicht unterliegen. Doch dieser kurzfristige Aspekt und die Gruppenerinnerung an vergangene Verhältnisse sind es, die den Intellektuellen beeinflussen und die Färbung des Bildes, das er für das Publikum von Sklaverei und Märtyrertum entwirft, bestimmen. In Wirklichkeit sollte es ein Bild von Eroberungen sein. Eroberungen und Siege sind in diesem wie in so manchem andern Falle ein Mosaik, das aus Niederlagen zusammengesetzt ist.

(aus: Joseph A. Schumpeter: Kapitalismus, Sozialismus und Demokratie, München 1980: 244 f. [zuerst 1942]; kurs. im Orig.)

Direkt abhängig vom Anzeigenaufkommen ist der Umfang des redaktionellen Teils bei Zeitungen und Zeitschriften. Darüber hinaus läßt sich unschwer nachweisen, daß die Bedürfnisse der Anzeigenkunden

killer of Americans: heart-lung disease as linked to tobacco use. For decades, newspapers, magazines, and broadcasters were silent about the medical evidence."

Form und Themenangebot von Publikationen in erheblichem Maße beeinflussen; Beispiel dafür ist das Aufkommen von beigefügten Farbmagazinen der Zeitungen. Noch deutlicher läßt sich der Zusammenhang zwischen Werbung und publizistischen Angeboten beim Fernsehen nachweisen, wo Programme immer häufiger nur eine Lokomotiv-Funktion für kommerzielle Botschaften haben.

Aus der Erlössituation resultiert eine besondere Krisenanfälligkeit der Presse. Konjunkturkrisen schlagen über reduzierte Werbeetats direkt durch auf die Einnahmesituation der Zeitungen, da die Werbetreibenden üblicherweise prozyklisch verfahren: Wer viel einnimmt, wirbt viel, wer wenig einnimmt, streicht den Werbeetat zusammen.

Aus der Kostenstruktur wiederum wird deutlich, daß der Reaktionsspielraum der Zeitungen auf zurückgehende Erlöse begrenzt ist. Den Hauptanteil machen hier die Aufwendungen für die technische Herstellung und den Papiereinsatz (bei Abonnement-Tageszeitungen durchschnittlich 43,7 Prozent der Gesamtkosten) aus; sie liegen höher als die Vertriebserlöse. Diese hohen fixen Kosten zu senken, war deshalb in der Vergangenheit Hauptziel der betriebswirtschaftlichen Anstrengungen in den Tageszeitungsverlagen. Es dauerte jedoch bis Mitte der siebziger Jahre, ehe die schwere Konjunkturkrise in der Bundesrepublik den Leidensdruck so sehr erhöhte, daß erhebliche Rationalisierungsinvestitionen im Bereich der Zeitungstechnik geplant und realisiert wurden. Die zu diesem Zeitpunkt einsatzbereite elektronische Technik erlaubte, mittel- bis langfristig die Kosten zu senken (→ Kapitel 3.3).

Zweitgrößte Kostenstelle ist die Redaktion (18,1 Prozent), vor dem Vertrieb (17,7 Prozent), den Anzeigen (12,1 Prozent) und der Verwaltung (8,4 Prozent). Bei nachlassenden Erlösen wird üblicherweise im Bereich der Redaktion gespart, wo Personalausgaben und Redaktionsetats variable Kostenrechnungen zulassen.

Regionale Tageszeitungen finanzieren sich nach wie vor wesentlich über einen spezifischen Sektor des Anzeigenmarktes: die lokalen Geschäftsanzeigen, die 37,5 Prozent ihres Anzeigenumfangs ausmachen. An zweiter Stelle stehen mit knapp 14 Prozent die Stellenanzeigen, an dritter Stelle mit fast 9,7 Prozent die Immobilienanzeigen vor den Automobilanzeigen mit 9,2 Prozent. Überregionale Anzeigen (Markenartikelwerbung) machen bei den regionalen Tageszeitungen nur knapp 8,6 Prozent aus.[4]

---

4 Vgl. zu diesen Zahlen (Stand: 1988): Bundesverband Deutscher Zeitungsverleger 1989.

TEXT 3-2

Der Markt der Tageszeitungen

Effekt der Anzeigen-Auflage-Spirale

Sieht man von Subventionen und Zuwendungen der öffentlichen Hand oder privaten Trägern (z. B. Parteien) ab, so werden Zeitungsverlage ausschließlich durch Vertriebs- und Anzeigenerlöse finanziert. Dabei stellt der Anzeigenerlös fast überall (ausgenommen Italien, wo der Werbemarkt durch die kommerziellen Fernsehsender abgeschöpft wird) mit 50 Prozent bis 65 Prozent die größere dieser beiden Einnahmequellen dar. Ohne den Anzeigenerlös wäre der Marktpreis der meisten Tageszeitungen so hoch, daß viele Abonnenten und Zeitungskäufer abgeschreckt würden.

Eine wichtige Rolle spielen die bekannten Effekte der Anzeigen-Auflagen-Spirale. Sie beruhen darauf, daß die Stückkosten der Herstellung von Tageszeitungen mit wachsender Auflage nur unterproportional zunehmen, denn ein hoher Kostenanteil ist von der Auflage unabhängig und damit festgesetzt. Gelingt also die Steigerung der verkauften Auflage, so erwirtschaftet der Zeitungsverlag damit einen höheren Deckungsbeitrag seiner Fixkosten und kann diese Beträge zur Verbesserung der redaktionellen Attraktivität einsetzen. Auf der Seite der Anzeigenkunden sinken mit zunehmender Auflage die Kosten pro Kontakt. Damit bietet der Zeitungsverlag bei Auflagenwachstum auch auf diesem Markt ein verbessertes Preis-Leistungs-Verhältnis.

Über den genannten doppelten Effekt der Anzeigen-Auflagen-Spirale hinaus begünstigt ein dritter Gesichtspunkt den Prozeß der Pressekonzentration: Für den Auftraggeber von Kleinanzeigen ist es von Vorteil, die Anzeige in der Zeitung mit dem jeweils größten Inserateteil zu schalten, wenn vom Adressaten der Werbung eigene Suchanstrengungen verlangt werden, etwa bei Rubrikanzeigen. Erfahrungsgemäß sehen ernsthafte Interessenten die Anzeigenspalten der auf diesem Segment marktführenden Tageszeitungen selbst dann noch durch, wenn sie gewöhnlich eine andere Zeitung lesen.

Die Wechselwirkungen zwischen Vertriebs- und Anzeigengeschäft begünstigen also in einer ganz außerordentlichen Weise den auflagenstarken Marktführer auf einem Teilmarkt. Umgekehrt begründet der dreifache Effekt der Anzeigen-Auflagen-Spirale im Falle eines anhaltenden Rückgangs der verkauften Auflage einer Zweit- oder Drittzeitung einen kumulativen wirtschaftlichen Erosionsprozeß, der in letzter Konsequenz das totale Verschwinden der Zeitung zur Folge haben kann - vor allem dann, wenn die Auflageneinbußen einem Mitkonkurrenten zufließen und von diesem absatzpolitisch genutzt werden. Auch wenn die Akzeptanz von Tageszeitungen nicht in erster Linie von wirtschaftlichen Faktoren bestimmt wird, sondern von der publizistischen Leistung und vom Grad der subjektiven Unentbehrlichkeit für ihre Leser abhängt, vermag niemand dauerhaft gegen diese grundlegenden Regeln des Wettbewerbs zu verstoßen.

Grenzen des Wachstums

Der mit der Anzeigen-Auflagen-Spirale verbundene Konzentrationsprozeß auf den Zeitungsmärkten findet seine Grenzen dort, wo eine Tageszeitung über eine für den lokalen und regionalen Werbemarkt optimale wirtschaftliche Größe hinauswächst. Damit vermag nämlich die Tageszeitung das lokale Anzeigengeschäft nicht mehr voll auszuschöpfen, weil sich durch Streuverluste das Preis-Leistungs-Verhältnis für den Auftraggeber lokaler Inserate verringert. In dieser Situation können die Verlage mit der Herausgabe einer größeren Titelzahl für geographisch eng begrenzte Gebiete reagieren (bis hin zu einzelnen Stadtteilen, wie dies zur Zeit in der Bundesrepublik Deutschland geschieht), doch ist die optimale Größe im Wachstumsprozeß einer marktführenden Tageszeitung einmal erreicht, so verlieren die besonderen verlagswirtschaftlichen Gesichtspunkte der Anzeigen-Auflagen-Spirale ihre Relevanz. Die Tendenz zu weiterer Pressekonzentration reduziert sich in dem Maße, wie die wirtschaftlich günstigsten Zeitungsgrößen erreicht sind. Allerdings ist dies keine universelle Konstante, sondern abhängig von den jeweiligen Marktgegebenheiten.

(aus: Bundesverband Deutscher Zeitungsverleger e. V.: Zeitungen '89, Bonn 1989: 136 f.)

Strukturdaten der Presseunternehmen liegen auf Grund des Pressestatistik-Gesetzes nunmehr in soliderer Form vor. Danach arbeiteten 1986 in 2.176 Betrieben der westdeutschen Presse rund 213.000 Personen. Die Betriebe machten einen Umsatz von mehr als 27 Milliarden DM; Tages- und Sonntagszeitungen - 305 Unternehmen mit fast 134.000 Beschäftigen - waren daran knapp zur Hälfte beteiligt.

Auch für den von Pressebetrieben erwirtschafteten Gewinn weist die amtliche Pressestatistik des Statistischen Bundesamtes nach Betriebsgrößen differenzierte Angaben aus. Sie zeigen, daß die Betriebsergebnisse je nach Höhe des Umsatzes unterschiedlich ausfallen. So kamen im Jahre 1986 Zeitungsverlage mit einem Umsatz von 25 bis 50 Millionen DM mit 13,1 Prozent auf die deutlich höchste und kleine Unternehmen (500.000 bis 2 Millionen DM) mit rund 1 Prozent auf die deutlichst niedrigste Rendite. Bei den Zeitschriftenverlagen wurden die höchsten Umsatzrenditen bei Jahresumsätzen von 1 Million bis 10 Millionen DM erzielt.[5]

Die Meldungen der Pressebetriebe liegen zwar über den Werten anderer Branchen, doch Verlagsexperten vermuten, daß es sich dabei im Zweifelsfall sogar um zu niedrige Ansätze handelt. Wichtiger aber noch ist, daß die Angaben keine Rückschlüsse auf die besondere Marktsituation der erfaßten Unternehmen erlauben.

---

5 Zahlen nach Statistisches Bundesamt Wiesbaden 1988 (s. Anm. 1): 11. Das "Gesetz über eine Pressestatistik vom 1. April 1975" verpflichtet Unternehmen, die Zeitungen oder Zeitschriften verlegen, jährlich zur Auskunft u. a. über ihre Art und Rechtsform, Zahl und Art der Mitarbeiter, Umsätze, ausgewählte Kosten, die Zahl der Ausgaben, die Erscheinungsweise und die technische Herstellung, die Verkaufsauflage sowie die Bezugs- und Anzeigenpreise (vgl. den Text des Gesetzes in: ebd.: 90).

TEXT 3-3

TAZ: Tageszeitung ohne Anzeigen

Die Gründung der TAGESZEITUNG (TAZ) war eine Spätfolge der Anti-Springer-Kampagnen in den späten sechziger Jahren. Nach halbjähriger Vorbereitungszeit - ausgestattet mit dem nach Maßstäben von Verlagsfachleuten äußerst niedrigen Anfangskapital von 700.000 DM - konnte sich das Blatt beim Erscheinen seiner ersten Ausgabe am 17. April 1979 auf gerade 6.500 Vorausabonnements stützen. Ansonsten beruhte das Projekt auf der Sympathie der links-alternativen Szene, dem Enthusiasmus seiner Mitarbeiter, die sich mit einem kargen Einheitslohn (1.550 DM plus Kinderzuschlag) zufriedengaben, und auf Subventionen für in West-Berlin ansässige Unternehmen.

Ungewöhnlich wie die Entstehungs- und Produktionsbedingungen blieben auch die Kosten- und Erlösverhältnisse. Anders als andere Abonnementszeitungen, die sich zu zwei Dritteln aus Anzeigen finanzieren, gelang es der TAZ nie, nennenswerte Werbeerlöse zu erzielen. Doch während deshalb die ebenfalls 1979 gestartete Tageszeitung DIE NEUE schon bald aufgeben mußte, lebte die TAZ mehr als ein Dutzend Jahre mit dieser Sondersituation. Sie bedeutete einen Zick-Zack-Kurs zwischen Spenden- und Abonnement-Kampagnen, Streiks, Selbstausbeutung der Mitarbeiter und Mitarbeiterinnen, Ausklügeln neuer Vertriebsstrategien und Preiserhöhungen. Man praktizierte eine Gratwanderung zwischen kapitalistischer Marktpolitik und sozialistischen Redaktionsideen. Dabei war aber die Außenwirkung stets erheblich größer als der kommerzielle Erfolg. Sie ließ sich zum Beispiel auch an den Rekrutierungspraktiken etablierter Medien erkennen, welche die TAZ-Redaktion als Kaderschmiede für den journalistischen Nachwuchs betrachteten.

Nicht zum Erfolg der TAZ trug bei, daß sich die Redaktion immer wieder im eigenen Blatt mit sich selber beschäftigte. So im März 1988, als sich die weibliche Belegschaft über eine merkwürdige 'Porno-Seite' zweier männlicher Redaktionsmitglieder empörte, die zum Internationalen Frauentag erschienen war, und dann die Titelseiten der Zeitung mit eigenen Streikmeldungen belegte (vgl. taz v. 10.3.1988: 1 und v. 11.3.1988: 1). Andererseits bewies die TAZ trotz aller Probleme doch über lange Zeit, daß die Regel, Zeitungen hätten ohne einen großen Anzeigenteil überhaupt keine Existenzchancen, nicht ohne Ausnahme ist.

Im Herbst 1991 führten Leserschwund (verkaufte Auflage zu diesem Zeitpunkt: ca. 75.000 Exemplare) und Anzeigenmisere (zuletzt 15 Prozent der Erlöse bei einem Gesamtumsatz von 26 Millionen DM) jedoch zum Streit um die Zukunft des Blattes. "Das Ende der Latzhosen?" fragte die Wochenzeitung DIE ZEIT und prognostizierte: "Nur als professionelles Blatt könnte die 'taz' auf dem umkämpften Zeitungsmarkt überleben" (Die Zeit v. 26. 9. 1991: 11). Während von Sympathisanten in den Elitemedien schon freundliche Nachrufe formuliert wurden, unternahmen die Mitarbeiterinnen und Mitarbeiter der TAZ den Versuch einer grundlegenden Sanierung des Alternativbetriebes. Ihre Versammlung beschloß nach heftigen Auseinandersetzungen im November 1991, die Zeitung in das Eigentum einer neu zu gründenden Genossenschaft zu überführen. Gleichzeitig wurden eine Neuorganisation der Redaktion und der Abbau von Personal beschlossen. Im Dezember 1991 warb die TAZ in der ZEIT ganzseitig um finanzielle Beteiligung der Leserschaft an der neuen Gesellschaft: "Die taz in die Hand ihrer LeserInnen!" (Die Zeit v. 6.12.1991: 22)

Abb. 3-1: Produktionsstufenschema der Presse
(Quelle: Aufermann et al. 1973: 251)

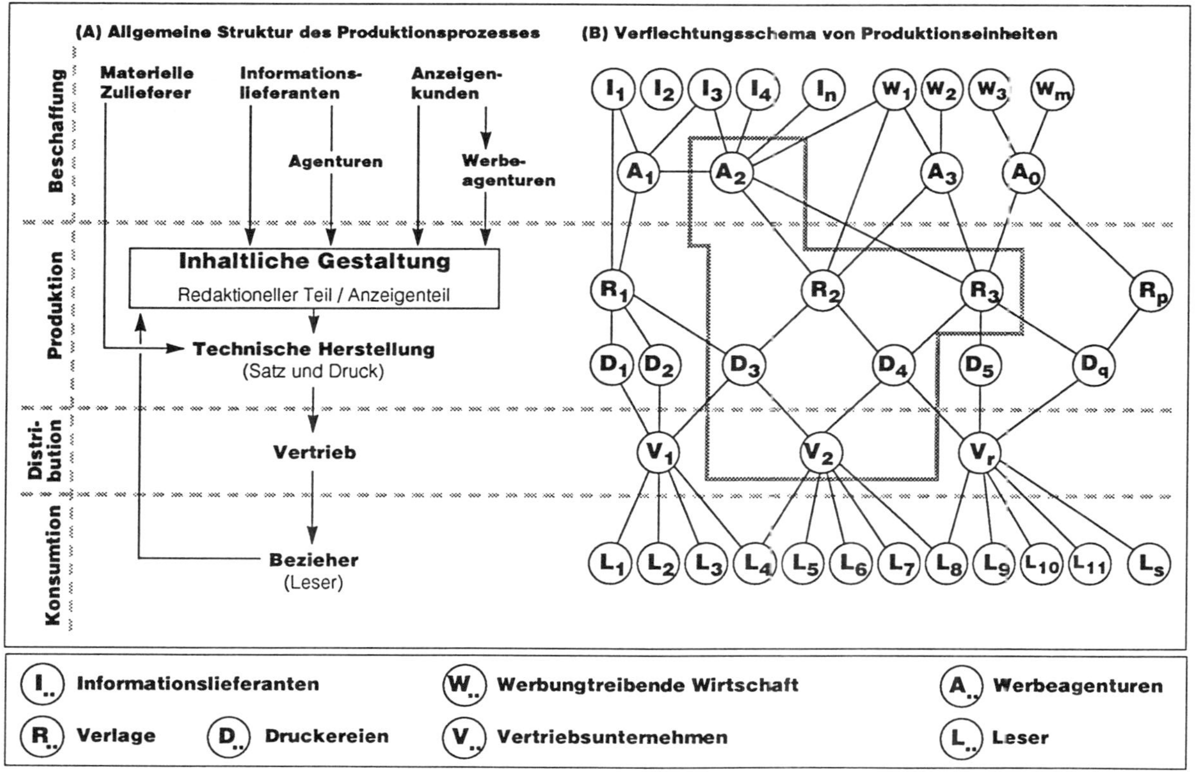

Der Münchner Wirtschaftswissenschaftler Eberhard Witte hat deshalb in seiner Studie über die "Zeitungen im Medienmarkt der Zukunft" den Erhebungen des Statistischen Bundesamtes eine Expertenbefragung zur Rentabilität der Zeitungsbetriebe nachgeschaltet. Dabei sollten die Experten auf einer fünfstufigen Skala den Erfolg dieser Unternehmen einschätzen. Die Untersuchung ergab ein überproportional schlechtes Abschneiden von Kleinverlagen. Als entscheidendes Rentabilitätskriterium erwies sich jedoch unabhängig von der Betriebsgröße die Marktposition eines Zeitungsverlages: Alleinanbieter und Erstanbieter erzielten sehr gute oder gute Ergebnisse, während nachrangige Anbieter deutlich abfielen. (Vgl. Witte 1984: 21 ff.)

Da die Erlöse bei Abonnementszeitungen vor allem auf Anzeigeneinnahmen beruhen und die Kosten sich vor allem aus den Faktoren technische Herstellung und Material (Papier), Redaktion und Vertrieb zusammensetzen, befindet sich grundsätzlich der Zeitungs-Großkonzern (→ Text 3-1), der mehrere Produktionseinheiten unter seinem Dach zusammenfassen kann, in einer privilegierten Position - zumal, wenn seine Marktstellung hohe Anzeigenerlöse garantiert. Dieser Zusammenhang wird anhand eines Produktionsstufenschemas der Presse noch deutlicher (→ Abbildung 3-1).

Das Produktionsstufenschema verdeutlicht, daß die Herausgabe von Presseerzeugnissen bei einer bestimmten Konstellation besonders gewinnträchtig wird: Marktführer, gutes Anzeigenaufkommen, eigene ausgelastete Druckerei, kostengünstiger Vertrieb, Fremdaufträge von anderen sowie - seit dem Aufkommen der Neuen Medien (→ Kapitel 2.2.2.3) - vor allem auch: Diversifikation. Unternehmen, die eine solche Position erreicht haben, setzen sich gegenüber Marktkonkurrenten durch. Solche Unternehmen waren auch eher in der Lage, die Rationalisierungsinvestitionen vorzunehmen, welche durch die rapide Entwicklung im Bereich der Satz- und Drucktechnik seit Anfang der siebziger Jahre herausgefordert wurden (→ Kapitel 3.3.1 und 3.3.2).

Günstige Konstellationen für bestimmte Anbieter ergeben sich aber vor allem aus der Tatsache, daß das Anzeigenaufkommen an die Zahl der Abonnenten im jeweiligen Verbreitungsgebiet gebunden ist. Abonnenten sind erfahrungsgemäß nur zu gewinnen, wenn ein bestimmter Anzeigenservice geboten werden kann; erst das Wachsen des Anzeigenaufkommens und das Wachsen der Exklusivität der Werbebotschaften lassen die Erlösmöglichkeiten steigen. Damit kann der redaktionelle Teil besser und die Abonnentenwerbung aufwendiger werden. Dies führt dann erfahrungsgemäß wieder zu höheren Auflagen und größeren Reichweiten - und damit zur Möglichkeit, die Anzeigenpreise zu erhöhen. Die Verleger selbst haben die Ursachen und Effekte dieser 'Anzeigen-Auflagen-Spirale' genau beschrieben (→ Text 3-2); sie begünstigt die Pressekonzentration und beeinträchtigt die Marktzutrittschancen.

3.1.2.2 Wettbewerb, Marktzutritt und Subventionsmodelle

Die privatwirtschaftliche Organisation der Presse in der Bundesrepublik beruht auf dem Grundsatz privaten Unternehmertums nach nordamerikanischem Vorbild. Jeder hat danach das Recht, sich (auch) ökonomisch individuell zu entfalten, Angebote auf dem Markt zu machen, in Wettbewerb zu anderen zu treten, Profit zu erwirtschaften - und sich, auf der anderen Seite, als Konsument mit seinem Geld für oder gegen bestimmte Produkte und Dienstleistungen zu entscheiden. Also: Akteur auf einem Markt zu sein, der bei Informationen und Unterhaltung prinzipiell genau so funktioniert wie bei Autos und Reisen. Markt setzt aber Wettbewerb voraus, und dazu muß es auch die Chance geben, sich an diesem Wettbewerb beteiligen zu können. Realistische Marktzutrittschancen sind also wesentliches Kriterium für einen funktionierenden Wettbewerb.

Im Marktsegment Tageszeitungen, das für die Information und Meinungsbildung besonders wichtig ist, existieren solche Marktzutrittschancen jedoch seit mehr als dreißig Jahren fast gar nicht mehr. Nimmt man den Bereich der lokalen Tagespresse heraus, so hat es seit 1954 keinen wirklichen Neuling mehr gegeben. Insgesamt 25 Versuche, eine neue Zeitung zu gründen, scheiterten zum weit überwiegenden Teil. Zumindest eine längere Zeit überlebt haben überhaupt nur sechs Gründungen: die von Marktmechanismen freigestellten Parteizeitungen UNSERE ZEIT der Deutschen Kommunistischen Partei und DIE WAHRHEIT der Sozialistischen Einheitspartei West-Berlin; die beiden Boulevardblätter EXPRESS (Köln/Düsseldorf) und TZ (München), die von Großverlagen herausgebracht wurden, und als einzige regionale Neugründung die MAINTAL-ZEITUNG, die freilich auch nur aufgrund einer spezifischen Gebietsreformsituation zustandekam.

Von besonderer Bedeutung war die Gründung des überregionalen Blatts DIE TAGESZEITUNG, das sich zwar auf dem Markt etablieren und in der Branche durch unkonventionellen Journalismus Respekt verschaffen konnte, aber stets durch interne und externe Einflüsse gefährdet blieb. Im Herbst 1991 drohte dem Blatt (wieder einmal) das Aus. (→ Text 3-3)

Erhebliche Subventionen durch politische Parteien, Strategien kapitalstarker, in den Kapazitäten nicht ausgelasteter Verlage, die neue Objekte starten konnten, und der betriebswirtschaftlich spezifische Fall der TAZ haben also diese wenigen Ausnahmen von der Regel möglich gemacht. Es zeigte sich insbesondere, daß die Chancen äußerst gering sind, eine neue Tageszeitung im lokalen und regionalen Markt zu etablieren.

Die Barriere für den Marktzutritt ist im Laufe der Jahre immer höher geworden. 1949 genügten noch 300.000 DM, um die FRANKFURTER ALLGEMEINE ZEITUNG zu starten. Diese Summe reicht heute nicht einmal für die technische Erstausstattung der Redaktion einer Kleinstadtzeitung. Doch Kapital ist inzwischen gar nicht mehr das Entscheidende. Allein die besonderen Verhältnisse auf dem Tageszeitungsmarkt sorgen dafür, daß die Möglichkeit des Marktzutritts faktisch nicht mehr existiert. Denn insbesondere die Lokalzeitung ist ein 'natürliches' Doppelprodukt, das gleichermaßen auf dem Anzeigenmarkt und dem Lesermarkt angeboten wird. Hieraus resultiert die Dynamik, die als 'Anzeigen-Auflagen-Spirale' bezeichnet wird (→ Kapitel 3.1.2.1). Sie verschafft dem Erstanbieter am Markt eine uneinholbare Position. Aus dem Teufelskreis des doppelten Marktes kommen Neulinge nicht heraus - und dies gilt im Prinzip für alle Pressesektoren, also auch den Zeitschriftenmarkt.

Wenn vor allem der Markt der Tageszeitungen nicht nach Grundsätzen der 'reinen Lehre der Ökonomie' funktioniert, ist dies zunächst nur ein Problem der Anbieter. Ein soziales Problem wird daraus, wenn sich eine Kausalität zwischen der Wettbewerbssituation auf einem Pressemarkt und der publizistischen Leistungsfähigkeit von Anbietern nachweisen läßt. Für die Journalistik ist dabei von besonderem Interesse, ob sich Monopolstellungen auf die redaktionellen Ressourcen auswirken und somit die Bedingungen der Aussagenentstehung beeinflussen können. Diese Frage haben verschiedene Studien zum Zusammenhang von Pressekonzentration und Zeitungsinhalt, die vor allem in den USA durchgeführt worden sind, zu beantworten versucht. Die Ergebnisse sind nicht kohärent, lassen aber Trends erkennen.

In der Bundesrepublik führte die Diskussion über die publizistischen Folgen von Ein-Zeitungs-Kreisen zum "Streitpunkt lokales Pressemonopol" (Noelle-Neumann et al. 1976). Dabei wurden widersprüchliche Befunde präsentiert und im Rahmen ideologisch kontroverser Positionen interpretiert. Dies war kein Glanzstück der deutschen Kommunikationswissenschaft; auf die Rekonstruktion der Debatte kann hier verzichtet werden.

Die langjährigen und vielfältigen Bemühungen in den USA, den Zusammenhang zwischen der Wettbewerbssituation von Zeitungen und dem Zeitungsinhalt zu klären, haben zu vergleichsweise erheblich differenzierteren Ergebnissen geführt. Bei ihrer Bewertung wird auch die Position vertreten, daß quantitative Vielfalt auf dem Pressemarkt kein Maßstab für publizistische Qualität sei, publizistische Qualität von (Lokal-) Zeitungen nicht am Maßstab der NEW YORK TIMES gemessen werden könne und die Zeitungsketten mit ihren Monopolstellungen durchweg bei weitem bessere Produkte anböten als frühere Wettbewerbsblätter (vgl. Compaine 1985).

Notwendig ist, so zeigen die nordamerikanischen Studien, die Aufgabe allzu idealistischer Annahmen über den direkten positiven Einfluß von Wettbewerb auf die journalistische Qualität; sie sind zu simpel, um empirische Bestätigung erfahren zu können. Die vorliegenden Untersuchungen zeigen vielmehr ambivalente Effekte von Konkurrenz auf dem Zeitungsmarkt. Dabei spielt sich der (lokale) Wettbewerb oft gar nicht im Bereich journalistischer Aktivitäten ab. Es kommt hinzu, daß Monopolstellungen nur latente Auswirkungen haben können, etwa durch die Machtposition, welche ein Alleinverleger in der lokalen Elite einnimmt. (Vgl. Entman 1985: insbes. 162 f.)

In verschiedenen empirischen Studien hat sich der amerikanische Kommunikationswissenschaftler Stephen Lacy mit dem Thema auseinandergesetzt. Seine Zusammenstellung früherer Untersuchungen zeigt, daß schon die Methodenauswahl vorentscheidend ist für die Ergebnisse. Zeigten sich bei den Quervergleichen zwischen Monopol- und Wettbewerbszeitungen kaum Unterschiede, so ließen sich in Längsschnitt-Untersuchungen von Zeitungen, die aus einer Wettbewerbssituation in eine Monopolstellung gelangt waren, durchaus Unterschiede nachweisen. Lacy machte dabei auf ein Grundproblem von Konkurrenzzeitungen aufmerksam, das die publizistische Varianz ohnehin begrenze: Einerseits wollten sie sich als Substitut für das Wettbewerbsblatt anbieten, andererseits aber müßten sie alternative Angebote machen, um sich von diesem Wettbewerber zu unterscheiden.

Bei seiner Untersuchung des Inhalts von 114 durch eine Zufallsstichprobe ausgewählten nordamerikanischen Tageszeitungen stellte Lacy vor allem Unterscheide bei den redaktionellen Anstrengungen fest: Wettbewerbszeitungen hatten mehr Nachrichtenagenturen abonniert und beschäftigten mehr eigene Reporter. Entscheidend für diese Investitionen war aber die Intensität des Wettbewerbs auf einem Tageszeitungsmarkt. (Vgl. Lacy 1987)

Eine Replikation der Studie mit 98 Wettbewerbs- und 100 Monopolzeitungen bestätigte, daß die finanziellen Aufwendungen für die Qualität redaktioneller Leistungen von der Konkurrenzsituation abhängig ist: Intensiver Wettbewerb führt zum Beispiel eben zur Nutzung einer größeren Zahl von Nachrichtenagenturen. (Vgl. Lacy 1990) In anderen Studien konnte belegt werden, daß sich der Zeitungswettbewerb nicht nur im Umfang der Nachrichtengebung positiv niederschlägt (vgl. Lacy 1988), sondern auch einen wichtigen Beitrag zur Vielfalt der Standpunkte in der öffentlichen Meinung leistet (vgl. Lasorsa 1991). Stephen Lacy zog aus seinen Untersuchungen folgende kommunikationspolitische Schlußfolgerung für die USA:

> "Gegenwärtig gibt es kaum eine rechtliche Handhabe zur Fusionskontrolle, auf die sich die Politik hier stützen kann. Doch ohne angemessenen Schutz ist der Wettbewerb auf den meisten Märkten nicht mehr in der Lage sicherzustellen, daß die Zeitungen auf die Bedürfnisse und Wünsche ihrer Leser reagieren." (Lacy 1988: 406; übers. v. Verf.)

Die Untersuchungen zu den Auswirkungen von Monopol- und Konkurrenzverhältnissen auf die redaktionellen Anstrengungen und die publizistischen Inhalte zeigen aber auch, daß ökonomische Wettbewerbsmodelle auf die Situation der Medienmärkte nicht zugeschnitten sind. Denn hier haben wir es - anders als bei Autos und Reisen - mit einem sich von Tag zu Tag ändernden Angebot bei oft langfristig stabilen Preisen zu tun. Nachfrage wir also nicht wie auf anderen Märkten über den Preis, sondern primär über das Produkt geregelt; dieses Doppelprodukt aus Anzeigen und redaktionellem Teil wird auf zwei verschiedenen Märkten angeboten. Hinzu kommt, daß auf diesen Märkten - zumal im lokalen Raum - durchweg nur wenige Anbieter agieren. (Vgl. ebd.)

Grundsätzlich stellt sich die Frage, ob die Orientierung an ökonomischen Größen nicht ohnehin quer liegt zum Verfassungsauftrag der Medien - zumal dieser Markt eben Besonderheiten aufweist. Die Konsequenz könnte nun sein, daß die Gesellschaft und ihre Organe in diesen Markt eingreifen. Daß - im Sinne des Sozialverantwortungs-Konzepts der Medien (→ Kapitel 2.1.2) - versucht wird, Meinungsvielfalt durch Regulierung sicherzustellen. Solche Eingriffe in den Markt - im wesentlichen in Form von Subventionen - sind in der Bundesrepublik vor allem diskutiert worden, als Anfang der siebziger Jahre das Zeitungssterben seinen Höhepunkt erreichte. Am Ende ist es jedoch bei der Diskussion unterschiedlicher Unterstützungskonzepte geblieben.

In Frankreich und vor allem in Schweden gehören solche Subventionen dagegen zu den betriebswirtschaftlichen Grundlagen eines Teils der Tageszeitungen. Diese und andere europäische Länder zeigen mit ihrer Pressepolitik, daß sie dem liberalistischen Medienkonzept der USA mißtrauen. Vor allem die westeuropäischen Sozialdemokraten und Sozialisten pflegen traditionell die Auffassung, daß es auf einem Markt keine positive Beziehung zwischen Qualität und Profit geben kann. Als Beleg dafür können sie den Tod so mancher Qualitätszeitung anführen.

Welche Probleme Sozialdemokraten mit einem marktwirtschaftlichen Pressesystem haben, hat sich gerade in der Bundesrepublik gezeigt. Hier gehörten der SPD nach dem Zweiten Weltkrieg 26 Tages- und Wochenzeitungen sowie Verlagshäuser und Druckereien. Doch mit diesem Besitz verstand die Partei nicht wirtschaftlich erfolgreich umzugehen, so daß bis Anfang der achtziger Jahre Verluste in Höhe von 200 Millionen DM entstanden waren. Erst die deutsch-deutsche Vereinigung brachte dann auf Grund der Zuweisung von Minderheitsbeteiligungen an ostdeutschen Tageszeitungen, die alte Ansprüche in der ehemaligen DDR abgolt, eine Konsolidierung des sozialdemokratischen Presseengagements. (Vgl. Media Spectrum 1991/10: 12)

In Skandinavien, wo die Sozialdemokraten zwischen 20 Prozent (Schweden) und einem Drittel (Norwegen) der Tageszeitungsauflage kontrollieren, war der drohende Tod von Parteizeitungen Beweggrund dafür, direkte staatliche Subventionen für Zeitungen einzuführen. Schweden ist allgemein für ein Sozialverantwortungsmodell der Medien und speziell für eine Subventionspolitik auf dem Tageszeitungsmarkt das markanteste Beispiel (→ Text 3-4). Grundlage dieser Subventionspolitik ist das Postulat, daß die Presse ein Instrument der repräsentativen Demokratie sein müsse. Dabei wurde zumindest in der Vergangenheit streng dualistisch argumentiert: Wenn das Rundfunkprogramm unparteilich bleiben soll, dann ist es auf der anderen Seite für den politischen Dialog in der Gesellschaft notwendig, daß die Tageszeitungen unterschiedliche politische Standpunkte vertreten - im Sinne des Außenpluralismus-Prinzips und Sozialverantwortungskonzepts der Hutchins Commission (→ Kapitel 2.3.1). Die Existenz einer solchen Presse dürfe nicht vom (Anzeigen-) Erfolg abhängig sein.

Staatliche Eingriffe in den Pressemarkt wurden in Schweden durch die Pressekonzentration herausgefordert. Seit Ende des Zweiten Weltkriegs bis Anfang der siebziger Jahre verschwanden 40 Prozent der Tageszeitungen vom Markt. Folge dieses Zeitungssterbens waren mehr als 50 Prozent Einzeitungskreise; Anfang der siebziger Jahre gab es in Schweden nur noch 17 Gemeinden mit mehr als einer Tageszeitung. Durchweg war die schwächere von zwei Wettbewerbszeitungen eingestellt worden, und das war oft und immer häufiger die sozialdemokratische Zeitung.

TEXT 3-4

Medienökonomie und Sozialverantwortung

Pressesubventionen und Rundfunkrestriktionen in Schweden

In keiner Demokratie nach westlichem Vorbild ist das Mediensystem so sehr am Sozialverantwortungs-Modell ausgerichtet wie in Schweden. Doch auch hier müssen die Politiker lernen, daß sich im Zeitalter des Satelliten-Rundfunks nationale Medienordnungen nicht mehr abschotten lassen. So ist in den vergangenen Jahren der kommerzielle Druck auch auf dieses Mediensystem immer größer geworden.

Gesellschaftlichen Zielen verpflichtet sein soll in Schweden vor allem der Rundfunk. Diese Sozialverpflichtung wurde dadurch umgesetzt, daß der schwedische Rundfunk-Konzern, obwohl als Aktiengesellschaft organisiert, nicht profitorientiert arbeitet. Der Rundfunk lebt von Gebühren, deren Höhe das Parlament festsetzt. Weder im Fernsehen noch im Hörfunk war kommerzielle Werbung zugelassen. Im Frühjahr 1991 aber beschloß die Regierungsfraktion, einen neuen dritten Fernsehkanal mit Reklame zuzulassen. Dies bedeutet - unter dem Druck kommerzieller Sender aus dem Ausland, die über Satellit ihre Programme nach Schweden bringen - ein Abrücken von der mit Nachdruck betriebenen Politik, vor allem den Rundfunk als Medium zur Stärkung von Demokratie und Kultur zu betrachten. Ausdruck dieser Rundfunkpolitik war insbesondere die Einrichtung von Lokalradios (ab 1977) und sogar 'Nahradios' (ab 1985) gewesen, die den Bürgern Beteiligungschancen im Sinne eines Medienmodells demokratischer Partizipation verschaffen sollten.

Auch die Presse, die sich in Schweden zum weit überwiegenden Teil im Besitz der politischen Parteien befindet, sollte nicht den medienökonomischen Marktgesetzen ausgeliefert werden. Nach jahrelangen Konzentrationsschüben wurden deshalb verschiedene Subventionsmodelle ausprobiert. 1964 gab das Parlament zehn politischen Parteien Subventionen zur Weitergabe an ihre Zeitungen; dies erwies sich jedoch als unpraktikabel. Sieben Jahre später billigte die Regierung dann direkte Subventionen (Produktionszuschüsse) an Zeitungen in schwieriger Wettbewerbssituation. Die Finanzierung erfolgte z.T. durch Steuern (6 Prozent Steuern auf Tagespresse-Anzeigen; 10 Prozent Steuern auf Anzeigen in Zeitschriften) - also im Wege einer indirekten Subvention der schwachen Blätter durch ihre starken Rivalen.

Im Jahre 1979 wurden die Subventionen auf (Morgen-) Zeitungen ausgedehnt, die in ihrem Hauptverbreitungsgebiet weniger als die Hälfte der Haushalte erreichen (nur Boulevardblätter erscheinen abends). Gleichzeitig wurde der Marktzutritt von Zeitungen unterstützt, die mindestens einmal pro Woche erscheinen. Außerdem gab es Hilfen für andere schwache Blätter.

Besondere Bedeutung erhielt im Rahmen der schwedischen Pressesubvention die Unterstützung für kollektive Vertriebs-, Druck- und Anzeigen-Unternehmen der Zeitungen. Organisiert wurde ein Vertriebsystem zweier nationaler und zweier regionaler Vertriebsgesellschaften, das praktisch alle Zeitungen nutzen können. Schließlich gehören zur Subventionspolitik verbilligte Kredite und gezielte Vergabe von Anzeigenaufträgen durch die Regierung. Die Mittel werden nach Parlamentsbeschluß durch den schwedischen Presse-Subventionsrat (zur Vermeidung direkter Einflußnahme durch die Regierung) vergeben. Das Gesamtvolumen beträgt pro Jahr circa 350 bis 400 Millionen DM.

Dieses Presse-Subventionssystem stützte sich in Schweden auf breiten Konsens. Als positive Effekte wurden registriert, daß es seit 1973 kein Zeitungssterben mehr gab. Die Zeitungen sind, so behauptet jedenfalls der Subventionsrat, insgesamt qualitativ besser geworden; ein negativer Einfluß auf die Kritikfähigkeit der Subventionierten gegenüber der Regierung wird bestritten.

Wesentlich umstrittener als die Pressesubventionen sind auch in Schweden selbst die Rundfunkrestriktionen, die erst mit dem Beschluß der Regierung, Werbung im dritten Fernsehprogramm zuzulassen, gelockert wurden. Aus Anlaß dieser kommunikationspolitischen Entscheidung schrieb die FRANKFURTER ALLGEMEINE ZEITUNG, selbst zweifellos einem Liberalismus-Modell der Medien zugeneigt:

"Die Sozialdemokratie hatte sich zwanzig Jahre lang gegen die Reklame gewehrt. Die ideologischen Argumente kreisten um den Verlust von Qualität und Objektivität. [...]

Ähnlich der ARD ist das öffentliche Fernsehen nach dem Vorbild der BBC aufgebaut. Und da die Schweden deutscher als die Deutschen sind, übertrifft ihr Fernsehen auch noch das deutsche. Es bietet eine unsäglich langweilige Mischung von Minderheitenprogrammen und belehrenden Sendungen, Naturfilmen, rüstigen Männerchören, von heiteren Ratespielen, schwedischen Sommerfilmen aus den fünfziger Jahren, 'Experten'-Runden und einigen amerikanischen Serien.

Der Betrachter muß meist weinen: Zwei Drittel des Programms werden mit der Vorführung von siechenden Krankenhausinsassen, leidenden Psychopathen, benachteiligten Zigeunern, Negern aus Südafrika, sterbenden Schwänen oder Robben bestritten, wobei die Schuldzuweisung mit leise leidender Stimme vorgetragen wird. Selbst der Kinderfunk wollte zum Golfkrieg Stellung nehmen (zur Ehre der Intendanz sei gesagt, daß dies gestrichen wurde, ohne größere Proteste). [...]

Wirklich gut am amtlichen schwedischen Fernsehen sind nur die Nachrichtensendungen. Die Wirtschaft und Politik Schwedens erfreuen sich einer ausführlichen und gelegentlich kritischen Berichterstattung. Dies hat einige Sozialdemokraten und Publizistikprofessoren dazu gebracht, den Niedergang der Sozialisten auf die Parteilichkeit und konservative Grundeinstellung der Reporter und Redakteure zurückzuführen. Es ist die gleiche Debatte wie in der Bundesrepublik, nur mit umgekehrtem Vorzeichen, nämlich der ebenso unbewiesenen These, daß die Journalisten angeblich alle rechts stehen. [...] Das Ansehen und die Glaubwürdigkeit der Politiker, dies zeigen die Umfragen, war in Schweden noch nie so tief, aber schuld daran scheinen nur die Journalisten zu sein. Sicher scheint nur, daß sich die Glaubwürdigkeitslücke durch neue Fernsehsender noch verstärken wird.[...]

In Schweden war das Fernsehen stets als Erziehungsinstitution verstanden worden. Zwanzig Jahre lang war die Ablehnung von Fernsehreklame und Rundfunkpluralismus selbstverständlich. Expertenkommissionen und seit 1975 acht Parteitags- und Gewerkschaftskongreßbeschlüsse haben der Reklame Absagen erteilt. Noch 1985 versuchten die Sozialdemokraten, die Verbreitung von Satelliten- und Kabelprogrammen zu verhindern, wenn diese Reklamespots enthielten. Schließlich aber wurde klar, daß man sich der Medien-Revolution nicht entziehen konnte." (FAZ v. 12.3.1991: 33)

Die schwedische Subventionspolitik basiert auf Erkenntnissen über die Ursachen dieses Konzentrationsschubs. Man fand heraus, daß nicht die absolute Höhe der Auflage der entscheidende Faktor für die ökonomische Gesundheit einer Tageszeitung ist, sondern die Haushaltsabdeckung und die Zahl der Haushalte in einem Verbreitungsgebiet. Davon sind eben im besonderen Maße die für das wirtschaftliche Ergebnis entscheidenden Anzeigen abhängig. Also entschieden sich die Schweden gegen generelle Subventionen und entwickelten ein System der 'gezielten Betriebssubvention' zur Stützung solcher Zeitungen, die einen nachrangige Position am jeweiligen Markt haben. (Vgl. Gustafsson 1980: 117 ff.; 1984)

Daß ein staatliches Subventionssystem aber kein Allheilmittel gegen den Wettbewerbsdruck auf dem Pressemarkt sein kann, hat sich in Frankreich gezeigt. Hier sollte der dramatische Rückgang der Zeitungstitel und der verkauften Auflage von Tageszeitungen vor allem durch drei Formen des Eingriffs gestoppt werden:

- ▲ Subventionen: Tageszeitungen, die eine Auflage von weniger als 200.000 Exemplaren haben und weniger als 30 Prozent ihres Gesamterlöses aus Anzeigen erzielen, erhalten eine staatliche Unterstützung. Weitere Subventionen gibt es durch reduzierte Gebühren für den Postvertrieb und das Telefon sowie über Steuerermäßigungen.
- ▲ Anzeigenmonopol: Der Staat ist Besitzer der Agence Havas, die einen hohen Prozentsatz der Anzeigenaufträge an französische Zeitungen vermittelt. Durch Vergabe dieser Anzeigen ist ein großer Einfluß auf die wirtschaftliche Situation der einzelnen Zeitungen möglich. Zentral gesteuert wird auch der Pressevertrieb.
- ▲ Strukturpolitik: Der Staat als Besitzer der meisten Großbanken kann direkten Einfluß auf die Bildung von Zeitungsgruppen nehmen; dies ist zum Beispiel bei der Reorganisation der Presse Anfang der siebziger Jahre geschehen. Ende der siebziger Jahre wechselten innerhalb von weniger als drei Jahren vier der fünf Pariser Tageszeitungen den Besitzer; dabei spielten Regierung und Banken eine zentrale Rolle.

Diese Art des Markteingriffs führt zu einem besonderen Innenverhältnis zwischen der Regierung und der Presse. Die Regierung kann direkt oder indirekt Einfluß nehmen, etwa dann, wenn sie die Höhe der Pressesubventionen neu festsetzt. (Vgl. de Tarlé 1980; Hollstein 1983: 250)

Nicht so eindeutig ist der Einfluß des Staates auf die Pressestruktur gewesen. In Frankreich haben die staatlichen Beihilfen für die Presse, welche im Jahre 1987 einen Umfang von 6 Milliarden Francs erreicht hatten und fast 20 Prozent des Gesamtumsatzes der Tageszeitungen ausmachten, in sehr unterschiedlicher Weise gewirkt. Während die Regionalpresse - nach ersten Konzentrationsschüben und auf Grund von Quasi-Monopolstellungen in den jeweiligen Verbreitungsgebieten - wirtschaftlich relativ gesund ist, gerieten die in Paris verlegten überregionalen Blätter immer mehr in die Krise. (Vgl. Hirsch 1988)

Diese Krise ist keineswegs hausgemacht; Gründe liegen auch in veränderten Rezeptionsgewohnheiten des Publikums, die zu verstärkter Nutzung der Informationsangebote des Rundfunks geführt haben. "Die fünfte Weltmacht Frankreich", klagte LE MONDE, die bedeutendste Tageszeitung des Landes, "steht, was die Zahl der Zeitungsleser angeht, auf Platz 21." (Zit. n. Stuttgarter Zeitung v. 2.2.1988) Ein strikt medienorientierter ökonomischer Erklärungsversuch (→ Kapitel 3.1.1) zielt also auch bei der Analyse von Marktproblemen der Presse in Frankreich zu kurz - und umgekehrt bei der italienischen Tagespresse, die in den vergangenen Jahren eine erstaunliche Renaissance erlebt hat. Dort führte das schlechte Niveau des Fernsehens und der Wochenpresse offenbar zur verstärkten Nachfrage nach seriösen Medienangeboten, wovon vor allem Blätter wie LA REPUBBLICA und IL CORRIERE DELLA SERA profitieren konnten. (Vgl. FAZ v. 18.9.1987)

Die schwedische und die französische Subventionspolitik sind Beispiele für Eingriffe in den Markt, die nach dem nordamerikanischen Medienverständnis undenkbar wären. Medienökonomie dort bedeutet, so zu handeln, daß Profite erwirtschaftet werden - auch wenn dies mit den sozialen Funktionen der Medien kollidiert. Die Regierung hat in diesen Markt nicht einzugreifen; auch die Macht der Gewerkschaften ist in diesem Mediensystem begrenzt.

In Westeuropa hingegen gibt es Beispiele für direkte und indirekte Eingriffe der Regierungen in den (Presse-) Markt. Hinzu kommt, daß hier die Gewerkschaften ungleich mächtiger sind. Dies haben vor allem die englischen Setzer und Drucker immer wieder bewiesen; dies zeigten aber auch Streikaktionen der westdeutschen IG Druck und Papier in den Jahren 1978 und 1984. In Frankreich konnten die notwendigen Modernisierungen der Herstellungstechnik sogar jahrelang verhindert werden, so daß allein die hohen Produktionskosten die Existenz vieler Zeitungen gefährdeten. Pressepolitik der Regierungen und Verhalten der Gewerkschaften sind also Faktoren, welche die betriebswirtschaftlichen Kalkulationen vor allem der Tageszeitungsverleger in erheblichem Maße mitbestimmen können. Dies hat sich auch bei den Diskussionen und Planungen zur Einführung rechnergesteuerter Textsysteme in westeuropäischen Zeitungshäusern gezeigt (→ Kapitel 3.3.1 und 3.3.2).

Insgesamt erweist sich die Medienökonomie als zentraler Indikator für Merkmale und Probleme von Mediensystemen (→ Kapitel 2.1). Medien, die nach dem Liberalismus-Modell organisiert sind, befinden sich stets in der Gefahr, ihre publizistischen Ziele den wirtschaftlichen Zwängen zu opfern; Medien, die nach dem Sozialverantwortungs-Modell organisiert sind, müssen nicht nur direktem politischen Einfluß standhalten, sondern sind - insbesondere bei der Festsetzung ihrer Gebühreneinnahmen - indirekt auch ökonomischem Druck ausgesetzt. Dafür ist der öffentlich-rechtliche Rundfunk in der Bundesrepublik ein besonders deutliches Beispiel.

3.1.3 Die Ökonomie des Rundfunks

Vielfalt im Mediensystem ist nach Auffassung des Bundesverfassungsgerichts ein grundrechtlicher Zielwert, der bei der Mediengesetzgebung zu beachten ist und der die Anwendung der reinen Lehre der Ökonomie begrenzt (→ Kapitel 2.2.2.1). Wo hier die Grenzen zu ziehen sind, ist unter Juristen freilich umstritten.

Gewiß kann Vielfalt kein Wert an sich sein. Die Situation auf den Pressemärkten zeigt, daß - zumal angesichts der besonderen Merkmale der Medienökonomie - Wettbewerb keineswegs zwangsläufig zu besseren publizistischen Leistungen führt, und daß andererseits das 'freie Spiel der Kräfte' auf den Medienmärkten geradezu zwangsläufig zu monopolartigen Konstellationen führt. Wettbewerb ist deshalb in der Logik der Medienrechtssprechung in der Bundesrepublik als möglicher, aber nicht einziger Weg der Vielfaltssicherung zu verstehen. In der nach dem Zweiten Weltkrieg geschaffenen dualen Medienordnung der Bundesrepublik sollte der öffentlich-rechtliche Rundfunk im Sinne eines Binnenpluralismus-Modells gerade dadurch ein inhaltlich vielfältiges Angebot schaffen, daß er von Zwängen des Marktwettbewerbs freigestellt wurde.

Prinzipiell gilt dieses Postulat auch nach Etablierung einer dualen Rundfunkordnung weiter, doch die Situation ist schwerer überschaubar geworden. Denn nun gibt es nicht nur die Konkurrenz zwischen öffentlich-rechtlichem und privatem Rundfunk, sondern auch zwischen dem Medien- bzw. Rundfunkrecht, das am 'Gemeinwohl' orientiert ist, und dem Wettbewerbsrecht, das am Markt orientiert ist. Dies bedeutet nicht nur die Verzahnung von medienökonomischen und medienrechtlichen Problemstellungen, sondern zu einem erheblichen Teil sogar die Verlagerung der Rundfunkökonomie in den Bereich juristischer Analyse. So ist auch zu erklären, daß wesentliche Beiträge zur Rundfunkökonomie von Rechtswissenschaftlern - aber auch von Kommunikationswissenschaftlern - und weniger von Wirtschaftswissenschaftlern stammen.

In die interessenbestimmte Diskussion hat insbesondere die rechts- und kommunikationswissenschaftliche Lobby der öffentlich-rechtlichen Rundfunkanstalten, die zahlreiche Gutachten in Auftrag gaben, eingegriffen. Bekanntester Vertreter der rundfunkrechtlichen Perspektive ist Wolfgang Hoffmann-Riem, bekanntester Vertreter der wettbewerbsrechtlichen Perspektive sein Hamburger Kollege, der Rechtswissenschaftler Ernst-Joachim Mestmäcker.

Nach Auffassung von Hoffmann-Riem ist Wettbewerb im Verhältnis öffentlich-rechtlicher Rundfunk-Veranstalter untereinander nur im Bereich publizistischer Inhalte vorgesehen - soweit nicht Programmkoordinierungspflichten auch diese Konkurrenz einschränken. Sowohl publizistischer als auch ökonomischer Wettbewerb herrscht hingegen zwischen den privaten Veranstaltern. Das Verhältnis zwischen den öffentlich-rechtlichen Rundfunkanstalten und den Privatsendern wiederum ist komplizierter. Während es keinen Zweifel am publizistischen Wettbewerb zwischen den verschieden organisierten Veranstaltern gibt, bestreitet Hoffmann-Riem, daß sie in direkter wirtschaftlicher Konkurrenz stünden. Jedenfalls seien in den Rundfunkgesetzen keine deutlichen Hinweise darauf enthalten. (Vgl. Hoffmann-Riem 1991: 45ff.)

Aus dieser Rechtssituation resultiert aber, daß die Zuordnung von Medien- und Wettbewerbsrecht im dualen Rundfunksystem Konfliktstoff bietet. Mestmäcker, der die öffentlich-rechtlichen Rundfunkanstalten entmythologisierend als "Multimedia-Unternehmen mit ergänzender Gebührenfinanzierung" bezeichnet, will diesen Konflikt durch eine Rundfunkordnung lösen, die sich für alle Programmanbieter gleichermaßen am Wettbewerbsrecht orientiert:

> "Wettbewerbsrecht und Wettbewerbspolitik stehen vor der schwierigen Aufgabe, den Zugang von neuen Wettbewerbern zu gewährleisten, sie vor Verdrängungsstrategien zu schützen, ohne aber dem marktbeherrschenden Unternehmen normales Wettbewerbsverhalten zu untersagen. In der rundfunkpolitischen Diskussion wird dieses Problem bisher unter dem genau umgekehrten Vorzeichen erörtert. Nicht die Wettbewerbsfähigkeit der neu auf den Markt kommenden Programmanbieter steht im Mittelpunkt des Interesses, sondern der Schutz der marktbeherrschenden Rundfunkanstalten. Die Bestands- und Entwicklungsgarantie zugunsten der öffentlich-rechtlichen Anstalten ist für diese Betrachtungsweise repräsentativ. Eine solche Garantie ist mit Wettbewerb schon konzeptionell unvereinbar. Jeder erfolgreiche Wettbewerb geht auf Kosten von

> Wettbewerbern und kann diese in ihrem Bestand und in ihrer Entwicklung gefährden."[6]

Gegen solche Ideen argumentieren Rundfunkrechtler vor allem unter Rekurs auf die neuen Rundfunkgesetze der Länder und die Rundfunkurteile des Bundesverfassungsgerichts, die den öffentlich-rechtlichen Rundfunk normativ bewußt nicht dem ökonomischen Wettbewerb aussetzten, auf der anderen Seite aber die Sicherstellung einer aufgabengerechten Finanzierung erforderlich machten. Diese Auffassung entspricht den Interessen von ARD und ZDF, die allerdings - um ihre zentrale Aufgabe der 'Grundversorgung' erfüllen zu können - den eigenen finanziellen Spielraum durch Ausweitung von Werbezeiten flexibler gestalten wollen und auch dafür juristische Unterstützung finden[7]. Die Rundfunkwerbung wird so zum zentralen Streitpunkt zwischen den öffentlich-rechtlichen und den privaten Veranstaltern, die auf diesem Feld zwangsläufig ökonomisch konkurrieren.

Auf der anderen Seite müssen auch Verfechter eines Liberalismus-Modells einräumen, daß gerade beim Rundfunk vielfältige Einschränkungen eines 'reinen Marktes' vorliegen: durch normative Vorgaben der Gesellschaft, die u. a. mit Hilfe von Lizensierungen auch in liberalistischen Mediensystemen wie dem der USA durchgesetzt werden können (→ Kapitel 2.2.3.1), und durch sehr komplexe Informations- und Unterhaltungsbedürfnisse in verschiedenen Gruppen der Bevölkerung, die sich von Nachfragestrukturen auf anderen Märkten unterscheiden. Nicht zuletzt deshalb bleibt ungeklärt, ob Marktkonkurrenz das angemessene Modell für inhaltlich optimale Programmvielfalt ist - oder nicht doch, wie in der Bundesrepublik bis Mitte der achtziger Jahre, das Monopol gesellschaftlich kontrollierter Rundfunkanstalten die beste Versorgung von Zuschauern und Hörern garantiert. Erfahrungen mit marktwirtschaftlich organisierten Rundfunksystemen deuten durchaus darauf hin, daß das ökonomische Gesetz, hier mit möglichst geringem Kosteneinsatz möglichst große Reichweiten zu erzielen, zu einem Programmangebot des kleinsten gemeinsamen Nenners

---

6 Aus einem Vortrag, den Ernst-Joachim Mestmäcker auf dem 56. Juristentag im September 1986 in West-Berlin gehalten hat (zit. n. Die Zeit v. 12.9.1986: 39).

7 Vgl. dazu zwei Rechtsgutachten, die von Sendern der ARD in Auftrag gegeben und in den von der ARD herausgegebenen "Beiträgen zum Rundfunkrecht" publiziert wurden: Thomas Oppermann/Michael Kilian: Rechtsgrundsätze der Finanzierung öffentlich-rechtlichen Rundfunks in der dualen Rundfunkverfassung der Bundesrepublik Deutschland, Frankfurt a. M. 1989; Hans-Peter Schneider/Bernd Radeck: Verfassungsprobleme der Rundfunkfinanzierung aus Werbeeinnahmen, Frankfurt a. M. 1989.

und damit zu 'more of the same' führt. Damit ist das Dilemma einer rundfunkökonomischen Melange beschrieben, deren praktische Konsequenzen in vielfältiger Weise den Journalismus betreffen, welchen die Sender finanzieren, und deren theoretische Konsequenzen - wie schon vor Jahren erkennbar war - den wissenschaftlichen Zugriff erschweren[8].

Verstärkte Bemühungen um eine spezielle Rundfunkökonomie sind ohnehin erst seit Beginn der Debatte um eine Privatisierung des Rundfunks in dualen Mediensystemen erkennbar. Angestellt wurden sie in der Bundesrepublik vor allem von den öffentlich-rechtlichen Rundfunkanstalten, die in verschiedenen Bereichen rundfunkökonomische Thematisierungen durchsetzten und ihre Position öffentlich vertraten und vertreten ließen. Um die Präsentation und Diskussion unterschiedlicher Standpunkte bemühte sich der Fribourger Arbeitskreis für die Ökonomie des Rundfunks (FAR), der auch eine brauchbare, wenngleich nur stichwortartig umgesetzte Systematisierung von Einflußfaktoren auf - unterschiedlich organisierte - Rundfunk-Unternehmen präsentierte; daß diese Unternehmen publizistisch wie ökonomisch in Wettbewerb stehen, wurde dabei unterstellt (→ Abbildung 3-2).

Der Schwerpunkt dieser an System-Umwelt-Bezügen orientierten Systematik zielt auf betriebswirtschaftliche Fragestellungen, die für den Strukturkontext des Journalismus besondere Bedeutung besitzen. Themen einer Rundfunkökonomie sind dabei insbesondere die Typologisierung verschiedener Rundfunkunternehmen und ihre betriebswirtschaftlichen Konsequenzen, die Personalwirtschaft solcher Unternehmen, Formen der Programmkontrolle, die wirtschaftliche Auswirkungen haben, die Marktsituation für externe Programmangebote wie zum Beispiel Sportübertragungsrechte und die nach außen gerichtete, an Marketingkriterien orientierte Selbstdarstellung von Rundfunkunternehmen ("Der NDR - das Beste am Norden"). Zu volkswirtschaftlichen Fragestellungen gehören die angesprochene Finanzierung des öffentlich-rechtlichen Rundfunks und hierbei die Probleme der Gebührenfestsetzung und Werbebegrenzung sowie Ordnungspolitik und Wettbewerb in einem dualen Rundfunksystem. Auch bei dieser Auflistung wird also wieder deutlich, in welch starkem Maße sich medienökonomische und medienrechtliche Probleme vermischen.

---

8 Erste Versuche, eine 'Rundfunkökonomie' wissenschaftlich auszumessen, stützten sich - trotz der damals völlig anderen Situation des Mediensystems - auf Erklärungsmuster aus den USA (vgl. z. B. Gerd G. Kopper: Zum Ansatz einer spezifischen Rundfunkökonomie. Die Herausforderung der US-Broadcasting und Television Economics für die Bundesrepublik Deutschland, in: Media Perspektiven 1983/11: 769-782).

Abb. 3-2: Das Bezugs- und Umweltsystem für Rundfunkunternehmen
(Quelle: Saxer 1989: 17)

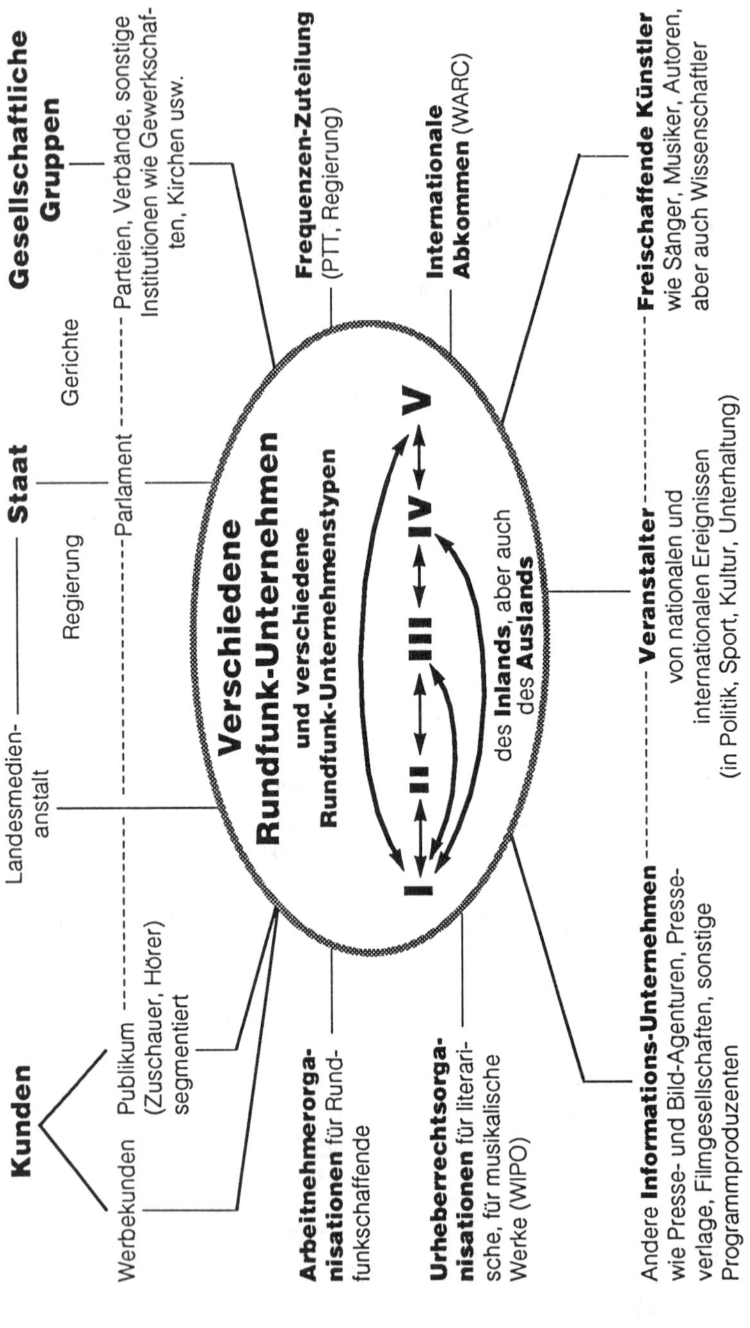

Zu den hier primär interessierenden betriebswirtschaftlichen Aspekten der Rundfunkökonomie liegen nur bescheidene und zwischen den unterschiedlich organisierten Veranstaltern ungleich verteilte Informationen vor. Dabei spielt natürlich eine Rolle, daß in der Bundesrepublik 'Ökonomie des Rundfunks' rund vier Jahrzehnte lang 'Ökonomie der öffentlich-rechtlichen Rundfunkanstalten' bedeutete.

Diese Rundfunkökonomie beschäftigte sich im Rahmen betriebswirtschaftlicher Analyse mit Sendern, die im Rahmen eines 'Programmauftrags' zu wirtschaften haben. Sie haben demnach Sendungen zu verbreiten, die unterrichten, unterhalten und bilden sollen. Dieser Programmauftrag bedeutet, daß nicht allein betriebsökonomische Ziele verfolgt werden sollen; er bedeutet aber nicht, daß alle Wirtschaftsprinzipien außer Kraft gesetzt sind. Die öffentlich-rechtlichen Rundfunkanstalten sollen vielmehr ein ausgewogenes Verhältnis herstellen: zwischen möglichst großem Wirkungsgrad im Sinne des Programmauftrags und vertretbarer betriebswirtschaftlicher Kalkulation. Dabei kollidieren zwangsläufig ökonomische Imperative mit journalistischen und künstlerischen Bedingungen und Zielsetzungen. Diese besondere Ökonomie des öffentlich-rechtlichen Rundfunks bezieht sich auf folgende Leistungen:

- ▲ Die in der Arbeitsgemeinschaft der Rundfunkanstalten Deutschlands (ARD) zusammengeschlossenen Landesrundfunkanstalten strahlen jeweils zwei bis fünf Hörfunkprogramme aus, die phasenweise von mehreren Anstalten gemeinsam betrieben werden.
- ▲ Die Landesrundfunkanstalten veranstalten gemeinsam das erste Fernsehprogramm. Sie beteiligen sich an diesem Gemeinschaftsprogramm in jeweils unterschiedlichem Umfang, der unter anderem nach der Finanzkraft, dem Fernsehgebührenaufkommen und betriebsökonomisch sinnvollen Mindestquoten festgesetzt wird.
- ▲ Werktäglich von 18 bis 20 Uhr sendet jede Landesrundfunkanstalt ein Fernseh-Regionalprogramm, das 20 Minuten Werbung enthält. In eigener Zuständigkeit strahlen die Landesrundfunkanstalten in ihren Sendegebieten das dritte Fernsehprogramm aus.
- ▲ Gemeinsam veranstalten die Landesrundfunkanstalten und das Zweite Deutsche Fernsehen (ZDF) ein Vormittagsprogramm. Allein zuständig ist das ZDF für das bundesweit ausgestrahlte zweite Fernsehprogramm.

Der öffentlich-rechtliche Rundfunk bietet also den Hörfunk- und Fernsehteilnehmern in den einzelnen Regionen der Bundesrepublik täglich jeweils mindestens zwei Hörfunkprogramme (davon eines 24 Stunden lang durchgehend) und jeweils mindestens drei Fernsehprogramme an; außerdem die Kabel-Programme 3SAT und EINS PLUS[9].

An dem privaten Fernsehsender SAT 1 halten der Filmkaufmann Leo Kirch und die Axel Springer-Verlag AG die größten Beteiligungen. Sein Konkurrent RTL PLUS befindet sich zu knapp 40 Prozent im Besitz der Bertelsmann-Tochter Ufa Film- und Fernseh-GmbH. Die Firma Bertelsmann - bis zur 'Elefantenhochzeit' der nordamerikanischen Medienmultis Time und Warner sogar weltweit führend - ist der mit Abstand größte Medienkonzern in der Bundesrepublik. Das Unternehmen, das in mehr als 30 Ländern 44.000 Menschen beschäftigt, kann allein auf Grund seiner vielfältigen Produktpalette geradezu als Symbol für das Medien-Monopoly unserer Tage bezeichnet werden. Dem Gütersloher Multi gehört - neben vielem anderen - nicht nur STERN und HAMBURGER MORGENPOST, sondern auch eine Beteiligung am SPIEGEL. Bertelsmann alleine setzte im Jahre 1989 rund 12,5 Milliarden DM um - so viel, wie alle Zeitungsverlage in der Bundesrepublik zusammen.

Doch selbst Medienkonzerne wie Bertelsmann und Springer sind beim Konkurrenzkampf mit dem öffentlich-rechtlichen Rundfunk keineswegs von vornherein im Vorteil. Denn hierbei handelt es sich ja nicht um 'Tante-Emma-Läden' unter gesellschaftlicher Kontrolle, sondern gleichfalls um riesige Organisationseinheiten. Das gilt - mehr oder weniger - für alle Anstalten, die sich in der ARD zusammengeschlossen haben, und auf jeden Fall für das Zweite Deutsche Fernsehen. Der Westdeutsche Rundfunk zum Beispiel, Europas größter Sender, arbeitet mit einem 1,4 Milliarden-Etat und beschäftigt mehr als 4.000 Mitarbeiter; die ARD setzt mit ihren Sendern 5,5 Milliarden DM im Jahr um, beschäftigt knapp 20.000 Mitarbeiter und ist neuntgrößter Medienkonzern der Welt.

Diese öffentlich-rechtlichen Rundfunkanstalten haben im Laufe der Jahre nicht nur ein erhebliches betriebswirtschaftliches Volumen erreicht, sondern auch eine organisatorische Logistik und einen professionellen Standard entwickelt, die nur schwer zu erreichen sind. Allein die journalistische Infrastruktur, die sich zum Beispiel in der Zahl von

---

[9] In Sendeminuten ausgedrückt (Stand 1988): fast 16 Millionen Sendeminuten jährlich im Hörfunk, mehr als 230.000 im ersten Fernsehprogramm der ARD, rund 320.000 in den Fernseh-Regionalprogrammen, rund 1,2 Millionen in den dritten Fernsehprogrammen insgesamt und fast 273.000 im ZDF. Das gemeinsame Vormittagsprogramm von ARD und ZDF kommt jährlich auf mehr als 61.000 Sendeminuten, die Kabelprogramme EINS PLUS und 3SAT kommen auf knapp 106.000 (ARD-Anteil) bzw. 79.000 (ZDF-Anteil). Der private Fernsehkanal SAT 1 wies für 1988 rund 430.000 Sendeminuten aus, RTL PLUS für 1989 rund 400.000 und PRO 7 rund 205.000 Sendeminuten.

In- und Auslandsbüros und in produktions- und nachrichtentechnischer Ausstattung ausdrückt, setzt auch international hohe Standards.

Welche Adaptionsfähigkeiten die öffentlich-rechtlichen Rundfunkanstalten besitzen, um den publizistischen Wettbewerb mit privaten Veranstaltern zu bestehen, haben sie bei der (Sub-) Regionalisierung ihrer Programme deutlich gemacht. Seit den siebziger Jahren besetzten sie - je nach Situation und Interesse ihrer Sender unterschiedlich engagiert - Anbieterpositionen in der 'Nahwelt' und erschwerten so den kommerziellen Marktneulingen den Start. (Vgl. Wilke 1990: 5 ff.) Dies betraf in stärkerem Maße den Hörfunk als das Fernsehen, wo dann aber die Entwicklung elektronischer Produktionstechnik betriebswirtschaftliche Rationalisierungsperspektiven eröffneten und damit die Finanzprobleme reduzierten (→ Kapitel 3.3.4).

Daß die öffentlich-rechtlichen Rundfunkanstalten mit den privaten Multimedia-Unternehmen ökonomisch konkurrieren, wird vor allem an den Werbeumsätzen deutlich: Führend ist hier das ZDF mit 780 Millionen DM vor dem STERN (rund 380 Mio. DM), WDR (370 Mio. DM), SPIEGEL (330 Mio. DM) und HÖRZU (250 Mio. DM). Erst auf Platz 18 kommt mit der SÜDDEUTSCHEN ZEITUNG (120 Mio. DM) eine überregionale Tageszeitung.

Die Veranstaltung der öffentlich-rechtlichen Rundfunkprogramme verursachte im Jahre 1989 Kosten in Höhe von etwa 7,5 Milliarden DM (ARD: ca. 5,8; ZDF ca. 1,7). Diese Kosten verteilen sich etwa zu einem Drittel auf Aufwendungen für das fest angestellte Personal; ein weiteres Drittel fällt auf Urheber- und Leistungsvergütungen (freie Mitarbeiter), Filmrechte, Nachrichtenagenturen und sonstige Herstellervergütungen sowie Materialkosten; und etwa ein Drittel betragen schließlich auch die Kosten für technische Leistungen der Bundespost, Lizenzgebühren, Ruhegeldrückstellungen der Mitarbeiter und Abschreibungen.

Fernsehproduktionen sind dabei erheblich teurer als Hörfunkproduktionen. Eine Minute Fernsehprogramm kostet etwa das vierzigfache einer Minute Hörfunkprogramm. Besonders teuer sind Unterhaltungssendungen, deren Minutenpreis bei mehr als 11.000 DM liegt. Im Vergleich dazu sind Informationssendungen mit knapp 4.500 DM pro Minute (alle Zahlen für Erstsendungen) relativ billig. Deutlich gestiegen sind die Kosten für aktuelle Sportsendungen, deren Minutenpreis in den letzten Jahren den von Informationssendungen zum Teil beträchtlich überholt hat.

TEXT 3-5

Werbekosten und Tausendkontaktpreise (1989/90)

- 30 Sekunden kosten im ARD-Werbefernsehen insgesamt rund 93.000 DM (Tausendseherpreis: 10,95 DM)
- 30 Sekunden kosten im ZDF rund 71.000 DM (Tausendseherpreis: 8,67 DM)
- 30 Sekunden kosten bei RTL rund 23.500 DM (Tausendseherpreis: 18,50 DM)
- 30 Sekunden kosten bei SAT 1 rund 16.500 DM (Tausendseherpreis: 16,41 DM)
- 30 Sekunden kosten in WDR 2 rund 5.000 DM (Tausendhörerpreis: 4,38 DM)
- 30 Sekunden kosten in RADIO FFN rund 1.000 DM (Tausendhörerpreis: 3,68 DM)
- 1/4 Seite (schwarz-weiß) kostet in der FAZ rund 9.000 DM (Tausend-Leserpreis: 9,94 DM)
- 1/4 Seite (schwarz-weiß) kostet in einer Regionalzeitung wie der SAARBRÜCKER ZEITUNG rund 7.500 DM (Tausend-Leserpreis: 13,75 DM)
- 1 Seite (vierfarbig) kostet im STERN rund 87.500 DM (Tausend-Lerserpreis: 11,31 DM)
- 1 Seite (vierfarbig) kostet in der ADAC MOTORWELT rund 154.000 DM (Tausend-Leserpreis: 11,33 DM)
- 1 Seite vierfarbig kostet im SPIEGEL rund 62.000 DM (Tausend-Leserpreis: 13,17 DM)

(Quelle: Media Perspektiven: Daten zur Mediensituation in der Bundespublik. Basisdaten 1989, Frankfurt a. M., Dez. 1989)

Das Verhältnis von Gebühren- und Werbeerträgen, aus denen die öffentlich-rechtlichen Rundfunkanstalten ihre Programme finanzieren, sieht für ARD und ZDF unterschiedlich aus: Die ARD finanzierte sich 1989 zu knapp 71 Prozent aus Gebühren und zu 18 Prozent aus Werbung, die über eigene Werbegesellschaften der Landesrundfunkanstalten gesendet wird. Das ZDF finanzierte sich zu 53 Prozent aus Gebühren und zu knapp 40 Prozent aus Werbung. Werbung im öffentlich-rechtlichen Fernsehen bedeutet: täglich 20 Minuten Werbezeit vor 20 Uhr und das nur werktags; Sponsoring ist neuerdings - auch im Abendprogramm - erlaubt. Dafür erzielen die Rundfunkanstalten stattliche Preise, wie ein Vergleich zwischen verschiedenen Werbeträgern zeigt (→ Text 3-5).

Die Rundfunkgebühr[10] hat in der Regel jeder zu zahlen, der ein Radio und/oder einen Fernsehapparat besitzt. Rund 4,6 Milliarden DM

[10] Sie beträgt seit dem 1. Januar 1992 in der Bundesrepublik insgesamt 23,80 DM im Monat.

nahmen die westdeutschen Rundfunkanstalten im Jahre 1989 an Gebühren ein. Davon erhielt das ARD knapp 3,7 und das ZDF rund 0,89 Milliarden DM.[11]

Die von den öffentlich-rechtlichen Sendern beim Übergang zum dualen Rundfunksystem verlangte 'Bestandsgarantie' bedeutet ökonomisch: Eine Gebührenpolitik, die der allgemeinen Preisentwicklung angepaßt ist, so daß quasi automatisch jeweils nach mehreren Jahren mit einer angemessenen Gebührenerhöhung kalkuliert werden kann; zum anderen aber auch die Möglichkeit zur Ausweitung der Werbezeiten, um hier höhere Einnahmen erzielen zu können, insbesondere dann, wenn die heutigen Werbepreise nicht mehr gehalten werden können und andererseits die Programmkosten weit steigen.

Gerade deshalb ist also die Ökonomie des öffentlich-rechtlichen Rundfunks keineswegs abgekoppelt vom Medienmarkt. Schon früher gab es über die - insbesondere beim ZDF beträchtlichen - Werbeanteile an den Gesamteinnahmen marktwirtschaftliche Elemente, die über den Orientierngsfaktor Einschaltquoten ins Programm durchschlugen. Daraus ist mit dem Anbruch des neuen Medienzeitalters (→ Kapitel 2.2.2.3) die Herausforderung geworden, eine 'neue Rundfunkökonomie' zu entwikkeln.

Diese Herausforderung betrifft einerseits jeweils die öffentlichrechtlich organisierten wie die privaten Anstalten mit ihren betriebswirtschaftlichen Spezifika, andererseits aber auch die Konkurrenzverhältnisse zwischen den Sendern im dualen Rundfunksystem. Hier sind erst Ansätze erkennbar, wobei die öffentlich-rechtlichen Rundfunkanstalten beträchtliche Publizität und vielköpfigen Sachverstand aufbieten, um ihren Anspruch nicht nur auf eine Bestandsgarantie, sondern auch auf Entwicklungschancen in einem schärfer werdenden Wettbewerb ökonomisch abzusichern. Die Privaten hingen, hier sehr viel leiser, vertrauen auf die Mechanismen der Marktwirtschaft und auf weiter wachsende Werbemärkte in einer internationalen 'Mediengesellschaft'. Vom Zuschnitt dieser Rundfunkökonomie wird auch abhängen, welcher Aufwand noch für den Journalismus in Fernsehen und Hörfunk getrieben wird, und welche Freiräume sich Journalisten bei ihrer Arbeit erhalten können.

---

[11] Vgl. zu den genannten Zahlen Media Perspektiven: Daten zur Mediensituation in der Bundespublik. Basisdaten 1989, Frankfurt a. M., Dez. 1989, die Angaben in den Jahrbüchern von ARD und ZDF sowie Weischenberg (1990f: 35 ff.).

3.1.4 Die Perspektive: Kommerzialisierung und Internationalisierung

Nationale Mediensysteme lassen sich zunehmend weniger geschlossen halten; nationale Sozialverantwortungs-Modelle sind, wie das Beispiel Schweden zeigt (→ Kapitel 3.1.2.2), vor allem im Rundfunksektor immer mehr den kommerziellen Strategien internationaler Anbieter ausgesetzt. Dies gilt selbstverständlich auch für die Verhältnisse in Deutschland, wo in den vergangenen Jahren einerseits die Barrieren gegenüber einer liberalistischen Medienordnung gesenkt wurden und andererseits die großen Medienunternehmen selbst immer mehr zu 'Multis' geworden sind. Die ökonomischen Imperative des Journalismus in der Bundesrepublik sind deshalb in steigendem Maße von Prozessen der Kommerzialisierung und Internationalisierung bestimmt.

Die Kommerzialisierung von Information und Kommunikation zeigt sich in vielfältiger Weise. Am spektakulärsten und umfassendsten im Rahmen von gesellschaftlichen Prozessen, die unter den Stichworten 'Informatisierung' oder 'Informationsgesellschaft' diskutiert werden und sowohl Produktionsverhältnisse als auch Produkte des Journalismus im Kern betreffen (→ Kapitel 3.4, 5.4). In der Medienökonomie zeigen sich Indikatoren für eine Kommerzialisierung in erster Linie im Zusammenhang mit der Privatisierung des Rundfunks und hier besonders sichtbar in Form einer Zunahme der Programmfinanzierung durch Werbung sowie durch die zunehmenden Aktivitäten multinationaler Medienkonzerne in nationalen Mediensystemen.

Die Einschätzung der Folgen dieser Prozesse ist eng verknüpft mit dem Begriffsverständnis von Kommerzialisierung, das hier zugrundegelegt wird: Anhänger einer 'Theorie der freien Presse' (→ Kapitel 2.1.2), also insbesondere Medieneigentümer, versprechen sich davon eine ideale Übereinstimmung von Angebot und Nachfrage; Anhänger eines Medienmodells vollkommener Kommunikation befürchten den Zusammenbruch eines sozial verantwortlichen Journalismus und Medienangebote niedersten Niveaus (→ Kapitel 2.2.2.3).

Doch dies sind erneut nur Beispiele für einen Umgang mit Medien auf der Grundlage holzschnittartiger Erklärungsmuster (→ Kapitel 2.1.1). Denn die Verhältnisse lassen sich auch hier nicht so einfach abhandeln. Der britische Kommunikationswissenschaftler Denis McQuail empfiehlt für die Auseinandersetzung mit den Folgen der Kommerzialisierung deshalb eine nüchterne Kosten-/Nutzenbilanz, die auch die unterschiedlichen Ausgangssituationen in den nationalen Mediensystemen berücksichtigen müsse. Diese Bilanz reflektiere auch, welche Vielfalt der Erwartungen an Kommunikation existiere und welche Mischung aus materiellen und ideellen Zielen und Motiven mit

Kommunikation verbunden sei. So bestimmt nach Auffassung McQuails auch in bezug auf die professionellen Kommunikatoren die Perspektive mit darüber, wie die möglichen Konsequenzen der Kommerzialisierung eingeschätzt werden: Ob es mehr oder weniger Beschäftigungschancen geben wird, ob der ideologische Druck auf die Aussagenentstehung zu- oder abnimmt und nach welchen Kriterien journalistische Leistung künftig beurteilt und honoriert wird. (Vgl. McQuail 1986: insbes.: 636 f.) Dabei lassen sich sowohl für das eine als auch das andere Szenario empirische Belege finden.

McQuail hat seine Empfehlung, die Folgen der Kommerzialisierung differenziert zu untersuchen, zu einem Katalog von Indikatoren zur Abschätzung des Wandels von Kommunikationssystemen im Prozeß der Kommerzialisierung hin erweitert. Er räumt dabei ein, daß 'nichtkommerzielle' Arrangements sozialen Kriterien voraussichtlich besser gerecht werden könnten als 'kommerzielle', denn öffentliche Medien seien eben bisher entlang solcher Kriterien und damit an Vorstellungen von 'Gemeinwohl' organisiert. (→ Abbildung 3-3)

Während die "Vorstellung von einer - unaufhaltbaren - Eigendynamik der Stufenfolge 'kommerziellen Arrangements' im Bereich der Medien" (ebd.: 643) vielleicht allzusehr von einem Idealtypus der Kommunikation geprägt und deshalb zu pauschal ist, läßt sich auf der anderen Seite jedoch nicht übersehen, daß allein von der Internationalisierung des Medienbesitzes und der Medienproduktion ungeheurer kommerzieller Druck ausgeht. Bedurfte es noch eines Beweises - spätestens jetzt sind Medien "ein Geschäft, sonst nichts" (→ Text 3-6).

Diese Internationalisierung liegt in der Logik des Liberalismus-Modells der Medien, das unter 'free flow of information' (→ Kapitel 4.3.1) stets auch, wenn nicht zuerst, grenzenlose Gewerbefreiheit verstanden hat. Ein Sozialverantwortungs-Modell wird hingegen stärker im Rahmen normativer Ansprüche nationaler Mediensysteme definiert (→ Kapitel 2.1.2).

Technologische, ökonomische und politische Entwicklungen sind die Ursache für die Öffnung der nationalen Mediensysteme. (Vgl. Wilke 1990: 13 ff.) Nationale Grenzen lassen sich für die Distribution und Rezeption von Medienangeboten nicht mehr aufrechterhalten, seit Satelliten - insbesondere direktstrahlende Rundfunksatelliten, deren Signale mit privaten Parabolantennen empfangen werden können - zur Verfügung stehen.

Zum technischen Fortschritt paßten hier die Deregulationsmaßnahmen in den meisten Ländern, so daß sich die Zahl der Fernsehsender in Europa seit Mitte der achtziger Jahre fast verdoppelt hat: von rund 50 auf fast 100, die 150 verschiedene - zum überwiegenden Teil kommerzielle - Programme ausstrahlen. Ökonomisch setzt im europäischen Maßstab insbesondere der 1992 vollendete EG-Binnenmarkt die Daten - ohne daß freilich die damit zusammenhängenden juristischen, ökonomischen, kulturellen, produktionsspezifischen und konkret journalistischen Probleme gelöst wären. Dazu gehören Fragen der Autoren- und Produzentenrechte sowie der technischen Normen für das Fernsehen.

Für Journalisten ist die Vereinheitlichung des Presserechts und der berufsethischen Standards vorrangig. Während hier die Frage eines "Europäischen Journalisten-Ausweises" und eines "Europäischen Medienkodex" aber geringere Bedeutung besitzt, geht es bei der neu entstandenen Diskussion über die Zukunft des Tendenzschutzes um ein elementares Problem der journalistischen Freiheit. Dieser Tendenzschutz schafft in Deutschland besonderes Recht, weil er die Arbeitnehmer in Pressebetrieben von wichtigen Mitwirkungsrechten ausschließt - britische Verleger zum Beispiel würden diese Bestimmung gerne auch in ihrem Land sehen. (Vgl. ebd.: 11 ff.)

Bei den politischen Ursachen einer Europäisierung der Mediensysteme stoßen wir wieder auf den ungelösten Konflikt zwischen Rundfunkrecht und Wirtschafts- bzw. Wettbewerbsrecht (→ Kapitel 3.1.3) - nun im internationalen Maßstab. Während die am 3. Oktober 1989 verabschiedete Fernsehrechtlinie der Europäischen Gemeinschaft Fernsehen als Ware betrachtet, die sich auf einem freien Markt der Konkurrenz stellen muß, stellt die am 6. Mai 1989 unterzeichnete Fernsehkonvention des Europarats die Funktion des Fernsehens als soziales und kulturelles Gut heraus, das entsprechend geschützt werden müsse. Die Schützer europäischer Kultur haben dabei im Auge, daß ein völlig dem Wettbewerb ausgelieferter internationaler Fernsehmarkt noch stärker als in der Vergangenheit von den Unterhaltungsprogrammen aus den USA - aber auch von journalistischen Angeboten wie den Nachrichten von CABLE NEWS NETWORK (CNN) - dominiert werden wird.

Die Auswirkungen der Internationalisierung der Mediensysteme auf die Kultur, aber auch auf den Journalismus lassen sich im einzelnen noch gar nicht abschätzen. Deutlich geworden ist aber schon, daß einerseits die großen Medienkonzerne zunehmend mehr international tätig sein und damit immer mehr Macht akkumulieren werden; und andererseits, daß es doch erhebliche nationale Trägheitsmomente gibt, die zumindest international konzipierten Programmangeboten bestimmte Grenzen setzen. Dabei spielen natürlich weiter existierende Sprachbarrieren eine zentrale Rolle.

HAUPTMERKMALE UND KRITERIEN ZUR ABSCHÄTZUNG DES WANDELS VON KOMMUNIKATIONSSYSTEMEN
I. Vielfalt (tatsächliche/inhaltliche Wahlchancen)
1. Breite der angebotenen Inhalte
2. Gleichmäßige Versorgung/Verfügbarkeit für alle
3. Zugänglichkeit/Verständlichkeit der Inhalte für die Rezipienten
4. Zutritt anderer, Meinungsverbreitung anstrebender Gruppen
5. Abdeckung der Meinungsvielfalt in einer Gesellschaft/des sozialen Spektrums einer Gesellschaft
II. Qualität
1. Innovationsreichtum/Originalität
2. Professionelle Integrität der Kommunikatoren
3. Wahren hoher kultureller Standards
4. Kulturelle Authentizität (national, ethnisch, lokal etc.)
5. Effektivität mit Blick auf die angestrebten kommunikativen Ziele
6. Objektivität und Informationsreichtum
7. Technische Standards
III. Soziale Beziehungen zwischen Sender und Empfänger
1. Gleichgewichtigkeit
2. Art und Stärke des normativen Zusammenhangs
3. Abwesenheit von Manipulation
IV. Freiheit und Unabhängigkeit
1. Freiheit von Staat und Regierung
2. Freiheit von Gruppeninteressen und pressure groups
3. Innere Freiheit (innerhalb der Medienorganisation/des Organisationsverbunds)

Abb. 3-3: Kommunikationssysteme im Prozeß der Kommerzialisierung
(Quelle: McQuail 1986: 642)

Im europäischen Maßstab bilden sich nun die zum Beispiel im nationalen Mediensystem der Bundesrepublik zu besichtigenden Schlachtordnungen erneut heraus: auf der einen Seite die Wettbewerber, die einen durch kein Rundfunkrecht gebundenen Markt wollen, und auf der anderen Seite die Anhänger eines Public-Service-Konzepts, die für eine europäische Kommunikationsverfassung plädieren.

Längst am Start sind im europäischen Medienrennen die deutschen Presse-Großkonzerne. Die Verlage Bauer, Gruner & Jahr, Springer und Burda - sie alle hatten schon in den achtziger Jahren ihre internationalen Aktivitäten verstärkt; die erheblichen Investitionen in Ostdeutschland (→ Kapitel 2.2.2.4) bedeuten da nur eine Atempause.

TEXT 3-6

"Medien sind ein Geschäft, sonst nichts."

Gaston Thorn, Präsident der CLT (Hauptgesellschafter von RTL plus) über die Chancen kommerzieller TV-Veranstalter in Europa

"Man kann doch nicht einerseits wirtschaftlich gesunde Privatsender wollen und andererseits sagen, der Kuchen ist bei einem Markt von 50 Millionen möglichen Zuschauern zu sechst zu teilen. Man hängt also den Brotkorb so hoch und verlangt höchste Qualität. [...] Es gibt nur Chancen für zwei bis drei, nicht mehr. Das ist das absolute Maximum bei einem Werbemarkt von 50 bis 60 Millionen Zuschauern. Sogar die Amerikaner haben nur drei landesweit agierende networks. [...] Man hat eines Tages festgestellt, daß Satelliten im Weltall sind. Man wußte also, es würden auch die Privaten, die kommerziellen Sender in das eigene Land hineinkommen. Dann kam aber nicht überzeugende Liberalisierung, sondern vielmehr Furcht und Elend. Man sagte, wenn fremde Unternehmen in unseren Markt einstrahlen, dann tun wir es doch lieber selbst. Man hat nicht liberalisiert, sondern privatisiert. Und diese Privatisierung wurde gleichzeitig nationalisiert. Der Markt war also wieder in kleine Stückchen geschnitten.

Und nun sagt jeder, in Bonn, in Luxemburg, in Paris, wir müssen doch gegen die Amerikaner stehen. Das habe ich doch alles schon einmal gehört. Bei der Automobilindustrie und anderswo. Wir können auch im Mediengeschäft nur bestehen, wenn wir es europaweit aufbauen. [...] Was uns fehlt, ist eine Gesamtkonzeption, man muß wissen, was will man. Man kann doch da Amerika bekämpfen wollen, hier die Privaten oder dort die öffentlich-rechtlichen Anstalten. [...] Die Frage ist doch: Was ist das Konzept? Also: will ich, daß es deutsche Programme gibt, die sich in Europa durchsetzen können gegenüber dem US-Angebot, dann ist dafür eine europaweite Zusammenarbeit nötig. Schließlich will ich ja auch Geld gewinnen. Es ist doch klar, daß außer einem oder zwei alle nur Geld verdienen. [...]

Medien sind ein Geschäft, sonst nichts. Wir sehen die aktuellen Gegebenheiten nicht als immerwährend an. Und was wir machen können, um uns tiefer einzupflanzen und uns auszudehnen in Europa, das machen wir. Wir haben bei RTL plus eine Mehrheit aufgegeben, wir wollten zeigen, daß wir deutscher sind als die Deutschen. Wir wollen an möglichst vielen Hebeln sitzen, wir wollen uns Optionen offenhalten, wenn es zu Neugruppierungen kommt."

(aus einem Interview der Frankfurter Rundschau mit dem Präsidenten der CLT, FR v. 6. 9. 1989: 23)

Die Internationalisierung führt aber nicht nur zu neuen grenzüberschreitenden Aktivitäten von Presseverlegern, zu neuen Fernsehprogrammen und zu neuen Märkten für Medien-Multis, sondern zu einem ganz neuen "Medienwirtschaftsgefüge" (Luyken 1990). Es wird wesentlich bestimmt von den 100 weltweit größten Medienunternehmen, die einen Umsatz von mehr als 300 Milliarden DM jährlich machen und dadurch belegen, welch großer Wertschöpfungssektor die Kommunikation und Information geworden ist. Allein 68 Milliarden DM erwirtschaften die zehn größten Medienunternehmen der Welt, von denen sechs aus den USA stammen; mit Abstand führen dabei der nordamerikanische Konzern Time Warner und die deutsche Bertelsmann AG. Die nordamerikanischen Unternehmen dominieren vor allem auf Grund ihrer enormen Produktivität im Bereich der Herstellung und Verbreitung von Fernsehprogrammen. Doch inzwischen lockt - wegen der Aussicht hoher Wachstumsraten - auch die europäische Fernsehwirtschaft Investoren an.

Die meisten der großen Medienunternehmen haben ihre multinationale Strategie auf dem Erfolg im Stammgeschäft der Printmedien aufgebaut; sie gilt zunehmend mehr den Fernseh- und Videomärkten. Hier ist nun

> "bei Kanal- und Anbietervielzahl nicht mehr die Sendefrequenz oder die Lizenz das knappe und daher wertvolle Gut in der Rundfunkökonomie, sondern zunehmend das Vermögen, Programme zur Füllung der vielen Kanäle produzieren oder aus Rechtebeständen verkaufen zu können. Es findet also eine Verschiebung vom 'Sender' als dem ehemaligen zentralen Glied in der gesamten Verwertungskette hin zur Finanzierung, Programmproduktion sowie Rechte- und Werbezeitenverwertung als den zukünftigen Knappheitsfaktoren im Fernsehmarkt statt." (Ebd.: 629)

Auf diesen Märkten wird es voraussichtlich neue Produktionsformen in 'Studio-Systemen' geben, welche die herkömmliche Rundfunkorganisation ablösen; sie besorgen das Geld, vergeben die Aufträge und handeln mit den Rechten. Es wird neue Zuschnitte primärer und sekundärer Verwertungsmärkte geben. Und es wird neue Akteure geben: Branchenfremde wie Banken und Werbemakler, aber auch Konglomerate aus der Nichtmedienindustrie, die nur noch da in Medien investieren, wo hohe Gewinne zu erzielen sind. (→ Abbildung 3-4)

Diese Zusammenballung von Kapital setzt - der Kampf um die Rechte für Sportübertragungen ist dafür ein deutlicher Beleg - insbesondere die öffentlich-rechtlichen Rundfunkanstalten unter erheblichen Druck. Allenfalls die größeren von ihnen werden sich in diesem neuen Medienwirtschaftsgefüge noch behaupten können. Auch ihnen stellen sich aber Herausforderungen, auf die ihre Struktur gar nicht zugeschnnitten ist. (Vgl. ebd.: 634 ff.) Dies gilt nicht nur für den ökonomischen, sondern auch für den publizistischen Wettbewerb, wie zwei spektakuläre Medienereignisse gezeigt haben: das Gladbecker Geiseldrama im August 1988 und der Golfkrieg im Januar/Februar 1991 (→ Kapitel 2.3.4.1, 2.3.5).

Abb. 3-4: Strukturen des zukünftigen Fernsehmarktes
(Quelle: Luyken 1990: 635)

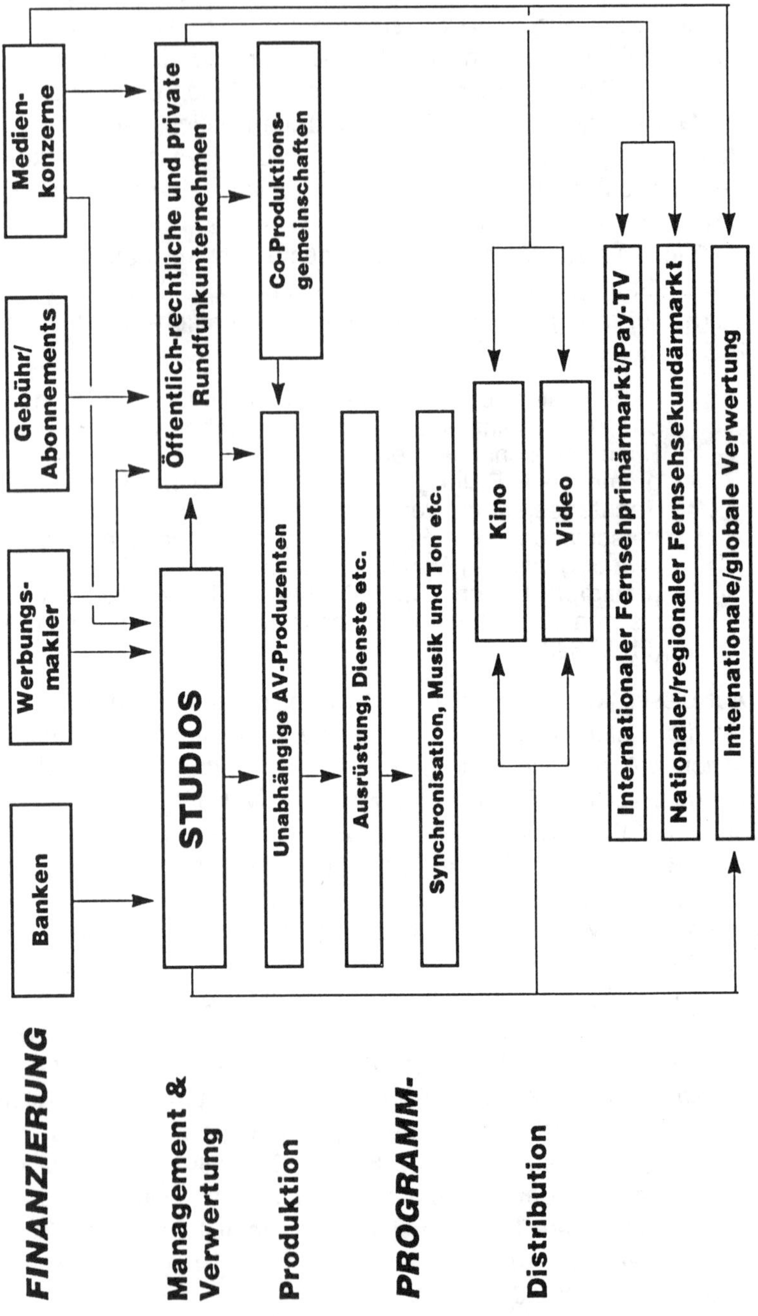

Insgesamt entsteht im Prozeß der Kommerzialisierung und Internationalisierung ein Potential, das Probleme der Medienvielfalt, Sozialverantwortung der Medien und Unabhängigkeit der Redaktionen in ganz neuen Dimensionen aufwirft.

3.2 Organisatorische Imperative

3.2.1 Gruppenstrukturen und 'Redaktionsverfassungen'

Massenmedien sind das Ergebnis der Institutionalisierung von Kommunikation. Ihre Leistungsfähigkeit wird durch bestimmte Strukturen sichergestellt, die nun unter besonderer Berücksichtigung des Organisationszusammenhangs redaktioneller Arbeit untersucht werden sollen. Im System Journalismus werden dabei sowohl die ökonomischen und technologischen Bedingungen der Medienproduktion wirksam als auch die Folgen von Gruppenstrukturen, die für Organisationen allgemein kennzeichnend sind.

Mit den Mechanismen innerhalb von Gruppen sind Probleme angesprochen, die in der Sozialwissenschaft unter Etiketten wie 'Soziologie der Führung' und 'Gruppentheorie' behandelt werden. Gruppen lassen sich durch Interaktion zwischen handelnden Personen und die Abgrenzung dieser Handlungen gegenüber der Umwelt identifizieren (vgl. z. B. Homans 1978). Kommunikationsnetze in Gruppen sind in der Sozialpsychologie in zahlreichen Experimenten untersucht und in Modellen zusammengefaßt worden, die jeweils für spezifische Gruppentypen - abhängig u. a. von Größe und Struktur - Gültigkeit haben sollen[12].

In vereinfachter Form lassen sich einige der auf diese Weise gewonnenen Erkenntnisse für Einblicke in den Organisationszusammenhang redaktioneller Arbeit verwerten. Dabei soll es hier um den Einfluß der Gruppenstruktur auf Gruppenleistung und -zufriedenheit sowie um die Positions- und Rollendifferenzierung auf Grund bestimmter Gruppenstrukturen gehen.

---

[12] Diese gruppentheoretischen Erkenntnisse können hier nicht ausführlich referiert werden. Ihr Wert für die Journalistik ist insbesondere dadurch begrenzt, daß sie im wesentlichen auf Laborversuchen beruhen und auf die Praxis redaktioneller Entscheidungs- und Produktionsprozesse nur bedingt übertragen werden können.

Je nach Gruppenstruktur lassen sich stärker zentralisierte und stärker dezentralisierte Gruppentypen unterscheiden. In stärker zentralisierten Strukturen werden einfache Probleme offenbar schneller und fehlerfreier gelöst, während in stärker dezentralisierten Strukturen komplexe Probleme schneller und fehlerfreier gelöst werden. Diese Effekte der Gruppenstruktur auf die Gruppenleistung machen sich zum Beispiel Werbeagenturen zunutze, wenn sie 'Kreativ-Teams' oder 'Innovations-Teams' für den Entwurf von Werbestrategien bilden.

In stärker dezentralisierten Gruppen ergibt sich auch eher eine größere Gruppenzufriedenheit; geringere Zufriedenheit herrscht gewöhnlich bei zentralen, insbesondere aber erkennbar autoritären Strukturen - wobei Gruppenzufriedenheit oder -unzufriedenheit aber nicht notwendig in einem direkten Zusammenhang mit der Gruppenleistung steht. Offenbar ist die Gruppenzufriedenheit abhängig von der Zahl der Botschaften innerhalb einer Gruppe; da in dezentralisierten Strukturen mehr Botschaften gesendet werden, kann deshalb hier die Gruppenzufriedenheit größer sein.

Bei zentralisierten Strukturen liegt eine stärkere Positions- und Rollendifferenzierung vor als bei dezentralisierten Strukturen, wo Positionen und Rollen oft nicht eindeutig oder gar nicht definiert werden. Nicht nur die Gruppenstruktur, sondern auch die Gruppengröße hat direkte Auswirkungen auf die Kommunikation in Gruppen. Kleingruppen erfordern keine komplizierten, zentralisierten Kommunikationsmuster; größere Organisationen aber erzwingen formalisierte Kommunikation und damit stärker zentralisierte Strukturen. Dies begünstigt also eine vertikale Rollen-Differenzierung und damit auch eine Herausbildung von Führer-Positionen. Zentralisierte Strukturen bilden sich in unterschiedlichsten Arten von Gruppen als pragmatische Lösung für zu komplex gewordene Kommunikationsverhältnisse heraus.

Diese Zusammenhänge besitzen grundsätzlich auch für die Organisation redaktioneller Tätigkeit Bedeutung. Bei einer repräsentativen Studie über die nordamerikanischen Journalisten zum Beispiel wurde herausgefunden, daß jeweils in größeren Medienorganisationen die skalare Organisationsform, also das hierarchische Strukturmuster, verstärkt vorkommt. Als Folge davon empfanden die Journalisten, daß sie immer weniger an den wichtigen Entscheidungen teilhaben konnten und daß die Kontrolle ihrer Arbeit in der Redaktion zunehmend hierarchischer wurde. Im Medienkonzern nimmt also die Rollendifferenzierung zu und damit auch die Spezialisierung der Journalisten; vom Endergebnis ihrer Arbeit bewegen sie sich immer weiter weg. (Vgl. Johnstone et al. 1976: 83 ff.)

Die Organisationsstrukturen deutscher Redaktionen (insbesondere der Presseredaktionen) sind sowohl idealtypisch beschrieben als auch empirisch untersucht worden. Schon vor dem Zweiten Weltkrieg hatte der Zeitungsforscher Otto Groth grundlegendere organisatorische und sozialpsychologische Muster redaktioneller Arbeit erkannt. Er zog daraus folgende Schlüsse:

> "Das Problem ist [...], unzählige psychische Einzelleistungen - an sich, durch sich, für sich selbständig lebend - zu einer realen mitteilbaren Einheit zu binden. Seele soll durch Form sichtbar gemacht werden. Nicht anders ist das zu erreichen als dadurch, daß eine Stunde lang die eiserne Friktion der Zeitung als eines fest umgrenzten Ganzen über die endlos vibrierende Fülle der psychischen Erlebnisse geworfen wird, daß die freien Persönlichkeiten zu Maschinisten werden, deren jeder gerade und nur an seinem Hebel Posten fassen darf." (Groth 1928: 395 f.)

Eine sehr expressive Beschreibung, die aber die ganz spezifischen Leistungszwänge im System Zeitung durchaus deutlich macht. Diese Zwänge nehmen mit dem Heranrücken des Redaktionsschlusses immer mehr zu. Groth setzte sich auch mit den unterschiedlichen Organisationsstrukturen auseinander, welche die Zeitungen entwickelt haben, um die Probleme ihres komplizierten Arbeitsablaufes in den Griff zu bekommen. Idealtypisch unterschied er zwei Formen der Redaktionsverfassung: die *Chefredakteursverfassung*, die er auch "konstitutionelle Monarchie" nannte, und die von ihm als "Demokratie" apostrophierte *Kollegialverfassung*.

Die Bestellung eines Chefredakteurs, der vor allem organisatorisch-administrative Aufgaben zu erfüllen hat, war schon bei der Presse in der Weimarer Republik das übliche Organisationsmodell. Der Vorteil dieser hierarchischen Redaktionsverfassung liegt auf der Hand: Einfachheit des Geschäftsganges mit klar geregelten Zuständigkeiten, die zu raschen Entscheidungen führen. Diese Organisationsform ist - so argumentieren jedenfalls ihre Befürworter - unter dem für die Medien charakteristischen Zeitdruck notwendig. (Vgl. Dovifat/Wilke 1976: 147 f.)

Die Kollegialverfassung (oder: genossenschaftliche Verfassung) war schon in der Weimarer Republik eher die Ausnahme. Eingeführt wurde sie 1848 von der RHEINISCHEN VOLKSHALLE - als 'Redaktionskommission' der drei Redakteure des Blattes. Die Gruppengröße gab hier also die Struktur vor; die Redaktion bildete eine außerordentlich kleine Gruppe, die mit Stimmenmehrheit über die Aufnahme von Artikeln entscheiden konnte.

Nicht lange hielt sich ein Versuch der BERLINER VOLKSZEITUNG im Jahre 1886. Damals wurde nach dem Tode des Chefredakteurs der Posten eingezogen und die Redaktionsführung einer Gruppe von Redakteuren übertragen. Das bekannteste Beispiel für eine reine Kollegialverfassung war die FRANKFURTER ZEITUNG, die schon 1871 die Chefredaktion aufgehoben hatte. Bei diesem bedeutenden Blatt wurden alle wichtigen Angelegenheiten der Redaktion von der 'weiteren Radaktionskonferenz' und der 'engeren Redaktionskonferenz' erledigt. Ansonsten hatte aber jeder einzelne Redakteur volle Freiheit in der Vertretung seiner Überzeugung, solange sie sich im Rahmen der allgemeinen Grundsätze der Zeitung bewegte. (Vgl. Groth 1928: 396 ff.) Mit noch stärker individualistischen Redaktionsverfassungen, die Groth "Anarchie" nennt, hat die sozialdemokratische Presse in der Weimarer Republik experimentiert. Negatives Ergebnis war insbesondere ein stark ausgeprägter Ressortegoismus in derartig organisierten Betrieben.

Das aktuelle Beispiel für eine kollegiale Redaktionsverfassung lieferte die TAGESZEITUNG (→ Kapitel 3.1.2.2). Nach verschiedenen anderen Organisations-Experimenten wurden bei dem Berliner Alternativblatt zum Beispiel die Ressorts weitgehend aufgelöst - zugunsten einer Produktions- und einer Recherchegruppe. Ein zumindest partiell kollegiales System praktiziert die FRANKFURTER ALLGEMEINE ZEITUNG, die keinen Chefredakteur hat und die Redaktionsleitung einem Kollegium von fünf Herausgebern anvertraut.

Vorteile der kollegialen Verfassung sind prinzipiell in einem bestmöglichen Ausgleich der innerredaktionellen Gegensätze zu sehen. Dadurch, daß zahlreiche Personen an den Entscheidungen beteiligt werden, kommen allgemein akzeptierte Lösungen zustande - freilich oft erst nach sehr zeitraubenden und schwerfälligen Entscheidungsprozessen. Die verschiedenen Kollegialformen kollidieren zwangsläufig immer wieder mit spezifischen Entscheidungssituationen in den Medien; dies war vor sechzig Jahren nicht anders als heute. Groth kam deshalb zu folgender Einschätzung der Organisationserfordernisse:

> "Der Zwang zur Vereinigung eines großen, mannigfaltigen, beständig wechselnden, aus zahlreichen Quellen stammenden, von einer Anzahl von Persönlichkeiten zu bearbeitenden Stoffes auf einen fest begrenzten Raum und die Notwendigkeit, ein Programm politischer oder geschäftlicher Art innezuhalten und dafür eine Übereinstimmung und Kontinuität herzustellen, rufen nach der Schaffung eines Organs, das diese technische und ideelle Einheitlichkeit sichert." (Ebd.: 400 f.)

Und Groth erinnerte daran, daß sich einst selbst führende Sozialdemokraten wie Karl Kautsky für die Chefredakteursverfassung in den sozialdemokratischen Blättern ausgesprochen hatten - ganz zu schweigen von Karl Marx' Regiment bei der NEUEN RHEINISCHEN ZEITUNG. Friedrich Engels schrieb darüber rückblickend: "Die Verfassung der Redaktion war die einfache Diktatur von Marx." Auch er sah in einer solchen Einzelleitung aber eine organisatorische Notwendigkeit:

> "Ein großes Tageblatt, das zur bestimmten Stunde fertig sein muß, kann bei keiner anderen Verfassung eine folgerechte Haltung bewahren." (MEW, Bd. 21: 19)

Auf der anderen Seite bietet aber die Kollegialverfassung, wie schon Groth erkannte, eher einen Schutz gegen unangemessene geschäftliche Einflüsse des Verlags als die Chefredakteursverfassung; Chefredakteure verstehen sich häufig eher als Interessenvertreter des Verlags gegenüber der Redaktion denn als Vertreter der Redaktion gegenüber dem Verlag. Groth gab deshalb den Rat, die Redaktionsverfassung jeweils den Gegebenheiten (Größe der Redaktion, Homogenität der Redaktionsmitglieder, Selbstverständnis des Blattes) anzupassen; das System der Chefredaktion sollte aber auf jeden Fall in einer verfassungmäßig festgelegten Redaktionskonferenz "Stütze und Schranke" haben (Groth 1928: 401 ff.).

Mit Otto Groths Empfehlung aus der Zeit vor dem Zweiten Weltkrieg ist ein redaktionelles Verfassungsmuster beschrieben, das nach einer Untersuchung von Rüdiger Schulz heute für die meisten regionalen Abonnementszeitungen in Deutschland gilt. An der Spitze der Redaktion steht zwar ein Chefredakteur; insbesondere Routineentscheidungen werden aber auf unteren Zuständigkeitsebenen weitgehend kollegial getroffen. Dies ist also eine Mischung aus skalaren (vertikalen) und funktionalen (horizontalen) Entscheidungsmustern, die Schulz als "dezentral-kollegiales Entscheidungshandeln" bezeichnet. Diese Form redaktionellen Handelns ist seinen Befunden zufolge mit folgenden Merkmalen in den Zeitungsbetrieben vorfindbar (vgl. R. Schulz 1974: 241):

- ▲ Die redaktionellen Entscheidungsträger aller hierarchischen Ränge verfügen über alle entscheidungsrelevanten Informationen.
- ▲ Die redaktionellen Entscheidungsträger aller hierarchischen Ränge besitzen ausreichenden Entscheidungsspielraum im eigenen Aufgabenbereich.
- ▲ Die redaktionellen Entscheidungsträger aller hierarchischen Ränge besitzen wirksame Beteiligungsmöglichkeiten an allen über den eigenen Aufgabenbereich hinausreichenden relevanten Entscheidungen.

- ▲ Die redaktionellen Entscheidungsträger der oberen hierarchischen Ränge machen von ihren Vorgesetztenrechten nur eingeschränkt Gebrauch.

Wir haben es hier keineswegs mit einer hierarchiefreien Organisationsstruktur zu tun; prinzipiell aber können Entscheidungsrechte an Redakteure aller hierarchischen Ränge delegiert werden, und die Entscheidungsträger aller hierarchischen Ränge besitzen wirksame Beteiligungsmöglichkeiten an allen relevanten Entscheidungen der Redaktion - im Sinne eines 'demokratisch-partizipativen Führungsstils'.

Die empirischen Ergebnisse, die Rüdiger Schulz vorgelegt hat, sind insbesondere in Hinblick auf die angebliche Kollegialität des redaktionellen Entscheidungshandelns zu differenzieren, während das Prinzip der Dezentralität wohl überall weitgehend verwirklicht ist. Die Differenzierungen betreffen die Redaktionsgröße, die Zeitungsrichtung, die Verlegerbeteiligung, den Aufgabenbereich der einzelnen Redakteure und die Dauer der Redaktionszugehörigkeit:

Kleine Redaktionen, so zeigen die Befunde hierzu, werden kollegialer geführt als große Redaktionen. Häufiger autoritär geführt werden Redaktionen von Zeitungen mit einer ausgewiesenen politischen Richtung, aber auch Redaktionen von Zeitungen mit starker Beteiligung des Verlegers an der Redaktionsarbeit. Eine autoritäre Führung der Gesamtredaktion ist aber nicht zwangsläufig auch mit einer Einschränkung des Entscheidungspielraums im Aufgabenbereich des einzelnen Redaktionsmitgliedes verbunden, also im Bereich der 'Arbeitsrolle' (→ Kapitel 3.2.3.1). Und schließlich: Redaktionsneulinge erleben die Redaktionsführung häufig, langjährige Redaktionsmitglieder dagegen nur in Ausnahmefällen als autoritär. (Vgl. ebd.: 251)

Diese Befunde lassen sich in folgender Weise mit den dargestellten Erkenntnissen der Gruppentheorie verknüpfen:

- ▲ Strikt dezentralisierte Strukturen, bei denen alle Handelnden an den Entscheidungsprozessen weitgehend beteiligt werden, sind im Bereich der Medienproduktion kaum vorfindbar, aber auch kaum vorstellbar. Eine Ausnahme von dieser Regel ist temporärer Natur: die Redaktionskonferenz. Realisierbar erscheint eine konsequente dezentralisierte Struktur aber ohnehin nur bei kleinen Medien-Unternehmen; bei großen Medien-Organisationen wäre diese Struktur mit einer dysfunktionalen Verlangsamung der Entscheidungs- und Produktionsprozesse verbunden.

- ▲ Die strikt zentralisierte Struktur, bei der nur der Chefredakteur an allen Entscheidungsprozessen beteiligt ist, entspricht der formalrechtlich üblichen Redaktionsverfassung. Diese Struktur läßt sich jedoch in der Praxis - zumal bei größeren Redaktionen - nicht konsequent durchführen. Dezentrale Elemente sind deshalb übereinstimmendes Merkmal der vorfindbaren Redaktionsstrukturen. Der Organisationspraxis schon näher kommen also Gruppenmuster mit einer Mischung aus zentralen und dezentralen Strukturelementen.

▲ Insgesamt ist die soziale Organisation des redaktionellen Arbeitsprozesses als "Einheit funktionaler und herrschaftsvermittelter Vorgänge" (Prott 1976: 34) so komplex, daß sie sich nicht eindeutig auf ein Struktur-Muster reduzieren läßt. Für Routine-Vorgänge, die unter Zeitdruck stehen, gilt das hierarchische, aber dezentralisierte Muster. Noch eindeutiger skalar laufen Prozesse ab, welche die grundlegende politische Richtung eines Medienunternehmens berühren. Aktuelle Herausforderungen, die zwischen 'Grundsatz' und 'Routine' angesiedelt sind, werden offenbar noch am ehesten nach kollegialen oder zumindest informellen Interaktions-Mustern bewältigt.

Bei der internen Organisation in den Medienbetrieben, die Schulz "dezentral-kollegiales Entscheidungshandeln" nennt, handelt es sich also um Mischformen verschiedener Strukturmuster. Notwendig breiten Raum nimmt die informelle Organisation ein - bei aller Festlegung der Arbeitsabläufe bis hin zum Redaktionsschluß. Doch die nicht durchgehend streng hierarchisch aufgebaute Organisationsstruktur darf nicht darüber hinwegtäuschen, daß jederzeit ein Rückzug auf formale Entscheidungsmacht erfolgen kann, die auch im latenten Zustand das informelle Entscheidungsverhalten prägt. Über den einzelnen Entscheidungs- und Produktionsabläufen liegt also immer die formale Struktur, die an einem hierarchischen Muster ausgerichtet ist.

3.2.2 Rollen-, Entscheidungs- und Produktionsmuster

Die bisher nur allgemein beschriebenen Struktur- und Organisationsmuster in den Medieninstitutionen werden über Rollen konkretisiert und umgesetzt. Hierarchie zum Beispiel drückt sich durch skalar angeordnete Rollen aus, wobei mit dem Begriff 'Rolle' die mit der Position in einer Gruppe oder Institution verbundenen Verhaltenserwartungen bezeichnet werden. Den Rollen in der Redaktion wollen wir uns im folgenden zuwenden, ehe die im gesamten System Redaktion greifenden Mechanismen und ihre Konsequenzen im einzelnen untersucht werden.

TEXT 3-7

Organisationsschema einer großen Regionalzeitung (Zentralredaktion)

Die innere Organisation der Zentralredaktion wird bestimmt durch das Festhalten am Prinzip der Ressortverantwortlichkeit. Der Ressortleiter ist nicht nur Vorgesetzter der ihm unterstellten Redakteure, sondern auch der Verantwortliche Redakteur für seinen Fachbereich. Ressorts in diesem Sinne sind: Außenpolitik, Innenpolitik, Wirtschaft, Kultur, Reise und Sport.

Daneben gibt es Ressorts, die keine eigene Seite verantworten. Dazu gehören: Bezirksredaktion, Reportage, Kritiker, Ausbildung.

Weiter gibt es ein Ressort, dem Verantwortliche Redakteure unterstellt sind. Dies ist die Abteilung Chef vom Dienst, die als Ressort die Seiten Aus dem Westen und Aus aller Welt sowie eine Reihe von Themenseiten umfaßt, für die jeweils ein Redakteur verantwortlich ist.

Der Vollständigkeit halber muß erwähnt werden, daß der Chefredakteur unmittelbar für Kommentare und andere Meinungsbeiräge verantwortlich ist.

Diese Organisation ist solange weitgehend unproblematisch, wie es um klar abgrenzbare Sachgebiete und vor allem um eindeutig einem einzelnen Ressort vorbehaltene Seiten geht. Das beste Beispiel dafür ist der Sport. Schon bei der Wirtschaft und der Kultur können aber dann Schwierigkeiten auftreten, wenn ein Thema mehreren Sachgebieten zugeordnet oder es auch auf allgemeinen Seiten veröffentlicht werden könnte. Im Folgenden soll versucht werden, die Entscheidungswege zu klären.
Beteiligte sind:

1. Die Chefredaktion
2. Der Chef vom Dienst
3. Der Leiter der Nachrichtenredaktion
4. Die Ressortleiter
5. Die Redaktionskonferenz
6. Die einzelnen Redakteure

Die Chefredaktion im engeren Sinne wird, soweit die tägliche Arbeit der Zentralredaktion betroffen ist, vor allem durch ihre Mitglieder M., M. und L. tätig. Die Verantwortung von Herrn V. als der für Personal und Technik zuständige Vertreter des Chefredakteurs betrifft eher grundsätzliche Entscheidungen der Zentralredaktion. Sie kann im Weiteren außer Acht bleiben.

Dem Chefredakteur obliegt die Verantwortung für die Einhaltung der Grundsätze der Zeitung. Soweit er sie nicht selbst ausübt, sind in der Zentralredaktion der Reihe nach zuständig: Dr. M., Herr L., Herr C., die Ressortleiter. Unter besonderen Bedingungen sind auch der Leiter der Nachrichtenredaktion und der Nachtdienstredakteur zuständig und entscheidungsberechtigt.

Daraus ergibt sich auch, daß alle Kommentare und andere Meinungsbeiträge (soweit sie nicht streng fachlicher Art sind) vom Chefredakteur oder einem seiner Vertreter gegenzulesen und zu verantworten sind. Dieser Grundsatz kann unter den neuen technischen Gegebenheiten straffer angewandt werden.

Die Ressortleiter treffen zunächst eine vorläufige Entscheidung darüber, was auf ihrer Ressortseite erscheinen und was den gemeinsamen Seiten angeboten werden soll. Eine erste Aussprache darüber findet in der Mittagskonferenz statt. Zur Erleichterung der Aussprache und zur Verbreiterung des allgemeinen Informationsstandes erhalten mindestens der Chefredakteur, der Chef vom Dienst sowie Dr. M. je eine Kopie aller eingegehenden Informationen. Eine weitere Kopie sollte zur allgemeinen Kenntnisnahme ausgelegt werden. Nach Umstellung auf elektronische Verteilung werden alle Informationen allen Redakteuren leicht zugänglich sein.

Der Nachrichtenredakteur stellt auf Grund dieser Vorabklärung ein Menü für die Seiten 1, 2 und BH zusammen, das er in der zweiten Konferenz vorträgt. In dieser Konferenz kann wiederum nur vorläufig entschieden werden. Deshalb wiederholt sich die ständige Überprüfung und Neuabstimmung immer wieder bis zu dem Zeitpunkt, an dem keine Änderungen auf keiner Seite mehr möglich sind. Verantwortlich dafür ist der Chef vom Dienst, dem der Leiter der Nachrichtenredaktion zur Seite steht, sowie nach Redaktionsschluß der Nachtredakteur.

Verantwortlich für die Zusammenstellung, für Aufmachung, Länge und Plazierung der Beiträge auf den Seiten 1, 2 und BH ist der Chef vom Dienst im Benehmen mit Dr. M. Für die Ausführung zuständig ist die Nachrichtenredaktion. Die Ressortleiter der Fachressorts sind zu hören, wenn die Substanz eines Berichtes verändert wird. Sind sie mit einer Änderung etc. nicht einverstanden und kommt es zu keiner Einigung mit dem Chef vom Dienst, so sollte der Chefredakteur oder sein Vertreter befragt werden. Ist keine Rückfrage mehr möglich, entscheidet der Chef vom Dienst.

Das gleiche gilt, wenn der Nachtredakteur eine Änderung vornehmen will. Allerdings kann die (notfalls telefonische) Rückfrage beim Ressortleiter, beim Leiter der Nachrichtenredaktion oder beim Chefredakteur auf wichtige Fälle beschränkt werden. Bei wichtigen neuen Meldungen soll der Nachtredakteur ohnehin den Ressortleiter und wenigstens ein Mitglied der Chefredaktion benachrichtigen.

Die neue Technik ermöglicht eine schnellere Arbeit und (relativ) spätere Schlußzeiten. Diese Beschleunigung des Arbeitstempos verlangt nach strafferer Organisation. Sie ist vor allem für die aktuellsten Seiten notwendig. Das ist der Hauptgrund für die Einrichtung einer eigenen, selbständigen Nachrichtenredaktion. Sie ist dem Chef vom Dienst zugeordnet, sollte aus wenigstens drei Redakteuren bestehen, und notfalls verstärkt werden können.

Des weiteren ist es notwendig, daß jedes Ressort für jeden Arbeitstag einen Redakteur bestimmt, der bei der Nachrichtenverarbeitung hilft oder zumindest als Ansprechpartner bereitsteht. Das setzt voraus, daß dieser Redakteur die vorliegenden Informationen kennt und über die Planung in seinem Ressort unterrichtet ist.

Notwendig ist es weiterhin, daß alle Meldungen, Berichte etc. für alle Seiten der Zentralredaktion über den Tisch (oder besser gesagt den Bildschirm) des Chef vom Dienst gehen. Zweckmäßig erscheint deshalb auch eine zentrale Freigabe der Seiten durch den Chef vom Dienst oder einen seiner Beauftragten. Technisch kann dies bei den Redaktionsassistenten liegen, die dem Chef vom Dienst zugeordnet sind.

Diese Regelungen sollen keinen neuen Zentralismus einführen, sondern nur alte Verfahrensweisen, von denen manche unter dem Druck schlechter Produktionsverhältnisse außer Gebrauch kamen, unter besseren technischen Bedingungen wieder nutzen. Notfalls muß klar sein, wer entscheiden kann - für die jeweils herzustellende Ausgabe. Doch wird zweifellos die große Mehrzahl aller Probleme wie bisher in kollegialer Zusammenarbeit besprochen und erledigt werden.

(Quelle: internes Papier einer großen Regionalzeitung in Nordrhein-Westfalen)

An der Spitze der Redaktionsorganisation steht, wie schon dargestellt, der Chefredakteur. Mit dieser Position sind im wesentlichen Führungs-, Kontroll- und Koordinationsfunktionen verbunden. Rollenerwartungen beziehen sich im einzelnen auf folgende Bereiche, denen der jeweilige Chefredakteur je nach Interessenschwerpunkt bzw. Vertragsinhalt unterschiedlich stark gerecht wird:

- ▲ Anleitung und Überwachung der redaktionellen Arbeitsabläufe;
- ▲ Prägung des 'journalistischen Gesichts' des Mediums, möglichst durch eigene herausragende Beiträge wie zum Beispiel Leitartikel;
- ▲ Vertretung der Redaktion gegenüber den verschiedenen anderen Abteilungen des Medienunternehmens;
- ▲ Vertretung von Redaktion und Medienunternehmen gegenüber der Umwelt wie zum Beispiel der politischen und wirtschaftlichen Elite.

Bei der Presse ist der Chefredakteur die Schaltstelle zwischen der Redaktion und dem Verleger, der im Normalfall natürlich eine Person seines Vertrauens auf diese Position beruft. Die Stellung des Chefredakteurs - etwa hinsichtlich des Rechts, Redakteursstellen selbständig zu besetzen - erweist sich je nach Anstellungsvertrag als unterschiedlich stark. Es gibt Chefredakteure, die aufgrund ihres Namens eine weitgehende Autonomie gegenüber dem Verleger vertraglich vereinbaren und/oder in der Praxis durchsetzen können.

Zur Chefredaktion gehören einer oder mehrere stellvertretende Chefredakteure; dabei handelt es sich meistens um die Leiter wichtiger Ressorts. Stellvertretender Chefredakteur kann aber auch der Chef vom Dienst sein, der bei der Regelung der täglich anfallenden Einzelprobleme als Relais zwischen der Redaktion und anderen Bereichen wie Technik und Anzeigenabteilung fungiert.

Innerhalb der Redaktion werden Ressorts - als Untergliederungen zur Wahrnehmung bestimmter Arbeitsgebiete - gebildet, die sich nach geographischen oder spezifisch sachbezogenen Gesichtspunkten abgrenzen. In diesen Ressorts, denen die einzelnen Redakteure in der Regel zugeordnet sind, ist der Ressortleiter die Führungs-, Kontroll- und Koordinationsinstanz. Zu den redaktionellen Rollenträgern gehören schließlich noch die Volontäre und die mehr oder weniger ständig beschäftigten freien Mitarbeiter. Die Bündelung dieser Rollen zu einem redaktionellen Organisationszusammenhang wird am Beispiel einer großen Regionalzeitung deutlich, die für ihre Zentralredaktion ein striktes Organisationschema festgelegt hat (→ Text 3-7).

Noch wesentlich komplexer als die Rollenverteilung und -anordnung in Presseunternehmen ist im allgemeinen die Organisationsstruktur von Rundfunkanstalten. Beim öffentlich-rechtlichen Rundfunk schaffen dabei spezifische Formen der Einflußnahme, die in den Organen 'Rundfunkrat' und 'Verwaltungsrat' angelegt sind, besondere Organisationsbedingungen.

An der Spitze einer öffentlich-rechtlichen Rundfunkanstalt steht der Intendant. Beim Westdeutschen Rundfunk zum Beispiel gibt es dann unterhalb der Intendanz die beiden Programmdirektionen Hörfunk und Fernsehen, die neben den journalistischen auch für Unterhaltungsprogramme (Musik, Hörspiel und Unterhaltung, Unterhaltung und Familie, Fernsehspiel) verantwortlich sind. Ihre Zuständigkeitsbereiche sind wieder in einzelne Abteilungen gegliedert, denen jeweils ein Abteilungsleiter bzw. Chefredakteur vorsteht.

Auffälligstes Kennzeichen der Rundfunkorganisation ist, so hat die Kommunikationsforscherin Ilse Dygutsch-Lorenz herausgefunden, daß mit der Höhe einer Position in der Hierarchie die administrativ-organisatorischen Aufgaben in besonders starkem Maße zu- und die spezifisch journalistischen Funktionen abnehmen. Aufstieg in der Anstaltshierarchie führt hier also zu einer journalistischen Deprofessionalisierung. Gleichzeitig ist feststellbar, und dies gilt auch für die Hierarchie in der Presse, daß mit dem Aufstieg der Einfluß außerorganisatorischer Gruppen - und dadurch nicht-journalistische Orientierungen - zunehmend mehr das Verhalten der betreffenden Rolleninhaber bestimmen. Im Falle des öffentlich-rechtlichen Rundfunks bedeutet dies in besonderem Maße, daß sich leitende Redakteure an den politischen Gruppierungen orientieren, die über die Besetzung leitender Positionen entscheiden. Hier wird ein außerredaktioneller Bezugspunkt für journalistisches Arbeiten deutlich, der - wie man unterstellen kann - dysfunktional für die Qualität der Medienaussagen ist. (Vgl. Dygutsch-Lorenz 1973: 13 ff., 28 und 60)

Der Begriff der Rolle deutet darauf hin, daß Institutionen - dies gilt auch und gerade für die Medien - durch vertikal und horizontal angeordnete Beziehungen gekennzeichnet sind, die ihnen eine relativ stabile Struktur geben. Damit sind die Journalisten als Individuen mit eigener Verantwortung zwar keineswegs aus dem Blick genommen. Doch es darf eben nicht übersehen werden, in welch starkem Maße sich Verhaltenserwartungen in Institutionen zu mechanisch erscheinenden Entscheidungs- und Produktionsprozessen verbinden. Redaktionelles Handeln und somit letztlich journalistische Wirklichkeitskonstruktion wird so durch vielfältige institutionelle Zwänge und Einflußnahmen determiniert - auch wenn die Journalistinnen und Journalisten selbst dies häufig gar nicht konkret wahrnehmen.

Die Kommunikatorforschung hat inzwischen ein ganzes Bündel von institutionellen Zwängen als relevant für die Leistungen der Medien und ihrer Kommunikatoren identifiziert. Danach lassen sich folgende Aussagen über die Bestimmungsfaktoren redaktionellen Handelns machen (vgl. z. B. Gerbner 1969: 242 ff., Hoffmann-Riem 1979: 117):

- Der Zwang, (zum Beispiel: eine Zeitung) produzieren zu müssen, ist oft größer als die Sorgfalt bei der Bewertung von Nachrichten im Selektionsprozeß.
- Zeitdruck und Platzmangel bestimmen das Rollenverhalten von Kommunikatoren stärker als inhaltlich-journalistische Ziele; der Zeitpunkt des Eintreffens einer Nachricht kann wichtiger sein als ihr Inhalt.
- Eine große Zahl der Redaktionsmitglieder erfüllt im 'Organisationsnetzwerk' der Redaktion nur die Funktion von Durchlaufstationen; einige wenige Rollen sind gegenüber den anderen deutlich herausgehoben. Doch auch die Handlungen der Entscheidungsträger werden durch den institutionellen Rahmen und die Organisationsziele stärker beeinflußt als durch eigene Wertvorstellungen und Absichten.

Ursprünglich ging die Publizistik- und Kommunikationswissenschaft davon aus, daß die einzelne 'publizistische Persönlichkeit' nicht nur die individuelle journalistische Leistung, sondern den gesamten redaktionellen Arbeitszusammenhang prägt. Doch die inzwischen vorliegenden empirischen Befunde der Redaktionsforschung legen die Vermutung nahe, daß es umgekehrt ist: Organisationsmuster und Rollenerwartungen schlagen durch bis zu den Einstellungen des einzelnen redaktionellen Rollenträgers. Untersuchungsergebnisse zu den Faktoren 'innerredaktionelle Konflikte' und 'Arbeitszufriedenheit' (→ Kapitel 5.2.1.2) legen jedenfalls die Vermutung nahe, daß die Wahrnehmung redaktioneller Strukturen und die Einschätzung der eigenen Position im skalaren Organisationsschema Auswirkungen hat auf das, was Journalisten denken, und auch auf das, was sie tun. So ist im Zusammenhang mit der Untersuchung der inneren Verhältnisse in den Medienredaktionen ermittelt worden, daß die Bewertung redaktioneller Konflikte mit dem Rang innerhalb der redaktionellen Hierarchie korreliert; Chefredakteure, Ressortleiter und 'einfache' Redaktionsmitglieder reagieren jeweils unterschiedlich auf Probleme innerer Pressefreiheit (vgl. Branahl/Hoffmann-Riem 1975, Noelle-Neumann 1977).

Die Medienhierarchien sind Ausdruck von Großbetrieblichkeit, die zu skalaren Organisationsformen führt; darin unterscheiden sich Tageszeitungen und Rundfunkanstalten nicht von, zum Beispiel, Wurstfabriken. Anders jedoch sieht es bei den Einzelheiten der arbeitsteiligen Kooperation aus.

Formen der Arbeitsteilung waren in den deutschen Medienbetrieben im Vergleich zu den Verhältnissen in den USA lange Zeit nur schwach ausgeprägt. In vielen Redaktionen werden die Arbeitsschritte 'Recherche', 'Schreiben' und 'Redigieren' bis heute als Einheit von jeweils einem Journalisten ausgeführt. Bei kleinen bis mittleren Tageszeitungen macht insbesondere in den Lokalredaktionen im Zweifelsfall jeder alles; eine formalisierte Rollendifferenzierung auf funktionaler Ebene ist hier die Ausnahme.

In den USA wird die redaktionelle Arbeitsteilung schon durch das komplexere System von Bezeichnungen für einzelne Aufgabenbereiche deutlich. Bei den Tageszeitungen zum Beispiel ist man nicht nur einfach Reporter, sondern erhält eine Bezeichnung für den spezifischen Berichterstattungsbereich (beat oder run) wie Rathaus, Polizei, Gericht bzw. den genauen Status (junior reporter, staff reporter, district reporter). Als Redakteur bzw. Redaktionssekretär ist 'rewrite man', wer Nachrichten telefonisch aufnimmt oder 'copy reader', wer als Textredakteur für die Weiterverarbeitung der Manuskripte zuständig ist. (Vgl. z. B. Breed 1973: 357)

Veränderte technische Bedingungen wandeln auch in Deutschland bisher integrierte Arbeitsabläufe nun . Schon vor dem Übergang auf die Elektronische Aussagenproduktion (→ Kapitel 3.3.5) war aber auch hier schon eine Ausdifferenzierung administrativer Rollen feststellbar: Journalisten wuchsen zunehmend in Tätigkeiten des 'redaktionellen Managements' hinein, 'Chef-vom-Dienst'-Positionen bei größeren Zeitungen wurden ausgebaut, 'Produktionsredakteure', eine ganz neue Rolle, steuern und überwachen nun den redaktionellen Arbeitsprozeß. Dies alles wird nach bisherigen Erfahrungen durch den Einsatz elektronischer Produktionsmittel erheblich verstärkt.

Spezifische Formen der redaktionellen Arbeitsteilung sind beim Nachrichtenmagazin DER SPIEGEL schon früh entwickelt worden; sie bilden eine wichtige Voraussetzung für seinen publizistischen und ökonomischen Erfolg. Dabei ersetzt eine große Dokumentationsabteilung einen erheblichen Teil der redaktionellen Recherche. Hier werden die Artikel auch 'verifiziert', die zuvor durch verschiedene Redaktionsinstanzen - und am Ende die Chefredaktion - überarbeitet worden sind.

TEXT 3-8

SPIEGEL-Journalismus

Ach übrigens, erzählt Martin, beim Artikel von der Meyer gab es auf der Redaktionskonferenz spitze Nachfragen, warum das denn eigentlich eine Namensgeschichte geworden sei, die besondere Note habe man gar nicht richtig erkennen können, sowas sei bei uns doch eigentlich eine ganz normale 14-Blatt-Story. Darauf muß Schroffenstein gesagt haben: na weil sie eine Frau ist, und wir müssen doch ab und an mal zeigen, daß wir welche haben. Eins auf die Fresse, ihr Mädels! Die werden sich über ihren Tittenbonus ganz schön geärgert haben. [...]

Über die Grünen, werfe ich ein, müßte man mal wieder. Die haben demnächst Parteitag bzw. Bundesdelegiertenkonferenz, da stehen wichtige Sachfragen an. Streiten sie sich wieder? fragt Martin. Sie streiten sich immer, aber darum geht es gar nicht, interessant wäre mal, sage ich, die Prozesse der innerparteilichen Demokratie zu schildern, die Strukturen bzw. das Fehlen derselben ... Das ist, merke ich, noch während ich rede, gar nicht darzustellen. Denn wo ist da die Nachricht, also die Geschichte, also worum geht's?

Nur eine These pro Geschichte, hat Martin mir das Prinzip mal erläutert. Am besten mit einer kleinen Einstiegsszene anfangen, so nach dem Muster: "Der Kanzler saß bei Metzelsuppe und Pfälzer Rotspon", oder "Johannes Rau hatte gerade sein weichgekochtes Ei verzehrt" oder "Hans-Jochen Vogel empfing einen seltenen Gast zur Brotzeit auf seiner Jagdhütte in ..." Immer so schreiben, als ob du dabei gewesen wärst! [...]

Mehr als eine These pro Geschichte versteht der Leser nicht, habe ich mittlerweile gelernt. Der Leser versteht die Welt auch nicht mehr, wenn die These nicht spätestens im zweiten Absatz kommt. Und dann muß sie möglichst auch noch in einen Satz passen. Und dann schreibst du deinen Striemel runter, sagt Martin. [...]

Knittel von der Zentrale ruft an. Martin dreht den Lautsprecher höher. Helmut, sagt Knittel, ich mußte dir deine Girlanden etwas beschneiden. Jaja, sagt Helmut, du glaubst wohl auch, du müßtest mich immer auf die Linie bringen. Hans-Jürgen bricht in den Ruf "Abscheu und Empörung!" aus, als er hört, daß seine Geschichte diesmal, leider, nicht mitkomme. Ihr habt doch keine Ahnung! ruft Peter, worauf Knittel sagt, es komme nun mal auf die richtige Blattmischung an, und die Geschichte laufe ja nicht weg, das wolle der Leser auch in der nächsten Woche noch gern erfahren. [...]

Knittel läßt sich davon überzeugen, daß wir unbedingt mal wieder eine Geschichte über irgendeinen Krach in der Koalition machen müssen, da gibt's ja reichlich, und erzählt noch kurz, wer sich in der Zentrale mit wem gestritten habe und wieso der Titel über Otto nötig war. Er persönlich fand zwar den über Geißler besser, aber nun ...

Martin hat einen Termin, und Helmut muß auch mal dringend wo hin. Ich denke, ich gehe jetzt telefonieren. Wer schreibt, der bleibt, sagt Wilfried und guckt mich finster an. Ich geh ja schon, sag ich.

(aus: Kristina v. Winter: Konferenz IV, in: Kursbuch Die Medien, November 1987: 148-151)

Hausmitteilung **Betr.: SPIEGEL**

Jeder Betrieb, auch ein journalistischer, braucht Einvernehmen und Machtbalance. Lassen sie sich, zumal an der Spitze, nicht dauerhaft herstellen oder wahren, entsteht sogenannter Handlungsbedarf. Deshalb gab der SPIEGEL am 10. Juli bekannt: "Nach 23jähriger freundschaftlicher Zusammenarbeit haben sich Herausgeber Rudolf Augstein und Chefredakteur Werner Funk getrennt. Gründe waren Meinungsverschiedenheiten über die Spitzengliederung der SPIEGEL-Unternehmen. Rudolf Augstein hat Werner Funk für seine erfolgreiche Tätigkeit gedankt." Die Meinungsverschiedenheiten betrafen die genannte Balance. Merke: "Macht hat Legitimität nur im Dienst der Vernunft. Allein von hier bezieht sie ihren Sinn" (Karl Jaspers).

(aus: Der Spiegel Nr. 29, 15. 7. 1991: 3)

Zum Stil des traditionell autokratisch geführten Hauses gehören - Ausnahmen bestätigen die Regel - anonyme Autorenschaft und besondere Formen des Umgangs miteinander. Dies betrifft gleichermaßen das 'redaktionelle Fußvolk' wie die Chefredakteure. (→ Text 3-8)

3.2.3 Die Redaktion als organisiertes soziales System

3.2.3.1 Perspektiven der Redaktionsforschung

Es hat sich als fruchtbar erwiesen, den einzelnen Medienbetrieb und insbesondere die Medienredaktion als "organisiertes soziales System" (Rühl 1979) zu verstehen und auf der Grundlage organisationssoziologischer und speziell systemtheoretischer Ansätze zu untersuchen. Konzepte dieser Richtung haben wesentlich zum besseren Verständnis des 'redaktionelles Entscheidungshandelns' beigetragen.

Perspektive	Forschungsansatz	Autoren
Die Redaktion als 'geistiges Zentrum'	Normative Publizistikwissenschaft	DOVIFAT, GROTH, HAGEMANN
Die Redaktion als Produktionsbetrieb von Nachrichten	Materialistische Medientheorie	HOLZER, HUND, PROTT, UNGER, WEIßENBORN
Die Redaktion als organisiertes soziales System	Organisationssoziologie/Systemtheorie/Kybernetik	DYGUTSCH-LORENZ, RÜHL, R. SCHULZ, HIENZSCH

Abb. 3-5: Ansätze der Redaktionsforschung

Die systemtheoretische ist aber nur eine von drei verschiedenen Perspektiven, unter denen die Kommunikationsforschung redaktionelles Handeln betrachtet; die beiden anderen sind der normativ-praktizistische und der materialistische Ansatz (→ Abbildung 3-5).

Der normativ-praktizistische Ansatz

Das Wissenschaftsverständnis der normativen Publizistikwissenschaft wird bei ihrer praktizistischen Auseinandersetzung mit der Institution der Aussagenentstehung besonders deutlich. Nestoren der deutschen Publizistikwissenschaft, die selbst aus langjähriger journalistischer Praxis kamen, entwarfen die Redaktion als Idee, wobei aus ihrem Alltagsverständnis heraus das vermeintliche 'Sein' der Redaktion und des Journalismus abgeleitet und angebliche professionelle Grundsätze begründet wurden. Manifeste Normen - moralisch oder rechtlich 'Gültiges' - wurden von ihnen nicht hinterfragt, latente Normen, nach denen sich journalistisches Handeln auch vollzieht, wurden nicht sichtbar gemacht. (Vgl. Rühl 1980: 25 ff.)

Gefragt wurde vielmehr nach dem 'richtigen Redakteur', der ganz besondere moralische Anforderungen erfüllen muß, um in der Redaktion seine Aufgaben versehen zu können. Die Redaktion ist der "geistige Gestalter" (Hagemann 1950), eine "geistige Unternehmung" (Groth 1928), in der es um den "geistigen Arbeitsvorgang" (Dovifat 1967) gehe. Dabei war vor allem dem seinerzeit in Münster lehrenden Walter Hagemann der Organisationszusammenhang redaktioneller Arbeit durchaus bewußt:

> "Die Schwierigkeit bei der Zeitung besteht darin, aus einem Nebeneinander von widerspruchsvollen Elementen ein organisches Zueinander zu gestalten, einen Organismus, dessen Teile wie die leib-seelischen Funktionen des menschlichen Körpers ineinandergreifen und zu einer harmonischen Einheit verschmelzen." (Hagemann 1950: 33 f.)

Bei dieser Beschreibung der Redaktion wird also expressis verbis eine Analogie zu biologischen Organismen hergestellt, die für den systemtheoretischen Ansatz von besonderer Bedeutung ist. Doch Hagemann führte diese "Zeitung als Organismus" - so der Titel des Buches - dann doch wieder auf die "behutsam lenkende Hand" und die "Leistung einer schöpferischen Persönlichkeit" zurück (ebd.: 34). "Reibungen und Überschneidungen" zwischen geistigen und betrieblichen Seiten der Zeitung - also in neuerer Terminologie: Widersprüche der Medienproduktion - wurden von ihm aber schon thematisiert.

Die Beschreibung redaktionellen Handelns geriet dem Praktiker Hagemann zu einer Mischung aus zutreffenden empirischen Beobachtungen und idealisierenden Bemerkungen - und dies ist typisch für die praktizistische Auseinandersetzung mit dem Prozeß der Aussagenproduktion in der Redaktion:

> "Die Hauptaufgabe der Redaktion besteht im Gegensatz zur landläufigen Auffassung nicht im Schreiben, sondern im 'Redigieren', d.h. in der Bearbeitung des publizistischen Rohstoffes oder Halbfabrikates, das der Redaktion zugeht. Keine Zeile aus fremder Feder geht in einer gut geleiteten Redaktion in Satz, ohne daß sie sorgfältig geprüft und nötigenfalls geändert, ergänzt, verworfen, verarbeitet und in die der Zeitungsabsicht entsprechende Form gegossen worden ist. [...] Jeder Satz muß in den Aussagestil der Zeitung umgegossen werden, wenn er nicht als Fremdkörper ihre geistige Einheit sprengen soll. [...] Erst dann beginnt die Arbeit der typographischen Ausgestaltung, die Wahl der treffenden Überschriften und Zwischentitel, das Gliedern der Abschnitte, das Hervorheben des Wichtigen durch Sperrung oder Auszeichnungsschriften (z. B. Fettsatz), das Bestimmen der Satztypen und Satzgrößen, kurz das Übersetzen der geistigen Aussage in das optische Zeitungsbild, um den Leser zur Lektüre anzureizen und ihm diese Mühe tunlichst zu erleichtern." (Ebd.: 78 f.)

Auch Otto Groth, der mit "Die Zeitung" und "Die unbekannte Kulturmacht" vielbändige Werke zum Journalismus hinterlassen hat, begriff die Redaktion durchaus schon als System. Doch sein Systembegriff versteht 'Zeitung' und 'Redaktion' als Abstraktion, deren Sinn das Vermitteln geistiger Güter sei; darauf allein ist bei ihm Medienproduktion gerichtet. Die Handlungen der Journalisten erscheinen so im Grunde als beliebig und allein auf publizistische Zielsetzungen gerichtet.

Die Idealvorstellung von einer Zeitung ("Das Wesen der Zeitung") wird bewußt unterschieden von dem sinnlich wahrnehmbaren Produkt Zeitung, das jeweils individuell anders gestaltet sein kann. Außenbeziehungen - das Verhältnis der Redaktion zur Umwelt - existieren nur über die publizistische Zielsetzung. Groth schafft sich damit eine 'göttliche Ordnung', die empirischer Prüfung nicht zugänglich ist. Rühl (1980: 25 ff.) kritisiert daran vor allem die Isolierung des Systems von der Außenwelt. Gegen diese seinsrationale Betrachtungsweise setzt die Systemtheorie eine leistungsrationelle Konzeption.

In Groths System werden die einzelnen Teile - die Journalisten als Personen - zu einem Ganzen geordnet und von der sie beeinflussenden Umwelt ausgeschlossen. Eine Auseinandersetzung mit ihr findet nicht statt, und insofern hat auch Hagemann sein Bild vom Organismus nicht zu Ende gedacht: Kennzeichnend für Organismen ist nämlich gerade, daß sie nicht ziellos 'innere Kräfte' entwickeln, sondern sich ganz gezielt ihrer Umwelt anpassen.

Der materialistische Ansatz

Dem materialistischen Ansatz geht es vor allem um den Sinnzusammenhang von Massenkommunikation und ihren gesellschaftlich-ökonomischen Bedingungen (→ Kapitel 2.1.1). Wenn (auch) die Kommunikationsverhältnisse durch bestimmte Produktionsverhältnisse geprägt sind, dann muß der Medienproduktion besondere Aufmerksamkeit gewidmet werden. Deshalb gilt dem Kommunikator ein Hauptaugenmerk, aber nicht als analytisch isolierter Instanz, sondern als 'Produktionsbetrieb von Nachrichten'.

Ausgangspunkt des Ansatzes ist, daß Nachrichten im bürgerlichen Mediensystem kapitalverwertend als Ware produziert werden. Auch bei den Informationen der Bevölkerung gehe es also nicht um Qualität (gute, informative Nachrichten), sondern um eine Verwertung des Medienkapitals; Originaltext, der auch typisch ist für die verwendete Begrifflichkeit:

> "Der Medienkapitalist ist an diesem Prozeß [dem Produktionsprozeß der Ware Nachricht, S.W.] deswegen interessiert, weil an seinem Ende mehr Kapital herauskommt, als ihm zu Beginn eingespeist werden mußte. An der Ware Nachricht interessiert ihn in erster Linie nicht deren stoffliche Seite, sondern der Umstand, daß sie von ihrer formbestimmten Seite her in Warenform geronnenes verwertetes Kapital darstellt, das im Verkauf nurmehr realisiert werden muß. Der Medienkapitalist nimmt daher in Hinblick auf die Ware Nachricht einen Tauschwertstandpunkt ein." (Hund/Kirchhoff-Hund 1980: 98)

Behauptet wird dabei, daß die herrschenden kapitalistischen Produktionsverhältnisse auch in nicht kapitalistisch verfaßte Bereiche eindringen und deren Produktionsablauf bestimmen. Von diesem Prozeß würden also auch die öffentlich-rechtlichen Rundfunkanstalten erfaßt und aufgeweicht.

Eine besondere Rolle spielt für Vertreter der materialistischen Medientheorie die Lohnarbeit im Nachrichtenproduktionsprozeß. Einerseits wird dabei hervorgehoben, daß sich die Journalisten in Hinblick auf den Verkauf und Kauf ihrer Ware Arbeitskraft nicht von anderen Lohnabhängigen unterschieden. Andererseits aber wird die Tätigkeit der Journalisten doch als besondere Lohnarbeit betrachtet - als Kopfarbeit, die erst durch den gesellschaftlichen Produktionsprozeß möglich wird. Dieser 'Sonderstatus' wird auf die arbeitsbedingte Nähe zu Herrschaftspositionen, aber auch auf die Konsequenzen der kapitalistischen Verwertungsinteressen für den journalistischen Arbeitsprozeß zurückgeführt (vgl. Robes 1990: 134). Der Hamburger Kommunikationssoziologe Jürgen Prott postuliert in diesem Zusammenhang, die Aneignung der Produkte geistiger Arbeit schlage

> "unter den Bedingungen des lohnabhängigen Journalismus auf die intellektuelle Dimension der Geistesarbeiter selbst zurück [...]: Mit dem Verkauf seiner Arbeitskraft muß der Journalist bereit sein, seine Gesinnung zur Verfügung zu stellen. Geistige Korrumpierbarkeit gehört zu den substantiellen Bedingungen seiner gesellschaftlichen Situation im Arbeitsprozeß, sie ist keineswegs als lästige Restgröße aufzufassen, der man immer durch individuelles Geschick entkommen kann." (Prott 1976: 24)

Prott suchte im Rahmen seiner Dissertation, die er "Bewußtsein von Journalisten" nannte, nach Zusammenhängen zwischen der ökonomischen Basis des Journalismus und den Einstellungen der Journalisten, um auf diese Weise u.a. das ausgeprägte Standesbewußtsein und Standesverhalten vieler Berufsvertreter erklären zu können. Angesichts dieses 'entfremdeten Bewußtseins' von Journalisten wurde von materialistischen Medienforschern Mitte der siebziger Jahre prognostiziert, daß es eine tendenzielle Auflösung des journalistischen Berufsstandes geben werde - eine Prognose, die durch die Kommerzialisierung und Technisierung bestätigt worden ist:

> "Programmplanung und -organisation als Medienmanagement wird eigentliche Kopfarbeit im Medienverbund und tritt in Widerspruch zur journalistischen Produktion von Einzelbeiträgen [...] Die Journalisten [...] haben dagegen engeren Umgang mit den Handarbeitern im Medienverbund, den Technikern, Druckern, Cuttern usw." (Weißenborn 1974: 173)

Die materialistische Medientheorie hat deutlich zu machen versucht, in welch starkem Maße die Spielräume der Journalisten von den produktionstechnischen und organisatorischen Vorgaben sowie von allgemeinen sozialen Bedingungen ihrer Berufstätigkeit bestimmt werden. Alles dies mache Journalisten zu 'normalen' Lohnabhängigen - und doch wieder nicht:

> "Wenn auch seine Stellung im Verwertungsprozeß den Journalisten, wie alle anderen Lohnabhängigen auch, deutlich als fremdbestimmt produzierenden Verkäufer seiner Arbeitskraft hervortreten läßt, so ist also die spezifische Form, in der der journalistische Arbeitsprozeß vom Kapital organisiert wird, als Basis bestimmter Vorstellungen und Einschätzungen anzusehen, die nicht nur den materialistischen Zugang auf einzelne

> Problembereiche erschwert, sondern die Bewußtseinsstrukturen und das Organisationsverhalten der Journalisten selbst lange Zeit (und heute noch) dominiert haben." (Robes 1990: 136)

Im Bereich der Aussagenentstehung gewann der materialistische Ansatz vor allem durch eine Kritik der bürgerlichen Kommunikationsforschung - und dabei insbesondere organisationssoziologischer Ansätze - Profil, wobei eingestandenermaßen "die Medientheorie der Praxis hinterherhinkt" (Weißenborn 1974: 169). Handlungsrelevanz war zunächst auch weniger beabsichtigt. Uneins war man sich dabei ohnehin über die Frage, ob eine 'fortschrittliche Medienpraxis' vor einer grundlegenden Veränderung der Gesellschaft überhaupt möglich sei und ob die Journalisten ein Hebel für diesen sozialen Wandel sein könnten. Einfluß hatte der Ansatz freilich auf gewerkschaftliche Diskurse über den Arbeitnehmerstatus von Journalisten, die zuerst durch die Konzentrationsbewegungen und damit zusammenhängende Arbeitsplatzverluste ausgelöst wurden und durch die fortschreitenden ökonomischen Prozesse in der Medienindustrie, die den Beschäftigten ihre Ohnmacht vorführen, in Gang gehalten werden.

Der systemtheoretische Ansatz

Gegen das normativ-praktizistische "Idealbild eines organisationsunabhängigen Persönlichkeitsjournalismus" (Rühl 1989: 260) wie gegen die Reduzierung des Journalismus auf einen - empirisch erfaßten und gleichwohl idealtypisch bewerteten - "Rollenmix" (ebd.: 254) setzt die Ansätzen der Organisations- und Betriebssoziologie verpflichtete systemtheoretische Redaktionsforschung eine Untersuchung der Aussagenentstehung im Rahmen formalisierter sozialer Gebilde. Dabei sollen insbesondere die Konsequenzen erfaßt werden, die sich aus dem redaktionellen Handeln in der ständigen Auseinandersetzung mit der sozialen Umwelt ergeben. Das Forschungsprogramm dieses Ansatzes beschreibt sein wichtigster Vertreter, der Bamberger Kommunikationswissenschaftler Manfred Rühl, folgendermaßen:

> "'Gegebene' Werte und Normen", Rollen und Ressorts, Genres und journalistische Arbeitstechniken werden nicht hingenommen, sondern sozialwissenschaftlich analysiert, ebenso die empirisch ermittelten Meinungen und Ansichten von Praktikern. Sie gelten als außerwissenschaftliche Vortypisierungen und nicht als zweckdienliche Prüfsteine für journalistische Wirklichkeit [...]. Redaktionen werden anhand von System/Umwelt-Modellen rekonstruiert; der Erkenntnisgewinn soll im Vergleich liegen [...]. Mitgliedsrollen bilden den Kern für das Verständnis

> der Formalisierung der Redaktion und erweisen sich als wichtige Stabilisierungselemente für deren konfliktreiche Interaktionen und Kommunikationen." (Ebd.: 260)

Dies ist das Plädoyer für eine theoriegeleitete empirische Redaktionsforschung, die - mit unterschiedlichen Konzepten und Schwerpunktsetzungen - seit Ende der sechziger Jahre zahlreiche (Einzelfall-) Studien vorgelegt hat. Als Methode ist dabei - in Ergänzung zur Befragung von Journalisten - mehrfach die teilnehmende Beobachtung in Medienredaktionen eingesetzt worden.

Die Systemtheorie stützt sich auf einen sozialwissenschaftlichen "Schlüsselbegriff" (Schütz 1972), der erheblichen heuristischen Wert insbesondere für die Analyse organisierten Handelns besitzt. Nachteil des Systembegriffs ist seine vieldeutige Verwendung in den verschiedenen Ansätzen und Objektbereichen der Sozialwissenschaften.

Epistemologisch geht die systemtheoretische Redaktionsforschung von allgemeinen soziologischen Rollen- und Gruppenkonzepten aus, die um die Konstruktion des "Homo Sociologicus" (Dahrendorf 1977) kreisen. Als Person, als Individuum, ist er für die soziologische Analyse nicht zentral; sie zielt auf sein Handeln in bezug auf andere Handelnde, jeweils in einem bestimmten gesellschaftlichen Kontext: der Gruppe. Und deshalb wird von einem Teil der Soziologen die gesamte Soziologie als Wissenschaft von der sozialen Gruppe verstanden.

Gesellschaft besteht in diesem Verständnis aus einem Kollektiv von sozialen Gebilden. Nach Vorstellungen der Systemtheorie tendieren diese nun als 'soziale Systeme' dazu, sich nach bestimmten funktionalen Erfordernissen zu 'verhalten', um ihren Fortbestand zu sichern bzw. bestimmte Leistungen zu erbringen, die ihnen die Anpassung an die Umwelt ermöglichen. (→ Kapitel 4.1.1)

Diese Leistungen im Sinne von Handlungsfolgen werden als 'Funktionen' bezeichnet; bei 'Funktionen', dem zentralen Begriff der für die Redaktionsforschung relevanten 'funktional-strukturellen Systemtheorie', wird stets nach den Konsequenzen von Handlungen und Beziehungen für ein System gefragt. Erfaßt werden die Handelnden in einem System - und auch das ist für die Redaktionsforschung von besonderer Bedeutung - durch die Begriffe 'Status' und 'Rolle'. Mit Status ist die Position eines Handelnden in einem System gemeint. Sie ist abhängig von Einfluß, Macht aufgrund einer bestimmten Position oder sozialem Prestige. Jeder Handelnde hat aber mehr als einen Status ('Status-Set'): Er oder sie ist Kegelbruder, Skatschwester, ADAC-Mitglied, Student oder Studentin - oder eben auch Redaktionsmitglied.

Über Rollen (→ Kapitel 3.2.2) werden Handelnde in soziale Systeme integriert. Jeder ist dabei durch eine Vielzahl von Rollen mit anderen Handelnden verbunden ('Rollen-Set'). Redakteure nehmen zum Beispiel gegenüber ihren Kollegen eine andere Rolle wahr als gegenüber ihrem Publikum und wieder eine andere gegenüber ihrer Familie.

In der Logik von Systemmodellen besteht die Funktion der Medien darin, Themen aus den einzelnen gesellschaftlichen Subsystemen aufzugreifen und dann als Medienaussagen diesen Systemen wieder anzubieten. Diese Primärfunktion wird im Prinzip für alle modernen Gesellschaften unabhängig von ihrer politischen und ökonomischen Konstitution unterstellt. Eine solche Vorstellung legt nahe, die Medien als Relaisstationen zwischen sozialen Systemen als Informationssystemen und sozialen Systemen als Erfahrungs- und Handlungssystemen (vgl. Baacke 1980: 191) zu verstehen. Dabei würde aber ignoriert, daß der für die aktuelle Medienkommunikation zuständige Journalismus auf Prinzipien der Selbstorganisation und Selbstreferenz operiert. Redaktionen als soziale Systeme transportieren nicht Informationen, sondern machen aus den Informationsangeboten der sozialen Systeme etwas Eigenes; sie konstruieren Wirklichkeit (→ Kapitel 1.2.3, 4.2). Gewiß reduzieren Medien aber Komplexität, und sie stellen Zusammenhänge her, die durch die Ausdifferenzierung der modernen Gesellschaft verloren gegangen sind.

Die Medien lassen sich selbst wiederum als eines von vielen sozialen Subsystemen begreifen - wobei es jeweils auf die Forschungsperspektive ankommt, was man als System und was als Subsystem bezeichnet. Die systemtheoretische Perspektive ist eine Konstruktion, die erlaubt, zum Beispiel eine einzelne Zeitung oder, noch weiter ausdifferenziert, eine einzelne Redaktion als soziales System zu begreifen und in ihren Strukturen und Funktionen - also ihren relativ stabilen Beziehungen und ihren Leistungen für die Umwelt - zu untersuchen.

Im Systemmodell, das Manfred Rühl seiner Untersuchung redaktionellen Handelns zugrundegelegt hat (→ die graphische Übertragung in Abbildung 3-6), gehört der Zeitungsverlag der Umwelt des Systems Zeitungsredaktion an. Mit dieser rigiden Konstruktion will er sich auf die wesentlichen Prozesse innerhalb der Redaktion konzentrieren; die Beziehung zwischen Verlag und Redaktion stehe, insbesondere unter Konfliktgesichtspunkten, nicht im Zentrum redaktionellen Handelns. Andere Systeme der Umwelt, gegenüber denen die Redaktion ihre Anpassungsfähigkeit beweisen muß, sind in seinem Modell die Informatoren, das Publikum, andere Massenmedien, die Anzeigenabteilung, die Technologie, das Redaktionsarchiv, das Presserecht, aber auch die handelnden Personen selbst "als (psychisches) Personalsystem [...] mit eigener Struktur, eigenen Interessen, Orientierungen usf." (Rühl 1979: 71).

Nach Rühls Ansicht wäre der Personenbegriff viel zu komplex, um permanente organisatorische Probleme zu lösen. Er müsse vielmehr aufgelöst werden in Strukturen wie Rollen und Positionen sowie in unterschiedlich formalisierte Varianten wie beispielsweise 'Mitgliedsrollen' und 'Arbeitsrollen'. Dadurch wiederum könnten Teilstrukturen der Redaktion wie Ressorts, Redaktionskonferenzen oder Entscheidungsprogramme in ihren Funktionen analysiert werden.

Die Mitgliedsrolle ist bei Rühl das zentrale Formalisierungskriterium der Redaktion; sie trennt systeminterne von systemexternen Rollen eines jeden Handelnden. Mit dieser Mitgliedsrolle sind bestimmte formale Verhaltenserwartungen verbunden, die jedes Redaktionsmitglied erfüllen muß.

Anders ist es mit Handlungen, die der einzelne Redakteur im Rahmen seines spezifischen Arbeitsgebietes und in seinem Ressort zu erbringen hat. Hinsichtlich dieser Arbeitsrolle bestehen verschiedene Variations- und Interpretationsmöglichkeiten. Rühl betont, daß dafür jeweils die Chance der individuellen Gestaltung gegeben ist, was freilich nicht Beliebigkeit bedeutet. Es gibt also auch für die Arbeitsrollen spezifische Erwartungen, mit denen zum Beispiel der Neuling in der Redaktion konfrontiert wird. Über die Arbeitsrolle haben die einzelnen Redakteure auch jeweils mit spezifischen Umwelten der Redaktion zu tun. (Vgl. ebd.: 257 ff.)

Jedes Ressort hat eine 'eigene' Umwelt; dies ist der Bereich, mit dem die Redakteure im Auftrag der Redaktion verkehren. Ebenso hat der einzelne Redakteur Kontakt zu einem bestimmten Kreis von Informanten. Gleich für alle Ressorts ist aber der Verlag als Umweltsystem. Die Ressorts als Subsysteme der Redaktion entwickeln wie alle Systeme die Tendenz, ihre Autonomie zu erhalten und, wenn möglich, zu vergrößern. Jedes Ressort handelt innerhalb seiner Grenzen so, als wenn die anderen Teilsysteme der Redaktion Umwelt seien. Zur Integration und zur Anpassung an die Umwelt werden spezifische Formen der Arbeitsorganisation entwickelt.

Zur Verhinderung einer systemschädigenden Autonomie der einzelnen Teilsysteme hat die Redaktion spezifische Mechanismen entwickelt, die Rühl als "Zwischensysteme" oder "Intermediärsysteme" der Redaktion bezeichnet. Sie sollen die Integration des Gesamtsystems Redaktion erhalten und fördern. Als solche Zwischensysteme hat er bei seiner empirischen Untersuchung die Redaktionskonferenz und die Volontär-Ausbildung identifiziert.

Rühl stützte sich bei seinem Theorieentwurf auf die funktional-strukturelle Systemtheorie des Soziologen Niklas Luhmann (1972 ff.). Der Autor hat sie aber durch entscheidungstheoretische Kategorien zu erweitern versucht, da er erkennen mußte, daß über normierte Strukturen und Funktionen redaktionellen Handelns allein das Spezifische des Systems Redaktion nicht ausreichend erfaßt werden könnte. Sein Interesse gilt dabei Entscheidungsprämissen, die aufgrund früherer 'Meta-Entscheidungen' sozusagen als Routineprogramm den Alltagsanforderungen des Handelns in der Zeitungsredaktion zugrundeliegen:

> "Entscheiden ist als Elementarbegriff der Redaktion erkannt worden [...]. Redaktionelles Entscheiden, das Recherchieren, Redigieren, Schreiben sowie andere Handlungs- und Kommunikationsprozesse umfaßt [...] - auch in ihren 'elektronischen' Versionen [...] - führt mithin zu Produktionen, die Ergebnisse komplexer interner Entscheidungsprozesse sind. [...] Redaktionelle Entscheidungsprogramme wiederum werden in den einzelnen Redaktionen differenziert [...]." (Rühl 1989: 262)

Dies sind die Kernelemente des Ansatzes, der für die Redaktionsforschung in Deutschland zentral geworden ist. Dennoch blieb er nicht von - zum Teil heftiger - Kritik verschont. Diese Kritik richtet sich zum einen allgemein gegen die Systemtheorie und ihre möglichen ideologischen Implikationen: Sie problematisiere Systemstrukturen nicht und könne sozialen Wandel nicht erklären. Auf die Redaktionsforschung bezogen lautet diese Kritik: Sie setze die skalare Redaktionsorganisation als gegeben voraus und klammere Fragen von Macht und Herrschaft in den Medienbetrieben aus. (Vgl. z. B. Baacke 1980: 189, Fabris 1979: 79 f.)

In grundsätzlicher Weise bemängelte insbesondere die Soziologin Ursula Schumm-Garling, daß hier Kategorien der industrie- und organisationssoziologischen Forschung unkritisch auf Redaktionen übertragen würden:

> "Wendet man [...] Überlegungen zur betrieblichen Arbeitsorganisation auf die Herstellung publizistischer Produkte an, so kann [...] angenommen werden, daß gerade diejenigen Ergebnisse organisations- und industriesoziologischer Forschung akzeptiert werden, die dazu geeignet sind, den Status quo abzusichern, um so z. B. innerhalb privatwirtschaftlich organisierter Verlage die Verfügungsgewalt der Verleger zu legitimieren." (Schumm-Garling 1973: 419)

Kritisch setzten sich von Rühls Konzeption aber auch solche Kommunikationsforscher ab, die selbst mit einem organisationssoziologischen bzw. systemtheoretischen Ansatz Redaktionsuntersuchungen durchgeführt haben. Sie monieren, daß die Geschlossenheit seines Ansatzes auf Kosten der 'Realitätsnähe' gehe, wenn etwa der Verlag aus dem System herausdefiniert werde. Andere Redaktionsforscher haben deshalb ihren Studien offenere Systemvorstellungen zugrundegelegt als Rühl. (Vgl. Dygutsch-Lorenz 1971, 1973; R. Schulz 1974)

Aus der Kritik an Rühls Systemkonzept hat Ulrich Hienzsch seine Hypothese der "Zeitungsredaktion als kybernetisches System" entwickelt und am Beispiel der elektronischen Produktionsweise einer großen westdeutschen Regionalzeitung empirisch geprüft (→ Kapitel 3.2.4.2, 3.3.6). Hienzsch setzt sich dabei zunächst mit den weißen Flächen auseinander, die das von Rühl beschriebene redaktionelle Entscheidungsprogramm lasse. Dessen Perspektive berücksichtige nicht, daß redaktionelle Programmschritte relativ pluralistisch generiert werden könnten, wobei Rolleninhaber innerhalb des Systems Redaktion separate Handlungsprogramme entwerfen und verfolgen. Erst "im durchschnittlichen Zusammenspiel" entstehe daraus im Rahmen der Großorganisation so etwas wie ein redaktionelles Handlungsprogramm. Dies sei aber - mit Hilfe kybernetischer Modellvorstellungen und Methoden - nur durch Erfassung der vielfältigen Meß- und Vergleichsstellen in ihrer Komplexität hinreichend zu rekonstruieren. (Vgl. Hienzsch 1990: 44 ff.)

Nicht einverstanden ist Hienzsch auch mit Rühls Aussage, das Handlungssystem Redaktion erhalte durch die Gewährleistung generalisierter Verhaltenswertungen eine Struktur, die es gegenüber der Umwelt abgrenze und eine "eigene Identität"[13] gewinnen lasse (vgl. Rühl 1979: 74). Redaktionen existierten aber nicht von innen heraus, sondern würden von außen her eingerichtet:

> "Die Rollenmetapher weiter gedacht: Ohne Bretter, die die Welt bedeuten, käme kein Rollenträger auf die Idee, das Stück 'Zeitungsredaktion' zu inszenieren [...] Diesen Eindruck vermittelt aber die Rühl'sche Vorstellung von Redaktion: Sie ist zunächst einmal da. Woher sie kommt, warum sie da ist und welche Bedingungen ihre Existenz ermöglichen - das sind keine zentralen Fragen funktional-struktureller Systemauffassung. Aber ebenso wie Theaterensembles fallen auch Redaktionen nicht vom Himmel, sind sie nicht Resultat eigener, sondern fremder Handlungen. Stellt sich die spannende Frage, wer das Drehbuch schreibt." (Hienzsch 1990: 70 f.)

---

13 In der 1969 erschienenen ersten Auflage des Buches "Die Zeitungsredaktion als organisiertes soziales System", auf die sich Hienzsch bezieht, schrieb Rühl an dieser Stelle nicht "eigene Identität", sondern "eigene Existenz" (S. 39); er gebrauchte also einen für sein Konzept irreführenden ontologischen Begriff.

Abb. 3-6: Die Zeitungsredaktion als organisiertes soziales System (Rühl)

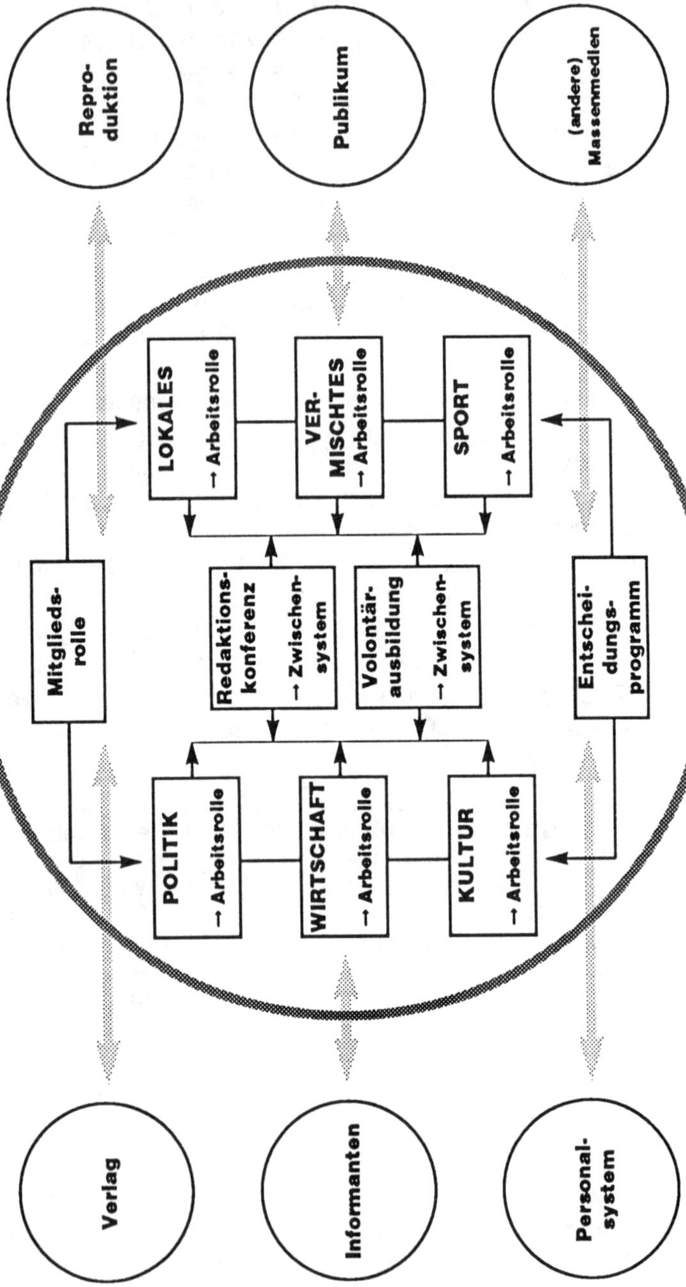

3.2.3.2 Redaktionelles Entscheidungshandeln

Die Mitgliedsrolle als zentrales Kriterium für die Formalisierung redaktioneller Arbeit wurde von Rühl auf folgende Weise definiert:

> "Bei der Mitgliedsrolle handelt es sich um einen Komplex spezifischer, von allen anderen deutlich herausgehobenen Erwartungen. Die Anerkennung der Erwartungen der Mitgliederrolle ist für alle diejenigen verpflichtend, die Mitglied der Redaktion werden wollen bzw. deren bereits bestehende Mitgliedschaft aufrecht erhalten werden soll. Die Mitgliedschaftsrolle enthält mithin als Extremorientierung die Entscheidung über Eintritt und Austritt und bildet dergestalt die Voraussetzungen für die Übernahme anderer Rollen in der Redaktion." (Rühl 1979: 241)

Bei seiner Fallstudie der NÜRNBERGER NACHRICHTEN fand Rühl sieben Regeln heraus, die für jedes Redaktionsmitglied verbindlich sind, also die mit der Mitgliedsrolle verbundenen Verhaltenserwartungen definieren (vgl. ebd.: 246 ff.):

- ▲ Zustimmung zu den Redaktionszwecken
- ▲ Anerkennung der Entscheidungsrechte der Redaktionsleitung
- ▲ Informationsverarbeitung nach dem Entscheidungsprogramm der Redaktion
- ▲ Identifikation mit der Redaktion
- ▲ Ausschluß der Mitarbeit bei Konkurrenzmedien
- ▲ Wahrung der redaktionellen Diskretion
- ▲ Orientierung am relevanten Recht

Als wichtigste Komponenten erwiesen sich dabei die Zustimmung zu den Zwecken der Redaktion und die Anerkennung der Entscheidungsrechte der Redaktionsleitung. Mit der Mitgliedsrolle sind die anderen Verhaltenserwartungen innerhalb der Redaktion eng verbunden; sie lassen sich nur zum Zwecke der Analyse trennen:

- ▲ Arbeitsrollen als weitere formalisierte Verhaltenserwartungen in der Redaktion, die aber innerhalb gewisser Grenzen interpretierbar sind;
- ▲ Ressorts als Teilsysteme der Redaktion;
- ▲ Zwischensysteme der Redaktion: die Volontärausbildung - in deren Verlauf die Lernenden und Ausbildenden besondere Rollen übernehmen - und die Redaktionskonferenz als Einrichtung zur Erhaltung und Förderung der Integration der Ressorts ins gesamte System Redaktion (→ Kapitel 3.2.4.2);

▲ das redaktionelle Entscheidungsprogramm als Grundlage für die typischen Handlungen, die im Mittelpunkt des täglichen redaktionellen Arbeitsablaufs stehen.

Dieses 'redaktionelle Entscheidungsprogramm' ist für die Merkmale des organisierten System Redaktion von besonderer Bedeutung. Entscheiden, so behauptet Rühl, dominiert in der Zeitungsredaktion, auch wenn damit keineswegs alle funktionalen Leistungen erfaßt würden. In diesem Zusammenhang geht es konkret um die redaktionellen Handlungen der Sammlung, Auswahl und Verarbeitung von Material, also um Entscheidungen, die in allen Phasen der journalistischen und redaktionellen Arbeit zu treffen sind (→ Kapitel 3.2.5). Diese Einzelentscheidungen werden, so ermittelte Rühl, auf der Grundlage von zwei verschiedenen Routinen getroffen: dem 'Konditionalprogramm' und dem 'Zweckprogramm'.

Beim *Konditionalprogramm* wird nach der input-orientierten Formel 'wenn - dann' verfahren. Es ist sozusagen der Steuerungsmechanismus des Routineverhaltens. Damit ist gemeint, daß in allen Ressorts etwa bestimmte Informationskomplexe stets in einer bestimmten Weise verarbeitet werden. Ein Beispiel dafür ist der folgende Fall: Wenn eine Kulturredaktion nur eine halbe Seite Platz zugeteilt bekommt, dann wird die Kritik von einer nicht als wichtig eingeschätzten Konzertveranstaltung 'geschoben'.

Das *Zweckprogramm* ist am Output orientiert, den möglichen Folgen, welche die von einer Redaktion bearbeiteten und verarbeiteten Informationsangebote für die Umwelt haben können. Dafür mag das eine Medium das Berichterstattungsmuster des 'Investigativen Journalismus' (→ Kapitel 4.1.2) für angemessen halten, ein anderes mag für exklusive Nachrichten erhebliche Geldsummen aufwenden, wieder ein anderes wird sich auf seine Funktion als leitartikelnde Elitezeitung berufen.

> "Beide Entscheidungsprogramme entlasten das situative redaktionelle Entscheiden angesichts der Hyperkomplexität des Entscheidungspotentials. Sie werden von den beteiligten Redakteuren gelernt und - in Relation zu verfügbarer Zeit und vorhandenem Geld - mehr oder weniger bewußt 'gefahren'. Entscheidungsprogramme in ihrer Eigenkomplexität sind sozialwissenschaftliche Rekonstruktionen, die in Redaktionen so gut wie nie schriftlich festgelegt werden - aber, empirisch prüfbar, fungieren." (Rühl 1989: 262)

Zentral ist das Konditionalprogramm als Ausdruck eines Entscheidungshandelns, das sich an brauchbaren Alternativen orientiert. Damit ist das wichtigste Merkmal der redaktionellen Entscheidungsprogramme beschrieben: Beim redaktionellen Handeln geht es um Problemlösungen nach Brauchbarkeitskriterien; optimale Entscheidungen sind die Ausnahme. Redaktionen müssen innerhalb eines begrenzten Zeitraums die verfügbaren Informationen in einem begrenzten Rahmen (Zeitungsseiten, Sendezeit) unterbringen.

Normalerweise ist weder die Bearbeitungszeit noch der Umfang der angebotenen Informationen noch der mögliche Publikationsumfang optimal, sondern höchstens ausreichend. Denn redaktionelle Arbeit hat bestimmte Charakteristika, die sie von Tätigkeiten in anderen modernen Großbetrieben unterscheiden. Dazu gehört im einzelnen,

- ▲ daß die Produktion nicht bis ins Einzelne in arbeitsteilig ausgeführte Routinearbeit zerlegt werden kann,
- ▲ daß die redaktionellen Einzelentscheidungen im Rahmen der Alltagsarbeit nicht zeitlich präzise aufeinander abgestimmt werden können,
- ▲ daß sich die Redaktion ständig wechselnden Umweltsituationen und Umwelterwartungen anpassen muß und
- ▲ daß sich das redaktionelle Entscheidungshandeln häufig in Situationen der Ungewißheit und des Risikos abspielt.

Insbesondere Selektionsentscheidungen werden häufig ohne Kenntnis aller potentiellen Informationen auf der Grundlage von Erfahrung getroffen. Hinzu kommt, daß für die Beurteilungen redaktioneller Einzelentscheidungen oft die präzisen Bewertungskriterien fehlen. Redakteure befinden sich bei ihren Entscheidungen also stets in einer vagen Situation, die durch eine Kombination vielfältiger, vor allem organisationsbezogener Mechanismen reduziert wird (vgl. Dimmick 1974); die Ergebnisse dieser Unsicherheitsreduktion führen allerdings zu auffallend ähnlichen Medienaussagen (→ Kapitel 4.2, 4.3).

Diesen Besonderheiten redaktioneller Arbeit wollte Rüdiger Schulz bereits bei seiner Definition redaktionellen Entscheidungshandelns Rechnung tragen:

> "Redaktionelles Entscheidungshandeln ist Entscheidungshandeln im organisierten sozialen System Zeitungsunternehmen. Die Zeitungsunternehmung ist sowohl arbeitsteilig (funktional) als auch hierarchisch (skalar) gegliedert. Die einzelnen Positionen des sozialen Systems sind durch horizontale und vertikale Kommunikationsstrukturen miteinander verbunden.
>
> Die geplanten formellen Strukturen (funktionale und skalare Organisation sowie formelle Kommunikationsstrukturen) werden durch ein Netz ungeplanter informeller Beziehungen zwischen den Organisationsmitgliedern ergänzt." (R. Schulz 1974: 43)

Kennzeichnend für dieses redaktionelle Entscheidungshandeln ist das Ineinandergreifen von vielfältigen Mechanismen: In den großen Institutionen der Medienkommunikation gibt es nicht den allein herrschenden Verleger oder Intendanten, der die Tagesparole erläßt; Kontrollprozesse in Redaktionen greifen vielmehr als soziale Mechanismen. Die formellen und informellen Kommunikationsstrukturen erweisen sich dabei als ambivalent: Einerseits dienen die Kommunikationsmuster der Koordination von Handlungen der einzelnen Entscheidungsträger; sie sind in diesem Sinne also funktional für das System Redaktion. Andererseits erweisen sie sich aber auch - oft unbewußt für die Journalisten - als Formen von Kontrolle und als Anpassungsmechanismen an die redaktionelle Linie.

3.2.4 Kontroll- und Anpassungsprozesse in der Redaktion

3.2.4.1 Redaktionelles Handeln als 'Gatekeeping'

Als normative Eigenschaftskataloge von Journalisten sowie historische Fragestellungen zum Journalismus noch die wissenschaftliche Beschäftigung mit der Aussagenentstehung in Deutschland bestimmten, gab es in den USA bereits eine empirische Kommunikatorforschung. Sie setzte jedoch bei einer relativ engen Fragestellung in bezug auf das Entscheidungsverhalten von Journalisten an: Von wem und wie werden in den Institutionen der Massenkommunikation die Informationen ausgewählt?

Operationalisierbar wurde diese Fragestellung über den Begriff 'Gatekeeper' (Pförtner, Schleusenwärter). Der Terminus wie auch das dahinterstehende Konzept stammt jedoch nicht aus der Kommunikationswissenschaft, sondern wurde dem Werk des deutschstämmigen Sozialpsychologen Kurt Lewin entnommen, der sich im Rahmen seiner feldtheoretischen Studien während des Zweiten Weltkrieges mit den Gewohnheiten nordamerikanischer Hausfrauen beim Lebensmitteleinkauf beschäftigt hatte. Lewin wollte herausfinden, nach welchen Gesetzen welche Lebensmittel auf den Tisch der Familien kommen und auf welche Weise Ernährungsgewohnheiten geändert werden können. Er stützte sich dabei auf im Mai und Juni 1942 durchgeführte Untersuchungen eines Forscherteams der Child Welfare Research Station der University of Iowa in einer Kleinstadt im Mittelwesten der USA. (Vgl. Lewin 1963 [zuerst 1943])

In den Befunden sah Lewin eine Bestätigung für seine Theorie, wonach in formalisierten Institutionen jeder Art soziale und ökonomische Kanäle existieren, in denen es Veränderungen auf Grund von Entscheidungen an bestimmten Stellen gibt; diese Stellen nannte er "Pforten". Wenn Individuen oder Gruppen hier die Macht hätten über die Entscheidung zwischen 'offen' oder 'geschlossen', werde das Verstehen der Funktion der Pforte gleichbedeutend mit dem Verstehen der Ursachen, welche die Entscheidungen der 'Pförtner' bestimmt hätten; wenn man das soziale Geschehen verändern wollte, müßte man also den 'Pförtner' beeinflussen oder ersetzen. (Vgl. ebd.: 221)

Lewin erkannte einen grundlegenden "Zusammenhang zwischen Diskriminierung und Organisationsfragen; und Handlungen von 'Pförtnern' entscheiden darüber, was getan und was nicht getan wird." Direkt im Anschluß an diese Aussage riskierte Lewin in seinem 1943 erstmals publizierten Aufsatz "Psychologische Ökologie" einige Generalisierungen, die auch von Kommunikationsforschern registriert wurden:

> "Solche Verhältnisse bestehen nicht nur bei Essenskanälen, sondern auch beim Weg einer Neuigkeit durch gewisse Kommunikationskanäle innerhalb einer Gruppe, beim Transport von Gütern, bei der sozialen Lokomotion von Individuen in mancherlei Organisationen. Zum Beispiel betreibt eine Universität eine strenge Zulassungspolitik und stellt starke Kräfte gegen den Eintritt von schwachen Kandidaten auf. Ist ein Student jedoch einmal zugelassen, so bemüht sich die Universität, häufig mit allen ihr zur Verfügung stehenden Mitteln, ihm weiterzuhelfen." (Ebd.: 222)

Der eher beiläufig angesprochene Aspekt des Kommunikationsflusses war der Grund dafür, daß sich zunächst David Manning White und nach ihm eine größere Zahl anderer Kommunikationswissenschaftler auf diese Theorie stürzten. White untersuchte freilich nicht, wer für die Familie zum Beispiel bestimmte Zeitungen und Zeitschriften kauft; er griff auch die von Lewin zuletzt erwähnten Mechanismen der Rekrutierung nicht auf, sondern übertrug das Konzept allein auf den Vorgang der Nachrichtenauswahl in einer Zeitungsredaktion. Dies war der Beginn der kommunikationswissenschaftlichen 'Gatekeeper-Forschung', deren Strategien und Ziele seit der Publikation von Whites Untersuchungsergebnissen im Jahre 1950 erheblich modifiziert worden sind, ohne daß der Ansatz selbst an Attraktivität verloren hätte.

White untersuchte zunächst im einzelnen, wer beim Weg einer Nachricht vom Ereignis bis zum Rezipienten als Gatekeeper auftritt. Da ist zum Beispiel der Korrespondent in Washington, der erste 'Pförtner' im Kommunikationskanal. Er entscheidet, ob eine Story so wichtig ist, daß er sie an seine Redaktion weitergibt. Und er entscheidet, wie er sie weitergibt.

Ist dieser Reporter bei einer Nachrichtenagentur beschäftigt, dann kann der weitere Weg seiner Story so aussehen: Ein Redakteur der Agentur nimmt sie auf, ein Ressortleiter entscheidet, ob sie übernommen wird bzw. wie sie übernommen wird; sie wird redigiert, und sie wird an die Medienredaktionen übermittelt. Und nun kommen wir, mit Whites Worten, zum "letzten Gatekeeper", dem Nachrichtenredakteur (wire editor) bei einer Zeitung. Er ist dafür zuständig zu entscheiden, was von den nationalen und internationalen Nachrichten auf die Vorderseite und auf die hinteren Seiten seines Blattes kommt und wie diese Seiten aufgemacht werden.

Bei der Untersuchung von White war dies der routinierte Nachrichtenredakteur (25 Jahre Berufserfahrung) einer Morgenzeitung mit einer Auflage von rund 30.000 Exemplaren in einer hochindustrialisierten Stadt von 100.000 Einwohnern im mittleren Westen der USA. Er hatte Nachrichten der Agenturen AP, UPI und International News Service auszuwählen, zu redigieren und die Überschriften dazu zu machen. Dieser "Mr. Gates" ist für den Forscher White der wichtigste Schleusenwärter von allen; er entscheidet über das, was die Leser am nächsten Morgen in der Zeitung finden.

White untersuchte genau, was der Nachrichtenredakteur in der Woche vom 6. bis 13. Februar 1949 selektierte und was nicht und aus welchen Gründen er ein Zehntel des Nachrichtenangebots auswählte. Und sein Mr. Gates mußte bei jeder einzelnen Nachricht der in den Papierkorb geworfenen neun Zehntel vermerken, weshalb er sich weigerte, dieses Material zu verwenden.

Die Auswahl des Mr. Gates erwies sich Whites Befunden zufolge als hochgradig subjektiv. Der Redakteur vertraute nur auf sein ganz persönliches Urteil. Seine Selektionskriterien waren äußerst vage: Bestimmte Ereignisse wurden als nicht veröffentlichungswert kategorisiert; zum selben Ereignis wurde eine Fassung aus mehreren ausgewählt, wobei objektivierbare Kriterien für die Negativauswahl offenbar fehlten. Je näher der Redaktionsschluß rückte, umso häufiger wurden technisch-formale Argumente gegen die Aufnahme weiterer Nachrichten benutzt. Wenn Mr. Gates einmal die Aufmachung seiner Seite festgelegt hatte, nahm er kaum noch neues Material auf.

Im einzelnen favorisierte Mr. Gates politische Nachrichten und lehnte Kriminalstories ab; aber er liebte auch 'Human-Interest-Stories'. Sein Bild vom Leser war genauso vage wie sein Selektionsprogramm. Aber er wollte durchaus sein Publikum zufriedenstellen und Nachrichten auswählen, von denen er annahm, daß seine Leser sie wünschten. Als Basiskriterien für die Selektion von Nachrichten nannte er Klarheit, Prägnanz und die in der Nachricht vorzufindende Auffassung vom Ereignis sowie die Länge einer Story.

David Manning White kam zu dem Schluß, daß der 'letzte Gatekeeper' dem Publikum nur das anbietet, was er selbst für die Wahrheit und die Realität hält. Und in Verallgemeinerung seiner Fallstudie behauptete White schließlich, daß die Bedeutung der Rolle des Schleusenwärters ebenso groß sei wie die Subjektivität, mit der er diese Rolle ausführe. (Vgl. White 1950)

Mit seiner Modifikation des Gatekeeper-Konzepts von Lewin, der ausdrücklich darauf aufmerksam gemacht hatte, daß sich das Entscheidungshandeln in einem strukturellen Umfeld, in der Gruppe, abspielt, vereinfachte White den Ansatz in problematischer Weise. Die Vernachlässigung der "psychologischen Ökologie" des Gatekeeping ließ den Nachrichtenredakteur als unabhängig Entscheidenden erscheinen - ein Mißverständnis, das erst durch spätere Studien im Rahmen der Gatekeeper-Forschung revidiert wurde.

Die Verallgemeinerbarkeit der ersten Gatekeeper-Studien wurde zudem dadurch eingeschränkt, daß sie - aus forschungspraktischen Gründen - in nicht-großstädtischen Redaktionen durchgeführt wurden, wo u.a. aufgrund der geringen Größe spezifische Organisationsbedingungen herrschen. Außerdem ist dem Nachrichtenredakteur der Zeitung als 'letztem Schleusenwärter' in den Anfängen der Gatekeeper-Forschung eine unangemessen große Bedeutung beigemessen worden. Es ist nämlich nicht einzusehen, weshalb dem Redakteur am Ende des Auswahl- und Bearbeitungsvorgangs ein größerer Einfluß zukommen soll als etwa dem Reporter und Journalisten, der für die Sammlung und erste Selektion von Nachrichten zuständig ist - ganz abgesehen von Rollenträgern, die in der Redaktionshierarchie oben angesiedelt sind.[14] (Vgl. Bass 1972: 144 ff.)

Da White den Gruppenaspekt, der sich in Lewins Ausgangskonzept findet, unbeachtet ließ, begann die Erforschung des Selektionsverhaltens in Redaktionen also auf einer niedrigeren Modellstufe als nötig. Fünf Jahre nach White führte der Soziologe Warren Breed in seiner Dissertation die strukturellen Bedingungen in die Gatekeeper-Forschung ein und konzentrierte sich insbesondere auf die Folgen der

---

[14] Unter dem Aspekt der Übertragbarkeit wären schließlich auch noch die Organisationsunterschiede zwischen nordamerikanischen und deutschen Redaktionen zu berücksichtigen. In deutschen Lokalredaktionen z. B. wird die Rolle des Nachrichtensammlers und des 'letzten Schleusenwärters' häufig von derselben Person wahrgenommen.

skalaren Organisation für die Durchsetzung von 'Zeitungspolitik'. Sein Ausgangspunkt war dabei die folgende Forschungsfrage:

> "Wie wird Zeitungspolitik trotz der Tatsache durchgesetzt, daß sie häufig journalistischen Normen widerspricht, ihre Befolgung von den Vorgesetzten nicht gesetzlich befohlen werden kann und Redaktionsmitglieder persönlich oft anderer Meinung sind?" (Breed 1973: 359)

Bei der Suche nach einer Antwort - er stützte sich dabei auf teilnehmende Beobachtung in Redaktionen und auf Intensivbefragungen von etwa 120 Journalisten - stieß Breed auf den Prozeß der beruflichen Sozialisation, durch den Journalisten die Normen einer Redaktion kennenlernen und internalisieren (→ Kapitel 5.3.4). Die Sozialisation funktioniert meistens reibungslos, weil Journalisten auf die Integration in die Redaktion angewiesen sind und sich deshalb prinzipiell eher an Arbeitskollegen und Vorgesetzten als an Lesern, Hörern oder Zuschauern orientieren. Dies führt in den Teufelskreis, daß Redakteure ihre Wertbegriffe mit Blick auf die geltenden Normen der Redaktion abgleichen und weniger allgemeinen professionellen und gesellschaftsbezogenen Vorstellungen folgen. Nach Breeds Auffassung läßt sich dieser Teufelskreis nur so durchbrechen:

> "Jede einschneidende Veränderung hin zu einer 'freieren und verantwortlicheren Presse' muß durch vielfach möglichen Druck auf den Herausgeber zustande kommen, der die Richtlinien verkörpert und die Koordinationsarbeit leistet." (Breed 1973: 378)

Auch Walter Gieber (1956) rückte in seiner Fallstudie über die Auswahl und Bearbeitung von Nachrichten durch Nachrichtenredakteure bei 16 Tageszeitungen im US-Staat Wisconsin von der Vorstellung Whites ab, daß Gatekeeper unabhängig darüber entschieden, welche Nachrichten sie passieren lassen und welche nicht. Giebers Ergebnisse[15] stellten ebenfalls die institutionellen Zwänge der Redaktionsarbeit in der Vordergrund und beschrieben den Nachrichtenredakteur als passiv in seinem Kommunikationsverhalten:

- ▲ Für Nachrichtenredakteure sind die mechanischen Zwänge der Arbeit wichtiger als Bedeutung und Wirkung der Nachrichten selbst;
- ▲ Die Werte des Chefs werden akzeptiert und verinnerlicht.
- ▲ Die Reporter nehmen die Nachrichtenpolitik der Zeitung als Teil der bürokratischen Struktur hin.

---

15 Er hat sie später in einem Aufsatz noch einmal zusammengefaßt, der in deutscher Übersetzung vorliegt (vgl. Gieber 1972).

▲ Der Nachrichtenredakteur hat nur vage Vorstellungen vom Publikum und kann daher mit ihm nicht wirklich kommunizieren.

Eher am Rande fand Gieber bei seiner Studie heraus, was später noch in zahlreichen anderen Studien eine Rolle spielte und insbesondere von Vertretern des materialistischen Ansatzes der Redaktionsforschung thematisiert wurde (→ Kapitel 3.2.3.1): Es gibt bei den Journalisten einen auffälligen Gegensatz zwischen beruflichem Bewußtsein und beruflicher Situation.

> "Obwohl niemand vom Journalisten die Freiheit des Künstlers erwartet, sieht sich der professionelle Kommunikator selbst doch oft als einen Beinahe-Künstler an, der das Recht hat, 'eine Geschichte so zu erzählen, wie er sie sieht'. Aber diese berufliche Freiheit, die die individuelle Rollenentwicklung und die kritische Bewertung der Nachrichten fördern sollte, wird von der Nachrichten sammelnden Bürokratie kontrolliert. Die für den Künstler nötige 'splendid isolation' existiert für den Journalisten nicht." (Gieber 1972: 227 f.)

Gieber und Breed haben Macht und Herrschaft, Bürokratie und Sozialisation in die Journalismus-Forschung eingeführt. Ihre Untersuchungen bildeten den Ausgangspunkt für die empirische Redaktionsforschung, die sich unterschiedlichster methodischer Verfahren und theoretischer Ansätze bedient. Im angelsächsischen Raum hat es dabei eine größere Anzahl von Gatekeeper-Studien gegeben, die sich kontinuierlich mit dem Auswahl- und Bearbeitungsprozeß von Nachrichten und den auf diesen Ablauf einwirkenden Faktoren beschäftigen. Sie zeigten, daß die Nachrichtenproduktion ein weitgehend standardisierter und routinierter Prozeß in der "news factory" (Bantz et al. 1981) ist (→ Kapitel 4.2).

Auffälligstes Beispiel für die Kontinuität in der Gatekeeper-Forschung war die Studie, welche Paul Snider unter dem Titel "Mr. Gates Revisited, A 1966 Version" vorlegte. Er stellte darin die Ergebnisse einer Untersuchung derselben Versuchsperson vor, mit der White 1949 gearbeitet hatte. Dies war einer der wenigen Fälle in der Sozialwissenschaft, in der eine frühere Untersuchung desselben Untersuchungsobjekts mit derselben Methode wiederholt werden konnte.

Mr. Gates war, so berichtete Snider, nach 17 Jahren immer noch Nachrichtenredakteur bei derselben Morgenzeitung. Er hatte jetzt nur noch eine Nachrichtenagentur zur Verfügung statt dreier im Jahre 1949. Nach wie vor glaubte er freilich, Nachrichten auszuwählen, die seine Leser wollten. Snider fand allerdings heraus, daß die Nachrichtenagentur und Mr. Gates 1966 "besser ausgewogene Produkte" produzierten als 1949 - was immer man darunter verstehen mag.

Nachgelassen hatte Sniders Befunden zufolge die Vorliebe von Mr. Gates für 'Human Interest-Stories'. (Vgl. Snider 1967)

Diese Replikation zeigt aber vor allem, daß das Auswahl- und Bearbeitungsverhalten von Redakteuren - anders, als Whites Pilot-Studie suggerierte - doch sehr konstant ist. Veränderungen in der Selektion sind wahrscheinlich eher auf Veränderungen der Produktionsbedingungen zurückzuführen, also in diesem Fall auf Veränderungen des Agenturangebots.

Inzwischen stehen bei der Gatekeeper-Forschung nicht mehr Personen im Zentrum des Forschungsinteresses, sondern die Institutionen der Aussagenentstehung mit ihren Einflußsphären und Entscheidungsprozessen. Vor allem deren komplexer Charakter hat kybernetische Erklärungsmodelle herausgefordert. So versuchten Bailey und Lichty - am Beispiel des Entscheidungsprozesses um einen NBC-Film aus dem Jahre 1968 über die Exekution eines gefangenen Vietkong-Offiziers durch den Chef der südvietnamesischen Polizei auf einer Straße in Saigon - nachzuweisen, daß ein Netz von Faktoren die redaktionellen Entscheidungen bestimmt. Die Forscher widersprachen nach den Erkenntnissen aus ihrer Studie der Annahme, daß einzelne Journalisten zentrale Gatekeeper-Positionen besetzten: "The organization was the gatekeeper." (Bailey/Lichty 1972: 229)

Die angelsächsische Gatekeeper-Forschung hat sich in zahlreichen Fallstudien bemüht, redaktionelle Entscheidungsprozesse und Produktionsvorgänge an mit einer Kombination sozialwissenschaftlicher Techniken (Input-Output-Anlayse, Befragung, Beobachtung) zu beschreiben und auf Regelmäßigkeiten zu untersuchen. Viele dieser Untersuchungen sind aber methodisch unzureichend; die Verallgemeinerungsfähigkeit ist begrenzt.

Grenzen sind auch der Übertragbarkeit vieler Ergebnisse auf den Journalismus in der Bundesrepublik gesetzt. Der Überblick von Gertrude Joch Robinson über "25 Jahre Gatekeeper-Forschung" besitzt deshalb zunächst einmal nur Gültigkeit für die Forschung in den USA, deren Entwicklung und Ausdifferenzierung.

Robinson unterschied in ihrer Synopse zwischen individualistischen, institutionalen und kybernetischen Gatekeeper-Studien. Während in den *individualistischen Untersuchungen*, wie dargestellt, die Selektionsfunktion einzelner Gatekeeper als persönliche Handlung zwischen Medien-Input (z. B. Agenturmaterial) und Medien-Output (z. B. Zeitungsartikel) untersucht wurden, erscheinen die Journalisten in den *institutionalen Untersuchungen* als Mitglieder einer Nachrichtenbürokratie. Ihr Entscheidungsverhalten ist geprägt durch strukturelle Abhängigkeiten innerhalb und außerhalb des Mediums. (Vgl. Robinson

1973) Hier erst wird also auf den ursprünglichen Forschungsansatz von Lewin zurückgegriffen und das Entscheidungverhalten in den Kontext einer Gruppe gestellt. Die Befunde dieser zweiten Phase der Gatekeeper-Forschung legen nahe, überhaupt nur den Verlegern und Chefredakteuren 'Schleusenwärter-Rollen' direkt zuzuordnen. Untersucht wurde im Rahmen der institutionalen Studien aber auch der Einfluß, den die Nachrichtenquelle - also zum Beispiel im Lokaljournalismus (→ Kapitel 4.1.4) das Presseamt einer Stadt -, ein Reporter oder aber eine Nachrichtenagentur auf das Selektionsverhalten in den Redaktionen ausüben.

Die Journalisten in den Redaktionen halten durch entsprechende Bearbeitungsaktionen das System in einem Zustand 'dynamischer Stabilität'; ihr Handeln ist nach den Befunden der neueren Gatekeeper-Forschung in erheblichem Maße fremdgesteuert:

> "Wenngleich der einzelne Gatekeeper in seinem Verhalten zweifellos einen Faktor bei der Verarbeitung der Nachrichten darstellt, ist seine Einflußposition im Lichte weitergehender Forschung zurückgegangen. Es hat sich herausgestellt, daß die meisten Gatekeeper - wie Giebers Redakteur am Fernschreiber - lediglich Durchlaß-Stellen besetzen. Die kleine Zahl von Journalisten, die tatsächlich weiterreichende Entscheidungen treffen, beeinflussen den Inhalt der Nachrichten: mit Hilfe prinzipieller Auswahlkriterien (Grob-Auswahl), durch Interpretation und die Urteile über Ausgewogenheit und Mischung der Nachrichten. Sie alle sind nicht die unabhängigen, eigenverantwortlichen Persönlichkeiten, für die man sie ursprünglich hielt. Sie treffen ihre Entscheidungen weniger als Resultat eigener Abschätzung des Nachrichtenwertes, sondern vielmehr auf der Grundlage von professionellen und organisatorischen Kriterien, zu denen Artikel-Ausstoß, Leistungsfähigkeit, Anpassungsfähigkeit, Vielseitigkeit und Schnelligkeit gehören." (Ebd.: 355).

Kybernetische Untersuchungen werden deshalb nach Ansicht von Robinson am besten den Verhältnissen gerecht. Die Redakteur sind nach dieser Konzeption in ein Organisationssystem eingebunden, das sich über einen permanenten Kommunikationsfluß ständig selbst reguliert und dafür sorgt, daß die Art der Nachrichtenselektion das System stabilisiert. Gatekeeper steuern hier nicht mehr den Informationsfluß, sondern werden durch 'Feedback-Schleifen' innerhalb und außerhalb der Redaktion selbst gesteuert.

Der amerikanische Spielfilm "Network" von Paddy Chayefsky und Sidney Lumet ist eine anschauliches Demonstration dafür, wie große Medienunternehmen als kybernetische Systeme funkionieren (→ Text 3-9).

TEXT 3-9

'Network' als kybernetisches System

Howard Beale (Peter Finch) spricht schon seit Jahren die Nachrichten in einem der großen 'Networks', einer privaten kommerziellen Fernsehgesellschaft in den USA, die hier UBS (United Broadcasting Systems) heißt. Der Super-Mischkonzern CCA kauft eines Tages UBS auf. Sogleich, wie in solchen Fällen üblich, wird das Programm reorganisiert und das Personal zum Teil ausgewechselt. Beales Nachrichtensendung hatte zuletzt soviel Publikum verloren, daß auch der ehemals beliebte Sprecher fliegen soll. Seinen noch verbleibenden Zuschauern verkündet der Entlassene daraufhin, daß er sich in der nächsten Ausgabe seiner Nachrichtensendung zum Abschied live erschießen wolle.

UBS gewährt seinem einstigen Star daraufhin noch eine Wiedergutmachungschance. Am nächsten Tag soll er vor den Kameras für seinen Fehltritt öffentlich Abbitte leisten. Doch Beale nutzt die Gelegenheit, den Zuschauern endlich einmal ganz offen zu sagen, was er die ganze Zeit über wirklich gedacht hat, ihnen aber nie offen sagen konnte: Daß nämlich das Leben auf diesem Planeten ganz allgemein, in den USA aber im höchsten Maße nichts als "Bullshit", also ein Scheißdreck, sei und daß gerade das Fernsehen zum Allerblödsinnigsten in dem ganzen Tollhaus gehöre. Ein Abbruch dieser privaten Abrechnung unterbleibt, weil die Techniker und Regisseure an den Knöpfen gleichfalls Anlaß haben, sich als Opfer der Reorganisation zu fühlen.

Als die Sendung vorbei und das Entsetzen groß ist, versucht eine smarte Macherin, die Serienredakteurin Diana Christensen (Faye Dunaway), die Gunst der Stunde zu nutzen. Sie plädiert dafür, Beale in diesem Stile weitermachen zu lassen und ihm eine eigene Sendung zu geben. Beale habe, argumentiert sie, mit seiner amokartigen "Bullshit"-Predigt auf einen Schlag sein altes Publikum zurückgewonnen und neues dazu. Er sei der Held des Tages. Aus dieser unverhofften Publizität müsse für den Sender Kapital geschlagen werden. Beale solle Protagonist einer großen Schimpf-Show neuen Typs werden. In dieser "Bullshit-Sendung" müsse die Riesenwut und Verdrossenheit des Volkes ein Ventil finden. Der Sender müsse die Chance nutzen, die unter den Leuten offensichtlich stark verbreitete Ansicht zu artikulieren, die ganze Welt sei nun einmal verlogen, korrupt, kaputt, böse. Alles sei ein grauenhafter Schmarren und das Leben sowieso total stupide. Eine solche Sendung passe hervorragend in das System: UBS müsse sich wegen der notwendigen Werbemillionen sowieso prostituieren. Da könne man das getrost auch mit einer notfalls eben vollkommen verantwortungslosen, zynischen, irrwitzigen Show tun.

Die Dame hat noch eine weitere buchstäblich revolutionäre Idee: Die Verwirklichung der "Mao-Tse-Tung"-Stunde, an deren Verwirklichung sie sowieso gerade arbeitet. Inhalt: Terroristen von einer Befreiungsarmee filmen ihre eigenen Überfälle, Entführungen usw. original. UBS kauft ihnen die Aufnahmen hinterher samt der Ausstrahlungsrechte ab.

So macht dann UBS aus Howard Beale den "Mad Prophet" des Bildschirms - einen gleichsam biblisch-jenseitig inspirierten, wie ein Medium sich gebärdenden Polterer und Giftspritzer. Er soll in allem rücksichtslos die Wahrheit sagen. Über das Big Business, die Regierung, die Parteien usw. Und so kann Howard Beale auch dann gerade über das herziehen, was er aufgrund seiner eigenen Erfahrung für den allergrößten Unfug, die verderblichste Maschine aller Zeiten hält: das Fernsehen selbst.

Die Howard-Beale-Show schlägt dann in kürzester Zeit alle Zuschauerrekorde. UBS ist saniert. Kein Wunder: Schließlich werden bekanntlich die Werbeminuten im amerikanischen Fernsehen nach der Höhe der Einschaltquoten vergeben und bezahlt (wie in unserer Presse der Anzeigenraum nach der Auflagenhöhe).

Trotz des Erfolgs gibt es wieder eine gegensteuernde Kraft in diesem total kommerzialisierten Organisationssystem Fernsehanstalt. Denn der Prophet, an dessen Ausfällen gegen die Politik sich keiner weiter stört, kollidiert bei seiner Fernseh-Polemik direkt mit den Interessen des Super-Mischkonzerns CCA. Daraufhin wird Beale vor den Allgewaltigen des Unternehmens, Jensen, zitiert. Er erhält auf der Stelle Anweisung, solche geschäftsschädigenden Unbesonnenheiten künftig zu unterlassen. Die Order lautet: statt dessen ab sofort dem Volk von allen Bildschirmen herab eine neue und bessere Heilsbotschaft zu verkünden: die Jensensche von einer internationalen Gesellschaft.

Dieses Evangelium verkündet nun folgende Botschaft: In einer Welt, die längst nichts mehr anderes darstellt als ein einziges gewaltiges Dollarbusiness, sind Verblödung und Entmenschlichung der Massen keineswegs etwas Schlechtes. Im Gegenteil: Sie machen es möglich, daß dereinst selbst der Geringste noch seinen Anteilschein am großen Aktienpaket des allgemeinen Wohlergehens erwerben kann. Dann endlich wird sich jeder, so das ganz neue Testament, jedes Bedürfnis erfüllen können. Alle Unruhe wird besänftigt, jegliche Langeweile verschwindet.

Beale läßt sich von seinem Boß überzeugen und tut, wie ihm geheißen. Prompt sinken die Einschaltquoten wieder. Jensens Medienbotschaft ist nicht zu vermitteln. Denn begreiflicherweise fühlt sich niemand gern dazu aufgefordert, als Individuum abzudanken und sich nur noch als Bestandteil eines sozialen Großapparats, als Element einer gesellschaftlichen Megamaschine zu fühlen. Auch wenn, wie Jensen vorgibt, das alles nur zum besten des Einzelnen geschehen soll.

Niedrige Einschaltquoten aber sind so etwas wie die Ursünde in einem kommerziellen Fernsehsystem. Diana (und ihre Mitarbeiter von der Terroristen-Szene) suchen nach einer Lösung, denn schwache Resonanz auch im terroristischen Programmumfeld der Propheten-Show wollen sie nicht hinnehmen. Eine schlichte Absetzung des Programms und eine Entlassung von Beale wie vordem kommt nicht mehr in Frage.

"Killen wir den Hurensohn!" beschließen die Interessenten. Also werden die Flintenmänner der Befreiungsarmee aufgeboten, die den Prediger mitten in der Sendung gekonnt niederschießen.

Nun sind Howard-Beale-Show und Mao-Tse-Tung-Stunde in einem einzigen großen Unterhaltungsprogramm vereinigt. Unterhaltung und Politik gehen im Mord vor den Kameras eine vollkommene Synthese ein. Der größte Fernsehhit der Saison ist gelungen, ein Klassiker des Medienzeitalters. Triumphierend gleitet die Studio-Kamera auf den tödlich getroffenen Propheten zu. Noch eine Großaufnahme und das "Network" ist gerettet.

Der Film schließt mit folgendem Kommentar: "Das war die Geschichte von Howard Beale; er ist das erste bekannt gewordene Beispiel eines Fernsehschaffenden, der wegen lausiger Einschaltquoten umgebracht worden ist."

Dieses fiktionale Stück zeigt das Funktionieren des kommerzialisierten Organisationssystems Fernsehanstalt auf einen Gleichgewichtszustand hin, der von den Einschaltquoten bestimmt wird. Nur daran orientieren sich die Rollenträger in der Institution bei ihren Handlungen.

In dieser pointierten Darstellung erleben wir die Fernsehanstalt als dynamisches Stabilitätssystem, dessen Kommunikationsprozesse man mit Hilfe des kybernetischen Gatekeeper-Modells interpretieren kann. Zunächst herrscht bei diesem Sender Verwirrung, als der kaltgestellte Moderator vor der laufenden Fernsehkamera seinen Selbstmord ankündigt. Doch seine Exzentrik wird dann prompt in das Programm integriert; der ehemalige Nachrichtenmann tritt als 'nationaler Donnergott' auf (→ Kapitel 4.4.2). Aber er übertreibt seine Rolle und gefährdet dadurch wirtschaftliche Interessen des Konzerns. Dies führt zur Vorladung beim Besitzer des Senders.

Danach tritt der Fernsehmoderator für die Ideen seines Chefs von einer internationalen Geldgesellschaft ein. Die Penetranz seiner Plädoyers führt schließlich zu sinkenden Zuschauerzahlen, so daß sich sowohl die für das Programm Verantwortlichen in der Fernsehanstalt als auch Terroristen, die im Umfeld des Programms auftreten, zum Handeln aufgerufen fühlen. Durch eine Ermordung des Moderators soll die Situation im Interesse der Beteiligten gerettet werden. Dabei wirken in dem System Fernsehanstalt stets scheinbar automatische Kräfte, die jeweils Korrekturen anbringen, wenn aufgrund zurückgehender Einschaltquoten das kommerzielle Gleichgewicht gestört scheint.

Ausgangsüberlegung der Kybernetiker ist, daß die einfachen Kausalitäts-Schemata der klassischen Wissenschaften (eine Ursache - eine Wirkung) für die Erforschung moderner Organisationen nicht mehr ausreichend sind. Die Systeme sind zu komplex geworden, alles hängt mit allem zusammen. Die Kybernetik bietet Denkmodelle und Methoden an, die der Erfassung der dynamischen Prozesse in diesen Systemen angemessen sind. (Vgl. Hienzsch 1990: 25 ff.)

Gertrude Joch Robinson hat das kybernetische Modell bei ihrer Untersuchung der jugoslawischen Nachrichtenagentur TANJUG selbst anzuwenden versucht. Die Studie belegt, in welch geringem Maße die Aussagenentstehung von individuellen Gatekeepern beeinflußt wird. Und auch die wenigen, die noch eigenständig entscheiden können, sind kaum durch eigene Werturteile, sondern vielmehr durch allgemeine journalistische und spezifisch organisatorische Kriterien gelenkt. (Vgl. Robinson 1981: 39 ff.)

Die Untersuchung macht aber auch die methodischen Grenzen des kybernetischen Ansatzes deutlich, solange jedenfalls einfache experimentelle Versuchsanordnungen der Weisheit letzter Schluß bleiben. Erfaßt werden so nur einzelne Einflüsse auf die Nachrichtenselektion, nicht aber alle Faktoren, die das Beziehungsgefüge bestimmen. Erforderlich wären also komplexere quantifizierende Erfassungsmethoden der Informationsprozesse, um den theoretischen Anspruch der Kybernetik einlösen zu können. Einen wichtigen Schritt in diese Richtung hat Hienzsch (1990) bei seiner Untersuchung redaktioneller Aussagenproduktion unter den Bedingungen der 'Neuen Technik' unternommen (→ Kapitel 3.3.6).

3.2.4.2 Mechanische Zwänge und strategische Kommunikationsmuster

Die institutionellen Mechanismen greifen bei der Aussagenentstehung so subtil, daß sie den einzelnen Journalisten oft nicht bewußt werden. (Vgl. Unger 1976: bes. 267 f.) Dabei spielt die Sozialisation, das Lernen der redaktionellen Normen, eine zentrale Rolle. Seit der Studie von Warren Breed (1973) wissen wir, wie dieses Normenlernen abläuft (→ Kapitel 5..3.4). Vielfach belegt wurden inzwischen auch einzelne Formen der Informationskontrolle innerhalb und außerhalb der Medien (vgl. z. B. Donohue et al. 1972). Eingriffe von Verlegern und Herausgebern in die redaktionelle Arbeit sind dabei offenbar abhängig von bestimmten Konstellationen wie Größe der Zeitung und Gegenstand der Berichterstattung (vgl. Bowers 1967, Donohew 1972). Redakteure werden im allgemeinen weniger durch Einzelanweisungen gesteuert als durch Produktionszwänge, die zum Beispiel ihre Auswahl von Agentur-Material determinieren.

Bei den Reportern, die ihre persönliche Meinung in die Nachrichtenarbeit stärker einbringen können (vgl. Flegel/Chaffee 1971), existieren wiederum andere Abhängigkeiten. Sie geraten häufig gerät in Intra-Rollenkonflikte zwischen einem besonders engen Verhältnis zu ihren Informanten und den Informationspflichten gegenüber ihrem Publikum. Hier sitzen die Informanten, oft einflußreiche Elitepersonen, meist am längeren Hebel. Sie verfügen durch die Androhung des Kontaktabbruchs über ein starkes negatives Sanktionspotential. Und sie stellen dadurch eine zitierfähige - also professionell verwertbare - Informationsquelle dar, daß sie routinisierbare Formen der Nachrichtenbeschaffung anbieten: zum Beispiel durch die Veranstaltung von Pressekonferenzen, die als legitimer und bequemer Rechercheplatz von Journalisten gerne genutzt werden. (Vgl. Tuchman 1972)

Die geringe Verarbeitungsleistung der Journalisten bei Fremdmaterial, das Interessengruppen anbieten, ist ein besonderes Problem für die Qualität von Medienangeboten (→ Kapitel 4.3.2). Großen Einfluß auf die Kollektion, Selektion und Präsentation von Informationen in den

Medienredaktionen haben auch die - im ursprünglichen Gatekeeper-Modell vernachlässigten - Nachrichtenagenturen (→ Kapitel 4.3.1). Mehrfach wurde nachgewiesen, daß insbesondere bei Auslandsnachrichten der Einfluß der Agenturen auf Inhalt, Stil, aber auch Arbeitsformen in der Redaktion beträchtlich ist. (Vgl. z. B. Kristen 1972).

Der standardisierend wirkende Druck der Agenturen erweist sich als zentraler Faktor für inhaltliche und formale Ähnlichkeiten, die insbesondere bei nordamerikanischen Zeitungen nachgewiesen wurden. Empirisch belegt ist auch die Praxis von Journalisten kleinerer Medien, die Arbeit der 'Großen' nachzuahmen.

Den Regulierungsprozessen in der Redaktion ist ein besonders wirksamer Mechanismus zur Sicherstellung redaktioneller Kontinuität direkt vorgeschaltet: die Rekrutierung der Redaktionsmitglieder (→ Kapitel 5.3.3). Eine scharfe Mitgliederselektion kann die üblichen Sozialisationsprozesse zum Teil sogar ganz überflüssig machen. Es kommt hinzu, daß die Selbstselektion von Bewerbern im Journalismus eine ergebliche Rolle spielt; potentielle Redaktionsmitglieder bewerben sich vorwiegend bei solchen Medien, mit deren Grundhaltung sie übereinstimmen. Dies wirkt also schon als erste Schleuse.

Chefredakteure und Ressortleiter, die nach den Rekrutierungskriterien eines Mediums ausgewählt worden sind, legen gewöhnlich dieselben Kriterien bei der Besetzung von Stellen an, die in ihrem Einflußbereich liegen. Dies heißt freilich nicht, daß zum Beispiel konservative Tageszeitungen den Eintritt politisch links stehender oder gar einer linksorientierten Partei angehörender Journalisten rigide verhinderten; für Schlüsselpositionen insbesondere im politischen Ressort werden freilich engere Maßstäbe angelegt. Im allgemeinen wird aber auf bestimmte strategische Kommunikationsmuster in der Redaktion vertraut, die ganz gezielt eingesetzt werden und kontinuierlich wirksam sind. Die beiden wichtigsten Strategien redaktioneller Kontrolle sind das Gegenlesen von Beiträgen als überwiegend informelles Muster und die Redaktions- und Ressortkonferenzen als überwiegend institutionell verfestigte Muster kollektiven redaktionellen Entscheidungshandelns.

Gegenlesen

Das Gegenlesen ist eine redaktionelle Praxis, an welcher der Doppelcharakter strategischer Kommunikationsmuster in der Redaktionsorganisation besonders deutlich wird. Gegenlesen reduziert die eigene Unsicherheit in schwierigen Entscheidungssituationen und führt also zu einer psychischen Entlastung von der Verantwortung sowie zur Überprüfung der eigenen Ansicht. Fast alle im Rahmen der Presseenquête 1969 befragten Journalisten schätzen das Gegenlesen, das gewöhnlich nur bei Redaktionsneulingen und/oder im Ressort Politik formell angeordnet ist, positiv ein.

Der Wunsch und die Notwendigkeit zur Integration in die Redaktion sind, so zeigt dieser Befund, offenbar stärker als die Einsicht in die möglichen latenten Dysfunktionen des Gegenlesens:

- ▲ Redakteure können vom ersten Tage an lautlos auf die Linie des Mediums gebracht werden.
- ▲ Schon auf unterster Ebene kann eine ständige (Selbst-) Kontrolle stattfinden.
- ▲ Auseinandersetzungen und Diskussionen über die Linie des Mediums werden vermieden.
- ▲ Kollegen können in erheblich größerem Maße zum Bezugspunkt journalistischer Aussagen werden als das Publikum.

In den einzelnen Redaktionen wird das Gegenlesen ganz unterschiedlich gehandhabt. Dabei spielt die Größe des Mediums wieder eine Rolle: Bei kleinen Zeitungen wird weniger gegengelesen als bei großen. Abhängig ist das Gegenlesen auch von der (angenommenen) Bedeutung eines Beitrages: Vorwiegend im Ressort 'Politik' wird gegengelesen, in den Ressorts 'Sport' und 'Kultur' dagegen nur selten. Bei Zeitungen nimmt der Verleger so gut wie nie die Rolle des Gegenlesers ein; die Frage, wer gegenliest, ist vor allem von der Größe der Zeitung, der (politischen) Wichtigkeit des Artikels und der Dauer der Redaktionszugehörigkeit des Autors abhängig. Generell gilt, daß Chefredakteure oder Ressortleiter die Aufgabe des Gegenlesens vor allem bei kleinen Zeitungen, bei (politisch) wichtigen Themen und bei Redaktionsneulingen übernehmen. Bei Redaktionsmitgliedern, die der Redaktion schon lange angehören, und bei größeren Zeitungen überwiegt das Gegenlesen durch Redakteurskollegen, die sich auf derselben Ebene der Redaktionshierarchie befinden. (Vgl. Schulz 1974: 147 f.)

Redaktions- und Ressortkonferenzen

Eine zweischneidige Angelegenheit sind auch die Redaktions- und Ressortkonferenzen, die es als Institution oder zumindest als ad-hoc-Besprechung in fast jeder Redaktion gibt. Einerseits sind sie notwendig zum Austausch von Informationen, zur technischen und inhaltlichen Abstimmung von Plänen der Redaktion sowie zur Blattkritik. Andererseits fehlen diesen Konferenzen die formal abgesicherten Entscheidungsbefugnisse, so daß Beschlüsse - falls es überhaupt zu formalen

Abstimmungen kommt - nur dann Konsequenzen haben, wenn die entscheidungsbefugten Instanzen (der Chefredakteur) ihre Zustimmung geben. Vom Chefredakteur oder seinem Vertreter sind häufig Verlauf und Atmosphäre dieser Redaktionskonferenzen entscheidend abhängig. (Vgl. Hoffmann-Riem 1979: 35)

Die Redaktionskonferenz als "Ort, an dem man mit den Vorgesetzten in Berührung kommt" (Breed 1973: 363), ist besonders da eine formalisierte Einrichtung, wo die Größe des Mitarbeiterstabes eine funktionsgerechte Koordinierung durch informelle Arbeitsgespräche nicht mehr ohne weiteres zuläßt. Bei der WESTDEUTSCHEN ALLGEMEINEN ZEITUNG zum Beispiel, der größten deutschen Regionalzeitung, wird die Redaktionsarbeit über zwei Redaktionskonferenzen organisiert: eine 'Mittagskonferenz' und eine Nachrichtenkonferenz um 16.30 Uhr nachmittags, bei der über die 'großen Themen' entschieden wird und Aufmachungselemente festgelegt werden. Die Entscheidung über Einzelheiten liegt dann bei den Ressortleitern. Zur Planung, Feinabstimmung, aber auch zur Kritik gibt es außerdem Konferenzen in den einzelnen Ressorts. (Vgl. Hienzsch 1990: 146 ff.)

Damit sind die drei Konferenztypen dargestellt, die auch Rüdiger Schulz in seiner Auswertung der Presseenquête unterschieden hat: die allgemeine Redaktionskonferenz, die engere Redaktionskonferenz und die Ressortkonferenz, wobei an der allgemeinen Redaktionskonferenz gewöhnlich alle Redakteure und sogar die Volontäre in der Hauptredaktion teilnehmen können. Diese Redaktionskonferenzen werden bei größeren Tageszeitungen täglich, bei kleineren Zeitungen oft nur wöchentlich oder sogar nur ein- bis zweimal im Monat durchgeführt.

An der engeren Redaktionskonferenz können dagegen gewöhnlich nur der Chefredakteur, sein Stellvertreter, der Chef vom Dienst, die Ressortleiter sowie von Fall zu Fall weitere 'wichtige' Redakteure teilnehmen. Die Häufigkeit des Zusammentretens ist auch hier wieder abhängig von der Größe der Zeitung. Prinzipiell sind Redaktionskonferenzen Veranstaltungen ohne Verleger; dies gilt freilich bei kleinen Zeitungen nur mit Einschränkungen.

Die allgemeine Redaktionskonferenz hat bei den meisten aktuellen Medien vor allem drei Schwerpunkte: Kritik der letzten Produktionen, Klärung von Organisationsfragen und Beratung der Themenplanung für die nächsten Produktionen (vgl. R. Schulz 1974: 159, Hienzsch 1990: 146). Trotz dieser notwendigen manifesten Funktion von Redaktionskonferenzen für die innerredaktionelle Kommunikation sieht Jürgen Prott darin vor allem eine Einrichtung zur Disziplinierung der Redaktionsmitglieder:

> "Im übrigen kann auch der aufgelockerte Plauderton solcher Besprechungen nicht darüber hinwegtäuschen, daß sie dem Chefredakteur oder der Verlagsleitung als fungible Sanktionsinstanz dienstbar sind. Wo solche Redaktionskonferenzen neben der Koordination der Tagesarbeit auch der 'Blattkritik' der letzten Ausgabe dienen, verteilt die Redaktionsleitung mitunter 'Zensuren' für einzelne Beiträge oder ganze Aussagenkomplexe, die von den betroffenen Ressortleitern als arbeitsanspornende Rüge oder als Lob nach unten weitergegeben werden." (Prott 1976: 37)

Gewiß haben Redaktions-Konferenzen die latente Funktion, von der Mehrheit abweichende Ansichten 'auf Linie' zu bringen. Dies geschieht zum einen durch die mehr oder weniger explizite Darlegung der Grundlinie des Mediums und durch die mehr oder weniger deutliche Reglementierung von Beiträgen der Redaktionsmitglieder. Daß die Redaktionskonferenz insbesondere die Funktion der internen Wertevermittlung erfüllt, ist durch Krzeminski (1987: 102 ff.) im Rahmen seiner Studie über "Thematisierung im Hörfunk" (→ Kapitel 4.2.3) auch für den öffentlich-rechtlichen Rundfunk nachgewiesen worden.

Die Einrichtung von Redaktionskonferenzen stellt also ebenso wie das Gegenlesen neben der notwendigen Koordination einzelner redaktioneller Handlungen eine Strategie zur Anpassung im Rahmen des redaktionellen Entscheidungs- und Produktionsprozesses dar - auch wenn dies vielen Journalisten nicht bewußt ist.

3.2.5 Merkmale redaktioneller Organisation und Produktion

Im Oktober 1987, während der Frankfurter Buchmesse, wagte die Berliner TAGESZEITUNG ein publizitätsträchtiges Experiment: Sie überließ das Blattmachen 20 Schriftstellern, die zum überwiegenden Teil noch nie in einer Zeitungsredaktion gearbeitet hatten. Nach dem Vorbild der französischen Zeitung LIBÉRATION, die im Jahr zuvor 24 Stunden lang für Autoren ihre Schreibtische geräumt hatten, zwang die TAZ eine Gruppe notorischer Einzelkämpfer des Fiktionalen, in Teamarbeit, aber arbeitsteilig, unter großem Zeitdruck und gebeutelt durch technische Zwänge ein im wesentlichen an Fakten orientiertes, standardisiertes Produkt abzuliefern. So erlebten die Autoren im Schnellkurs die Redaktion als organisiertes soziales System.

Zu den bekanntesten Teilnehmern an dem Projekt gehörten die Schriftsteller Erich Fried, Reinhard Lettau, Rolf Hochhuth, Elfriede Jelinek, Erich Kuby, Heiner Müller, Gisela Elsner und Hans Magnus Enzensberger (→ Text 3-10).

TEXT 3-10

TAZ: Eine Tageszeitung aus Dichterhand

Vom 8. bis 10. Oktober 1987 wurde die Berliner TAZ von Schriftstellern produziert. Danach fragte die Hamburger Wochenzeitung DIE ZEIT Hans Magnus Enzensberger nach seinen Erfahrungen in einer Tageszeitungsredaktion.

ZEIT: Weshalb haben Sie mitgemacht? Was waren Ihre Interessen, Ihre Hoffnungen?

Hans Magnus Enzensberger: Da war ein Produktionsmittel, das ich noch nicht kannte. Ich weiß eigentlich über diese Industrie mit den Wörtern ganz gut Bescheid. Aber das war ein neues Riesenspielzeug. Mein Interesse war dabei natürlich nicht, irgendeine, entschuldigen Sie, Feuilleton-Redaktion kennenzulernen oder Leitartikel zu schreiben. Das Schreiben war nicht das Interessante, Schreiben können wir ja schon. Was mich interessiert hat, war ausschließlich die Nachrichtenredaktion. Was ist das für ein Prozeß? Und ich muß sagen, das hat mich schon etwas erschüttert.

ZEIT: Was hat Sie erschüttert?

HME: Der schiere Kampf gegen die Uhr und die Quantitäten von angeblichen Nachrichten, die da aus dem Ticker kommen. Nämlich Hunderte von Metern, die dann reduziert werden müssen und eigentlich umgeschrieben werden sollten, und das alles in ein paar Stunden. Da hat doch mein Respekt vor dem Metier wesentlich zugenommen.

ZEIT: Das wäre ja schon ein erfreuliche Ergebnis. Was verändert sich denn, wenn man so schnell reagieren und so schnell schreiben muß?

HME: Das hat ja auch einen gewissen Reiz. Elfriede Jelinek zum Beispiel, die am Anfang behauptet hat, sie könne unter diesen Bedingungen überhaupt kein Wort schreiben, sie wollte schon abreisen, hat dann plötzlich angefangen, ganz elektrische Sachen von sich zu geben, und zwar mit einer atemberaubenden Geschwindigkeit. Bei mehreren Schriftstellern hat sich eine Art Enthemmung eingestellt, eine Deblockierung durch Termindruck. Natürlich auch durch die gewisse Euphorie, die entsteht durch die Maschine.

Es ist ja schon eine elektrisierende Maschine, das Ganze. Das heizt auch ein bißchen auf. In der Nachrichtenredaktion, deren Arbeit ich am besten kenne, war das sehr amüsant. Da waren so verschiedene Leute wie Reinhard Lettau oder Heiner Müller. Das muß man sich mal vorstellen. Ein alter Hase war auch dabei, nämlich Erich Kuby. Der hat natürlich die Fähigkeit, in dreißig Minuten zeilengenau einen Artikel zu schreiben. Etwas, wozu uns die Voraussetzungen eher fehlen. Das Produkt litt etwas darunter, daß wir völlig uneingespielt waren. Wir waren ja in dem Sinn kein Team. Dazu müßte man sich kennen, was der eine kann oder nicht kann, und wo die Fehlerquellen liegen. Aber es war herrlich. [...}

(aus: Die Zeit v. 16.10.1987)

Abb. 3-7: Der Organisations- und Produktionszusammenhang in der Redaktion

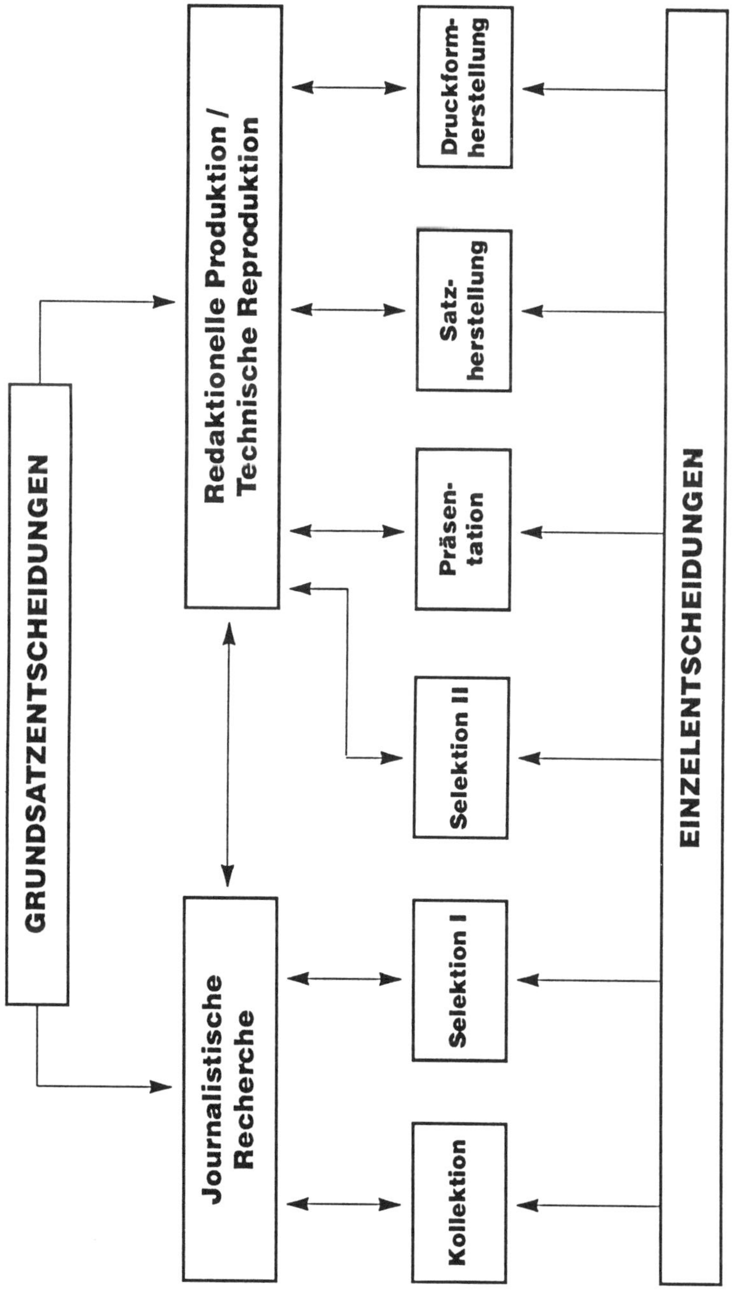

In der dritten und letzten Ausgabe gelang es ihnen immerhin, etwas Eigenständiges durchzusetzen: anstelle des üblichen Nachrichtenteppichs auf den vorderen Seiten den Abdruck eines "Endlos-Romans" in 31 Kapiteln, der sich über die ersten sieben Seiten erstreckte (vgl. taz v. 10.10.1987: 1 ff.). Nach dem Ende des Experiments beschrieb die Teilnehmerin Gabriele Goettle ihre Erfahrungen mit folgenden Worten:

> "Zwanzig Vertreter der kritischen Intelligenz machten drei Tage lang die taz und waren zerrüttet und erschüttert. Sie endigten ihr Kunststück mit einem Bückling und zogen sich erleichtert, wenn auch mit gemischten Gefühlen zurück. [...] Dem Komfort der Zwänge unterliegt man eher als daß man ihm widersteht. Spaltenfüllen unter Termin- und Rechtfertigungsdruck ist nicht nur nervenaufreibend, es hat auch einen merkwürdigen wollüstigen Effekt, sich zu unterwerfen und zu funktionieren." (taz v. 26.10.1987: 11)

Die Schriftsteller lernten in den drei Tagen - sensibel, aber ohnmächtig - einen Organisations- und Produktionszusammenhang kennen, der vier Schwerpunkte hat: die Beschaffung und Sichtung von Material, die Bearbeitung vorformulierter Aussagen, die Abfassung eigener Beiträge und die Umsetzung des Gesamtmaterials in einen Zustand, der eine Verbreitung mit technischen Mitteln möglich macht. Dieser redaktionelle Organisations- und Produktionszusammenhang - hier dargestellt für die Tageszeitung (→ Abbildung 3-7) - läßt sich analytisch in zwei Phasen unterteilen: Zuerst werden Hinweise, Themen, Nachrichten, Termine und Bildinformationen gesammelt und auch ausgewählt. Bei dieser Kollektion und ersten Selektion stehen inhaltliche Gesichtspunkte, das heißt, der 'Veröffentlichungswert' im Vordergrund. Dies ist der erste Schritt der Stoffsuche und Stoffprüfung, den wir hier - in bewußter Erweiterung des üblichen Gebrauchs dieses Begriffs - als 'Journalistische Recherche' bezeichnen.

Danach herrschen dann ganz andere Gesetze: Nun rücken organisatorische, technische und ökonomische Aspekte in den Vordergrund. Die medienspezifische Machbarkeit bestimmt den zweiten Selektionsschritt; die Auswahl und Bearbeitung richtet sich nach Prinzipien der Präsentation.

Durch den Einsatz elektronischer Verfahren sind dabei 'Redaktionelle Produktion' und 'Technische Reproduktion' verschmolzen (→ Kapitel 3.3). Die redaktionelle Organisation hat sich dadurch in zweierlei Weise verändert. Zum einen rückte die Redaktion stärker ins Zentrum des gesamten Herstellungsprozesses, zum anderen wurden die früher linearen Entscheidungs- und Produktionsabläufe zu Systemschaltungen im Sinne eines kybernetischen Modells, in die auch die journalistische Recherche einbezogen ist. Die hier für die Tageszeitungsproduktion dargestellte Verschiebung gilt - differenziert - auch für den Rundfunk, seit beim Hörfunk die Nachrichtenauswahl und -bearbeitung rechnergesteuert abläuft oder Fernsehberichte der elektronisch programmierten Planung zugeführt werden (→ Kapitel 3.3.4).

Dieser heute zweiteilige, auf den Output 'Zeitung' gerichtete Produktionsprozeß steuert sich nur scheinbar selber. Wie eine Käseglocke liegen über den eigenständig wirkenden Abläufen Grundsatzentscheidungen, wobei die Merkmale redaktionellen Handelns ausreichenden Raum für Einzelentscheidungen verlangen.

Einzelentscheidungen fallen in allen Phasen des Produktionsprozesses: Bei der Kollektion der Informationen, die immer auch mit Selektion verbunden ist, bei dem eigentlichen redaktionellen Auswahlprozeß, bei der Umsetzung des Materials in eine reproduzierfähige Form (Präsentation) und schließlich beim eigentlichen technischen Reproduktionsvorgang. Stets ist dabei - manchmal in umständlicher, den Produktionsprozeß hemmender Weise - der Rückgriff auf Entscheidungsbefugnisse von oben möglich.

Das Ergebnis all dieser Entscheidungsprozesse ist nicht nur die Reduktion von Material durch Selektion, sondern die Konstruktion von Wirklichkeit durch Journalisten. Insofern erweist sich die Gatekeeper-Metapher schon vom Ansatz her als problematisch - zumal, wenn sie vom Bereich der Nachrichtenproduktion auf den gesamten Journalismus übertragen wird.

Die skalare Organisation, die über den einzelnen Entscheidungen liegt, ist als Problem der 'inneren Pressefreiheit' nach dem Zweiten Weltkrieg zuerst von dem Juristen Walter Mallmann (1959) wieder thematisiert worden. Mallmann rückte den Aspekt der inneren Unabhängigkeit der Presse zur Erfüllung ihrer öffentlichen Aufgabe in den Vordergrund und forderte ein umfassendes Pressegesetz.

Udo Branahl kam in seiner Dissertation über "Pressefreiheit und redaktionelle Mitbestimmung" dagegen zu dem Schluß, daß sich ein generelles Gebot gesetzgeberischer Maßnahmen zur Einführung bzw. Absicherung redaktioneller Mitbestimmung verfassungsrechtlich nicht begründen läßt. Die Einführung bzw. Absicherung redaktioneller Mitbestimmung sei also kein verfassungsrechtlicher Auftrag.

> "Andererseits ist der Gesetzgeber verfassungsrechtlich aber auch *keineswegs gehindert, gesetzliche Maßnahmen zur Einführung oder Absicherung redaktioneller Mitbestimmung* zu ergreifen. Er würde damit vielmehr einen *Beitrag zur Verwirklichung des Demokratiegebotes* der Art. 20, 28 GG leisten.
>
> Insbesondere liegt es im Bereich gesetzgeberischen Ermessens, über *Art, Umfang und Intensität* redaktioneller Mitbestimmungsrechte zu entscheiden. Aus dem Grundrecht der Pres-

> sefreiheit jedenfalls ergeben sich insofern *keine Schranken*, solange nicht durch die Art der Regelung die *Arbeitsfähigkeit der Redaktionen zerstört wird.*" (Branahl 1979: 156 f.; Hervorheb. im Orig.)

Pläne für ein solches 'Presserechtsrahmengesetz' sind 1979 von der damaligen sozialliberalen Koalition in Bonn nach jahrelangen Diskussionen aufgegeben worden. Versuche, diese Kompetenzabgrenzung innerbetrieblich, ohne politische Rahmenregelung, sicherzustellen, haben deshalb größere Bedeutung erhalten: sogenannte Redaktionsstatute, die mit unterschiedlichen Intentionen und Konsequenzen eingeführt worden sind. (Vgl. Branahl/Hoffmann-Riem 1975)

Das Thema einer angemessenen Organisationsstruktur in den Medieninstitutionen wird nach wie vor kontrovers diskutiert. Zweifellos erwachsen aus der Großbetrieblichkeit moderner Medienproduktion funktionale Probleme, die Formalisierungen auf Kosten der Individualität erfordern. Daraus leiten erfahrene Journalisten, aber auch Kommunikationswissenschaftlicher ab, daß redaktionelle Arbeit ohne hierarchische Gliederung nicht möglich sei. Die Frage ist aber, ob die Grenzen so eng gezogen werden müssen, daß sich Situationen ergeben, bei denen die Herrschaftsstruktur quer zum Produktionsziel liegt. Grundsätzlich lassen sich diese Probleme auf den Konflikt zwischen den Organisationszielen des Mediums und dem Autonomiestreben der Journalisten reduzieren, ein Konflikt, der nach der Rechtslage stets zu Lasten der Letzteren ausgeht. (Vgl. Prott 1976: 37 ff.)

Ist die journalistische Autonomie aber nur ein Organisationsproblem, wie die systemtheoretische Redaktionsforschung suggeriert, oder doch ein kommunikationspolitisches Problem, weil die Antwort auf Fragen nach angemessenen Organisationsformen für den Journalismus in erheblichem Maße das Grundrecht der Pressefreiheit berühren? Rein funktionale Organisationsprobleme mögen durch 'wissenschaftliche Management-Techniken' wie kooperativer Führungsstil, Entscheidungsdelegation, Eigenverantwortung, großzügige und systematische Information aller Mitarbeiter gelöst werden können. Grundprobleme von Macht und Herrschaft, soweit sie sich in den Medienaussagen niederschlagen, sind damit freilich nicht in den Griff zu bekommen.

Daß die strukturellen Bedingungen Medienproduktion tatsächlich spezifische inhaltliche Konsequenzen für die Qualität der Medienprodukte selbst haben können, läßt sich mit wissenschaftlichen Befunden zum Einfluß von Umweltbereichen auf die Aussagenentstehung belegen. So gibt es Grund zu der Annahme, daß die Integration von Zeitungsverlegern in Gemeinde-Eliten eine Vermeidung von kontroversen

Themen, die den Interesse dieser Eliten zuwiderlaufen, zur Folge haben. Umfassende Information kann also, so zeigt dieses Beispiel, auf Grund der skalaren Medienorganisation zu Gunsten von Partikularinteressen ausbleiben.

Schwierig ist es aber, die Forschungsergebnisse zu den organisatorischen Imperativen in den Medieninstitutionen in Verbesserungsvorschläge für 'demokratischere' redaktionelle Arbeitsabläufe umzusetzen. Zu unterschiedlich sind Betriebsgröße und Organisationserfordernisse; leicht können Änderungen der Entscheidungsstrukturen die von starkem Zeitdruck geprägte Aufgabenerfüllung behindern; kollegiale, nicht-hierarchische Kommunikationsmuster fördern zwar die Gruppenzufriedenheit, sie bringen aber keineswegs automatisch Leistungsvorteile.

Diese gegenläufigen Aspekte hat der Medienrechtler Wolfgang Hoffmann-Riem bei seinem "Optimalmodell redaktioneller Mitbestimmung in der Presse" zu berücksichtigen versucht, ohne damit von seiner Auffassung abzurücken, daß die Binnenstruktur der Presse geändert werden müsse. Zur "Aufgabenerfüllung innerhalb der Redaktion" machte er folgende Vorschläge (vgl. Hoffmann-Riem 1979: 127 ff.):

- Bei der Ausgestaltung der redaktionsinternen Arbeitsabläufe und Entscheidungsstrukturen ist - unter Berücksichtigung von Besonderheiten der verschiedenen Redaktionen - insbesondere auf eine klare Zuordnung der Aufgabenbereiche und die Ermöglichung einer kollegial-dezentralen Entscheidungsstruktur zu achten.
- In dringenden Fällen müssen stets Einzelentscheidungen möglich sein; ebenso können Routineentscheidungen aus dem Prozeß kollegialischer Entscheidungsbildung herausgenommen werden. Gesichert sein muß aber die Chance zu nachfolgender Kritik und damit zur Mitwirkung an der Entwicklung von Programmen für künftige Entscheidungssituationen.
- Konferenzen sollten ausgebaut werden zu innerredaktionellen Informations-, Willensbildungs- und Entscheidungsträgern; an Konferenzen, die aus Gründen der Praktikabilität nicht allen Redaktionsmitgliedern offenstehen, muß ein Mitglied der Redaktionsvertretung teilnehmen können.
- Der innerredaktionelle Sanktionsapparat sollte transparenter werden; die einzelnen Redaktionsmitglieder müssen stärker in die Regelung von Konflikten eingeschaltet werden, die sie selbst betreffen.

Die Probleme der hierarchischen Organisation in den Medien kommen im Kontext der neuen medienstrukturellen Entwicklungen mit neuen Akzenten - und womöglich mit neuer Schärfe - wieder auf die Tagesordnung. Konkrete Prognosen für mögliche Veränderungen der skalaren, aber auch der funktionalen Entscheidungs- und Produktionsabläufe in den Redaktionen und damit auch für einen Wandel journalistischer Berufsbilder bedeuten aber Rechnungen mit mehreren Unbekannten. Medienrechtliche und -politische Regelungen gehören ebenso dazu wie ökonomische und technologische Entwicklungen sowie neue professionelle Orientierungen im Journalismus.

Bibliographische Hinweise

ad 3.1 Ökonomische Imperative

Zu den Traditionen der Kommunikationswissenschaft gehört, daß Listen von Forschungsdesideraten angelegt und Forschungsdefizite beklagt werden, ohne daß diese Klagen eigene Aktivitäten zur Verbesserung der Situation nach sich ziehen. Im Bereich Medienökonomie (→ Kapitel 3.1.1) sind diese Klagen, die auch in Forderungen nach der Einrichtung von Lehrstühlen für 'Medienwirtschaft' münden (vgl. SCHÖHL 1985: 71), besonders laut. Es klagen dabei auch Personen, die einen solchen Lehrstuhl innehaben, also für die Verbesserung der Situation zuständig wären (vgl. KOPPER 1982b).

In den vergangenen Jahren sind aber immerhin einige Systematisierungsversuche, Bibliographien und Bestandsaufnahmen vorgelegt worden, die der Medienökonomie eine Basis für künftige Forschungsanstrengungen verschaffen können. Die bisherigen Bemühungen zeigen jedoch, daß gerade die Medienökonomie noch mit Ideologie- und wissenschaftssystematischen Abgrenzungsproblemen kämpft (vgl. z. B. SCHENK/HENSEL 1987: 541 f. und SCHÖHL 1985: 70 f.)

Die beiden erwähnten Bestandsaufnahmen zur Medienökonomie von KOPPER (1982a) und SCHENK/HENSEL (1986) stellen zwar übereinstimmend beträchtliche Forschungsdefizite fest, stützen sich dabei aber zum Teil auf ganz unterschiedliches Material. SCHENK und HENSEL, von denen auch das Postulat der Strukturorientierung konsequenter umgesetzt wird, haben bei ihrem Aufriß der Medienökonomie in erheblichem Umfang nordamerikanische Literatur berücksichtigt; KOPPER dagegen bezieht sich auf Forschungen zum Mediensystem der Bundesrepublik.

Nach seinen erwähnten (bibliographischen) Bestandsaufnahmen zur Medienökonomie hat Michael SCHENK zusammen mit Joachim DONNERSTAG (1989) einen Sammelband herausgegeben, der aber im wesentlichen ältere, an anderer Stelle gut zugängliche Aufsätze enthält. Im Rahmen der hier erörterten Zusammenhänge ist auf die in diesem Reader abgedruckten Beiträge von ZOHLNHÖFER (S. 35 ff.), KRUSE (S. 77 ff., 255 ff.) und FÜNFGELD (S. 209 ff.) besonders hinzuweisen.

Unter dem Titel "The Marketplace of Ideas Revisited" hat die Zeitschrift "Journal of Communication" ein Themenheft veröffentlicht, in dem sich Fachautoren wie Benjamin M. COMPAINE und Ben H. BAGDIKIAN mit den Problemen von Wettbewerb und Konzentration (→ Kapitel 3.1.2) beschäftigen (vgl. Journal of Communication, Vol. 35, 1885/3: 80-165). Über unterschiedliche Spielarten des Wettbewerbs zwischen nordamerikanischen Zeitungen hat Stephen LACY verschiedene empirische Studien durchgeführt und in der Zeitschrift "Journalism Quarterly" veröffentlicht (vgl. z. B. LACY 1987, 1988, 1990; darin weitere Literaturangaben zu diesem Thema). LACYS Daten beruhen durchweg auf seiner Dissertation "The Impact of Ownership and Competition on Daily Newspaper Content", University of Texas at Austin, May 1986. Basis war eine Zufallsstichprobe von 114 Zeitungen, die im Rahmen einer 'künstlichen Woche' im November 1984 untersucht wurden.

Zum Zusammenhang zwischen Pressekonzentration und publizistischer Qualität vgl. neben den erwähnten Arbeiten auch die ältere, schon 1971 veröffentlichte Studie von Gerald L. GROTTA (deutsche Übersetzung in: AUFERMANN et al. 1973: 303-314). Der Autor kommt darin zu dem Ergebnis, daß die ökonomischen Gewinne von Pressekonzentrationsprozessen nicht an den Verbraucher weitergegeben werden.

Detaillierte Übersichten zu Erlösen, Kosten und Gewinnen der westdeutschen Tagespresse und zur Entwicklung dieser pressewirtschaftlichen Größen (→ Kapitel 3.1.2.1) sind im "Medienbericht '85" der Bundesregierung enthalten; das Zahlenmaterial reicht hier allerdings nur bis zum Jahre 1979 bzw. 1983 (vgl. Presse- und Informationsamt der Bundesregierung: Bericht der Bundesregierung über die Lage der Medien in der Bundesrepublik Deutschland, Drucksache 10/5663 des Deutschen Bundestages, 10. Wahlperiode, v. 16. Juni 1986: 182 ff.). Zu den betriebswirtschaftlichen Aspekten der Nachrichtenbeschaffung durch Tageszeitungsverlage vgl. GROTE (1979).

Medienökonomische Einblicke verschaffen oft eher Fallstudien als Versuche von Gesamtdarstellungen. Dies gilt insbesondere für betriebswirtschaftliche Aspekte der Presse. Hierzu liegen - seit der schon klassischen kritischen Studie von Hans Dieter MÜLLER (1968) über den Springer-Konzern - einige Beispiele vor, zuletzt die gut recherchierte, eher biographische Arbeit von Hans-Jürgen JAKOBS und Uwe MÜLLER (1990) über "Augstein, Springer & Co.".

Zu den besonderen Merkmalen des schwedischen Mediensystems (→ Kapitel 3.1.2.2) gehört der Ausbau des lokalen Hörfunks. Seine Geschichte und Struktur war Gegenstand einer Magisterarbeit an der Universität Münster (Jörg BERENDSMEIER: Lokaler Hörfunk in Schweden - skandinavische Alternativen, 1990). Probleme des französischen Mediensystems sind keineswegs auf die ökonomische Situation zahlreicher Zeitungen beschränkt, die der Regierung erheblichen Einfluß verschafft. Der Staat ist mit Hilfe der in seinem Besitz befindlichen Unternehmen auf dem gesamten Medienmarkt aktiv; gleichzeitig gibt es den Trend einer zunehmenden Verflechtung von Medien, Banken und Großkonzernen bei den umsatzmäßig größten Medienunternehmen. Medien sind (auch) hier Anlageobjekte geworden, was direkte Auswirkungen auf die (Wirtschafts-) Berichterstattung haben kann. (Vgl. Ferdinand F. SCHULZ: Konzentrationstrend in Frankreichs Medienlandschaft. Daten zu den großen Medienunternehmen, in: Media Perspektiven 1990/3: 175-193; die Darstellung enthält einen umfangreichen medienstatistischen Anhang)

Gerade auch für Italien gilt, daß Entwicklungen auf dem Pressemarkt nur medienübergreifend verstanden werden können. Hier hat es nach einer Zeit des wohl beispiellosen Wildwuchses insbesondere auf dem Fernsehmarkt im Jahre 1990 den Versuch eines grundlegenden ordnungspolitischen Durchgriffs gegeben. Das am 6. August 1990 verabschiedete Mediengesetz sollte dabei nicht nur die Anarchie im Fernsehsektor beenden, sondern auch die intermediäre Konzentration begrenzen. Das Reich des Medienmultis Silvio Berlusconi blieb jedoch im wesentlichen unangetastet. (Vgl. Ulrike SAUER: Auswirkungen des neuen Mediengesetzes in Italien, in: Media Perspektiven 1991/3: 161-169)

Auch in Großbritannien hatte ein neues Gesetz, das speziell dem kommerziellen Rundfunksektor galt, erhebliche Auswirkungen auf das Mediensystem und speziell die Finanzierung des Rundfunks (→ Kapitel 3.1.3). Nicht nur Rundfunkakteure befürchteten als Folge eine Senkung der Programmstandards. Dies betraf die verordnete unsichere Finanzlage sowohl der nichtkommerziellen BBC als auch der kommerziellen Stationen, aber auch Gesetzesklauseln, die den Fernsehveranstaltern "angemessene Objektivität" abverlangt. (Vgl. Stephen HEARST: Die neue Rundfunkgesetzgebung in Großbritannien, in: Media Perspektiven 1991/3: 170-177) Der "Broadcasting Act", der aus der Amtszeit von Premierministerin Margret Thatcher stammt, schreibt eine Versteigerung der Fernsehlizenzen für private Veranstalter vor. Dieses Auktionsverfahren führte im Herbst 1991 zum Konkurs mehrerer Sender, die leer ausgegangen waren (vgl. Die Zeit v. 25.10.1991: 43). Insgesamt bietet das Gesetz einen Beleg für die Vermutung, daß sich das Vertrauen auf wirtschaftlichen Liberalismus häufig mit dem Mißtrauen gegenüber politischer und publizistischer Freiheit verbindet (vgl. Wolfgang HOFFMANN-RIEM: Zwischen ökonomischer Deregulierung und politisch-moralischer Überregulierung - Zur Neuordnung des Rundfunksystems in Großbritannien, in: Rundfunk und Fernsehen 1991/1: 17-28).

Es gibt zwar bisher keine zufriedenstellende Gesamtdarstellung zur Rundfunk-Ökonomie (→ Kapitel 3.1.3), wohl aber inzwischen zahlreiche Einzeldarstellungen. Dazu gehören im wesentlichen Rechtsgutachten wie jene, die als "Beiträge zum Rundfunkrecht" von der ARD herausgegeben werden (Baden-Baden: Nomos) sowie Sammelbände, die nach Fachtagungen erscheinen, wie z. B. die "Beiträge zur Rundfunkökonomie", herausgegeben vom erwähnten Fribourger Arbeitskreis für die Ökonomie des Rundfunks (Stuttgart 1986 ff.: Kohlhammer). Zahlreiche Aufsätze zur Rundfunkökonomie, die meistens der Perspektive der öffentlich-rechtlichen Rundfunkanstalten verpflichtet sind, erschienen in den Zeitschriften "Media Perspektiven" und "Rundfunk und Fernsehen".

Zu den skizzierten Themenfeldern der Rundfunkökonomie liegen jeweils unterschiedlich gründliche Darstellungen vor; durchweg handelt es sich dabei um vorsichtige Erkundungen des (meist bescheidenen) Forschungsstandes oder um Insiderbeschreibungen aus den Rundfunkanstalten. Dabei beschäftigen sich verschiedene Autoren mit der Finanzierung des öffentlich-rechtlichen Rundfunks und hier insbesondere mit der Gebührenproblematik (vgl. z. B. die Aufsätze von RÜHL (in: SCHENK/DONNERSTAG 1989: 171-196) und KOPPER (in: Media Perspektiven 1989/5: 245-261 sowie in: Rundfunk und Fernsehen 1991/1: 55-70)) sowie mit der Ordnungspolitik und dem Wettbewerb im dualen Rundfunksystem (vgl. neben den schon erwähnten Veröffentlichungen z. B. den Aufsatz von KRUSE (in: SCHENK/DONNERSTAG 1989: 77-111)). Zur Typologie der Rundfunkanstalt als Unternehmen vgl. den Aufsatz von SEIDEL (in: Media Perspektiven 1991/8: 504-519), zu den Märkten für Fernsehrechte den Aufsatz von KRUSE (in: SCHENK/DONNERSTAG 1989: 225-263), zu den Kosten von Rundfunkprogrammen SCHRAPE (in: Media Perspektiven 1988/9: 541-554), zur Personalwirtschaft von öffentlich-rechtlichen Rundfunkanstalten FÜNFGELD (in: SCHENK/DONNERSTAG 1989: 209-224) und zum Marketing von Rundfunkanstalten den von SAXER (1989) herausgegebenen Sammelband.

Die Perspektive der Kommerzialisierung und Internationalisierung (→ Kapitel 3.1.4) wird in der Literatur vorwiegend unter jeweils aktuellen Eindrücken abgehandelt. Zentrales Thema sind dabei die Auswirkungen, die der europäische Binnenmarkt für die Medien und den Journalismus hat. Vgl. dazu die Themenblöcke "Medien im Europäischen Binnenmarkt" (in: Rundfunk und Fernsehen 1989/2-3) und "Europa im Blick. Medien, Märkte, Monopole" (in: Journalist 1991/11). Zur Forderung nach einer europäischen Rundfunkordnung vgl. den Aufsatz von DICKE (in: Media Perspektiven 1989/4: 193-199). Die Zeitschrift "Media Perspektiven" hat in den vergangenen Jahren verschiedene Beiträge zu den technologischen Grundlagen der Internationalisierung und hier insbesondere zur Satellitentechnik veröffentlicht (vgl. z. B. die Aufsätze von Georg-Michael LUYKEN (Heft 1987/10: 615-629) und Frank MÜLLER-RÖMER (1989/7: 410-418)).

ad 3.2 Organisatorische Imperative

Zur Einführung in die Gruppentheorie (→ Kapitel 3.2.1) vgl. neben HOMANS (1978) z. B. die beiden folgenden sozialpsychologischen Lehrbücher: Martin IRLE: Lehrbuch der Sozialpsychologie, Göttingen/Toronto/Zürich 1975 (insbes. S. 476 ff.); John W. MCDAVID/Herbert HARARI: Social Psychology. Individuals, Groups, Societies, New York 1968 (insbes. S. 268 ff.). Die Chefredakteursrolle ist auch kommunikationspolitisch von besonderer Bedeutung; vgl. dazu HOFFMANN-RIEM (1979). Zur subjektiven Dimension der Chefredakteursrolle (Selbstverständnis usw.) vgl. JACOBI ET AL. (1977).

Vor allem die Redaktionsstrukturen der bekannteren Medien, die nur ungern Öffentlichkeit zulassen, sind dem systematischen empirischen Zugriff kaum zugänglich. Insofern ist man auf einzelne eher essayistische Beschreibungen angewiesen, die aber für alle der sogenannten Elitemedien vorliegen. Mit der FRANKFURTER ALLGEMEINEN ZEITUNG beschäftigte sich zuerst der Schriftsteller Hans Magnus ENZENSBERGER in seiner Polemik "Journalismus als Eiertanz" (in: ENZENSBERGER 1962: 18-73), dann in ebenfalls sehr bissiger, aber lesenswerter Form das Frankfurter Alternativblatt "Pflasterstrand" (Nr. 321 v. 5.4.1989). Dabei setzt sich der Autor Walter POHL auch eingehend mit dem Herausgeber-Kollegium des Blattes auseinander. In dem Reader "Die FAZ" (Hrsg.: Hermannus PEIFFER, Köln 1988) wurden

"Nachforschungen über ein Zentralorgan" angestellt. Die FAZ gehörte auch zu den Medien, die in einem Themenheft der Zeitschrift "Criticón" beschrieben wurden (Nr. 107, Mai/Juni 1988). Die Zeitschrift wollte dabei die Frage klären, ob wir uns vor dem Ende des "klassischen Journalismus" befinden. Zu den untersuchten Blättern zählten dabei des weiteren TAZ, DIE WELT, DIE ZEIT und DER SPIEGEL.

Der TAZ sind zahlreiche Darstellungen gewidmet worden (→ auch Kapitel 3.1.2.2). Die Phase des Marktzutritts beschreibt Uwe MEYER in einer knappen, aber kompetenten Zusammenfassung (vgl. Media Perspektiven 1983/3: 155 ff.). Mit den Problemen des Blattes im Herbst und Winter 1991 beschäftigte sich u. a. ein Aufsatz in der Zeitschrift "Journalist" (1991/11: 51 ff.). Den Insider-Bericht eines ehemaligen Redakteurs druckte aus Anlaß des zehnjährigen Jubiläums des Blattes die Wochenzeitung DIE ZEIT (vgl. Michael SONTHEIMER: 10 Jahre taz: Wille & Wahn. Ein Betroffenenbericht, in: Die Zeit v. 7.4.1989: 52); der Autor wurde Anfang 1992 Chefredakteur der TAZ. Zu ihrem Jubiläum veröffentlichte die TAZ selbst am 17.4.1989 ein umfangreiches Sonderheft. Darin verglich ein ehemaliger TAZ-Redakteur, der inzwischen zum SPIEGEL gewechselt war, die Arbeitsweise in den Redaktionen der beiden Blätter (ebd.: 76 ff.).

Auch das Enthüllungs-Organ DER SPIEGEL (→ Kapitel 3.2.2) gibt über seine internen Verhältnisse nicht gerne Auskunft. Dennoch hat das Nachrichtenmagazin, wie kein anderes Medium der Bundesrepublik, eine große Zahl von Publikationen herausgefordert - nicht zuletzt im Zusammenhang mit den Querelen um Mitbestimmungsrechte der Redaktion Anfang der siebziger Jahre (vgl. dazu z. B.: Bodo ZEUNER: Veto gegen Augstein, Hamburg 1972). In systematischer Weise untersuchte Dieter JUST in seiner Studie "Der Spiegel" (Hannover 1967) Arbeitsweise, Inhalt und Leserschaft des Nachrichtenmagazins.

Das 'große Buch' über den SPIEGEL und die Rolle seines Herausgebers Rudolf Augstein, den viele für den bedeutendsten deutschen Journalisten der Nachkriegszeit halten, steht aber noch aus. So kann das Magazin weiter den eigenen Mythos pflegen. Eingehendere kritische Darstellungen zum SPIEGEL und seinem Herausgeber erschienen auch besonders im Winter 1987/88, als "Der Hamburger Titelkampf" (Süddeutsche Zeitung v. 10.12.1987) um die Augstein-Nachfolge entbrannte. In den Jahren danach verließen die Chefredakreure Böhme und Funk das Haus; Augstein blieb und schrieb eine "Hausmitteilung" (→ Text 3-8). Vgl. zur aktuellen Beschreibung der inneren Verhältnisse des SPIEGEL z. B. die Darstellungen in: neue medien (1988/4: 10-46) sowie in: Artikel 5 (1989/3: 9-14).

Der ehemalige SPIEGEL-Redakteur Erich KUBY hat sich aus Anlaß des 40. Jubiläums des Magazins erneut um eine kritische Analyse der Redaktionsarbeit bemüht (in: Leader, Januar/Februar 1987: 16-34). Über die internen Anpassungsmechanismen schreibt er u. a.: "Der Spiegel ist das einzige Presseerzeugnis der Bundesrepublik, dessen Erfolgsrezept von seinen Mitarbeitern eine Selbstpreisgabe einfordert, für die nicht einmal mehr die Begriffsklitterung radikaler Kompromiss - zu Gunsten des Spiegels - anwendbar erscheint." (Ebd.: 22)

Mit den besonderen Hierarchieproblemen der öffentlich-rechtlichen Rundfunkanstalt beschäftigt sich SEIDEL (in: Media Perspektiven 1991/8: 504-519). Die Kontrollgremien der öffentlich-rechtlichen Rundfunkanstalt waren Gegenstand einer empirischen Untersuchung an der Universität Mainz. Sie führte zu dem Ergebnis, daß solche Gremien von Medien-Dilettanten kaum in der Lage sein könnten, ihre Aufgaben wirksam zu erfüllen (vgl. Hans Mathias KEPPLINGER/Thomas HARTMANN: Stachel oder Feigenblatt? Rundfunk- und Fernsehräte in der Bundesrepublik Deutschland. Eine empirische Untersuchung, Institut für Medienentwicklung und Kommunikation GmbH. Medienkritische Reihe, 1989). Zur Rolle des Intendanten beim öffentlich-rechtlichen Rundfunk vgl. FISCHER ET AL. (1979), der auch die Organisationspläne der Anstalten abdruckt, sowie DYGUTSCH-LORENZ (1971, 1973).

Den besten Überblick zur Redaktionsforschung (→ Kapitel 3.2.3.1) findet man in dem erwähnten Aufsatz von RÜHL (1989), auch wenn der Autor deutlich für seinen systemtheoretischen Ansatz wirbt. Zu kritisieren ist einzig, daß RÜHL erneut - wie schon in früheren Veröffentlichungen - die Gatekeeper-Forschung auf frühe individualistische Studien verkürzt und ihr insofern nicht gerecht wird. In RÜHLS Darstellung findet sich auch eine sehr umfangreiche Zusammenfassung insbesondere der nordamerikanischen Literatur.

Mit der kybernetischen Redaktions-Studie von HIENZSCH (1990) hat sich RÜHL in einer Rezension kritisch auseinandergesetzt (vgl. Rundfunk und Fernsehen 1991/4: 625 ff.). Er hält dem Autor darin "kybernetischen und organisationstheoretischen Konservatismus" vor. Denn HIENZSCH halte am Konstrukt 'Journalist' fest; hinter seinem Konzept der Kybernetisierung redaktioneller Produktion verberge sich letztlich wieder ein idealisiertes Journalistenbild. Mit Recht setzt RÜHL Fragezeichen hinter HIENZSCHS Hoffnung auf "Hilfe aus journalistischen Bewußtseinsystemen" zur Lösung redaktioneller Probleme. Wichtiger aber ist sein Hinweis auf die von HIENZSCH nicht berücksichtigte 'Kybernetik zweiter Ordnung' etwa im Werk Heinz VON FOERSTERS (1985). Denn von den 'Neukybernetikern', die alle Erkenntnis auf die Ebene des Beobachtens von Beobachtern stellen, wird gerade HIENZSCHS Anspruch 'objektiver Meßbarkeit' der redaktionellen Regelungsprozesse in Frage gestellt.

Zur Gatekeeper-Forschung (→ Kapitel 3.2.4.1) findet sich ein gut gegliederter, knapper Überblick in der leider unveröffentlicht gebliebenen Forschungssynopse "Journalismus als Beruf", die 1977 von Hans-Jürgen WEIß und seinen Mitarbeitern vorgelegt wurde (S. 133 ff.); die Darstellung enthält auch eine ausführliche Literaturübersicht zu den wichtigsten Studien bis Mitte der siebziger Jahre.

Einen aktuellen Überblick zur Soziologie der Nachrichtenproduktion gibt SCHUDSON (1991). Er verweist darin zunächst auf die praxisferne Sprache, die sich die Forschung hier zugelegt habe. Begriffe wie 'Produktion von Nachrichten' führten sogar bei selbstkritischen Journalisten zunächst zu einer Abwehrhaltung. Denn sie sähen sich dadurch in die Rolle von Nachrichtenfälschern gedrängt, was aber diese sozialwissenschaftlichen Ansätze ja keineswegs beabsichtigten.

Im Zusammenhang mit der Gatekeeper-Forschung weist auch Schudson auf die zu enge Perspektive der dabei zugrundegelegten Metapher hin. Denn es gehe bei der Untersuchung der Nachrichtenproduktion ja nicht allein um die Auswahl, sondern um die Konstruktion von Nachrichten. Die Gatekeeper-Metapher erfasse aber weder die Wirklichkeitskonstruktion noch die vielfältigen Feedback-Kontexte, in welche die Aussagenentstehung eingebunden sei. (Vgl. S. 141 f.)

Im Zusammenhang mit den Merkmalen redaktioneller Organisation und Produktion (→ Kapitel 3.2.5) ist auf aktuelle Wandlungsprozesse bei der Aussagenentstehung hinzuweisen, welche die Arbeitszusammenhänge direkt betreffen. Im Rahmen einer eigenen, bisher unveröffentlichten Studie haben wir dazu - auf der Grundlage einer Expertenbefragung - herausgefunden, daß es schrittweise zu einer Aufweichung der klassischen Ressortaufteilung kommen kann. Damit verbunden wären neue oder modifizierte Formen der Arbeitsorganisation. Innerhalb der bestehenden Arbeitsstrukturen kann dabei die Teamarbeit wichtiger werden. Ein Teil der Befragten hielt es für wahrscheinlich, daß Projektredaktionen eingeführt werden, die komplexere Themen über Ressortgrenzen hinweg durch eine Gruppe von Journalisten bearbeiten. Auf der anderen Seite könnte diese ganzheitlichere Arbeitsorganisation aber doch dazu führen, daß die journalistische Produktion insgesamt wieder arbeitsteiliger wird und ein ausdifferenzierteres Rollensystem in der Redaktion provoziert, wie es z. B. im nordamerikanischen Journalismus üblich ist (vgl. Siegfried WEISCHENBERG ET AL.: Kompetenz und Technik. Journalistenausbildung für die Informationsgesellschaft, 2 Bde., Münster 1991).

Das Thema 'innere Pressefreiheit' hat, wie dargestellt, in Deutschland zum ersten Mal Anfang der zwanziger Jahre die Gemüter von Journalisten, Verlegern und auch Politikern bewegt. Damals kam es trotz Unterstützung aus dem Reichsinnenministerium nicht zu einem Journalistengesetz, sondern nach einem "Kuhhandel" zwischen dem Journalisten- und dem Verlegerverband nur zu einer Verbesserung der sozialen Sicherung der Journalisten. (Vgl. STÖBER 1990: insbes. 272) Ähnlich erbittert wurde dann wieder seit Ende der sechziger Jahre um eine Kompetenzabgrenzung zwischen Verlegern und Redakteuren gestritten. (Vgl. Ulrich EICKE: "Innere" und "Äußere" Pressefreiheit - Eine medienpolitische Zwischenbilanz, in: Aus Politik und Zeitgeschichte, B 24/74, 15.6.1974) Der Höhepunkt der Auseinandersetzung lag Anfang der siebziger Jahre, als Entlassungen von bekannten Journalisten wie FAZ-Herausgeber Jürgen Tern und Joachim Besser, Chefredakteur des KÖLNER STADTANZEIGER, für Aufsehen sorgten. Auf dem Höhepunkt der Auseinandersetzungen um gesetzliche Maßnahmen zur Regelung der inneren Verhältnisse der Presse griffen auch Chefredakteure und Verleger in ihren eigenen Blättern in die Debatte ein (vgl. z. B. die Beiträge von Theo SOMMER und Gerd BUCERIUS in: Die Zeit v. 26.11.1971 bzw. 13.4.1973).

Die Idee eines Presserechtsrahmengesetzes, das die Bundesregierung in der Regierungserklärung vom Dezember 1976 angekündigt hatte, wurde endgültig im April 1979 aufgegeben, als der damalige Bundesinnenminister Gerhard Baum vor dem Bundestag sagte, "daß in dieser Situation ein staatlicher Machtanspruch durch Gesetz - jedenfalls derzeit - nicht das geeignete Instrument ist" (vgl. Deutscher Bundestag, 8. Wahlperiode, 149. Sitzung, Bonn, 27.4.1979). 1981 legte der Deutsche Journalisten-Verband noch einmal einen Vorschlag für ein Presserechtsrahmengesetz vor, der aber ohne größere Beachtung blieb (vgl. Journalist 1981/4: 41 ff.).

Die dargestellten Überlegungen von HOFFMANN-RIEM (1979) zur inneren Pressefreiheit als politische Aufgabe haben heftige Kritik des Passauer Rechtswissenschaftlers BETHGE herausgefordert (Herbert BETHGE: Innere Pressefreiheit. Gesellschaftspolitische Aufgabe oder Verfassungsproblem?, in: Archiv für Presserecht 1980/1: 13 ff.). BETHGE wirft HOFFMANN-RIEM vor, er habe sein Verständnis der Grundrechte von Verlegern und Redakteuren ohne dogmatische Detailarbeit und ohne jede Feinabstimmung gegenüber oder mit anderen Grundrechtsmethoden ausgearbeitet. Die arbeitsteilige Grundrechtsausübung in der vom Verfasser konzipierten Form laufe darauf hinaus, den tatsächlichen Grundrechtsstatus des Verlegers zugunsten des Redakteurs zu mindern.

Literaturverzeichnis

A

ADORNO, THEODOR W. (1985): Résumé über Kulturindustrie, in: D. Prokop (Hrsg.):, Medienforschung, Bd. 1., Frankfurt a. M.: 476-483.

ALTSCHULL, J. HERBERT (1984): Agents of Power. The Role of the News Media in Human Affairs, New York: Longman [dt. Ausg.. Agenten der Macht. Die Welt der Nachrichtenmedien - eine kritische Studie, Konstanz 1989: Universitätsverlag].

ANDERSON, DOUGLAS (1987) How Managing Editors View and Deal with Ethical Issues, in: Journalism Quarterly, Vol. 64, 1987/2-3: 341-345.

APEL, KARL OTTO (1988): Diskurs und Verantwortung, Frankfurt a. M.: Suhrkamp.

AUER, ALFONS (1988): Verantwortete Vermittlung. Bausteine einer medialen Ethik, in: H. Glässgen/H. Tompert (Hrsg.): Zeitgespräch. Kirche und Medien, Freiburg/Basel/Wien: 63-84.

AUFERMANN, JÖRG/HANS BOHRMANN/ROLF SÜLZER (Hrsg.) (1973): Gesellschaftliche Kommunikation und Information (Forschungseinrichtungen und Problemstellungen. Ein Arbeitsbuch zur Massenkommunikation), Frankfurt a. M.: Athenäum.

AUFERMANN, JÖRG ET AL. (1973): Pressekonzentration in der BRD: Untersuchungsprobleme, Ursachen und Erscheinungsformen, in: J. Aufermann/H. Bohrmann/R. Sülzer (Hrsg.): Gesellschaftliche Kommunikation und Information, Frankfurt a. M.: 242-302.

B

BAACKE, DIETER (Hrsg.) (1974): Kritische Medientheorien. Konzepte und Kommentare, München: Juventa.

BAACKE, DIETER (1980): Kommunikation und Kompetenz. Grundlegung einer Didaktik der Kommunikation und ihrer Medien, München, 2. Aufl. [zuerst 1975]: Juventa.

BAGDIKIAN, BEN H. (1971): The Information Machines. Their Impact on Men and the Media, New York: Harper & Row.

BAGDIKIAN, BEN H. (1983): The Media Monopoly. A startling report on the 50 corporations that control what America sees, hears and reads, Boston: Beacon Press.

BAGDIKIAN, BEN H. (1985): The U.S. Media - Supermarket or Assembly Line? in: Journal of Communication, Vol. 35, 1985/3: 97-109 [dt.: USA-Medien: Fließband oder Supermarkt? in: Media Perspektiven 1987/4: 239-248].

BAILEY, GEORGE A./LAWRENCE LICHTY (1972): Rough Justice on a Saigon Street: A Gatekeeper Study of NBC's Tet Execution Film, in: Journalism Quarterly, Vol. 42, 1972: 221-229.

BANTZ, CHARLES R./SUZANNE MCCORKLE/ROBERT C. BAADE (1981): The News Factory, in: G. C. Wilhoit (ed.): Mass Communication Review Yearbook, Vol. 2, 1981: 366-389 [zuerst in: Communication Research, Vol. 7, 1980/1: 45-68].

BASS, ABRAHAM Z. (1972): Zur Verbesserung des "Gatekeeper"-Modells, in: B. Badura/K. Gloy (Hrsg.): Soziologie der Kommunikation, Stuttgart: 139-146.

BAUSCH, HANS (Hrsg.) (1980): Rundfunkpolitik nach 1945, München: dtv.

BECKER, LEE B./KLAUS SCHÖNBACH (eds.) (1989): Audience Responses to Media Diversification. Coping with Plenty, Hillsdale N.J.

BENIGER, JAMES R. (1987): Toward an Old New Paradigm. The Half-Century Flirtation with Mass Society, in: Public Opinion Quarterly, Vol. 51, 1987/4, Part 2: S47-S66.

BENNETT, TONY (1982): Theories of the media, theories of society, in: M. Gurevitch et al. (eds.): Culture, Society and the Media, London: 30-55.

BERG, KLAUS/MARIE-LUISE KIEFER (Hrsg.) (1987): Massenkommunikation III. Eine Langzeitstudie zur Mediennutzung und Medienbewertung 1964-1985, Frankfurt a. M./Berlin: Metzner [= Schriftenreihe Media Perspektiven 9].

BERGER, PETER L./THOMAS LUCKMANN (1980): Die gesellschaftliche Konstruktion der Wirklichkeit. Eine Theorie der Wissenssoziologie, Frankfurt a. M.: Fischer [Original: The Social Construction of Reality, New York 1966].

BERGSDORF, WOLFGANG (1980): Die vierte Gewalt. Einführung in die politische Massenkommunikation, Mainz: v. Hase & Koehler.

BERMES, JÜRGEN (1989): Der Streit um die Presse-Selbstkontrolle: Der Deutsche Presserat, Phil. Diss., Universität Dortmund [als Buch: Baden-Baden 1991: Nomos].

BINKOWSKI, JOHANNES (1981): Publizistisches Berufsethos, in: Publizistik 1981/1: 35-32.

BLACK, JAY/RALPH D. BARNEY (1990): Toward Professional, Ethical Journalism, in: Mass Comm Review, Vol. 17, 1990/1-2: 2-13.

BLANCHARD, M.A. (1977): The Hutchins Commission, the press and the responsibility concept, in: Journalism Monographs, No. 49, 1977.

BLAUM, VERENA (1979): Journalistikwissenschaft in der DDR, Erlangen: Institut für Gesellschaft und Wissenschaft.

BLAUM, VERENA (1980): Marxismus-Leninismus, Massenkommunikation und Journalismus. Zum Gegenstand der Journalistikwissenschaft in der DDR, München: Minerva.

BLAUM, VERENA (1985): Ideologie und Fachkompetenz. Das journalistische Berufsbild in der DDR, Köln: Verlag Wissenschaft und Politik.

BLUMENAUER, HARTMUT ET AL. (1988): Einführung in die journalistische Methodik. Von einem Autorenkollektiv der Sektion Journalistik der Karl-Marx-Universität Leipzig, 2. durchges. Aufl., Leipzig: VEB Bibliographisches Institut.

BÖMER, KARL (1929): 'Journalistik' und 'Publizistik' in der modernen Literatur. Eine terminologische Untersuchung, in: Zeitungs-Verlag 1929/1: 47-49.

BOHRMANN, HANS/ARNULF KUTSCH (1979): Pressegeschichte und Pressetheorie. Erich Everth (1878-1934), in: Publizistik 1979/3: 386-403.

BOORSTIN, DANIEL J. (1987): Das Image. Der Amerikanische Traum, Reinbek bei Hamburg: Rowohlt [Original: The Image, New York 1961: Atheneum].

BOSSHART, LOUIS (1985): Zur Ethik des Journalismus, in: H. Maier (Hrsg.): Ethik der Kommunikation, Fribourg: 9-15.

BOURDIEU, PIERRE (1987): Sozialer Sinn. Kritik der theoretischen Vernunft, Frankfurt a. M. 1987: Suhrkamp.

BOVENTER, HERMANN (1982): Der Journalist und die Pilatusfrage, in: K. Koszyk/V. Schulze (Hrsg.): Die Zeitung als Persönlichkeit, Düsseldorf: 29-40.

BOVENTER, HERMANN (1983a): Journalistenmoral als "Media Ethics". Kodifizierte Pressemoral und Medienethik in den Vereinigten Staaten von Amerika, in: Publizistik 1983/1: 19-39.

BOVENTER, HERMANN (1983b): Ethik des Journalismus. Ansätze und Fragestellungen, in: Stimmen der Zeit 1983/6: 387-400.
BOVENTER, HERMANN (1983c): Journalismus ist philosophiebedürftig. Die Medien zwischen Wissenschaft, Moral und Technik, in: Communicatio socialis 1983/3: 316-330.
BOVENTER, HERMANN (1984a): Ethik des Journalismus. Zur Philosophie der Medienkultur, Konstanz: Universitätsverlag.
BOVENTER, HERMANN (1984b): Ethik und System im Journalismus. Der Handlungsbedarf moderner Mediensysteme. Kritische Anmerkungen zu einem Aufsatz von Manfred Rühl und Ulrich Saxer, in: Publizistik 1984/1-2: 34-48
BOVENTER, HERMANN (1985): Das Prinzip Verantwortung in der Massenkommunikation. Problem einer kommunikationswissenschaftlich fundierten Ethik im Journalismus, in: H. Maier (Hrsg.): Ethik der Kommunikation, Fribourg: 53-71.
BOVENTER, HERMANN (1988a) (Hrsg.): Medien und Moral. Ungeschriebene Regeln des Journalismus, Konstanz: Universitätsverlag.
BOVENTER, HERMANN (1988b): Eine verschwiegene Laudatio. Gelebte Moral im Journalismus, in: H. Boventer (Hrsg.): Medien und Moral, Konstanz: 173-184.
BOVENTER, HERMANN (1988c): Wertorientierter Journalismus. Die Sicht der Moralphilosophie, in: L. Erbring et al. (Hrsg.): Medien ohne Moral, Berlin: 226-237.
BOWERS, DAVID R. (1967): A Report on Activity by Publishers in Directing Newsroom Decisions, in: Journalism Quarterly 44, 1967: 43-52.
BRANAHL, UDO (1979): Pressefreiheit und redaktionelle Mitbestimmung, Frankfurt a. M./New York: Campus.
BRANAHL, UDO/WOLFGANG HOFFMANN-RIEM (1975): Redaktionsstatute in der Bewährung, Baden-Baden: Nomos.
BREDOW, WILFRIED VON (Hrsg.) (1990): Medien und Gesellschaft. Auf dem Weg zu einem Analphabetismus für gehobene Ansprüche? Stuttgart: Wissenschaftliche Verlagsgesellschaft.
BREED, WARREN (1973): Soziale Kontrolle in der Redaktion: Eine funktionale Analyse, in: J. Aufermann/H. Bohrmann/R. Sülzer (Hrsg.): Gesellschaftliche Kommunikation und Information, Frankfurt a. M.: 356-378 [Original: Social Control in the News Room, Social Forces, 33, 1955/4: 326-335].
BREUNIG, CHRISTIAN (Hrsg.) (1987): Studienführer Publizistik/Journalistik/Kommunikationswissenschaft, München: Ölschläger.
BRUCH, RÜDIGER VOM/OTTO B. ROEGELE (Hrsg.) (1986): Von der Zeitungskunde zur Publizistik. Biographisch-institutionelle Stationen der deutschen Zeitungswissenschaft in der ersten Hälfte des 20. Jahrhunderts, Frankfurt a. M.: Haag + Herchen.
BÜCHER, KARL (1926a) [zuerst 1917]: Gesammelte Aufsätze zur Zeitungskunde, Tübingen: Lauppʼsche Buchhandlung.
BÜCHER, KARL (1926b): Die deutsche Tagespresse und die Kritik, in: ders.: Gesammelte Aufsätze zur Zeitungskunde, Tübingen: 307-390.
BÜCHER, KARL (1981a) [zuerst 1912]: Journalisten-Vorbildung an Universitäten, in: H.-D. Fischer/H. Minte (Hrsg.): Karl Bücher/Auswahl der publizistikwissenschaftlichen Schriften, Bochum: 79-98.
BÜCHER, KARL (1981b) [zuerst: 1915]: Konturen des Studiums der Zeitungskunde, in: H.-D. Fischer/H. Minte (Hrsg.): Karl Bücher/Auswahl der publizistikwissenschaftlichen Schriften, Bochum: 99-108.
BUDZISLAWSKI, HERMANN (1962): Über die Journalistik als Wissenschaft, in: Zeitschrift für Journalistik, 3. Jg., 1962/2: 43-49.

BUDZISLAWSKI, HERMANN (1966): Sozialistische Journalistik. Eine wissenschaftliche Einführung, Leipzig: VEB Bibliographisches Institut.

BUNDESVERBAND DEUTSCHER ZEITUNGSVERLEGER E. V. (1989): Zeitungen '89, Bonn.

BURROWES, CARL P. (1989): Measuring Freedom of Expression Cross-Culturally: Some Methodological And Conceptual Problems, in: Mass Comm Review, Vol. 16, 1989/1-2: 38-51.

C

CAREY, JAMES W. (1969): The Communications Revolution and the Professional Communicator, in: P. Halmos (ed.): The Sociology of Mass-Media Communicators, Keele: 23-38.

CHASE, DENNIS J. (1971): The Aphilosophy of Journalism, in: The Quill, September 1971: 15-17.

CHRISTIANS, CLIFFORD ET AL. (1983): Media Ethics. Cases and Moral Reasoning, New York: Longman.

CHRISTIANS, CLIFFORD G. (1989a): Gibt es eine Verantwortung des Publikums? in: W. Wunden (Hrsg.): Medien zwischen Macht und Moral. Beiträge zur Medienethik, Stuttgart: 255-266.

CHRISTIANS, CLIFFORD G. (1989b): Normativity as Catalyst, in: B. Dervin et al. (eds.): Rethinking Communication, Volume 1: Paradigm Issues, Newsbury Park/London/New Delhi: 148-153.

CHRISTIANS, CLIFFORD G./CATHERINE L. COVERT (1980): Teaching Ethics in Journalism Education, New York: The Hastings Center.

COLLINS, RICHARD/JAMES CURRAN ET AL. (eds.) (1986): Media, Culture & Society. A Critical Reader: London: Sage.

COMMISSION ON FREEDOM OF THE PRESS (1947): A Free and Responsible Press, Chicago: University of Chicago Press.

COMPAINE, BENJAMIN M. ET AL. (1982): Who owns the Media? Concentration of Ownership in the Mass Communications Industry, White Plains/New York, 2nd. ed.: Knowledge Industries.

COMPAINE, BENJAMIN M. (1985): The Expanding Base of Media Competition, in: Journal of Communication, Vol. 35, 1985/3: 81-109.

CULLEN, MAURICE R. JR. (1981): Mass Media and the first Amendment. An Introduction to the Issues, Problems and Practices, Dubuque, Iowa: Wm. C. Brown.

CURRAN, JAMES/MICHAEL GUREVITCH/JANET WOOLLACOTT (eds.) (1982): Mass Communication and Society, Beverly Hills/London, 3rd print.: Sage.

D

DAHRENDORF, RALF (1965): Gesellschaft und Demokratie in Deutschland, München: Piper.

DAHRENDORF, RALF (1977): Homo Sociologicus. Ein Versuch zur Geschichte, Bedeutung und Kritik der Kategorie der sozialen Rolle, Opladen, 15. Aufl. [zuerst 1958]: Westdeutscher Verlag.

DARNTON, ROBERT (1975): Writing News and Telling Stories, in: Daedalus, Vol. 104, 1975/2: 175-194.

DENNIS, EVERETTE E. ET AL. (1991): The Media at War: The Press and the Persian Gulf Conflict. A Report of the Gannett Foundation, New York: Gannett Foundation Media Center.

DERVIN, BRENDA/LAWRENCE GROSSBERG/BARBARA J. O'KEEFE/ELLEN WARTELLA (eds.) (1989): Rethinking Communication (Volume 1: Paradigm Issues, Volume 2: Paradigm Exemplars), Newsbury Park/London/New Delhi: Sage.

DEUTSCHER PRESSERAT, TRÄGERVEREIN (Hrsg.) (1990): Schwarz Weiß Buch. Spruchpraxis des Deutschen Presserats, Bonn.

DEXTER, LEWIS A./DAVID MANNING WHITE (eds.) (1964): People, Society, and Mass Communications, New York: The Free Press.

DIMMICK, JOHN (1974): The Gate-Keeper: An Uncertainty Theory, in: Journalism Monographs, No. 37, Nov. 1974.

DOMINICK, JOSEPH R. (1987): The Dynamics of Mass Communication, New York, 2nd. ed.: Random House.

DONOHEW, LEWIS (1972): Determinanten im Nachrichtenkanal von Tageszeitungen, in: Badura/Gloy, Soziologie der Kommunikation, Stuttgart: 109-118.

DONOHUE, GEORGE A. et al. (1972): Gatekeeping: Mass Media Systems and Information Control, in: F. G. Kline, /P. J. Tichenor (eds.): Current Perspectives in Mass Communication Research, Beverly Hills: 41-69.

DONSBACH, WOLFGANG (1982): Legitimationsprobleme des Journalismus. Gesellschaftliche Rolle der Massenmedien und berufliche Einstellung von Journalisten, Freiburg/München: Alber.

DONSBACH, WOLFGANG (1987): Journalismusforschung in der Bundesrepublik: Offene Fragen trotz Forschungsboom, in: J. Wilke (Hrsg.): Zwischenbilanz der Journalistenausbildung. München: 105-142.

DOVIFAT, EMIL (1927): Der amerikanische Journalismus. Mit einer Darstellung der journalistischen Berufsbildung, Berlin/Leipzig [Neuausgabe, hrsgg. v. Stephan Ruß-Mohl, Berlin 1990: Colloquium].

DOVIFAT, EMIL (1967): Zeitungslehre (2 Bde.), Berlin, 5., neubearb. Aufl.: de Gruyter.

DOVIFAT, EMIL/JÜRGEN WILKE (1976): Zeitungslehre (2 Bde.), Berlin/New York: de Gruyter.

DRÖGE, FRANZ (1972): Wissen ohne Bewußtsein - Materialien zur Medienanalyse der Bundesrepublik Deutschland, Frankfurt a. M.: Athenäum.

DUSISKA, EMIL (Hrsg.) (1973): Wörterbuch der sozialistischen Journalistik, Leipzig.

DYGUTSCH-LORENZ, ILSE (1971): Die Rundfunkanstalt als Organisationsproblem, Düsseldorf: Bertelsmann Univ.-Verl. [= Gesellschaft und Kommunikation, Bd. 8].

DYGUTSCH-LORENZ, ILSE (1973): Journalisten und Rundfunk. Empirische Kommunikationsforschung am Beispiel einer Rundfunkanstalt, Düsseldorf: Bertelsmann Univ. Verl. [= Gesellschaft und Kommunikation, Bd. 16].

E

EASON, DAVID L. (1986): On journalistic authority: the Janet Cooke scandal, in: Critical Studies In Mass Communication, Vol. 3, 1986/4: 429-447.

EDELSTEIN, WOLFGANG/GERTRUD NUNNER-WINKLER (1986): Zur Bestimmung der Moral. Philosophische und sozialwissenschaftliche Beiträge zur Moralforschung, Frankfurt a. M.: Suhrkamp.

ELLWEIN, THOMAS/JOACHIM JENS HESSE (1987): Das Regierungssystem der Bundesrepublik Deutschland, 6. neubearb. u. erw. Aufl., Opladen: Westdeutscher Verlag.

ENTMAN, ROBERT M. (1985): Newspaper Competition and First Amendment Ideals: Does Monopoly Matter? in: Journal of Communication, Vol. 35, 1985/3: 147-165.

ENZENSBERGER, HANS MAGNUS (1962): Einzelheiten I. Bewußtseins-Industrie, Frankfurt a. M. Suhrkamp.

ENZENSBERGER, HANS MAGNUS (1988a): Mittelmaß und Wahn. Gesammelte Zerstreuungen, Frankfurt a. M.: Suhrkamp.

ENZENSBERGER, HANS MAGNUS (1988b): Über die Ignoranz, in: ders.: Mittelmaß und Wahn, Frankfurt a. M.: 9-22.

EPSTEIN, EDWARD J. (1975): Between Fact and Fiction. The Problem of Journalism, New York: Vintage Books.

ERBRING, LUTZ ET AL. (Hrsg.) (1988): Medien ohne Moral. Variationen über Journalismus und Ethik, Berlin: Argon.

ETTEMA, JAMES S./THEODORE L. GLASSER (1987): Public Accountability or Public Relations? Newspaper Ombudsmen Define Their Role, in: Journalism Quarterly, Vol. 64, 1987/1: 3-12.

EURICH, CLAUS (1980): Kommunikative Partizipation und partizipative Kommunikationsforschung, Frankfurt a. M.: Rita G. Fischer.

EURICH, CLAUS (1991a) [zuerst 1988]: Die Megamaschine. Vom Sturm der Technik auf das Leben und Möglichkeiten des Widerstands, Frankfurt a. M.: Luchterhand.

EURICH, CLAUS (1991b): Tödliche Signale. Die kriegerische Geschichte der Informationstechnik, Frankfurt a. M.: Luchterhand.

F

FABRIS, HANS HEINZ (1979): Journalismus und bürgernahe Medienarbeit. Formen und Bedingungen der Teilhabe an gesellschaftlicher Kommunikation, Salzburg: Neugebauer.

FABRIS, HANS HEINZ (1985): Der Mythos der Massenkommunikation oder das Dilemma der Kommunikationswissenschaft, Plädoyer für die Entwicklung der Medien- zur allgemeinen Kommunikationswissenschaft, in: Österreichisches Jahrbuch für Kommunikationswissenschaft 1985, Wien/Köln/Graz: 125-137.

FAUST, MARIANNE/WILLI REINKENSMEIER (1982): Totale Kommunikationskontrolle in der Vorkriegsphase des Dritten Reiches (1933-1939), in: H.-D. Fischer (Hrsg.), Deutsche Kommunikationskontrolle des 15. bis 20. Jahrhunderts, München/New York: 229-255.

FEDLER, FRED (1984): Reporting for the Print Media, San Diego, 3rd. ed.: Jovanovich.

FISCHER, HEINZ-DIETRICH (Hrsg.) (1982): Deutsche Kommunikationskontrolle des 15. bis 20. Jahrhunderts, München/New York/London/Paris: Saur [= Publizistik-Historische Beiträge, Bd. 5].

FISCHER, HEINZ-DIETRICH ET AL. (1976): Die Presseräte der Welt. Struktur, Finanzbasis und Spruchpraxis von Medien-Selbstkontrolleinrichtungen im internationalen Vergleich, Bonn-Bad Godesberg : ZV + ZV.

FISCHER, HEINZ-DIETRICH ET AL. (1979): Rundfunk-Intendanten - Kommunikatoren oder Manager? Rechtsstellung, Selbstverständnis und publizistischer Status, Bochum: Brockmeyer [= Bochumer Studien zur Publizistik- und Kommunikationswissenschaft, Bd. 20].

FISCHER, HEINZ-DIETRICH/HORST MINTE (Hrsg.) (1981): Karl Bücher/Auswahl der publizistikwissenschaftlichen Schriften, Bochum: Brockmeyer.

FLACH, Karl-Hermann (1967): Macht und Elend der Presse, Mainz: v. Hase & Koehler.

FLECK, FLORIAN HANS (1985): Die Berufsethik des Presseverlegers in einer demokratischen Gesellschaft, in: H. Maier (Hrsg.): Ethik der Kommunikation, Fribourg: 17-41.

FLECK, FLORIAN H. (1987): Zum Forschungsstand der Medienökonomie, in: ders. et al. (Hrsg.): Massenmedien und Kommunikationswissenschaft in der Schweiz, Zürich: 81-93.

FLEGEL, RUTH C./STEVEN H. CHAFFEE (1971): Influences of Editors, Readers and Personal Opinions on Reporters, in: Journalism Quarterly, Vol. 48, 1971: 645-651.

FLETCHER, JOSEPH (1966): Situation Ethics: the New Morality, Philadelphia: The Westminster Press.

FLÖHL, RAINER/JÜRGEN FRICKE (Hrsg.) (1987): Moral und Verantwortung in der Wissenschaftsvermittlung, Mainz.

FOERSTER, HEINZ VON (1985): Sicht und Einsicht. Versuche zu einer operativen Erkenntnistheorie, Braunschweig/Wiesbaden: Vieweg.

FORSTHOFF, ERNST (1969): Der Verfassungsschutz der Zeitungspresse, Frankfurt a. M.: Metzner.

FOUCAULT, MICHEL (1990): Die Ordnung der Dinge. Eine Archäologie der Humanwissenschaften, Frankfurt a. M., 9. Aufl.: Suhrkamp.

FRAENKEL, ERNST (1981): Das amerikanische Regierungssystem, Opladen, 4. Aufl.: Westdeutscher Verlag.

FRANK, GÖTZ (1987): Aufgabenteilung im dualen Rundfunksystem nach dem vierten Rundfunkurteil, in: Publizistik 1987/4: 422-430.

FREI, NORBERT/JOHANNES SCHMITZ (1989): Journalismus im Dritten Reich, München: Beck.

FRIEDRICHS, JÜRGEN (1985): Methoden empirischer Sozialforschung, Opladen, 13. Aufl: Westdeutscher Verlag.

FUCHS, ANTON (1984): Verantwortung im Journalismus. Eine theologisch-ethische Betrachtung, in: Communicatio socialis 1984/3: 188-194.

G

GERBNER, GEORGE (1969): Institutional Pressures Upon Mass Communicators, in: P. Halmos (ed.): The Sociology of Mass-Media Communicators, Keele: 205-248.

GERBNER, GEORGE (ed.) (1983): Ferment in the Field. Communications Scholars Address Critical Issues and Research Tasks of the Discipline (An International Symposium of 35 Original Essays from 10 Countries), in: Journal of Communication, Vol. 33, 1983/3.

GESERICK, ROLF (1987): Die Kommunikationspolitik der Deutschen Demokratischen Republik, Phil. Diss., Universität Münster [als Buchveröff.: 40 Jahre Presse, Rundfunk und Kommunikationspolitik in der DDR, München 1989: Saur].

GESERICK, ROLF/ARNULF KUTSCH (Hrsg.) (1988): Publizistik und Journalismus in der DDR. Acht Beiträge zum Gedenken an Elisabeth Löckenhoff, München/New York: Saur.

GIEBER, WALTER (1956): Across the Desk: a Study of 16 Telegraph Editors, in: Journalism Quarterly, Vol. 33, 1956: 423-432.

GIEBER, WALTER (1972): Eine Nachricht ist das, was Zeitungsleute aus ihr machen, in: D. Prokop (Hrsg.): Massenkommunikationsforschung 1: Produktion, Frankfurt: 221-228 [Original: News Is What Newspapermen Make It, in: L. A. Dexter/D. M. White (eds.): People, Society, and Mass Communications, New York 1964: 173-182].

GLASERSFELD, ERNST VON (1987): Wissen, Sprache und Wirklichkeit. Arbeiten zum radikalen Konstruktivismus, Braunschweig/Wiesbaden: Vieweg.

GLOTZ, PETER/WOLFGANG R. LANGENBUCHER (1969): Der mißachtete Leser. Zur Kritik der deutschen Presse, Köln/Berlin: Kiepenheuer & Witsch.

GOODWIN, H. EUGENE (1987): Groping for Ethics in Journalism, Iowa, 2nd. ed.: State Univ. Press.
GOTTSCHLICH, MAXIMILIAN (1980): Journalismus und Orientierungsverlust. Grundprobleme öffentlich-kommunikativen Handelns, Wien/Köln/Graz: Böhlau.
GRENIER, JUDSON (1972): Upton Sinclair and the Press: The Brass Check Reconsidered, in: Journalism Quarterly, Autumn 1972: 427-436.
GROSS, BERND (1981): Journalisten. Freunde des Hauses? Zur Problematik von Autonomie und Anpassung im Bereich der Massenmedien, Saarbrücken [= Saarländische Beiträge zur Soziologie 2].
GROTE, HUBERTUS (1979): Nachrichtenbeschaffung durch Zeitungsverlage. Eine betriebswirtschaftliche Untersuchung, Bochum: Brockmeyer.
GROTH, OTTO (1928-30): Die Zeitung. Ein System der Zeitungskunde (Journalistik), 4 Bde., Mannheim/Berlin/ Leipzig: Bensheimer.
GROTH, OTTO (1948): Die Geschichte der deutschen Zeitungswissenschaft. Probleme und Methoden, München: Weinmayer.
GROTH, OTTO (1960-1972): Die unerkannte Kulturmacht. Grundlegung der Zeitungswissenschaft (Periodik), 7 Bde., Berlin: de Gruyter.
GRUBITZSCH, JÜRGEN (1990): Traditionen, Altlasten und Neuansätze der Leipziger Journalistenausbildung, in: Rundfunk und Fernsehen 1990/3: 400-406.
GUREVITCH, MICHAEL ET AL. (eds.) (1982): Culture, Society and the Media, London: Methuen.
GURJEWITSCH, S. M. (1975): Karl Marx und Friedrich Engels als Theoretiker des kommunistischen Journalismus, Leipzig: Karl-Marx-Universität, Sektion Journalistik.
GUSTAFSSON, KARL-ERIK (1980): The Press Subsidies of Sweden: A Decade of Experiment, in: A. Smith (ed.): Newspapers and Democracy, Cambridge, Mass.: 104-126.
GUSTAFSSON, KARL-ERIK (1984): Überwindung von Marktzutrittsbarrieren durch Presseförderungsmaßnahmen in Schweden, in: G. G. Kopper (Hrsg.): Marktzutritt bei Tageszeitungen - zur Sicherung von Meinungsvielfalt durch Wettbewerb, München: 109-122.

H

HAAS, HANNES (Hrsg.) (1987): Mediensysteme: Struktur und Organisation der Massenmedien in den deutschsprachigen Demokratien, Wien: Braumüller.
HABERMAS, JÜRGEN (1981): Theorie des kommunikativen Handelns (2 Bde.), Frankfurt a. M.: Suhrkamp.
HABERMAS, JÜRGEN (1990): Strukturwandel der Öffentlichkeit. Untersuchungen zu einer Kategorie der bürgerlichen Gesellschaft (Mit einem Vorwort zur Neuauflage), Frankfurt a. M., unveränd. Nachdruck: Suhrkamp [zuerst Neuwied/Berlin 1962: Luchterhand].
HACHMEISTER, LUTZ (1987): Theoretische Publizistik. Studien zur Geschichte der Kommunikationswissenschaft in Deutschland, Berlin: Spiess.
HACHMEISTER, LUTZ/ACHIM BAUM/MATTHIAS SCHUPPE (1983): Praktizismus und komunikationswissenschaftliches Studium. Eine explorative Studie zur Theorie-Praxis-Vermittlung, in: Publizistik 1983/2: 187-203.
HAGEMANN, WALTER (1948): Publizistik im Dritten Reich. Ein Beitrag zur Methodik der Massenführung, Hamburg: Hansischer Gildenverlag.
HAGEMANN, WALTER (1950): Die Zeitung als Organismus, Heidelberg: Vonwinkel.
HAGEMANN, WALTER (1957): Dankt die Presse ab?, München: Isar-Verl. [= Heiße Eisen, Bd. 3].

HALLER, MICHAEL (1992): Die Journalisten und der Ethikbedarf, in: ders./H. Holzhey (Hrsg.): Medien-Ethik, Opladen: 196-211.
HALLER, MICHAEL/HELMUT HOLZHEY (Hrsg.) (1992): Medien-Ethik. Beschreibungen, Analysen, Konzepte für den deutschsprachigen Journalismus, Opladen: Westdeutscher Verlag.
HARDT, HANNO (1979): Social Theories of the Press. Early German & American Perspectives (Foreword by James W. Carey), Beverly Hills/London: Sage.
HARRIS, ROBERT (1986): Selling Hitler. The Extraordinary Story of the Con Job of the Century - The Faking of the Hitler Diaries, New York: Pantheon.
HARTUNG, BARBARA W. (1981): Attitudes Toward the Applicability of the Hutchins Report on Press Responsibility, in: Journalism Quarterly, Vol. 58, 1981/3: 428-433.
HAUG, WOLFGANG FRITZ (Hrsg.) (1976): Massen/Medien/Politik, Karlsruhe: Argument-Verlag.
HEAD, SYDNEY W. (1985): World Broadcasting Systems. A Comparative Analysis, Belmont, Calif.
HEINZE, THOMAS (1990): Medienanalyse. Ansätze zur Kultur- und Gesellschaftskritik, Opladen: Westdeutscher Verlag.
HERDEN, TIM/KLAUS PREISIGKE (1990): Die Leipziger Fernsehjournalistenausbildung im Umbruch, in: Media Perspektiven 1990/7: 430-437.
HESSE, ALBRECHT (1987): Ausgewählte Rechtsprechung mit grundsätzlicher Bedeutung für die Rundfunkordnung in der Bundesrepublik Deutschland, in: Rundfunk und Fernsehen 1987/2: 205-217.
HIENZSCH, ULRICH (1990): Journalismus als Restgröße. Redaktionelle Rationalisierung und publizistischer Leistungsverlust, Wiesbaden: Deutscher Universitäts-Verlag.
HIRSCH, MARIO (1988): Die französische Presselandschaft - Expansion trotz Krise, in: Media Perspektiven 1988/6: 329-337.
HOCKING, WILLIAM ERNEST (1947): Freedom of the Press. A Framework of Principle. (A Report from the Commission on Freedom of the Press), Chicago, Illinois: The University of Chicago Press.
HODGES, LOUIS W. (1987): Press Responsibility: An Introduction, in: Mass Comm Review, Vol. 14, 1987/3: 2-5, 22.
HÖFFE, OTFRIED (1975): Einführung in die utilitaristische Ethik. Klassische und zeitgenössische Texte, München: Beck.
HÖFFE, OTFRIED (1986): Lexikon der Ethik, München, 3. neubearb. Aufl. [zuerst 1977]: Beck.
HOFF, PETER (1990): Vertrauensmann des Volkes. Das Berufsbild des sozialistischen Journalisten und die Kaderanforderungen des Fernsehens der DDR - Anmerkungen zum politischen und professionellen Selbstverständnis von Medienarbeitern während der Honecker-Zeit, in: Rundfunk und Fernsehen 1990/3: 385-399.
HOFFMANN-RIEM, WOLFGANG (1979): Innere Pressefreiheit als politische Aufgabe. Über die Bedingungen und Möglichkeiten arbeitsteiliger Aufgabenwahrnehmung in der Presse, Neuwied/Darmstadt: Luchterhand.
HOFFMANN-RIEM, WOLFGANG (1981): Kommerzielles Fernsehen. Rundfunkfreiheit zwischen ökonomischer Nutzung und staatlicher Regelungsverantwortung: das Beispiel USA, Baden-Baden: Nomos.
HOFFMANN-RIEM, WOLFGANG (1984a): Tendenzen der Kommerzialisierung im Rundfunksystem, in: Rundfunk und Fernsehen 1984/1: 32-50.
HOFFMANN-RIEM, WOLFGANG (1984b): Kommentar zum Grundgesetz für die Bundesrepublik Deutschland - Sonderdruck: Kommentierung des Art. 5 Abs. 1, 2, Neuwied: Luchterhand.

HOFFMANN-RIEM, WOLFGANG (1991): Rundfunkrecht neben Wirtschaftsrecht. Zur Anwendbarkeit des GWB und des EWG-V auf das Wettbewerbsverhalten öffentlich-rechtlichen Rundfunks in der dualen Rundfunkordnung, Baden-Baden: Nomos [= Beiträge zum Rundfunkrecht 43].

HOLLSTEIN, MILTON (1983): Media Economics in Western Europe, in: L. J. Martin/A. G. Chaudhary (Hrsg.): Comparative Mass Media Systems, New York: 241-264.

HOLZER, HORST (1971): Gescheiterte Aufklärung? Politik, Ökonomie und Kommunikation in der Bundesrepublik Deutschland, München: Piper.

HOLZWEISSIG, GUNTER (1983): Massenmedien in der DDR, Berlin: Holzapfel.

HOMANS, GEORGE C. (1978): Theorie der sozialen Gruppe, Opladen, 7. Aufl.: Westdeutscher Verlag [Original: The Human Group, New York 1950].

HÖMBERG, WALTER (Hrsg.) (1978): Journalistenausbildung. Modelle, Erfahrungen, Analysen, München: Ölschläger.

HORKHEIMER, MAX/THEODOR W. ADORNO (1988) [zuerst 1944/1969]: Dialektik der Aufklärung. Philosphische Fragmente, Frankfurt a. M.: Fischer.

HUMPHREYS, PETER (1990): Media and Media Policy in West Germany. The Press and Broadcasting since 1945, New York: Berg.

HUND, WULF D. (1976): Ware Nachricht und Informationsfetisch. Zur Theorie der gesellschaftlichen Kommunikation, Darmstadt/Neuwied: Luchterhand.

HUND, WULF D./BÄRBEL KIRCHHOFF-HUND (1980): Soziologie der Kommunikation. Arbeitsbuch zu Strukur und Funktion der Medien, Reinbek: Rowohlt.

I, J

ISAACS, NORMAN E. (1987): 20 Years Later: 33 Ombudsmen, in: Washington Journalism Review, October 1987: 40.

JÄGER, KARL (1926): Von der Zeitungskunde zur publizistischen Wissenschaft, Jena.

JACOBI, URSULA ET AL. (1977): Manager der Kommunikation, Berlin: Spiess.

JAKOBS, HANS-JÜRGEN/UWE MÜLLER (1990): Augstein, Springer & Co. Deutsche Mediendynastien, Zürich/Wiesbaden: Füssli.

JANKE, HANS (1975): Medienproduktion: Zensurchronik, in: H. Janke/W. van Treeck (Hrsg.): Medienbuch I, Darmstadt/Neuwied: 132-159.

JANOWSKI, HANS NORBERT (1989): Journalistische Berufsethik nach dem Mediendrama von Gladbeck, in: medium 1989/2: 31-33.

JOHNSTONE, J.W.C./EDWARD J. SLAWSKI/WILLIAM W. BOWMAN (1976): The News People. A Sociological Portrait of American Journalists and Their Work, Urbana/Chicago/London: Univ. of Chicago Press.

JONAS, HANS (1984) [zuerst 1979]: Das Prinzip Verantwortung. Versuch einer Ethik für die technologische Zivilisation, Frankfurt a. M.: Suhrkamp.

K

KAASE, MAX/WINFRIED SCHULZ (Hrsg.) (1989): Massenkommunikation. Theorien, Methoden, Befunde, Opladen: Westdeutscher Verlag [= Sonderheft 30 der Kölner Zeitschrift für Soziologie und Sozialpsychologie].

KARCH, JOHN J. (1983): News and its Uses in the Communist World, in: L.J. Martin/A.G. Chaudhary (eds.): Comparative Mass Media Systems, New York: 111-131.

KATZ, ELIHU ET AL. (1991): Medien in Krisen - Krise der Medien?, Bertelsmann-Briefe, Heft 126, Oktober 1991.

KAUSCH, MICHAEL (1988): Kulturindustrie und Populärkultur. Kritische Theorie der Massenmedien, Frankfurt a. M.: Fischer.

KELSEN, HANS (1929): Vom Wesen und Wert der Demokratie, Tübingen, 2. Aufl.: Mohr [2. Neudruck, Aalen 1981: Scientia].

KINDT, HERMANN (1931): Zur Methode der Zeitungswissenschaft, Teil 2: Die Begriffe Publizistik und Journalistik, in: Zeitungswissenschaft 1931/3: 149-162.

KISCH, EGON ERWIN (Hrsg.) (1979) [zuerst 1923]: Klassischer Journalismus, München: Rogner & Bernhard.

KLEINSTEUBER, HANS J. (1984): Die USA (Politik. Wirtschaft. Gesellschaft. Eine Einführung), Hamburg, 2. vollst. überarb. Neuausg.: Hoffmann und Campe.

KLEINSTEUBER, HANS J. (1987): Telekommunikationspolitik und Deregulierung in den USA. Der Fall "American Telephone & Telegraph" (AT & T), in: Rundfunk und Fernsehen 1987/2: 151-168

KLEINSTEUBER, HANS J. (1991): Kabel und Satellit in der westeuropäischen Technologie- und Medienpolitik. Chancen, Grenzen und Folgen der Neuen Medien, in: Rundfunk und Fernsehen 1991/4: 506-526.

KLEINSTEUBER, HANS J./GERHARD MÜLLER (1985): 'Public Broadcasting' im kommerziellen Rundfunksystem der USA, in: Rundfunk und Fernsehen 1985/3-4: 392-407.

KLEINSTEUBER, HANS G. ET AL. (eds.) (1986): Electronic Media and Politics in Western Europe. Euromedia Research Group Handbook of National Systems, Frankfurt a. M./New York: Campus.

KLEINSTEUBER, HANS ET AL. (1991): Public Broadcasting im internationalen Vergleich. Analyse des gegenwärtigen Stands und Szenarien einer zukünftigen Entwicklung, in: Rundfunk und Fernsehen 1991/1: 33-54.

KLEIST, HEINRICH VON (1979) [zuerst 1810]: Lehrbuch der französischen Journalistik, in: E. E. Kisch (Hrsg.): Klassischer Journalismus, München: 89-93.

KLIER, PETER/ERHARD STÖLTING/WALTER SÜSS (1989): Konvergenz der Skandale? Öffentlichkeit, Publikum und Korruption in der Sowjetunion, in: R. Ebbighausen/S. Nickel (Hrsg.): Anatomie des politischen Skandals, Frankfurt a. M.: 274-304.

KLUMP, BRIGITTE (1991) [zuerst 1978]: Das rote Kloster. Als Zögling in der Kaderschmiede des Stasi, München, neu durchgeseh., erw. Ausg.: Herbig.

KNOCHE, MANFRED (1978): Einführung in der Pressekonzentrationsforschung. Theoretische und empirische Grundlagen - Kommunikationspolitische Voraussetzungen, Berlin: Spiess.

KNOTT-WOLF, BRIGITTE (1983): Wieviel Ethik braucht der Journalist? Bausteine zu einer Berufsethik, in: Funk Korrespondenz 1983/34: 1-5.

KÖCHER, RENATE (1985): Spürhund und Missionar. Eine vergleichende Untersuchung über Berufsethik und Aufgabenverständnis britischer und deutscher Journalisten, Phil. Diss., Universität München.

KOPPER, GERD G. (1982a): Massenmedien. Wirtschaftliche Grundlagen und Strukturen. Analytische Bestandaufnahme der Forschung 1968-1981, Konstanz: Universitätsverlag.

KOPPER, GERD G. (1982b): Medienökonomie - mehr als Ökonomie der Medien. Kritische Hinweise zu Vorarbeiten, Ansätzen, Grundlagen, in: Media Perspektiven 1982/2: 102-115.

KOPPER, GERD G. (Hrsg.) (1984): Marktzutritt bei Tageszeitungen - zur Sicherung von Meinungsvielfalt durch Wettbewerb, München/New York: Saur [= Dortmunder Beiträge zur Zeitungsforschung, Bd. 39].

KOSCHWITZ, HANSJÜRGEN (Hrsg.) (1979): Massenkommunikation in der UdSSR. Sowjetische Beiträge zur empirischen Soziologie der Journalistik, Freiburg/München: Alber.

KOSZYK, KURT (1966): Deutsche Presse im 19. Jahrhundert. Geschichte der deutschen Presse Teil II, Berlin: Colloquium.

KOSZYK, KURT (1972): Deutsche Presse 1914-1945. Geschichte der deutschen Presse Teil III, Berlin: Colloquium.

KOSZYK, KURT (1986): Pressepolitik für Deutsche 1945-1949. Geschichte der deutschen Presse Teil IV, Berlin: Colloquium.

KOSZYK, KURT/KARL-HUGO PRUYS (Hrsg.) (1981): Handbuch der Massenkommunikation, München: dtv.

KRIPPENDORFF, KLAUS (1989a): On the Ethics of Constructing Communication, in: B. Dervin et al. (eds.): Rethinking Communication, Volume 1: Paradigm Issues, Newsbury Park/London/New Delhi: 66-96.

KRIPPENDORFF, KLAUS (1989b): The Power of Communication and the Communication of Power: Toward an Emancipatory Theory of Communication, in: Communication, Vol. 12, 1989: 175-196.

KRISTEN, CHRISTIAN (1972): Nachrichtenangebot und Nachrichtenverwendung. Eine Studie zum gate-keeper-Problem, Düsseldorf: Bertelsmann Univ.-Verl. [= Gesellschaft und Kommunikation, Bd. 9].

KRZEMINSKI, MICHAEL (1987): Thematisierung im Hörfunk. Eine empirische Untersuchung der Redaktionsarbeit für die aktuelle Berichterstattung in den Hörfunkprogrammen des Westdeutschen Rundfunks, Frankfurt a. M./Bern: Lang.

KUHN, THOMAS S. (1973): Die Struktur wissenschaftlicher Revolutionen, Frankfurt a. M.: Suhrkamp.

KUNZE, CHRISTINE (1978): Journalismus in der UdSSR. Eine Untersuchung über Aufgaben und Funktionen sowjetischer Journalisten, München/New York: Saur [= Dortmunder Beiträge zur Zeitungsforschung, Bd. 27].

KUTSCH, ARNULF (1988): Max Webers Anregung zur empirischen Journalismusforschung. Die 'Zeitungs-Enquête' und eine Redakteurs-Umfrage, in: Publizistik 1988/1: 5-31.

KUTSCH, ARNULF (Hrsg.) (1990): Publizistischer und journalistischer Wandel in der DDR. Vom Ende der Ära Honecker bis zu den Volkskammerwahlen im März 1990, Bochum: Brockmeyer [= Bochumer Studien zur Publizistik- und Kommunikationswissenschaft, Bd. 64].

L

LACY, STEPHEN (1987): The Effects of Intracity Competition On Daily Newspaper Content, in: Journalism Quarterly, Vol.64, 1987/2-3: 281-290.

LACY, STEPHEN (1988): The Impact of Intercity Competition On Daily Newspaper Content, in: Journalism Quarterly, Vol. 65, 1988/2: 399-406.

LACY, STEPHEN (1990): Newspaper competition and number of press services carried: a replication, in: Journalism Quarterly, Vol. 67, 1990/1: 79-83.

LAMBETH, EDMUND B. (1986): Committed Journalism. An Ethic for the Profession, Bloomington: Indiana University Press.

LASORSA, DOMINIC L. (1991): Effects of Newspaper Competition on Public Opinion Diversity, in: Journalism Quarterly, Vol. 68, 1991/1-2: 38-47.

LE DUC, DON R. (1988): Der Angriff auf die amerikanische Fairness-Doktrin: eine Schlacht in einem größeren Krieg, in: Rundfunk und Fernsehen 1988/1: 56-66.

LENDVAI, PAUL (1983): What is Newsworthy - and what ist not - in the Communist World?, in: L. J. Martin/A. G. Chaudhary (eds.): Comparative Mass Media Systems, New York: 67-83.

LENK, HANS (1988): Verantwortung in, durch, für Technik, in: W. Bungard/H. Lenk (Hrsg.): Technikbewertung. Philosophische und psychologische Perspektiven, Frankfurt a. M.: 58-78.
LEONHARDT, RUDOLF WALTER (1976): Journalismus und Wahrheit, Luzern: Reicher.
LEWIN, KURT (1963): Psychologische Ökologie, in: ders.: Feldtheorie in den Sozialwissenschaften. Ausgewählte theoretische Schriften, hrsgg. v. D. Cartwright, Bern/Stuttgart: 206-222 [Original: Forces behind food habits and methods of change, in: Bulletin of the National Research Council, 108, 1943: 35-65].
LÖBL, EMIL (1903): Kultur und Presse, Leipzig: Dunker + Humblot.
LÖFFELHOLZ, MARTIN (1989): Politik im Wissenschaftssystem. Planung und Implementation der hochschulgebundenen Journalistenausbildung (Eine Fallstudie), Münster: Lit [= Medien & Kommunikation, Bd. 12].
LÖFFELHOLZ, MARTIN (1990): Vom Markt zum Staat. Politische Planung der Journalistik als "Problemverschiebung", in: S. Weischenberg (Hrsg.): Journalismus & Kompetenz, Opladen: 167-193.
LÖFFELHOLZ, MARTIN (Hrsg.) (1992): Krieg als Medienereignis. Grundlagen und Perspektiven der Krisenkommunikation, Opladen: Westdeutscher Verlag.
LÖFFLER, MARTIN/REINHART RICKER (1986): Handbuch des Presserechts, München, 2. Aufl. [zuerst 1978]: Beck.
LOGAN, ROBERT A. (1989): The Unworkable Compromise: The Knowledge Tablet, Ethics And Public Policy for The Future, in: Mass Comm Review, Vol. 16, 1989/1-2: 14-23.
LOWENSTEIN, RALPH L. (1970): Press freedom as a parameter of political democracy, in: H.-D. Fischer/J. C. Merrill (eds.): International and Intercultural Communications, New York: 129-140.
LUHMANN, NIKLAS (1972): Soziologische Aufklärung. Aufsätze zur Theorie sozialer Systeme, Opladen, 3. Aufl.: Westdeutscher Verlag.
LUHMANN, NIKLAS (1978): Soziologe der Moral, in: ders./St. H. Pfürtner (Hrsg.): Theorietechnik und Moral, Frankfurt a. M.: 8-116.
LUHMANN, NIKLAS (1981): Soziologische Aufklärung 3. Soziales System, Gesellschaft, Organisation, Opladen: Westdeutscher Verlag.
LUHMANN, NIKLAS (1985): Soziale Systeme. Grundriß einer allgemeinen Theorie, Frankfurt a. M., 2. Aufl.: Suhrkamp.
LUHMANN, NIKLAS (1986): Soziologische Aufklärung 2. Aufsätze zur Theorie der Gesellschaft, Opladen, 3. Aufl.: Westdeutscher Verlag [zuerst 1975].
LUHMANN, NIKLAS (1987): Soziologische Aufklärung 4. Beiträge zur funktionalen Differenzierung der Gesellschaft, Opladen: Westdeutscher Verlag.
LUHMANN, NIKLAS (1988): Die Wirtschaft der Gesellschaft, Frankfurt a. M.: Suhrkamp.
LUHMANN, NIKLAS (1990a): Paradigm lost: Über die ethische Reflexion der Moral. Rede von Niklas Luhmann anläßlich der Verleihung des Hegel-Preises 1989, Frankfurt a. M.: Suhrkamp.
LUHMANN, NIKLAS (1990b): Soziologische Aufklärung 5. Konstruktivistische Perspektiven, Opladen: Westdeutscher Verlag.
LUHMANN, NIKLAS (1990c): Die Wissenschaft der Gesellschaft, Frankfurt a. M.: Suhrkamp.
LUHMANN, NIKLAS/STEPHAN H. PFÜRTNER (Hrsg.) (1978): Theorietechnik und Moral, Frankfurt a. M.: Suhrkamp.

LUYKEN, GEORG-MICHAEL (1990): Das Medienwirtschaftsgefüge der 90er Jahre. Horizontale und vertikale Unternehmensverflechtungen - Neue strategische Allianzen - Öffentliches Interesse, in: Media Perspektiven 1990/10: 621-641.

M

MAIER, HANS (1985) (Hrsg.): Ethik der Kommunikation, Freiburg/Schweiz: Universitätsverlag.

MALETZKE, GERHARD (1963): Psychologie der Massenkommunikation, Hamburg: Hans-Bredow-Institut.

MALLMANN, WALTER (1959): Pressefreiheit und Journalistenrecht, in: Publizistik 1959/6: 323-335.

MARCUSE, HERBERT (1968): Repressive Toleranz, in: R. P. Wolff et al.: Kritik der reinen Toleranz, Frankfurt a. M., 4. Aufl.: 91-128.

MARTIN, L. JOHN/ANJU GROVER CHAUDHARY (eds.) (1983a): Comparative Mass Media Systems, New York: Longman.

MARTIN, L. John/ANJU GROVER CHAUDHARY (1983b): Goals and Roles of Media Systems, in: L.J. Martin/A.G. Chaudhary (eds.): Comparative Mass Media Systems, New York: 1-31.

MAST, CLAUDIA (1984): Der Redakteur am Bildschirm, Konstanz: Universitätsverlag [= Schriftenreihe Journalismus, Bd. 21].

MATTHIES, MARIE (1969): Journalisten in eigener Sache. Zur Geschichte des Reichsverbandes der deutschen Presse, Berlin.

MATURANA, HUMBERTO (1985): Erkennen: Die Organisation und Verkörperung von Wirklichkeit, Braunschweig/Wiesbaden, 2. Aufl.: Vieweg.

MATURANA, HUMBERTO/FRANCISCO VARELA (1990): Der Baum der Erkenntnis. Die biologischen Wurzeln des menschlichen Erkennens, München: Goldmann.

MCCULLOCH, FRANK (Hrsg.) (1984): Drawing the line: How 31 editors solved their toughest ethical dilemmas, Washington D. C.: American Society of Newspaper Editors.

MCKERNS, JOSEPH P. (1978): Media Ethics: A Bibliographical Essay, in: Journalism History 5:2, Summer 1978: 50-53, 68.

MCQUAIL, DENIS (1973): Soziologie der Massenkommunikation, Berlin: Spiess [Original: Towards a Sociology of Mass Communications].

MCQUAIL, DENNIS (1983): Mass Communication Theory. An Introduction, London: Sage.

MCQUAIL, DENIS (1986): Kommerz und Kommunikationstheorie, in: Media Perspektiven 1986/10: 633-643.

MENCHER, MELVIN (1983): Basic News Writing, Dubuque, Iowa: Wm. C. Brown.

MERRILL, JOHN C. (1974): The Imperative of Freedom: A Philosophy of Journalistic Autonomy, New York: Hastings House.

MERRILL, JOHN C. (1977): Existential Journalism, New York: Hastings House.

MERRILL, JOHN C. (1978): Ethics and Journalism, in: J. C. Merrill/R. D. Barney (eds.): Ethics and the Press. Readings in Mass Media Morality, New York, 2nd. ed.: 8-17.

MERRILL, JOHN C. (1981): The press, the government, and the ethics vacuum, in: Communication, Vol. 6, 1981: 177-191.

MERRILL, JOHN C. (1985): Is Ethical Journalism Simply Objective Reporting? in: Journalism Quarterly, Vol. 62, 1985/2: 391-393.

MERRILL, JOHN C. (1989): Freedom and the Growth of an Ethical Dimension in Journalism, in: Mass Comm Review, Vol. 16, 1989/1-2: 3-13, 37.

MERRILL, JOHN C./RALPH D. BARNEY (eds.) (1978): Ethics and the Press. Readings in Mass Media Morality, New York, 2nd. ed.: Hastings House.

MERTEN, KLAUS (1973): Aktualität und Publizität. Zur Kritik der Publizistikwissenschaft, in: Publizistik 1973/3: 216-235.

MERTEN, KLAUS (1977): Kommunikation. Eine Begriffs- und Prozeßanalyse, Opladen: Westdeutscher Verlag.

MESTMÄCKER, ERNST-JOACHIM (Hrsg.) (1990): Selbstkontrolle und Persönlichkeitsschutz in den Medien. Ein Symposium der Bertelsmann Stiftung, Gütersloh: Verlag Bertelsmann Stiftung.

MEYER, PHILIP (1983): Editors, Publishers and Newspaper Ethics. A report to the American Society of Newspaper Editors, Washington, D.C.: American Society of Newspaper Editors.

MEYER, PHILIP (1986): An Ethical Audit, in: Gannett Center for Media Studies: Occasional Paper, No.3, April 1986.

MEYER, PHILIP (1987): Ethical Journalism, New York: Longman.

MEYERS, CHRISTOPHER (1990): Blueprint of skills, concepts for media ethics course, in: Journalism Educator, Vol. 45, 1990/3: 25-31.

MEYN, HERMANN (1990): Massenmedien in der Bundesrepublik Deutschland, Berlin, überarb. u. aktual. Neuaufl.: Colloquium [= Zur Politik und Zeitgeschichte 24, zuerst 1968].

MEYROWITZ, JOSHUA (1987): Die Fernsehgesellschaft. Wirklichkeit und Identität im Medienzeitalter, Weinheim/Basel: Beltz [Original: No Sense of Place, New York: Oxford University Press 1985].

MICHEL, LUTZ P. (1989): Veröffentlicht alles. Der sowjetische Journalistenverband hat einen neuen Verhaltenskodex entworfen, in: medium1989/4: 13-15.

MILLS, RILLA DEAN (1983): Mass Media as Vehicles of Education, Persuasion, and Opinion Making ... in the Communist World, in: L. J. Martin/A. G. Chaudhary (eds.): Comparative Mass Media Systems, New York: 167-186.

MÜLLER, HANS DIETER (1968): Der Springer-Konzern. Eine kritische Studie, München: Piper.

MÜNCH, RICHARD (1991): Dialektik der Kommunikationsgesellschaft, Frankfurt a. M.: Suhrkamp.

N

NEGT, OSKAR/ALEXANDER KLUGE (1972): Öffentlichkeit und Erfahrung. Zur Organisationsanalyse von bürgerlicher und proletarischer Öffentlichkeit, Frankfurt a. M.: Suhrkamp.

NELSON, DAVID R./KENNETH STARCK (1974): The Newspaper Ombudsman as Viewed by the Rest of the Staff, in: Journalism Quarterly, Vol. 51, 1974: 453-457.

NICKL, M. MICHAEL (1987): Journalistik ist professionelle Medienrhetorik. Ein Charakterisierungsversuch, in: Publizistik 1987/4: 449-467.

NOELLE-NEUMANN, ELISABETH (1977): Umfragen zur Inneren Pressefreiheit, Düsseldorf: Droste [= Journalismus, Bd. 7].

NOELLE-NEUMANN, ELISABETH (1980): Die Schweigespirale. Öffentliche Meinung - unsere soziale Haut, München: Piper.

NOELLE-NEUMANN, ELISABETH (1982): Gesinnung und Verantwortung, in: K. Koszyk/V. Schulze (Hrsg.): Die Zeitung als Persönlichkeit, Düsseldorf: 23-28.

NOELLE-NEUMANN, ELISABETH/FRANZ RONNEBERGER/HEINZ-WERNER STUIBER (1976): Streitpunkt lokales Pressemonopol. Untersuchungen zur Alleinstellung von Tageszeitungen, Düsseldorf: Droste.

NOELLE-NEUMANN, ELISABETH/WINFRIED SCHULZ (Hrsg.) (1971): Publizistik, Frankfurt a. M.: Fischer [Neuauflage: dies./JÜRGEN WILKE (Hrsg.) (1989): Das Fischer Lexikon Publizistik Massenkommunikation, Frankfurt a. M.: Fischer].

NORTON, WILL ET AL. (1985): Agreement Between Reporters And Editors in Mississippi, in: Journalism Quarterly, Vol. 62, 1985/3: 633-636.

O, P, Q

OBERREUTER, HEINRICH (1985): Ethik der Massenkommunikation, in: H. Maier (Hrsg.): Ethik der Kommunikation, Fribourg: 73-78.

PERZL, CHRISTIAN (1988): Die Notwendigkeit einer kritisch-rationalen, journalistischen Berufsethik in demokratisch-pluralistischen Gesellschaftsordnungen unter systemisch bedingtem, überlebensorientiertem Problemlösungsdruck, Phil. Diss., Universität Wien.

PFÜRTNER, STEPHAN H. (1978): Zur wissenschaftstheoretischen Begründung der Moral, in: N. Luhmann/ders. (Hrsg.): Theorietechnik und Moral. Frankfurt a. M.: 176-250.

PIEPER, ANNEMARIE (1985): Ethik und Moral. Eine Einführung in die praktische Philosophie, München: Beck.

POOL, ITHIEL DE SOLA (1973): Communication in Totalitarian Societies, in: I.d.S. Pool/F.W. Frey et al. (eds.): Handbook of Communication, Chicago: 462-511.

POPPER, KARL (1980): Die offene Gesellschaft und ihre Feinde (2 Bde.), München, 6. Aufl.: Francke [zuerst 1957/58].

PORTELE, GERHARD (1989): Autonomie, Macht, Liebe, Frankfurt a. M.: Suhrkamp.

POSTMAN, NEIL (1983): Das Verschwinden der Kindheit, Frankfurt a. M.: Fischer [Original: The Disappearance of Childhood, New York 1982: Delacorte Press].

POSTMAN, NEIL (1985): Wir amüsieren uns zu Tode. Urteilsbildung im Zeitalter der Unterhaltungsindustrie, Frankfurt a. M.: Fischer [Original: Amusing Ourselves to Death. Public Discourse in The Age of Show Business, New York 1985: Viking Penguin].

PRAKKE, HENK ET AL. (1968): Kommunikation der Gesellschaft. Einführung in die funktionale Publizistik, Münster: Regensberg.

PRICHARD, PETER (1987): The Making of McPaper. The Inside Story of USA Today, Kansas City/New York: Andrews, McPeel & Parker.

PROCHOROV, E.P. (1979): Soziologie der Journalistik, in: H. Koschwitz, (Hrsg.): Massenkommunikation in der UdSSR, Freiburg/München: 20-37.

PROKOP, DIETER (Hrsg.) (1985): Medienforschung (3 Bde), Frankfurt a. M.: Fischer [Bd.1: Konzerne, Macher, Kontrolleure, Bd.2: Wünsche, Zielgruppen, Wirkungen, Bd.3: Analysen, Kritiken, Ästhetik].

PROTT, JÜRGEN (1976): Bewußtsein von Journalisten. Standesdenken oder gewerkschaftliche Solidarisierung?, Frankfurt a. M./Köln: Europäische Verlagsanstalt.

PROTT, JÜRGEN (1986): Die zerstörte Öffentlichkeit: die Bundesrepublik auf dem Weg zum Kommerzfunk, Göttingen: Steidl.

PRUTZ, ROBERT (1845): Geschichte des deutschen Journalismus, 1. Teil, Hannover: C. F. Kius [Faksimiledruck nach der 1. Aufl., Göttingen 1971: Vandenhoeck & Ruprecht].

PÜRER HEINZ (Red.) (1981): Ethik und Journalismus. Meinungen aus der Medienpraxis, Salzburg 1981.

PÜRER, HEINZ (1991): Journalismus-Krisen und Medien-Ethik. Elemente einer Ethik der Massenmedien, in: H.-W. Stuiber/H. Pürer (Hrsg.): Journalismus: Anforderungen, Berufsauffassungen, Verantwortung, Nürnberg: 87-105.

R

RAUE, GÜNTHER (1986): Geschichte des Journalismus in der DDR 1945 - 1961, Leipzig: VEB Bibliographisches Institut.

REESE-SCHÄFER, WALTER (1991): Jürgen Habermas, Frankfurt a. M./New York: Campus.

RIEGAS, VOLKER/CHRISTIAN VETTER (Hrsg.) (1990): Zur Biologie der Kognition. Ein Gespräch mit Humberto R. Maturana und Beiträge zur Diskussion seines Werkes, Frankfurt a. M.: Suhrkamp.

RIEHL-HEYSE, HERBERT (1989): Bestellte Wahrheiten. Anmerkungen zur Freiheit eines Journalistenmenschen, München: Kindler.

RIVERS, WILLIAM L./WILBUR SCHRAMM (1969): Responsibility in Mass Communication, New York, 3rd. ed.: Harper & Row.

ROBES, JOCHEN (1990): Die vergessene Theorie: Historischer Materialismus und gesellschaftliche Kommunikation. Zur Rekonstruktion des theoretischen Gehalts und der historischen Entwicklung eines kommunikationswissenschaftlichen Ansatzes, Stuttgart: Silberburg.

ROBINSON, GERTRUDE JOCH (1973): Fünfundzwanzig Jahre Gatekeeper-Forschung: Eine kritische Rückschau und Berwertung, in: J. Aufermann/H. Bohrmann/R. Sülzer (Hrsg.): Gesellschaftliche Kommunikation und Information, Frankfurt a. M.: 345-255.

ROBINSON, GERTRUDE JOCH (1981): News Agencies and World News. In Canada, the United States and Yugoslavia: Methods and Data, Fribourg: University Press.

RONNEBERGER, FRANZ (1986): Kommunikationspolitik III. Kommunikationspolitik als Medienpolitik, Mainz: v. Hase & Koehler [= Kommunikationswissenschaftliche Bibliothek 8].

RONNEBERGER, FRANZ (1987): Versagt der Markt oder versagt die Wissenschaft in der Journalistenausbildung? Eine Entgegnung auf Stephan Ruß-Mohl, in: Publizistik 1987/2: 149-153.

RUBIN, BERNHARD (1978): Questioning Media Ethics, New York: Praeger.

RUBIN, DAVID M. (1987): How the News Media Reported on Three Mile Island and Chernobyl, in: Journal of Communication, Vol. 37, 1987/3: 42-57.

RÜHL, MANFRED (1969/1979): Die Zeitungsredaktion als organisiertes soziales System, Bielefeld: Bertelsmann Univ.-Verl.; Fribourg, 2. überarb. u. erw. Aufl.: Universitätsverlag.

RÜHL, MANFRED (1973): Journalism and Journalism Education in the Two Germanies Today, in: Journalism Quarterly, Vol. 50, 1973: 767-771.

RÜHL, MANFRED (1980): Journalismus und Gesellschaft. Bestandsaufnahme und Theorienentwurf, Mainz: v. Hase + Koehler.

RÜHL, MANFRED (1981): Journalismus und Wissenschaft - Anmerkungen zu ihrem Wirklichkeitsverständnis, in: Rundfunk und Fernsehen 1981/2-3: 211-222.

RÜHL, MANFRED (1982): Journalistik - mehr als eine Kunstlehre für Journalismus? in: K. Koszyk/V. Schulze (Hrsg.): Die Zeitung als Persönlichkeit, Düsseldorf: 365-373.

RÜHL, MANFRED (1989): Organisatorischer Journalismus. Tendenzen der Redaktionsforschung, in: M. Kaase/W. Schulz (Hrsg.): Massenkommunikation. Theorien, Methoden, Befunde, Opladen: 253-269.

RÜHL, MANFRED (1990): Moral in der Wissensvermittlung. Anmerkungen zur Diskussionslage in der Kommunikationswissenschaft, in: St. Ruß-Mohl (Hrsg.): Wissenschaftsjournalismus und Öffentlichkeitsarbeit, Gerlingen: 153-163.

RÜHL, MANFRED/ULRICH SAXER (1981): 25 Jahre Deutscher Presserat. Ein Anlaß für Überlegungen zu einer kommunikationswissenschaftlich fundierten Ethik des Journalismus und der Massenkommunikation, in: Publizistik 1981/4: 471-507.

RUHRMANN, GEORG (1989): Rezipient und Nachricht. Struktur und Prozeß der Nachrichtenrekonstruktion, Opladen: Westdeutscher Verlag.

RUSS-MOHL, STEPHAN (1985): 'Journalistik-Wissenschaft und Wissenschafts-Journalistik'. Anmerkungen zu Theorie und Praxis des Wissenschaftsjournalismus, in: Publizistik 1985/2-3: 265-279.

RUSS-MOHL, STEPHAN (1987): Hochschulgebundene Journalistenausbildung. Von der Problemverstaatlichung zur Problemlösung? in: Publizistik 1987/1: 15-22.

RUSS-MOHL, STEPHAN (1988): Learning by doing?, in: L. Erbring et al. (Hrsg.): Medien ohne Moral, Berlin: 174-195.

RUST, HOLGER (1985a): Praxis - eine unbewältigte Herausforderung für die Journalistenausbildung, in: Communications 1985/2: 37-58.

RUST, HOLGER (1985b): Public TV: Das schlechte Gewissen des US-amerikanischen Fernsehbetriebs, in: medium 1985/2: 15-19.

RUST, HOLGER (1986): Entfremdete Elite? Journalisten im Kreuzfeuer der Kritik, Wien: Literas Universitätsverlag.

S

SALOMON, LUDWIG (1900-1906): Geschichte des Deutschen Zeitungswesens, 3 Bde., Oldenburg/ Leipzig: Schulze.

SANDFORD, JOHN (1976): The Mass Media of The German-Speaking Countries, London: Wolff.

SAXER, ULRICH (1976): Recherche als journalistischer Auftrag und Prüfstein, in: Fernsehen und Bildung, 10. Jg., 1976/3: 224-250.

SAXER, ULRICH (1984): Journalismus- und Medienethik: Möglichkeiten und Grenzen ethischer Selbstverpflichtung, in: Media Perspektiven 1984/1: 21-32.

SAXER, ULRICH (1985): Journalistische Ethik - eine Chimäre?, in: H. Maier (Hrsg.): Ethik der Kommunikation, Fribourg 1985: 43-52.

SAXER, ULRICH (1988): Journalistische Ethik im elektronischen Zeitalter - eine Chimäre?, in: L. Erbring et al. (Hrsg.): Medien ohne Moral, Berlin: 267-283.

SAXER, ULRICH (Hrsg.) (1989): Unternehmenskultur und Marketing von Rundfunk-Unternehmen, Stuttgart: Kohlhammer [= Beiträge zur Rundfunkökonomie 3].

SCHAFER, ROBERT (1981): The Minnesota News council: Developing Standards for Press Ethics, in: Journalism Quarterly, Vol. 58, 1981/3: 355-362.

SCHENK, MICHAEL/MATTHIAS HENSEL (1986): Medienwirtschaft. Eine kommentierte Auswahlbibliographie, Baden-Baden: Nomos.

SCHENK, MICHAEL/MATTHIAS HENSEL (1987): Medienökonomie - Forschungsstand und Forschungsaufgaben, in: Rundfunk und Fernsehen 1987/4: 535-547.

SCHENK, MICHAEL/JOACHIM DONNERSTAG (Hrsg.) (1989): Medienökonomie. Einführung in die Ökonomie der Informations- und Mediensysteme, München: R. Fischer [= medien Skripten, Bd. 6].

SCHERER, JOACHIM (1990): Medienfreiheit zwischen Medienverantwortung und Verrechtlichung, in: W. v. Bredow (Hrsg.): Medien und Gesellschaft, Stuttgart: 141-153.
SCHILLER, HERBERT J. (1984): Die Verteilung des Wissens. Information im Zeitalter der großen Konzerne, Frankfurt a. M./New York: Campus.
SCHILLER, HERBERT J. (1986): Die Kommerzialisierung der Kultur in den Vereinigten Staaten, in: Media Perspektiven 1986/10: 659-672.
SCHMIDT, FRIEDRICH G. (1986): Public Broadcasting - eine Geschichte der enttäuschten Hoffnungen, in: Media Perspektiven 1986/12: 781-788.
SCHMIDT, SIEGFRIED J. (Hrsg.) (1987): Der Diskurs des radikalen Konstruktivismus, Frankfurt a. M.: Suhrkamp.
SCHÖHL, WOLFGANG W. (1985): Neue Fragestellungen für das Fach Medienökonomie, in: Communications, 11. Jg., 1985/2: 67-74.
SCHÖNE, WALTER (1928): Die Zeitung und ihre Wissenschaft, Leipzig: Timm.
SCHREIBER, ERHARD (1976): Das Elend der Journalistenausbilder, in: Frankfurter Hefte 1976/7: 31-39
SCHREIBER, ERHARD (1984): Kritik der marxistischen Kommunikationstheorie, München/New York/Paris: Saur.
SCHUDSON, MICHAEL (1991): The Sociology of News Production Revisited, in: J. Curran/M. Gurevitch (eds.): Mass Media and Society, London/New York: 141-159.
SCHULZ, RÜDIGER (1974): Entscheidungsstrukturen der Redaktionsarbeit. Eine vergleichende empirische Analyse des redaktionellen Entscheidungshandelns der regionalen Abonnementzeitungen unter besonderer Berücksichtigung der Einflußbeziehungen zwischen Verleger und Redaktion, rer. pol. Diss., Universität Mainz.
SCHULZ, WALTER (1990): Grundprobleme der Ethik, Pfullingen: Neske.
SCHUMACHER, BIRGIT (1987): Kommunikationspolitisch relevante Urteile des Bundesverfassungsgerichts seit 1976, in: Publizistik 1987/4: 405-421.
SCHUMM-GARLING, URSULA (1973): Organisationssoziologische Überlegungen zur Medienanalyse, in: J. Aufermann/H. Bohrmann/R. Sülzer (Hrsg.): Gesellschaftliche Kommunikation und Information, Frankfurt a. M.: 402-420.
SCHUMPETER, JOSEPH A. (1980): Kapitalismus, Sozialismus und Demokratie, München, 5. Aufl.: Francke (UTB) [zuerst: New York 1942].
SCHÜTZ, ALFRED (1972): Das Problem der Realität in der sozialen Welt, in: ders.: Gesammelte Aufsätze, Bd.2, Den Haag: 22-50 [zuerst in: Economia, 10, 1943: 130-149].
SEGAL, LYNN (1988): Das 18. Kamel oder die Welt als Erfindung. Zum Konstruktivismus Heinz von Foersters, München: Piper.
SIEBERT, FRED S./THEODORE PETERSON/WILBUR SCHRAMM (1956): Four Theories of The Press, Urbana: Univ. of Illinois Press.
SILBERMANN, ALFONS (1982): Handwörterbuch der Massenkommunikation und Medienforschung (2 Bde.), Berlin: Spiess.
SLOTERDIJK, PETER (1983): Kritik der zynischen Vernunft (2 Bde.), Frankfurt a. M.: Suhrkamp.
SMITH, ANTHONY (ed.) (1980): Newspapers and Democracy. International Essays on a Changing Medium, Cambridge, Mass.: The MIT Press.
SNIDER, PAUL (1967): Mr. Gates Revisited, A 1966 Version, in: Journalism Quarterly, Vol. 44, 1967: 419-427.
SPAEL, WILHELM (1928): Publizistik und Journalistik und ihre Erscheinungsformen bei Joseph Görres (1798-1814). Ein Beitrag zur Methode der publizistischen Wissenschaft, Köln: Gilde-Verl.
SPAEMANN, ROBERT (1989): Glück und Wohlwollen. Versuch über Ethik, Stuttgart: Klett-Cotta.

SPINNER, HELMUT (1988): Wissensorientierter Journalismus: Der Journalist als Agent der Gelegenheitsvernunft, in: L. Erbring et al. (Hrsg.): Medien ohne Moral. Variationen über Journalismus und Ethik, Berlin: 238-266.

ST. DIZIER, BYRON (1985): Reporters' Use of Confidential Sources, 1974 and 1984: A Comparative Study, in: Newspaper Research Journal, Vol.6, 1985/4: 44-50.

STEIN, ERWIN (1974): Leitsätze zur Meinungs-, Presse- und Rundfunkfreiheit an Hand der Rechtsprechung des Bundesverfassungsgerichts, in: W. R. Langenbucher (Hrsg.): Zur Theorie der politischen Kommunikation, München: 149-168.

STIPP, HORST (1991): Die Entwicklung der Massenmedien in den USA 1980 bis 1990, in: Media Perspektiven 1991/1: 23-37.

STÖBER, RUDOLF (1990): Kontroversen um ein Journalistengesetz. Journalisten und Verleger in der Weimarer Republik, in: Publizistik 1990/3: 267-278.

STROETMANN, KARL A. (1980): Neue Medien und Informationstechnologien. Eine Darstellung der Auswirkungen auf die Presse am Beispiel der USA, München: Minerva.

STUIBER, HEINZ-WERNER/HEINZ PÜRER (Hrsg.) (1991): Journalismus: Anforderungen, Berufsauffassungen, Verantwortung. Eine Aufsatzsammlung zu aktuellen Fragen des Journalismus, Nürnberg: Verlag der Kommunikationswiss. Forschungsvereinigung.

SURLIN, STUART H. (1987): Value System Changes by Students As Result of Media Ethics Course, in: Journalism Quarterly, Vol. 64, 1987/2-3: 564-568, 676.

T

TARLÉ DE, ANTOINE (1980): The Press and the State in France, in: A. Smith (ed.): Newspapers and Democracy, Cambridge, Mass: 127-148.

THAYER, LEE (ed.) (1980): Ethics, morality and the media, New York: Hastings House.

TRAUB, HANS (1933): Grundbegriffe des Zeitungswesens. Kritische Einführung in die Methode der Zeitungswissenschaft, Stuttgart: Poeschel.

TRAUMANN, GUDRUN (1971): Journalistik in der DDR, München-Pullach/Berlin: Saur.

TUCHMAN, GAYE (1972): Objectivity as Strategic Ritual: An Examination of Newsmen's Notions of Objectivity, in: American Journal of Sociology, 77, Jan. 1972: 660-679.

TUNSTALL, JEREMY (1986): Communications deregulation: the unleashing of America's communications industry, New York: Basil Blackwell.

U

UDELL, JON G. ET AL. (1978): The Economics of the American Newspaper, New York.

UNDERWOOD, PAUL S. (1983): Media Entertainment in the Communist World, in: L. J. Martin/A. G. Chaudhary (Hrsg.): Comparative Mass Media Systems, New York: 228-240.

UNGER, CORNELIE (1976): Journalisten und Gewerkschaft. Materielle Bedingungen und Bewußtseinsstrukturen im Pressebereich, in: W. F. Haug (Hrsg.): Massen/Medien/Politik, Karlsruhe: 234-275.

V, W

VARELA, FRANCISCO J. (1990): Kognitionswissenschaft - Kognitionstechnik: Eine Skizze aktueller Perspektiven, Frankfurt a. M.; Suhrkamp.
WAGNER, HANS (Hrsg.) (1988): Idee und Wirklichkeit des Journalismus. Beiträge aus Wissenschaft und Praxis (Festschrift für Heinz Starkulla), München: Olzog.
WALTHER, WILLY (1964): Journalistik und Philosophie. Methodologische und erkenntnistheoretische Probleme der Journalistik, Berlin: VEB Deutscher Verlag der Wissenschaften.
WASSER, HARTMUT (1980): Die Vereinigten Staaten von Amerika. Porträt einer Weltmacht, Stuttgart: Deutsche Verlags-Anstalt.
WATTENBERG, BEN J. (1984): The Good News is the Bad News is Wrong, New York: Simon and Schuster.
WATZLAWICK, PAUL (1990a): Wie wirklich ist die Wirklichkeit? München, 18. Aufl. [zuerst 1978]: Piper.
WATZLAWICK, PAUL (Hrsg.) (1990b): Die erfundene Wirklichkeit. Wie wissen wir, was wir zu wissen glauben? Beiträge zum Konstruktivismus, Neuausgabe, München, 6. Aufl. [zuerst 1981]: Piper.
WEAVER, DAVID H./G. CLEVELAND WILHOIT (1986): The American Journalist. A Portrait of U.S. News People and their Work, Bloomington, Ind.: Indiana University Press [2nd. ed. 1991].
WEAVER, DAVID H./JUDITH M. BUDDENBAUM/JO ELLEN FAIR (1985): Press Freedom, Media, and Development, 1950-1979: A Study of 134 Nations, in: Journal of Communication, Vol. 35, 1985/2: 104-117.
WEBER, MAX (1911): Geschäftsbericht (Soziologie des Zeitungswesens) in: Schriften der Deutschen Gesellschaft für Soziologie, Serie 1, Bd. 1, Tübingen: 39-62 [= Verhandlungen des Ersten Deutschen Soziologentages, Frankfurt 1910].
WEBER, MAX (1968) [zuerst 1919]: Politik als Beruf, Berlin, 5. Aufl.: Duncker & Humblot.
WEISCHENBERG, SIEGFRIED (1976): Journalisten aus der Schulbank. Probleme und Chancen hochschulgebundener Journalistenausbildung, in: medium 1976/8: 16-21.
WEISCHENBERG, SIEGFRIED (1982): Journalismus in der Computergesellschaft. Informatisierung, Medientechnik und die Rolle der Berufskommunikatoren, München/New York/London/Paris: Saur.
WEISCHENBERG, SIEGFRIED (1985): Die Unberechenbarkeit des Gatekeepers. Zur Zukunft professioneller Informationsvermittlung im Prozeß technisch-ökonomischen Wandels, in: Rundfunk und Fernsehen 1985/2: 187-201.
WEISCHENBERG, SIEGFRIED (1988): Der Preis der Wahrheit, die Gesetze des Marktes. Jede Gesellschaft hat die Presse, sie sie sich leistet, in: Die Zeit, Nr. 3, 5.1.1988: 6.
WEISCHENBERG, SIEGFRIED (1989): Der enttarnte Elefant. Journalismus in der Bundesrepublik - und die Forschung, die sich ihm widmet, in: Media Perspektiven 1989/4: 227-239.
WEISCHENBERG, SIEGFRIED (Hrsg.) (1990a): Journalismus & Kompetenz. Qualifizierung und Rekrutierung für Medienberufe, Opladen: Westdeutscher Verlag.
WEISCHENBERG, SIEGFRIED (1990b): Das 'Prinzip Echternach'. Zur Einführung in das Thema 'Journalismus und Kompetenz', in: ders. (Hrsg.): Journalismus & Kompetenz, Opladen: 11-41.
WEISCHENBERG, SIEGFRIED (1990c): In einem andern Land, in: ders. (Hrsg.): Journalismus & Kompetenz, Opladen: 145-166.

WEISCHENBERG, SIEGFRIED (1990d): Journalismus lehren. Didaktik und Ressourcen in der überbetrieblichen Journalistenausbildung, in: ders. (Hrsg.): Journalismus & Kompetenz, Opladen: 213-228.

WEISCHENBERG, SIEGFRIED (1990e): Das 'Paradigma Journalistik'. Zur kommunikationswissenschaftlichen Identifizierung einer hochschulgebundenen Journalistenausbildung, in: Publizistik 1990/1: 45-61.

WEISCHENBERG, SIEGFRIED (1990f): Das neue Mediensystem. Ökonomische und publizistische Aspekte der aktuellen Entwicklung, in: Aus Politik und Zeitgeschichte. Beilage zur Wochenzeitung Das Parlament, B 26/90, 22.6.1990: 29-43.

WEISCHENBERG, SIEGFRIED (1990g): Der Untergang des Abendlandes? Kommerzielle und publizistische Aspekte der Medienentwicklung, in: W. von Bredow (Hrsg.): Medien und Gesellschaft, Stuttgart: 41-56.

WEISCHENBERG, SIEGFRIED (1990h): Nachrichtenschreiben. Journalistische Praxis zum Studium und Selbststudium, Opladen, 2. Aufl. [zuerst 1988]: Westdeutscher Verlag.

WEISS, HANS JÜRGEN ET AL. (AfK) (1977): Schlußbericht Synopse Journalismus als Beruf, München (Masch.-Schr.-Man.).

WEISSENBORN, RAINER (1974): Über Widersprüche der Medienproduktion, in: D. Baacke (Hrsg.): Kritische Medientheorien, München: 159-177.

WEIZENBAUM, JOSEPH (1978): Die Macht der Computer und die Ohnmacht der Vernunft, Frankfurt a. M.: Suhrkamp.

WEYL, BRIGITTE (1988): Chancen freiwilliger Selbstkontrolle, in: L. Erbring et al. (Hrsg.): Medien ohne Moral. Variationen über Journalismus und Ethik, Berlin: 150-161.

WHITE, DAVID MANNING (1950): The 'Gatekeeper': A Case Study in the Selection of News, in: in: Journalism Quarterly, Vol. 27, 1950/4: 383-390 [Nachdruck in: L. A. Dexter/D. M. White (eds.): People, Society, and Mass Communications, New York 1964: 160-182].

WIEDEMANN, VERENA (1990): Freiwillige Selbstkontrolle der Presse in ländervergleichender Sicht, in: E.-J. Mestmäcker (Hrsg.): Selbstkontrolle und Persönlichkeitsschutz in den Medien, Gütersloh: 15-32.

WIGGERSHAUS, ROLF (1986): Die Frankfurter Schule. Geschichte, theoretische Entwicklung, politische Bedeutung, München: Hanser.

WIIO, OSMO A. (1983): The Mass Media Role in the Western World, in: L. J. Martin/A. G. Chaudhary (eds.): Comparative Mass Media Systems, New York: 85-94.

WILDENMANN, RUDOLF/WERNER KALTEFLEITER (1965): Funktionen der Massenmedien, Frankfurt a. M./Bonn: Athenäum [= Demokratische Existenz heute, Heft 12].

WILKE, JÜRGEN (Hrsg.) (1984): Pressefreiheit, Darmstadt: Wiss. Buchgesellschaft.

WILKE, JÜRGEN (Hrsg.) (1987a): Zwischenbilanz der Journalistenausbildung, München: Ölschläger.

WILKE, JÜRGEN (1987b): Journalistische Berufsethik in der Journalistenausbildung, in: ders. (Hrsg.): Zwischenbilanz der Journalistenausbildung, München: 233-252.

WILKE, JÜRGEN (1990): Regionalisierung und Internationalisierung des Mediensystems, in: Aus Politik und Zeitgeschichte. Beilage zur Wochenzeitung Das Parlament, B 26/90, 22.6.1990: 3-19.

WITTE, EBERHARD (1984): Zeitungen im Medienmarkt der Zukunft. Eine betriebswirtschaftliche Untersuchung, Stuttgart: C. F. Poeschel Verlag.

WOLFF, ROBERT PAUL ET AL. (1968): Kritik der reinen Toleranz, Frankfurt a. M., 4. Aufl.: Suhrkamp.

WREDE, RICHARD (Hrsg.) (1902): Handbuch der Journalistik, Berlin.

WULF, JOSEPH (1983): Presse und Funk im Dritten Reich. Eine Dokumentation, Frankfurt a. M./Berlin/Wien: Ullstein.

WUNDEN, WOLFGANG ((Hrsg.) (1989): Medien zwischen Macht und Moral. Beiträge zur Medienethik, Stuttgart: Steinkopf.

WÜRZBERG, GERD (1986): Journalistische Recherche und empirische Sozialforschung. Provokatorische Anmerkungen zu einigen methodischen Grundfragen des Faches Journalistik, in: Rundfunk und Fernsehen 1986/4: 501-512.

Z

ZOLL, RALF (Hrsg.) (1971): Manipulation der Meinungsbildung. Zum Problem hergestellter Öffentlichkeit, Opladen: Westdeutscher Verlag.

Verzeichnis der Texte und Abbildungen

Text 1-1
Kleists "Lehrbuch der französischen Journalistik" ... 16
Text 1-2
Wolf Biermann und die Wahrheit ... 32
Text 1-3
Journalismus/Journalist: Definitionsversuche ... 38
Text 1-4
Schule der Beliebigkeit - Informationszynismus, Presse ... 42
Text 1-5
Robert Darnton: Milieu und Mentalität im Journalismus ... 46
Text 1-6
Das Feuilleton in der deutschen Publizistikwissenschaft - 1943 und 1951 ... 56
Text 1-7
Über die Ignoranz (Hans Magnus Enzensberger) ... 62
Text 2-1
'Objektivität', Toleranz und demokratischer Prozeß ... 80
Text 2-2
Regierung Thatcher unterdrückt die Pressefreiheit ... 100
Text 2-3
Michail Gorbatschow über Massenmedien und Kritik ... 116
Text 2-4
PENTHOUSE und der Fall Vanessa Williams ... 120
Text 2-5
Öffentlichkeit als 'vierte Gewalt' ... 134
Text 2-6
Rechtsgrundlagen des Mediensystems der Bundesrepublik ... 136
Text 2-7
Das neue Fernsehzeitalter in der Bundesrepublik ... 148
Text 2-8
Rundfunkfreiheit und Rundfunkwirklichkeit ... 152
Text 2-9
Gesetze der Prominenz: The Name of the Game ... 184
Text 2-10
Kodex der Berufsethik des sowjetischen Journalisten (Auszug) ... 186
Text 2-11
Publizistische Grundsätze (Pressekodex) ... 190
Text 2-12
Die Watergate-Affäre ... 208
Text 2-13
Der Verleger Reinhard Mohn und die publizistische Verantwortung ... 216
Text 3-1
Der Zeitungs-Großkonzern ... 242
Text 3-2
Der Markt der Tageszeitungen ... 244

Text 3-3
TAZ: Tageszeitung ohne Anzeigen ... 246
Text 3-4
Medienökonomie und Sozialverantwortung ... 254
Text 3-5
Werbekosten und Tausendkontaktpreise (1989/90) ... 266
Text 3-6
"Medien sind ein Geschäft, sonst nichts." ... 272
Text 3-7
Organisationsschema einer großen Regionalzeitung (Zentralredaktion) ... 282
Text 3-8
SPIEGEL-Journalismus ... 288
Text 3-9
'Network' als kybernetisches System ... 312
Text 3-10
TAZ: Eine Tageszeitung aus Dichterhand ... 320

Abb. 1-1:
Kontexte des Journalismus - Gegenstände der Journalistik ... 68
Abb. 2-1:
Four Theories of the Press ... 87
Abb. 2-2:
Offenheit des Rezeptions- und des Produktionssystems ... 94
Abb. 2-3:
Medienbesitz/Medienkontrolle ... 95
Abb. 2-4:
Kommunikationsrechte/-bedingungen ... 96
Abb. 2-5:
Aufgaben/Ziele der Medien ... 99
Abb. 2-6:
Glaubensbekenntnisse der Medien ... 101
Abb. 2-7:
Begriff der Pressefreiheit ... 102
Abb. 3-1:
Produktionsstufenschema der Presse ... 247
Abb. 3-2:
Das Bezugs- und Umweltsystem für Rundfunkunternehmen ... 262
Abb. 3-3:
Kommunikationssysteme im Prozeß der Kommerzialisierung ... 271
Abb. 3-4:
Strukturen des zukünftigen Fernsehmarktes ... 274
Abb. 3-5:
Ansätze der Redaktionsforschung ... 289
Abb. 3-6:
Die Zeitungsredaktion als organisiertes soziales System (Rühl) ... 300
Abb. 3-7:
Der Organisations- und Produktionszusammenhang in der Redaktion ... 321

JOURNALISTIK

Theorie und Praxis aktueller Medienkommunikation

Bd. 2: Medientechnik, Medienfunktionen, Medienakteure

3 Medieninstitutionen: Strukturkontext des Journalismus

3.3 Technologische Imperative

3.3.1 Entwicklungslinien der Produktions- und Übertragungstechnik

3.3.2 Die Technik der Zeitungsherstellung

3.3.2.1 Merkmale konventioneller Zeitungstechnik

3.3.2.2 Merkmale der neuen Zeitungstechnik

3.3.2.3 Bausteine der integrierten Zeitungsproduktion

3.3.2.4 Die Technik der Zeitung und die Zeitung der Zukunft

3.3.3 Agentur-Technik und ihre Folgen für die Medien

3.3.4 Neue Produktionstechniken beim Rundfunk

3.3.5 Das neue System: Elektronische Aussagenproduktion

3.3.6 Die elektronische Redaktion als kybernetisches System

3.4 Die Perspektive: Marktplatz der Elektronen

3.4.1 Massenkommunikation und produktive Kommunikation

3.4.2 Reuters: eine Fallstudie zur Informationsgesellschaft

3.4.3 Massenkommunikation und elektronischer Marktplatz

Bibliographische Hinweise zu Kapitel 3

4 Medienaussagen: Funktionskontext des Journalismus

4.1 Medienfunktionen als journalistische Leistungen

4.1.1 Der funktionale Ansatz

4.1.2 Berichterstattungsmuster und Genres

4.1.3 Das Funktionssystem Sportjournalismus

4.1.4 Das Funktionssystem Lokaljournalismus

4.2 Nachrichtenauswahl und Nachrichtenverarbeitung

4.2.1 Nachrichten: der Begriff, die Auswahl, die Kritik

4.2.2 Probleme mit der 'Objektivität'

4.2.3 Die 'Wahrnehmung' der Medien

4.2.4 Sprache und Verständlichkeit

4.3 Quellen und Bezugsgruppen

4.3.1 Nachrichtenagenturen und Mediendienste

4.3.2 Public Relations

4.3.3 Politische Kommunikation und politische Kultur

4.3.4 Regierung und Medien

4.3.5 Medien und Publikum

4.4 Mediennutzung und Medienbewertung

4.4.1 Daten und Trends (Deutschland/USA)

4.4.2 Postmans Fernsehwelt
4.4.3 Die Glaubwürdigkeit der Medien
4.5 Aussageneffekte und Rück-Wirkungen
4.5.1 Erkenntnisinteresse und Entwicklungslinien der Wirkungsforschung
4.5.2 Konzepte und Befunde der Wirkungsforschung
4.5.3 Aufräumarbeiten: Differenzierung und Integration
4.5.4 Kommunikationserwartungen und Kommunikationsabsichten
4.6 Die Perspektive: 'McDonaldisierung' der Medien ?
Bibliographische Hinweise zu Kapitel 4

5 Medienakteure: Rollenkontext des Journalismus

5.1 Das Berufsfeld aktuelle Medienkommunikation
5.1.1 Definitionen, Berufsbilder und Tätigkeitsfelder
5.1.2 Entwicklungslinien der journalistischen Berufsrolle
5.1.3 Fiktionale Darstellungen zum Journalismus
5.1.4 Streß und Streßverarbeitung im Journalismus
5.2 Merkmale und Einstellungen von Journalisten
5.2.1 Journalisten in Deutschland
5.2.1.1 Demographie und Berufstypologie
5.2.1.2 Berufszufriedenheit und Berufsprestige
5.2.1.3 Dimensionen journalistischer Rollenselbstbilder
5.2.2 Journalisten in den USA: zwei repräsentative Studien
5.2.2.1 'The News People'
5.2.2.2 'The American Journalist'
5.2.3 Berufliche Standards im internationalen Vergleich
5.2.4 Frauen im Journalismus
5.3 Professionalisierung und Sozialisation
5.3.1 Das Verberuflichungs-Konzept
5.3.2 Indikatoren journalistischer Professionalisierung
5.3.3 Berufsverbände, Berufsausbildung und Rekrutierung
5.3.4 Das Lernen der 'Hausordnung'
5.4 Die Perspektive: Journalismus in der Informationsgesellschaft
5.4.1 Die Indikatoren 'Information' und 'Arbeit'
5.4.2 Monopolverlust: Informatisierung und vernetzte Demokratie
5.4.3 Herausforderung: Kommunikation über Krisen und Risiken
5.4.4 Die Zukunft der Journalisten
Bibliographische Hinweise zu Kapitel 5

Literaturverzeichnis

Gesamtregister für Bd. 1 und 2